教育部高等学校机械类专业教学指导委员会规划教材

智能车辆技术基础

王 建 主编

清华大学出版社
北京

内 容 简 介

本书对智能车辆所涉及的技术进行系统介绍,主要内容包括智能车辆的功能定义、关键技术和发展历史,智能车辆的构造和设计,智能车辆的环境感知技术,智能车辆定位技术,智能车辆通信技术、车载网络技术、车辆路径规划算法、车辆智能控制系统。

本书可以作为普通高等院校车辆工程、交通工程等专业的本科生教材,也可供从事智能车辆相关科研工作的工程技术人员参考。

版权所有,侵权必究。举报: 010-62782989, beiqinquan@tup.tsinghua.edu.cn。

图书在版编目(CIP)数据

智能车辆技术基础/王建主编.—北京:清华大学出版社,2021.11
教育部高等学校机械类专业教学指导委员会规划教材
ISBN 978-7-302-59410-9

Ⅰ.①智… Ⅱ.①王… Ⅲ.①智能控制－汽车－高等学校－教材 Ⅳ.①U46

中国版本图书馆 CIP 数据核字(2021)第 212830 号

责任编辑:许　龙
封面设计:常雪影
责任校对:赵丽敏
责任印制:朱雨萌

出版发行:清华大学出版社
网　　址:http://www.tup.com.cn, http://www.wqbook.com
地　　址:北京清华大学学研大厦 A 座　　邮　编:100084
社 总 机:010-62770175　　邮　购:010-62786544
投稿与读者服务:010-62776969, c-service@tup.tsinghua.edu.cn
质量反馈:010-62772015, zhiliang@tup.tsinghua.edu.cn
印 装 者:三河市龙大印装有限公司
经　销:全国新华书店
开　本:185mm×260mm　　印　张:17.25　　字　数:419 千字
版　次:2021 年 11 月第 1 版　　印　次:2021 年 11 月第 1 次印刷
定　价:49.80 元

产品编号:080550-01

前 言
FOREWORD

近年来,随着计算机技术、通信技术、人工智能技术、物联网技术的迅猛发展,汽车智能化水平越来越高。除了广泛开展路测的无人驾驶、自动驾驶汽车以外,新下线的汽车也具备了或多或少的智能特性,智能驾驶套件配置越来越广泛。智能车辆安装了各种传感器,能够辨识车辆所处的环境和状态,并根据各传感器信息做出分析和判断;或者给驾驶员发出提示和报警信息,提请驾驶员注意规避危险;或者在紧急情况下,帮助驾驶员操作车辆,防止事故发生,使车辆进入安全状态;或者代替驾驶员的操作,实现车辆自动化运行。智能车辆技术能够提高道路通行效率,减少交通事故和人员伤亡,降低驾驶员的操作强度,降低能源消耗,减少排放,从而提高出行的舒适性。

全书分为9章。第1章介绍了智能车辆的定义、功能、关键技术和研究方向;第2章介绍了智能车辆的研究历史及现状;第3章介绍了智能车辆整体构造和设计技术;第4章介绍了智能车辆环境感知技术,包括激光雷达、毫米波雷达、超声波雷达、图像传感器、红外传感器、惯性导航系统、车速里程计等技术;第5章介绍了智能车辆定位技术,包括车辆定位方法、卫星定位系统的基本原理、RTK 的原理及应用、UWB 定位技术及视觉里程计技术;第6章介绍了常用的智能车辆通信技术;第7章介绍了车载网络技术,包括车载网络技术的发展与现状、CAN 总线技术、LIN 总线技术、FlexRay 总线技术、车载以太网技术等;第8章介绍了常用的自动驾驶汽车路径规划算法,包括 BFS 算法、Dijkstra 算法、A* 算法、PRM 算法、RRT 算法、RRT* 算法、Hybrid A* 算法、Kinodynamic-RRT* 算法等的基本原理及应用;第9章介绍了常见的车辆智能控制系统,包括制动防抱死系统、电子稳定系统、主动避撞系统、自动紧急制动系统、车道偏离预警系统、车道保持辅助系统、定速巡航系统、自适应巡航系统、驾驶员视觉增强系统等的基本组成和工作原理。每章附有思考题,方便读者对重点内容进行深入学习。本教材配备有电子版的测试习题集及答案,方便读者对本书内容的细节进行理解和掌握。本教材的缩写术语列表可扫描封底二维码获取。

本书由王建主编,北京航空航天大学智能车辆教研组参与编写,在编写过程中得到了来自北京航空航天大学汽车工程系多位师生的帮助和支持,包括张辉、林庆峰、任秉韬、赵菲、谭琨、张永康、张行健、柏文菲等。谨在此向他们致以深切的谢意。

由于编者水平有限,本书难免有疏漏和不足之处,恳请各位同行和读者批评指正。

编 者

2021 年 7 月

于北京航空航天大学

目 录
CONTENTS

第1章 绪论 ………………………………………………………… 1

1.1 智能车辆的定义 ………………………………………………… 1
1.2 智能车辆的功能 ………………………………………………… 1
  1.2.1 辅助驾驶 ………………………………………………… 2
  1.2.2 自动驾驶 ………………………………………………… 6
1.3 智能车辆关键技术 ……………………………………………… 8
  1.3.1 传感器技术 ……………………………………………… 8
  1.3.2 测量数据处理技术 ……………………………………… 11
  1.3.3 通信技术 ………………………………………………… 11
1.4 智能车辆研究方向 ……………………………………………… 13
思考题 …………………………………………………………… 14

第2章 智能车辆研究历史和现状 ……………………………… 15

2.1 智能车辆的发展 ………………………………………………… 15
2.2 美国智能车辆的研究历史和现状 …………………………… 15
  2.2.1 NavLab 系列 …………………………………………… 16
  2.2.2 TerraMax 智能车 ……………………………………… 17
  2.2.3 MoBIES 实验平台 ……………………………………… 17
  2.2.4 美国 DoD 支持项目 …………………………………… 18
  2.2.5 谷歌 ……………………………………………………… 18
  2.2.6 特斯拉 …………………………………………………… 20
2.3 欧洲智能车辆的研究历史和现状 …………………………… 21
  2.3.1 PROMETHEUS 项目 …………………………………… 21
  2.3.2 ARGO 项目 …………………………………………… 21
  2.3.3 Caravelle 系统 ………………………………………… 22
  2.3.4 VaMoRs-P(VaMP) 系统 ……………………………… 22
  2.3.5 奥迪 ……………………………………………………… 23
  2.3.6 博世 ……………………………………………………… 24
2.4 日韩智能车辆的研究历史和现状 …………………………… 25
  2.4.1 日本尼桑 ASV 系列 …………………………………… 25

2.4.2 日本三菱 ASV 系列 ... 25
2.4.3 日本本田 ASV 系列 ... 25
2.4.4 日本马自达 ASV 系列 ... 26
2.4.5 韩国 PRV 系列 ... 27
2.5 中国智能车辆的研究历史和现状 ... 27
2.5.1 ATB 系列 ... 27
2.5.2 北京航空航天大学自动驾驶汽车 ... 28
2.5.3 军事交通学院猛狮系列 ... 28
2.5.4 国防科技大学红旗 HQ3 ... 29
2.5.5 武汉大学 Smart V ... 29
2.5.6 清华大学 THMR-V ... 30
2.5.7 吉林大学 JUTIV 系列 ... 31
2.5.8 西安交通大学无人驾驶汽车 ... 31
2.5.9 长安无人驾驶汽车 ... 32
2.5.10 北汽无人驾驶汽车 ... 32
2.5.11 百度 Apollo ... 32
思考题 ... 34

第3章 智能车辆整体构造与设计 ... 35
3.1 智能车辆的整体构造 ... 35
3.1.1 信息采集系统 ... 35
3.1.2 信息处理系统 ... 40
3.1.3 控制系统 ... 46
3.2 线控油门 ... 49
3.2.1 加速踏板位置传感器 ... 50
3.2.2 电子节气门体总成 ... 50
3.3 线控制动 ... 52
3.3.1 电子液压制动系统 ... 53
3.3.2 电子机械制动系统 ... 55
3.3.3 iBooster ... 56
3.4 线控转向 ... 57
3.4.1 转向盘总成 ... 59
3.4.2 转向执行总成 ... 59
3.4.3 主控制器 ... 59
3.4.4 自动防故障系统 ... 59
3.5 线控换挡 ... 60
3.5.1 输入装置 ... 61
3.5.2 控制装置 ... 62
3.5.3 执行装置 ... 63

3.6	线控灯光	64
3.7	语音交互技术	65
	3.7.1 语音识别技术	65
	3.7.2 语音合成技术	65
思考题		66

第4章 智能车辆环境感知技术 67

- 4.1 激光雷达 67
  - 4.1.1 激光雷达简介 67
  - 4.1.2 激光雷达系统组成及功能 70
  - 4.1.3 激光辐射源 72
  - 4.1.4 激光探测器 77
- 4.2 毫米波雷达 80
  - 4.2.1 毫米波雷达的组成与功能 82
  - 4.2.2 毫米波发射机与接收机 84
  - 4.2.3 毫米波天线 87
- 4.3 超声波雷达 89
- 4.4 图像传感器 91
- 4.5 红外传感器 93
  - 4.5.1 红外线 94
  - 4.5.2 红外线成像原理 98
- 4.6 惯性导航系统 102
  - 4.6.1 概述 102
  - 4.6.2 工作原理 102
  - 4.6.3 优缺点 103
  - 4.6.4 惯性导航在智能车辆上的应用 103
- 4.7 车速里程计 105
  - 4.7.1 磁感应式车速里程计 105
  - 4.7.2 电子式车速里程计 106
- 思考题 107

第5章 智能车辆定位技术 108

- 5.1 车辆定位方法 108
- 5.2 卫星导航定位系统 108
  - 5.2.1 卫星导航定位系统介绍 109
  - 5.2.2 卫星定位时间系统 112
  - 5.2.3 GPS定位原理与方法 114
  - 5.2.4 GPS误差分析 119
- 5.3 RTK的原理及应用 122

5.3.1　位置差分 ………………………………………………………… 122
　　5.3.2　伪距差分 ………………………………………………………… 123
　　5.3.3　载波相位差分 …………………………………………………… 123
　　5.3.4　网络 RTK 定位技术 ……………………………………………… 125
5.4　UWB 定位技术 …………………………………………………………… 126
5.5　视觉里程计技术 …………………………………………………………… 130
思考题 ……………………………………………………………………………… 136

第 6 章　智能车辆通信技术 …………………………………………………… 137

6.1　车辆通信系统的特点 ……………………………………………………… 137
　　6.1.1　基本需求 …………………………………………………………… 137
　　6.1.2　功能要求及技术挑战 ……………………………………………… 137
　　6.1.3　V2X 简介 …………………………………………………………… 138
6.2　常用通信技术 ……………………………………………………………… 140
　　6.2.1　Meshwork ………………………………………………………… 140
　　6.2.2　Wi-Fi ……………………………………………………………… 143
　　6.2.3　ZigBee ……………………………………………………………… 151
　　6.2.4　蜂窝移动通信 ……………………………………………………… 158
6.3　无线局域网标准 …………………………………………………………… 165
　　6.3.1　概念 ………………………………………………………………… 165
　　6.3.2　技术简介 …………………………………………………………… 165
　　6.3.3　DSRC ……………………………………………………………… 168
6.4　LTE-V 通信协议 …………………………………………………………… 170
　　6.4.1　概念 ………………………………………………………………… 170
　　6.4.2　标准演化 …………………………………………………………… 171
　　6.4.3　工作模式 …………………………………………………………… 171
　　6.4.4　优化方向 …………………………………………………………… 174
　　6.4.5　发展现状 …………………………………………………………… 174
思考题 ……………………………………………………………………………… 175

第 7 章　车载网络技术 …………………………………………………………… 176

7.1　车载网络技术的发展与现状 ……………………………………………… 176
　　7.1.1　车载网络技术的发展 ……………………………………………… 176
　　7.1.2　车载网络技术的现状 ……………………………………………… 178
7.2　CAN 总线技术 ……………………………………………………………… 179
　　7.2.1　CAN 总线简介 ……………………………………………………… 179
　　7.2.2　CAN 总线协议 ……………………………………………………… 181
　　7.2.3　CAN 总线智能节点的设计 ………………………………………… 186
7.3　LIN 总线技术 ……………………………………………………………… 188

  7.3.1 LIN 总线简介 ………………………………………………… 188
  7.3.2 LIN 总线的结构 ……………………………………………… 190
  7.3.3 LIN 总线协议 ………………………………………………… 193
 7.4 FlexRay 总线技术 …………………………………………………… 196
  7.4.1 FlexRay 总线介绍 …………………………………………… 196
  7.4.2 FlexRay 通信协议和机制原理 ……………………………… 197
  7.4.3 FlexRay 的应用 ……………………………………………… 204
 7.5 车载以太网技术 ……………………………………………………… 206
  7.5.1 车载以太网简介 ……………………………………………… 207
  7.5.2 车载以太网协议 ……………………………………………… 207
  7.5.3 车载以太网标准化 …………………………………………… 209
  7.5.4 车载以太网测试 ……………………………………………… 210
 思考题 ………………………………………………………………………… 211

第 8 章 路径规划算法 ……………………………………………………… 212

 8.1 基于图搜索的路径规划算法 ………………………………………… 212
  8.1.1 图搜索算法简介 ……………………………………………… 212
  8.1.2 BFS 算法 ……………………………………………………… 213
  8.1.3 Dijkstra 算法 ………………………………………………… 215
  8.1.4 A* 算法 ……………………………………………………… 217
 8.2 基于采样的路径规划算法 …………………………………………… 219
  8.2.1 基于采样的路径规划算法简介 ……………………………… 219
  8.2.2 PRM 算法 ……………………………………………………… 220
  8.2.3 RRT 算法 ……………………………………………………… 221
  8.2.4 RRT* 算法 …………………………………………………… 223
 8.3 基于车辆运动学的路径规划算法 …………………………………… 225
  8.3.1 汽车运动学模型 ……………………………………………… 225
  8.3.2 Hybrid A* 算法 ……………………………………………… 226
  8.3.3 Kinodynamic-RRT* 算法 …………………………………… 229
 思考题 ………………………………………………………………………… 230

第 9 章 车辆智能控制系统 ……………………………………………… 231

 9.1 制动防抱死系统 ……………………………………………………… 231
  9.1.1 制动防抱死系统简介 ………………………………………… 231
  9.1.2 制动防抱死系统基本原理 …………………………………… 231
  9.1.3 制动防抱死系统基本组成及工作原理 ……………………… 233
  9.1.4 ABS 的布置形式 ……………………………………………… 237
 9.2 电子稳定控制系统 …………………………………………………… 239
  9.2.1 电子稳定控制系统简介 ……………………………………… 239

  9.2.2　电子稳定控制系统的基本组成 ……………………………………… 240
  9.2.3　电子稳定控制系统工作原理 …………………………………………… 242
 9.3　主动避撞系统 ……………………………………………………………………… 244
  9.3.1　主动避撞系统简介 ………………………………………………………… 244
  9.3.2　主动避撞系统的基本组成 ………………………………………………… 245
  9.3.3　主动避撞系统的工作过程 ………………………………………………… 246
 9.4　自动紧急制动系统 ………………………………………………………………… 246
  9.4.1　自动紧急制动系统简介 …………………………………………………… 246
  9.4.2　自动紧急制动系统的基本组成 …………………………………………… 247
  9.4.3　自动紧急制动系统的工作原理 …………………………………………… 248
  9.4.4　3种自动紧急制动系统 …………………………………………………… 249
 9.5　车道偏离预警系统 ………………………………………………………………… 249
  9.5.1　车道偏离预警系统简介 …………………………………………………… 249
  9.5.2　车道偏离预警系统车道线识别方法 ……………………………………… 251
  9.5.3　车道偏离预警系统的基本组成及工作原理 ……………………………… 251
 9.6　车道保持辅助系统 ………………………………………………………………… 253
  9.6.1　车道保持辅助系统简介 …………………………………………………… 253
  9.6.2　车道保持辅助系统工作原理 ……………………………………………… 253
 9.7　定速巡航系统 ……………………………………………………………………… 255
  9.7.1　定速巡航系统简介 ………………………………………………………… 255
  9.7.2　定速巡航系统的功能 ……………………………………………………… 256
  9.7.3　定速巡航系统的基本组成 ………………………………………………… 257
  9.7.4　定速巡航系统的工作原理 ………………………………………………… 258
 9.8　自适应巡航系统 …………………………………………………………………… 259
  9.8.1　自适应巡航系统简介 ……………………………………………………… 259
  9.8.2　自适应巡航系统的基本组成 ……………………………………………… 260
  9.8.3　自适应巡航系统的工作原理 ……………………………………………… 262
 9.9　驾驶员视觉增强系统 ……………………………………………………………… 263
  9.9.1　驾驶员视觉增强系统简介 ………………………………………………… 263
  9.9.2　驾驶员视觉增强系统基本组成和工作原理 ……………………………… 263
 思考题 …………………………………………………………………………………… 264

参考文献 ……………………………………………………………………………… 265

第 1 章

绪　　论

1.1　智能车辆的定义

智能车辆(intelligent vehicles,IV)是利用传感器技术、信号处理技术、通信技术、计算机技术等开发的具有一定智能行为能力的车辆,涵盖了辅助驾驶、主动安全及自动驾驶等各个方面。它在向智能化发展的过程中逐渐实现辅助驾驶和主动安全,自动驾驶是智能车辆发展的最终方向,而无人驾驶是自动驾驶发展的最终目标。

智能车辆通过相关技术辨识车辆所处的环境和状态,给驾驶员发出提示和报警信息,提醒驾驶员注意规避危险(碰撞预警系统);或者在紧急情况下,帮助驾驶员操作车辆(即辅助驾驶系统),防止事故的发生,使车辆进入一个安全的状态;或者代替驾驶员的操作,实现车辆运行的自动化(自动驾驶系统)。

在实现完全自动驾驶的目标之前,已经有许多智能技术广泛应用在汽车上。例如智能雨刷,可以自动感应雨水及雨量,自动开启和停止;自动前照灯,在黄昏光线不足时可以自动打开;智能空调,通过检测乘员皮肤的温度来控制空调风量和温度;智能悬架,也称主动悬架,根据路面情况来控制悬架行程,减少颠簸;防打瞌睡系统,通过监测驾驶员的眨眼情况,来确定其是否很疲劳,必要时停车报警。

智能车辆与智能公路都是智能交通系统(intelligent transportation systems,ITS)的重要构成部分。智能公路可通过交通信息的收集和传输,实现对车流在时间和空间上的引导、分流,避免公路堵塞,加强公路用户的安全,以减少交通事故的发生,同时改善高速公路交通运输环境,使车辆和司乘人员在高速公路上安全、快速、舒适地运行。目前,智能公路的条件还不具备,已建成的智能公路较少,技术方案也各不相同。

随着计算机技术、信息采集技术、信息处理技术和系统工程技术等相关技术的研究和发展深入,智能车辆系统将成为智能交通系统研究和发展的重要领域,汽车的智能化将拥有广阔的前景。

1.2　智能车辆的功能

智能车辆应用先进的传感、通信和自动控制技术,给驾驶员提供各种形式的避撞和安全保障措施。智能车辆系统的这些功能在很大程度上改善和代替驾驶员对行车环境的感应和控制能力,从而提高行车安全性,减少交通阻塞,进一步提高道路的通行能力和运输效益。

1.2.1 辅助驾驶

辅助驾驶主要包括车道保持辅助、自动泊车辅助、制动辅助、倒车辅助、行车辅助等。在装备辅助功能的汽车中，人类驾驶员是安全驾驶的主体，辅助驾驶系统只是对人类驾驶员进行辅助，其目的是减轻人类驾驶员的劳动强度，当出现紧急情况时辅助驾驶员操纵车辆，规避危险，防止事故发生。

1. 车道保持辅助系统

车道保持辅助系统的主要功能是当车辆在行驶过程中偏离车道时，系统首先会向驾驶员发出预警信号，如果在一段时间内驾驶员没有做出相应反应，车辆没有回到正常车道行驶的趋势，车道保持辅助系统就会通过电子控制单元向车辆的转向执行器发出相应的转向命令，以纠正车辆的行驶状态，使车辆回到正确的车道上行驶，从而保证行车安全。

2. 自动泊车辅助系统

自动泊车辅助系统是辅助驾驶员进行泊车行为的智能辅助系统，它可以有效解决驾驶者当前遇到的泊车难题，改善静态交通状态。

自动泊车辅助系统在驾驶员泊车入位的过程中，首先利用各种传感器感知车辆周围环境，消除视野盲区，遇到危险状况时进行实时预警，构建一个安全的泊车空间；其次，该系统可以代替驾驶员控制方向盘进行自动转向操作，在减轻驾驶员劳动强度的同时，也能缓解驾驶员的紧张心理，提高驾驶员泊车过程中的容错率；最后，可以根据不同车位的具体状况，选择合适的泊车路径，快速准确地泊车入位。该系统大大节省了时间成本，降低因为泊车而引发堵车的概率；有效降低油耗，在节省能源的同时也减少了大气污染物的排放，满足消费者对于车辆节能、安全、环保、舒适等方面的需要。

自动泊车辅助系统主要由外部环境感知模块、中央控制单元、转向执行机构和人机交互模块四部分组成(图1.1)。外部环境感知模块是自动泊车辅助系统的基础部分，通过传感器将距离信息发送给中央控制单元。中央控制单元主要用于距离信息的处理和车辆的实时控制，首先要分析距离信息得到有效车位或警示信息后发送给人机交互模块以提示驾驶员进行相应操作，其次要根据车辆的运动状况生成对应的控制策略，通过控制器局域网(controller area network, CAN)通信发送指令给电动助力转向(electric power steering,

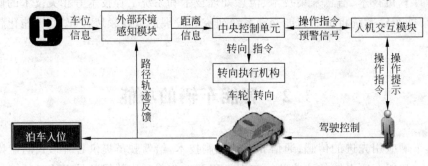

图1.1 自动泊车辅助系统的构成

EPS)机构的控制器,EPS 控制器根据指令向助力电机提供合适的电流控制车轮进行转向操作。人机交互模块主要用于启动和关闭系统以及对接收中央控制单元的有效车位信息进行显示,并且当车辆与障碍物之间距离小于安全距离时,发出报警信号进行实时预警,提示驾驶员安全泊车入位。

自动泊车辅助系统的关键技术主要有 3 个:

1) 车位空间识别技术

车位空间的有效识别,对于成功泊车入位具有决定性作用,其中传感器的选择尤为重要。摄像头传感器在采集图像时受天气和光线的干扰明显,稳定性较差。超声波传感器避免了上述问题,但由于超声波传感器的特性因素,存在波束角导致的测量误差和不能有效识别细杆状障碍物的问题。实现超声波传感器的误差补偿以及采用多传感器融合技术消除检测盲区是这个系统的难点。

2) 路径规划与轨迹跟踪控制技术

在通过感知模块获得泊车空间的前提下,路径规划算法的优劣是决定自动泊车能否成功的关键。基于最小转弯半径的泊车路径有两圆弧相切法、圆弧直线法和多段圆弧法等,但要综合考虑泊车入位的成功率、对车位空间的要求以及驾驶员的舒适程度等因素,选择最优路径是技术难点。轨迹跟踪方式也有多种,对整车 CAN 协议解析,采集车速和轮速信号也是难点。

3) EPS 转角控制技术

自动泊车辅助系统要求使用 EPS 控制器控制车辆自动转向实现自动泊车功能。其中,分析助力电机特性和控制原理,并根据路径规划算法和轨迹跟踪技术在恰当的时间点向 EPS 控制器发送控制指令,使方向盘转动目标角度是本系统的难点。

3. 制动辅助系统

制动辅助系统包括电子制动辅助(electronic brake assist,EBA)系统和制动辅助系统(brake assist system,BAS),是指能够通过判断驾驶员的制动动作(力量及速度),在紧急制动时增加制动力度,从而将制动距离缩短。对于像老人或女性这种脚踝及腿部力量不是很足的驾驶员来说,该系统的优势会表现得更加明显。而机械制动辅助(brake assist,BA)系统,其实是电子制动辅助(EBA)系统的前身。

在车辆行驶过程中,制动辅助系统会全程监测制动踏板,一般正常制动时该系统并不会介入,会让驾驶员自行决定制动时的力度大小;当其检测到驾驶员忽然以极快的速度和力量踩下制动踏板时,会被判定为需要紧急制动,于是便会对制动系统进行加压,以增强并产生最强大的制动力,让车辆及驾驶员能够迅速脱离险境。根据测试数据可知拥有制动辅助系统的车辆比未装有该系统的车辆可减少约 45% 的制动距离。

制动辅助系统结构如图 1.2 所示,其关键部件是液压单元 d、与防抱死制动系统(antilock brake system,ABS)集成在一起的控制单元 f、回流泵 e。制动压力传感器 b、速度传感器 h 和制动灯开关 c 为辅助系统提供信号,使其能够识别紧急情况。制造商基于此,在进行系统标定时多依据制动缸内压力。实际试验中,尤其是采用制动机器人(以踏板位移为控制依据),需确定踏板位移与主缸压力之间的关系。

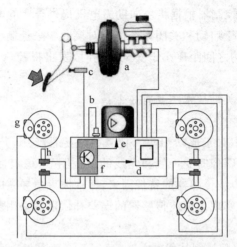

图 1.2 制动辅助系统结构示意图

a—真空助力器；b—制动压力传感器；c—制动灯开关；d—液压单元；e—回流泵；f—控制单元；g—制动器；h—速度传感器

4. 倒车辅助系统

倒车辅助系统以图像、声音的直观形式告知驾驶员车辆与障碍物的相对位置，消除因后视镜存在盲区带来的困扰，从而为驾驶员倒车提供方便，消除安全隐患。

按传感器的不同倒车辅助系统可分为红外线式、电磁感应式、超声波式和超声波与机器视觉配合式 4 种。

1) 红外线式

基于红外线式探测器的倒车辅助系统最早出现在 20 世纪 80 年代，具备电路结构简单、成本低、电路工作稳定的优点。红外线式探测器主要包括红外线发射装置和接收装置，红外信号由安装在汽车尾部的发射装置发出，遇到障碍物发生反射，被同样在汽车尾部的红外信号接收管接收，从而判断车后有障碍物。红外线式探测器的最大缺陷是红外信号容易被扰乱，如果遇到某些易吸收红外线的障碍物，功能将会大打折扣。此外，如果红外线发射器上覆盖了一层物体如灰尘等，它将会完全失灵。

2) 电磁感应式

电磁感应式探测器相比于红外线式探测器稳定性更好，灵敏度更高。它主要是用贴在后保险杠内侧的线圈来感应车后障碍物的情况。将车后障碍物和线圈之间视为气隙，汽车在后退时，气隙厚度就会发生变化，自感(L)大小也随之发生改变。再通过测量电路将其转化为电信号，系统便能检测到障碍物的存在。电磁感应式探测器隐蔽性好，且便于安装，但是这种探测器只能探测动态的障碍物，当汽车与障碍物不发生相对运动时（例如汽车启动前车尾已存在静止的障碍物），气隙厚度不再发生变化，障碍物便无法被检测到。

3) 超声波式

超声波倒车辅助系统技术成熟，稳定性、灵敏度、经济性都比以往的倒车辅助系统好。20 世纪 90 年代，倒车辅助系统终于迎来技术上的突破，采纳了超声波作为检测媒介。超声波发射接收装置（俗称探头），主要由铝合金外壳、陶瓷振荡片、吸声材料组成。

其工作原理是，微处理器发出命令后，陶瓷振荡片起振，与铝合金外壳产生共振形成超声波，并向周围发射。四周及后方的声波是不需要的，须加吸声材料来降低这些干扰。超声波发射出去后，碰到障碍物，会形成回波，此回波又恰好由相同的铝合金外壳与陶瓷振荡片以振动形式来接收。微处理器以计算回波的时间差、方位差的方式判断障碍物的位置。

它的缺点是：由于超声波本身的特性，当障碍物为过细的钢丝和绳线等纤细物体、棉花或雪等吸收超声波的物体、边缘锋利的物体时，倒车辅助系统极有可能检测不到障碍物。

4）超声波与机器视觉配合式

最新的倒车辅助系统以超声波和机器视觉作为检测手段。所谓机器视觉，就是用机器代替人眼去搜集信号，用计算机代替人脑进行判断。在倒车辅助系统中，将超声波技术和机器视觉技术有机地结合在一起，利用双向检测将大大提高倒车时的安全性和便利性。在倒车时，首先使用超声波检测汽车后方的障碍物信息，以确保倒车安全，再结合摄像头和图像处理系统识别路边的停车线，并通过程序算法匹配最合适的倒车路线。当汽车自动把位置和距离检测好后，驾驶员再按下确认键，倒车辅助系统便会代替人工操作。目前市场上已经存在应用以超声波和机器视觉为检测手段的倒车辅助系统的新型汽车，例如雷克萨斯 LS40L。

5. 行车辅助系统

行车辅助系统，本质上是为了用户安全，减轻用户疲劳度而生。行车辅助系统功能的范围很广，包括行车警报类的功能，比如车道偏离预警、盲点探测、前车碰撞预警、驾驶员疲劳监测等，这些功能在侦测到行车异常时，会以声音、方向盘振动的方式来提醒驾驶员，但是方向的回正、紧急制动还要靠驾驶员；还包括行车控制类的功能，比如自适应巡航（adaptive cruise control，ACC）、交通拥堵辅助等。

常见的行车辅助系统有以下几种：

1）预测性紧急制动系统

驾驶员能否避免追尾事故，取决于刹那间。预测性紧急制动（predictive emergency braking，PEB）系统基于环境传感器与车身电子稳定控制系统（electronic stability control，ESC）系统的网络化，在即将发生追尾事故的情况下帮助驾驶员防止事故的发生或降低事故的严重程度，数据表明，该系统能降低 72% 的追尾事故。该系统包含预测性碰撞预警、紧急制动辅助和自动紧急制动 3 个部分。目前，新款奥迪 A8L、宝马 X5 等车型都配置了类似产品，大众新一代高尔夫也配备了类似的行车辅助系统。

2）车道偏离预警、循迹辅助系统

控制车辆自动变换车道的功能是迈向无人驾驶的第二步，车道偏离预警系统或循迹辅助系统能降低 26% 的交通事故。以博世的"车道偏离预警系统"为例，包括驾驶员提醒、驾驶员操作失误判断、紧急制动等，利用视频传感器识别道路标线并探测无意的车道偏离，通过视觉、声觉或触觉信号提醒驾驶员。当识别到偏离之后，借助 ABS、ESP 执行器，将车辆自动调整到车道中心线上。

3）预防性安全系统

这套系统拥有冷静而迅速的判断力，该系统通过安装在车前保险杠和隔栅上的雷达系统对即将发生的危险作出迅速判断，当系统判定即将发生危险时，车辆安全带会迅速收紧、前排座椅迅速调整至最佳位置、充气座椅迅速膨胀,把驾驶员和副驾驶尽可能地固定在座椅上,以增大与仪表板的距离,在发生事故时减小前排乘客的向前冲力。事故发生前2.6s,预警安全/预防性安全(PRE-SAFE)系统将发出撞车危险声光报警;在临近事故1.6s时,如果驾驶员还没有作出反应,PRE-SAFE的预防性制动系统将会自动进行分级制动。

4)夜视辅助系统

车辆的夜视功能可以让驾驶员提前看清前方200m距离、近光灯照不到的黑暗中的交通标牌、弯道、行人或其他可以造成危险的事物。例如,奔驰所配备的夜视辅助系统在挡风玻璃内侧,还有专门研制的小型红外线摄像机,可记录车辆前方的驾驶环境,减弱干扰的耀眼光,提高其他物体的显示亮度,并将其显示在驾驶舱仪表板的显示屏上。

5)牵引力控制系统

车辆在光滑路面制动、起步、急加速时,车轮会打滑,还会使方向失控而发生危险,牵引力控制系统(traction control system,TCS)就是针对此问题而设计的。TCS依靠电子传感器探测到从动轮速度低于驱动轮时(这是打滑的特征),会发出信号,调节点火时间、减小气门开度、降挡或制动车轮,从而使车轮不再打滑。TCS可以提高汽车行驶稳定性、加速性以及爬坡能力。TCS如果和ABS相互配合使用,将进一步增强汽车的安全性能。TCS和ABS可共用车轴上的轮速传感器,并与行车电脑连接,不断监视各轮转速,当在低速发现打滑时,TCS会立刻通知ABS动作来减低此车轮的打滑。若在高速发现打滑时,TCS立即向行车电脑发出指令,指挥发动机降速或变速器降挡,使打滑车轮不再打滑,防止车辆失控甩尾。

1.2.2 自动驾驶

2013年,美国国家公路交通安全管理局(National Highway Traffic Safety Administration,NHTSA),率先发布了自动驾驶汽车的分级标准,其对自动化的描述共有4个级别。2014年,国际自动机工程师学会(Society of Automotive Engineers,SAE)也制订了一套自动驾驶汽车分级标准 SAE J3016《标准道路机动车驾驶自动化系统分类与定义》,其对自动化的描述分为5个等级,也就是我们熟知的L1~L5。在2014年公布以后,SAE J3016分别于2016年9月、2018年6月进行了两次更新。

2018年最新修订版 SAE J3016进一步细化了每个分级的描述,并强调了防撞功能。在这个 SAE 最新版本的标准中,提到了动态驾驶任务,并依据动态驾驶任务的执行者和具体内容来定义自动驾驶所处的级别,并认为驾驶中有3个主要的参与者:用户、驾驶自动化系统以及其他车辆系统和组件。每个参与者的定义并不基于实际情况,例如,驾驶员在辅助驾驶期间走神,但他仍然属于用户的级别。SAE International 关于自动化层级的定义已经成为定义自动化/自动驾驶车辆的全球行业参照标准,用以评定自动驾驶技术,其具体定义如图1.3所示。

L0:驾驶员完全掌控车辆。

L1:自动系统有时能够辅助驾驶员完成某些驾驶任务。

L2:自动系统能够完成某些驾驶任务,但驾驶员需要监控驾驶环境,完成剩余部分,同时保证出现问题时随时进行接管。在这个层级,自动系统的错误感知和判断由驾驶员随时

自动驾驶分级	称呼（SAE）	SAE定义	主体		
			驾驶操作	周边监控	支援
L0	无自动化	由人类驾驶者全权操作车辆。	人类驾驶者	人类驾驶者	人类驾驶者
L1	辅助驾驶	系统对方向盘和加减速中的一项操作提供驾驶辅助，其他的驾驶动作都由人类驾驶员进行操作。			
L2	部分自动驾驶	系统对方向盘和加减速中的多项操作提供驾驶辅助，其他的驾驶动作都由人类驾驶员进行操作。	系统		
L3	条件自动驾驶	系统完成绝大部分驾驶操作，根据系统请求，人类驾驶者提供适当的应答。		系统	
L4	高度自动驾驶	系统完成所有驾驶操作。根据系统请求，人类驾驶者不一定需要对所有的系统请求作出应答，但限定道路和环境条件。			系统
L5	完全自动驾驶	系统完成所有的驾驶操作，在所有的道路和环境条件下驾驶。			

图 1.3 SAE J3016 驾驶自动化水平综述（2018）

纠正，大多数车企都能提供这个系统。L2 可以通过速度和环境分割成不同的使用场景，如环路低速堵车、高速路上的快速行车和驾驶员在车内的自动泊车。

L3：自动系统既能完成某些驾驶任务，也能在某些情况下监控驾驶环境，但驾驶员必须准备好重新取得驾驶控制权（自动系统发出请求时）。所以在该层级下，驾驶员仍无法进行睡觉或者深度的休息。

L4：自动系统在某些环境和特定条件下，能够完成驾驶任务并监控驾驶环境。这个阶段下，在自动驾驶可以运行的范围内，与驾驶相关的所有任务和驾乘人已经没关系了，感知外界的责任全在自动驾驶系统。

L5：自动系统在所有条件下都能完成所有驾驶任务。

在《中国制造 2025》中，我国对智能网联汽车分为 DA、PA、HA、FA 共计 4 个级别。完全手动驾驶没有计入其中。总体看来，分级如下：

（1）驾驶辅助（DA）。一项或者多项局部自动功能，例如 ESC、ACC、AEB（autonomous emergency braking）等，并能提供基于网联的智能信息提醒。

（2）半自动化（PA）。在驾驶者短时间转移注意力仍可保持控制，失去控制 10s 以上予以提醒，并能提供基于网联的智能引导信息。

（3）高度自动化（HA）。在高速公路和市区内部均可自动驾驶，偶尔需要驾驶员接管，但是有充分的移交时间，并能提供基于网联的智能控制信息。

（4）完全自动化（FA）。驾驶权完全交给车辆，这种自动化水平允许乘员从事计算机工作、休息和睡眠等其他活动。

同时，《中国制造 2025》也提出了智能网联汽车产业的发展目标：到 2020 年，初步形成以企业为主体、市场为导向、政产学研用紧密结合、跨产业协同发展的智能网联汽车自主创新体系，汽车信息化产品自主份额达 50%，DA、PA 整车自主份额超过 40%。到 2025 年，基本建成自主的智能网联汽车产业链与智慧交通体系，汽车信息化产品自主份额达 60%，DA、PA、HA 整车自主份额达 50% 以上，实现汽车全生命周期的数字化、网络化、智能化，初步完成汽车产业转型升级。

1.3 智能车辆关键技术

智能车辆的主要关键技术有传感器技术、测量数据处理技术和通信技术等。

1.3.1 传感器技术

智能车辆行驶时,必须实时了解车辆周围的行驶环境,并根据这些信息作出相应的决策。环境信息的获得依靠安装于车上的各种传感器,这些传感器数据的准确性是影响智能车辆系统可靠运行的关键因素之一。

辅助驾驶和无人驾驶均需要传感器配合,其中摄像头、毫米波雷达、激光雷达以及红外传感器是较为重要的传感器。各种传感器均有自身优势和劣势,比如摄像头能实现图像识别,但在恶劣环境下容易失效;毫米波雷达穿透性好能直接测距,但无法识别道路线等;激光雷达性能最优却过于昂贵,且无法穿透大雾天气;红外传感器在夜晚效果最佳,但成本较高。

1. 机器视觉技术

机器视觉技术是目前智能车辆领域发展最快的技术之一,机器视觉必须具备实时性、鲁棒性、实用性3个特点。

目前,机器视觉主要用于路径的识别与跟踪。与其他传感器相比,机器视觉具有检测信息量大、能够遥测等优点,但数据处理量大,容易导致系统的实时性问题,解决方法是采用更高性能的硬件或提出新的视觉算法。

机器视觉技术近年来高速发展,大多数商家企图通过提高摄像头的视力或者增加雷达来增强设备检测物体的能力。环境感知公司一般定位为算法软件企业,向一级供应商提供ADAS算法,由一级供应商采购摄像头和芯片进行模组组装并和其他系统如车机、底盘等进行集成供应给整车厂。视觉系统 ADAS(advanced driving assistance system,高级驾驶辅助系统)可以通过升级算法提供更多的功能,如车道偏离预警、车辆识别、行人识别、交通路牌识别等。

Mobileye 公司另辟蹊径,运用单摄像头附带传感器和特有算法,将物体探测任务在单一硬件平台上执行。这使得设备安装程序大为简化,成本也大大降低,从而受到各大车企的青睐。Mobileye 的技术原理是通过前置摄像头对前方物体进行实时监测,同时配以算法计算出物体与车辆的距离,从而实现车道偏离告警、前车防撞、行人探测与防撞等 ADAS 功能。

除此之外,机器视觉技术还有许多替代应用和辅助应用。替代应用有车辆检测、车距与车速测量、车道线检测和交通标志检测等。辅助应用有监视驾驶员状态、视线调节、视觉增强等。

2. 雷达技术

雷达技术可以轻松解决视觉技术在深度信息方面的难题,一般与视觉系统共同应用到智能车辆上，通过两种传感器的融合，可以得到更为准确的路面信息。

在过去的几年中，人们在研究车载雷达系统探测前方障碍物方面做了大量的研究，现在关于雷达方面的研究已经相对成熟，主要工作已经转到工业制造成本的降低和如何使之功能更强大方面。

目前在汽车上得到应用的雷达主要有毫米波雷达、激光雷达、超声波雷达，它们各有优劣，适用于不同的场景。

1) 毫米波雷达

毫米波波束窄，具备高精细细节分辨的能力；相比激光其传播特征受气候影响小，具有全天候特性；相比微波更容易小型化。在超高速短距离通信、长距离星际通信、空间目标识别、精密跟踪、空间成像、弹道测量、导弹制导、汽车、船舶、飞机等动力系统防撞、无人机、电子对抗、天文望远镜、反恐安检、毫米波医学治疗等领域，具备非凡的应用价值。

在车辆上应用毫米波雷达(radio detection and ranging,RaDAR)测距，具有探测性能稳定的特点，因为毫米波雷达不易受对象表面形状和颜色的影响，也不受大气流的影响；还具有环境适应性能好的特点，因为雨、雪、雾等对毫米波雷达的干扰小。

毫米波雷达向周围发射无线电，通过测定和分析反射波以计算障碍物的距离、方向和大小。雷达能直接测量距离和速度信息的特点使其应用于自适应巡航、碰撞自动制动上有着天然的优势，也是目前自适应巡航最主流的解决方案。

2) 激光雷达

激光雷达(light detection and ranging,LiDAR)是将激光、全球定位系统(global positioning system,GPS)和惯性测量装置(inertial measurement unit,IMU)三者合一，获得数据并生成精确的数字高程模型(digital elevation model,DEM)。简而言之，就是激光束探测目标的位置、速度等特征量的高精度雷达系统，原用于军事领域，目前已延伸至汽车无人驾驶领域。

激光雷达和毫米波雷达的主要区别是激光雷达发射的是可见和近红外光波，而毫米波雷达使用的是无线电波。激光雷达的工作原理与微波雷达非常相近，以激光作为信号源，由激光器发射出的脉冲激光打到目标上，引起散射，一部分光波会反射到激光雷达的接收器。根据激光测距的原理计算，就得到从激光雷达到目标点的距离，脉冲激光不断地扫描目标物就可以得到目标物上全部目标的数据，用此数据成像处理后，就可得到精确的三维立体图像。

相比而言，激光雷达的优势主要有：

分辨率高：角分辨率不低于 0.1mrad；距离分辨率可达 0.1m；速度分辨率能达到 10m/s 以内；

隐蔽性好,抗有源干扰能力强：激光直线传播，方向性好，光束非常窄；

低空探测性能好：只有被照射的目标才会产生反射，完全不存在地物回波的影响。

3) 超声波雷达

超声波雷达是一款极其常见的传感器，它在汽车上一般以倒车雷达的身份出现。倒车雷达也叫泊车辅助装置(car reversing aid system)，是车辆在停车或者泊车时候的安全辅助装置，它能够以声音或图像等直观的方式显示车辆周围的障碍物情况，可以扩大驾驶员的视野，帮助驾驶员及时发现车辆周围的障碍物，提高驾驶的安全性。

超声波雷达的工作原理是通过超声波发射装置向外发出超声波,到通过接收器接收到发送过来超声波时的时间差来测算距离。目前,常用探头的工作频率有 40kHz、48kHz 和 58kHz 三种。一般来说,频率越高,灵敏度越高,但水平与垂直方向的探测角度越小,故一般采用 40kHz 的探头。超声波雷达防水、防尘,即使有少量的泥沙遮挡也不影响工作。探测范围在 0.1~3m,精度较高,因此非常适用于泊车。

超声波雷达同样有它的优势与不足。优势:超声波的能量消耗较缓慢,在介质中传播的距离比较远,穿透性强,测距的方法简单,成本低。不足:超声波雷达在速度很高的情况下测量距离有一定的局限性,这是因为超声波的传输速度很容易受天气情况的影响,在不同的天气情况下,超声波的传输速度不同,而且传播速度较慢,当车辆高速行驶时,使用超声波测距无法跟上车辆的车距实时变化,误差较大。另一方面,超声波散射角大,方向性较差,在测量较远距离的目标时,其回波信号比较弱,影响测量精度。但是,在短距离测量中,超声波测距传感器具有非常大的优势。

3. 磁性导航技术

磁性导航技术利用路面下埋设的磁钉与机器视角相结合,可以实现车辆的道路跟踪。目前已有商用的磁车道线在使用,有的正在设置。由于磁钉必须安置于路面下,需要在道路建设时预先设置,这限制了这种传感器的使用。

美国和日本在 20 世纪 90 年代中期,提出在道路中间铺设磁块的方式来进行导航,并于 1996 年及 1997 年在公路上做过试验。美国加利福尼亚州进行的 PathProgram 项目在高速公路上,采用安装磁性铁钉来实现道路边界的标识。美国明尼苏达州的高速公路自动扫雪车也采用磁性参照物的导航方式。目前在工业生产中广泛应用的自动引导运输车(automated guided vehicle,AGV)大都采用这种磁性导航的导航方式。

4. 高精度的数字地图和 GNSS 技术

高精度地图是导航地图的一种,在数据精度上比普通导航地图高,达到厘米级,在数据要素上比普通导航地图精细,针对车道级几何、拓扑关系及交通标志,在应用上比普通导航地图更加智能化、无人化,其主要用于自动驾驶汽车的环境感知、自定位、规划与决策等方面。

传统的导航电子地图,主要是给驾驶员使用,而高精度地图主要是给自动驾驶汽车使用。因此,相比于传统导航电子地图,高精度地图具有更高的计算精度,更多的数据层级,更动态的实时性等特点,以满足自动驾驶汽车在行驶过程中地图精确计算匹配、实时路径规划导航、辅助环境感知、驾驶决策辅助、智能车辆控制的需要。

全球导航卫星系统(global navigation satellite system,GNSS)系统是一种可全天候工作的系统,与数字地图相结合,可以提供道路曲率、车道外形以及车道边线等信息,厘米级的 GNSS 还可用于检测车辆的位置,以便实现精确的车辆或道路跟踪。GNSS 系统的不足是在有些情况下,如当车辆在市区街道行驶,由于林荫及路边高层建筑的影响等会造成 GNSS 信号丢失,从而影响它的使用。

1.3.2 测量数据处理技术

1. 数据相关和融合技术

不同传感器有不同的特性和不同的使用范围,目前还没有一种适用于智能车辆使用的全能传感器。另外,单个传感器的信息有一定的局限性,根据其做出判断容易产生虚警。因此,为了提高对目标的识别和估计能力,提高测量的可靠性,就要利用数据相关技术,对分布在不同位置的多个同类或异类传感器所提供的局部不完整观察量进行数据融合,从而消除多传感器信息之间可能存在的冗余和矛盾,充分利用各传感器数据的互补性,降低测量值的不确定性,确定符合实际的测量值,形成对系统环境相对一致的感知描述,从而提高系统决策的正确性。

目前已有人利用激光雷达与毫米波雷达,或毫米波(激光)雷达与 CCD(charge coupled device,电子耦合器件)摄像机的信息进行融合处理,实验表明这些方法提高了对目标的探测和跟踪能力以及对目标状态的估计精度。但是,对一个实际系统而言,增加传感器的数目,在提高系统的性能的同时也会增加系统的成本,所以必须综合考虑系统的性价比。

2. 滤波估计技术

智能车辆系统在实现车辆行驶智能化时,主要参考的是各类传感器测量得到的有关自车与前车或自车与障碍物的相对距离、相对速度、相对减速度等运动学参数的数据,而这些数据在测量的过程中由于传感器本身的热噪声、大气干扰和工作条件扰动等因素的影响,绝大多数都存在测量误差,所以有效的滤波算法对于智能车辆系统性能的发挥和提高起着非常重要的作用。

Kalman 滤波技术自 20 世纪 60 年代出现以来,经过众多领域的实践应用,已显示出了它在解决此类问题上的优势,在智能车辆系统各单传感器和融合中心的数据处理中也得到了广泛的应用。但是,由于 Kalman 滤波要求精确已知的模型和噪声统计特性,而这些条件在实际应用时往往不能事先确定,所以研究 Kalman 滤波中模型和噪声统计特性的在线自适应方法是该领域目前的一个研究重点;另外,由于实际应用 Kalman 滤波时的测量方程多是非线性方程,而常规的扩展 Kalman(extend Kalman filter,EKF)方法有时会导致很大的滤波误差,所以研究符合实际的非线性滤波方法是该领域的另外一个研究重点。

1.3.3 通信技术

车辆的行驶除与其自身有关外,也受行驶环境的影响,为了安全行驶,提高道路的利用率,有必要及时将前方路况信息(如交通状况、路面性能、路面特征等)、前方车辆的运动特征、下一步的动作等,通过车-路或车-车通信系统及时告诉自车,以便自车及时采取相应的措施。

通信系统的工作不易受环境与气候变化的影响,可以全天候地工作。因此,研制和发展简便易行,工作可靠的车-路或车-车通信系统是智能车辆系统研究的另一重要方向。

智能车辆无线通信系统基本需求如下:

应用环境:室外,大范围空旷地区;

通信带宽:保证高速数据通信,足够传输视频数据用于视频安全监控;

移动性:要求系统能保证移动点(智能车辆)的通信连接稳定性;

多用户需求:通信节点多,包括智能车辆、车站和视频监控点;

通信链路:实现所有通信节点之间一点对一点、一点对多点的数据通信;

灵活性:通信节点可以随时进入和退出系统;

安全和抗干扰:保证系统通信安全和通信传输抗干扰。

目前常用的无线通信技术主要有 Wi-Fi、Meshwork、ZigBee、蓝牙、红外、3/4/5G、802.11p、V2X 等,其技术参数各有优劣。

基于大范围室外环境,可以将红外技术、蓝牙技术排除,其最大传输距离仅 10m 左右。3G、4G 业务已经进入市场,由于其主要用于手机增值服务开发,目前通信成本过大。5G 潜力巨大,但目前尚未正式商用。

Meshwork 技术是智能车辆应用中最合适的技术手段。目前已经投入使用的几套智能车辆演示系统均采用此项技术作为系统无线通信解决方案,但是此项技术由美国公司开发,用在美国军方的战场单兵指挥系统之中,因此美国对该技术进行封锁保密。

Wi-Fi 和 ZigBee 两种技术,可以满足一定的智能车辆交互系统要求。比较两种通信技术,Wi-Fi 在传输距离和速度上均好于 ZigBee,且移动性强,非常适用于智能车辆实时移动连接的要求。ZigBee 属于激活/休眠工作方式,在不连接时的休眠功耗急剧降低,但是对于智能车辆应用,通信必须实时处于工作状态,因此其低功耗优势无法体现。

IEEE 802.11p(又称 wireless access in the vehicular environment,WAVE)是一个由 IEEE 802.11 标准扩充的通信协议。这个通信协议主要用于车用电子的无线通信。它从 IEEE 802.11 扩充延伸,以满足智能运输系统(ITS)的相关应用。应用层面包括高速率的车辆之间以及车辆与标准 ITS 路边基础设施之间的数据交换。

V2X 即 vehicle-to-everything,是智能车辆和智能交通的支撑技术之一。V2X 包含车辆与车辆 V2V(vehicle-to-vehicle)、车辆与基础设施 V2I(vehicle-to-infrastructure)、车辆与行人 V2P(vehicle-to-pedestrian)、车辆与外部网络 V2N(vehicle-to-network)等各种通信应用场景。目前而言,基于 V2V 通信车辆能实现前方碰撞预警、变道辅助、左转辅助、协同式自适应巡航控制等应用;基于 V2I 通信可以实现速度建议、交通优先权、路况预警、闯红灯预警、当前天气影响预警、停车位和充电桩寻位等应用;基于 V2P 通信,能实现弱势道路使用者的预警和防护;基于 V2N 通信可实现实时交通路线规划、地图更新等服务。目前国际上主要有专用短程通信(dedicated short range communication,DSRC)和 C-V2X(基于蜂窝网络的 V2X)两种技术方案。其中 DSRC 技术发展历史较久,早在 1992 年美国 ASTM(American society for testing and materials)就开始发展 DSRC 技术,美国和日本已经形成了完善的标准体系和产业布局;C-V2X 技术依靠移动网络的发展,正处于快速发展的阶段,得到中国、欧盟等国家的高度重视。

1.4 智能车辆研究方向

目前智能车辆的研究方向主要有以下几个方面：

1. 驾驶员行为分析（driver behavior analysis）

主要研究驾驶员的行为方式、精神状态与车辆行驶之间的内在联系，目的是建立各种辅助驾驶模型，为智能车辆辅助驾驶或自动驾驶提供必要的数据。如对驾驶员面部表情的归类分析，能够判定驾驶员是否处于疲劳状态、是否困倦瞌睡等。

2. 环境感知（environmental perception）

主要是运用传感器融合等技术，获得车辆行驶环境的有用信息，如车流信息、车道状况信息、周边车辆的速度信息和行车标志信息等。

3. 极端情况下的自主驾驶（autonomous driving on extreme courses）

主要研究在某些极端情况下，如驾驶员的反应极限、车辆失控等情况下的车辆自主驾驶。

4. 车辆运动控制系统（vehicle motion control systems）

研究车辆控制的运动学、动力学建模、车体控制等问题。

5. 主动安全系统（active safety system）

和被动安全系统相对比，主动安全系统主要是以防为主，如研究各种情况下的避障预警、防撞安全保障系统等。

6. 交通监控、车辆导航及协作（traffic monitoring，vehicle navigation，and coordination）

主要研究交通流诱导等问题。

7. 车车通信（inter-vehicle communications）

研究车辆之间有效的信息交流问题，主要是各种车辆间的无线通信问题。

8. 军事应用（military applications）

研究智能车辆系统在军事上的应用。

9. 系统结构（system architectures）

研究智能车辆系统的结构组织问题。

10. 先进的安全车辆（advanced safety vehicles）

研究更安全、具有更高智能化特征的车辆系统。

思 考 题

1. 辅助驾驶包括哪些系统？
2. SAE J3016 对驾驶自动化水平是如何分级的？
3. 我国是如何对智能网联汽车进行分级的？
4. 智能网联汽车常用的传感器有哪些？
5. 智能车辆的主要关键技术有哪些？

第 2 章

智能车辆研究历史和现状

2.1 智能车辆的发展

智能车辆的研究始于20世纪50年代的美国,1954年美国的Barret Electronics公司研究开发出世界上第一台自动引导运输车AGV,并在南卡罗来纳州Mercury Motor Freight公司的仓库内投入运营,用于实现物品的自动运输。该AGV是一种无人驾驶的自动拖车装置,可跟踪埋在地面下的带电导线实现车辆的自动引导。尽管这只是一个运行在固定线路上的拖车式运货平台,但它却具有了智能车辆最基本的特征。

进入20世纪80年代,伴随着与机器人技术密切相关的计算机、电子、通信技术的飞速发展,国外掀起了智能机器人研究热潮,并开始从六七十年代的初步研究阶段进入了90年代的深入、系统和大规模研究阶段。从20世纪80年代中后期开始,世界主要发达国家对智能车辆的研发工作卓有成效。近年来,随着西方各国对智能交通运输系统(ITS)研究的投入,作为ITS重要组成部分的智能车辆技术也得到了飞速的发展。

在智能车辆的研究领域,谷歌公司走在了最前面。谷歌已获得了将半自动混合驾驶汽车汽车转型为全自动驾驶汽车的技术专利,成功实现了汽车人控驾驶到无人驾驶的转型,在无人智能车方面取得了突破性的进展。

谷歌并非唯一研究无人驾驶汽车的公司。事实上,几乎所有传统大汽车公司都在研制各自的无人驾驶自动汽车,一些硅谷的研发实验室也加入了这个行列。2011年,一辆宝马无人驾驶汽车沿着高速公路从慕尼黑开到因戈尔施塔特。同年,奥迪将一辆无人驾驶汽车送到了落基山的派克峰进行测试;大众与斯坦福大学合作,建造Junior的改进版。2011年11月,在东京车展上,丰田展示了它的普锐斯AVOS(automatic vehicle operation system,自动驾驶汽车操作系统),车主可以遥控汽车行驶到指定地点。

2.2 美国智能车辆的研究历史和现状

在美国,自从20世纪50年代第一辆智能车AGV出现以后,各个相关部门、高校和企业陆续展开了智能车辆的研究。1995年,美国政府成立了国家先进高速公路系统联盟(national advanced highway system consortium,NAHSC),该机构的目标之一就是研究发展智能车辆的可行性,主要研究项目包括美国卡内基·梅隆大学的NavLab系列、俄亥俄州立大学研制的TerraMax智能车、加州大学伯克利分校的MoBIES V2V实验平台等。

2.2.1 NavLab 系列

美国卡内基·梅隆大学机器人研究所研制了 NavLab 系列智能车辆。其典型代表有 NavLab-1 系统、NavLab-5 系统和 NavLab-11 系统,如图 2.1 所示。

1. NavLab-1 系统

NavLab-1 系统于 20 世纪 80 年代建成。其计算机系统由 Warp、Sun3 和 Sun4 组成,用于完成图像处理、图像理解、传感器信息融合、路径规划和车体控制。采用的传感器主要包括彩色摄像机、ERIM 激光雷达、超

图 2.1 NavLab 系列某型号

声波雷达陀螺、光码盘、GPS 等。NavLab-1 系统在一般非结构化道路实验速度为 10km/h,在典型结构化道路情况下运行速度为 28km/h,而使用神经网络控制器 ALVINN 控制车体的最高速度可达 88km/h。

2. NavLab-5 系统

NavLab-5 系统于 1995 年建成。卡内基·梅隆大学与 Assist-Ware 技术公司合作,在 NavLab-5 上开发了便携式高级导航支撑平台(portable advanced navigation support, PANS)和快速自适应车体定位处理器——RALPH 视觉系统。PANS 平台为系统提供计算基础和 I/O 功能,并能控制转向执行机构并进行安全报警。该平台的计算机系统包括一台 SpareLx 便携式工作站,工作站能完成传感器信息处理与融合,以及全局与局部路径规划任务。

NavLab-5 在试验场环境道路上自动驾驶的平均速度为 88.5km/h,公路试验时首次进行了横穿美国大陆的长途自动驾驶试验。其自动驾驶行程为 4496km,占总行程的 98.1%。车辆的纵向导航控制由驾驶员完成,而车辆的横向控制完全实现自动控制。大部分的行驶道路为高速公路,有一部分路况复杂的市区公路以及路面条件较差的普通道路,同时还包括清晨、夜晚和暴雨等不同气候条件。

3. NavLab-11 系统

NavLab-11 系统是 NavLab 系列最新的平台,其车体采用 Wrangler 吉普车,安装在车身上的传感器包括差分 GPS、陀螺仪和光电码盘、激光雷达、摄像机等。其中,差分 GPS 系统使用的设备是 Trimble Ag-GPS 114,采用广域增强系统,可以实现实时亚米级精度;陀螺仪和光电码盘,采用 Crossbow 的 VG400CA 惯性姿态测量系统,可以实现在动态环境的全姿态测量;激光雷达 SICK LMS 221-30206,最大检测范围为 50m,分辨率为 10mm,最大扫描角为 180°,角分辨率为 0.5°;彩色摄像机采用一台 SONY EV1-330。

NavLab-11 的车上装有工业级四核计算机,用于处理各种传感器传输来的信息,并把信息分送到各个子单元,包括对象侦测器、路肩侦测器、防撞子单元、控制子单元等。它的最高车速为 102km/h。

2.2.2 TerraMax 智能车

1997年,俄亥俄州立大学(OSU)的 CITR 研发了3辆智能车,参加了 NAHSC 演示。1999年,开发的车辆能实现利用 GPS 沿着事先设定的路线行进。为了满足崎岖路面行进,OSU 与 Oshkosh Truck 研发了 TerraMax 智能车,他们将一辆军事战术车改装成一辆能够自主行驶的智能车,该车长 28ft,宽 8ft(1ft=0.3098m)。如图 2.2 所示。

车上装有6部摄像机、4个激光雷达、2个毫米波雷达和12个超声波传感器,共同用于检测车辆周围的障碍物;2个高精度 GPS、1个电子罗盘、1套惯性导航系统用于自身状态原始信息采集,采集数据传入中央计算机(含有8个高性能处理器),由卡尔曼滤波算法进行处理后得到车辆状态信息。利用有限状态机确定车辆的各种运行模式,最终完成自主行驶任务。

图 2.2 TerraMax 智能车

TerraMax 于 2004 年正式投入使用,并参加了 DRAPA 的自动驾驶挑战赛,通过自动驾驶跨越了 150mile 的沙漠。它现在装载了激光雷达,其帮助该系统能够更好地控制车辆的行驶。它还能控制轮胎的软硬程度,并判断地面是否有流沙、泥坑等障碍。TerraMax 和谷歌无人车的工作原理有点相似,但它能够适应更多的路况。谷歌的无人车能够分辨速度限制、行车线路,但战场上没有这些标志、标线。TerraMax 通过顶部的摄像头来判断路况,并通过 GPS 导航,主要应用于战场上。

2.2.3 MoBIES 实验平台

MoBIES(model-based integration of embedded software)项目,即基于模型的嵌入式软件集成,由美国国防高级研究计划局信息技术办公室资助,在加州大学伯克利分校进行开发,其目标为嵌入式系统的基于过程的软件组件开发技术。

该项目的重点是组件交互的框架。开发人员为这样的框架定义了合适的语义,其特定目标是将时间和时间要求建模为计算模型的组成部分,通过开发"系统级类型系统"来表征这些语义,它将类型系统的概念扩展到程序动态,进而定义生成器以采用抽象的系统级模型并生成嵌入式实时软件。

该项目最终发布了 Ptolemy Ⅱ 软件实验室 1.0 版。此版本包括用于连续时间建模、离散事件建模、同步/周期建模(Giotto)、有限状态机建模和数据流建模的域,以及用于分层组合域以获得混合模型(包括混合系统)的语义框架,并发状态机和混合信号模型。他们创建了一个可视化界面,以便用图形方式而不是文本方式构建模型,并为模型的代码生成框架创建了一个概念演示,该框架基于加州大学伯克利分校的 Titanium Java 编译器。

根据汽车 OEP 团队的要求,他们提供了 Ptolemy Ⅱ 的评估版本以及车辆到车辆(V2V)模型(作为混合动力系统)和电子节气门控制(electronic throttle control,ETC)的实例(作为混合连续/Giotto/SDF 模型)。

2.2.4 美国 DoD 支持项目

美国国防部(United States Department of Defense,DoD)曾发起在战场上布置智能车平台的计划,使用"即插即用"部件使智能车的结构和接口标准化,使其在不同车辆上具有可用性和互用性。

NHTSA 资助美国国家标准与技术研究院(National Institute of Standard and Technology,NIST)研发了 Robotic HMMWV 测试车,用于评价碰撞避免系统的有效性,如图 2.3 所示。

Demo Ⅲ 由操作者通过战术控制单元发布命令,控制单元连接控制界面,用于评价先进传感器性能、障碍物检测和避免算法、自动任务编制、有效和自主执行军事任务的能力等,如图 2.4 所示。

图 2.3 Robotic HMMWV 测试车

图 2.4 Demo Ⅲ

1993 年,GDRS 开始研发 MDARS 概念车,其有如下特点:完全自控,按事先安排进行巡逻任务,或者通过操纵杆进行遥控;获得的速度可达 20km/h;可以检测 200m 处的入侵者;装备有实时障碍物避免系统和 360°传感器;分布式控制系统;通过安装在地面上的中继站通信网络提供覆盖整个训练区域的 RF(radio frequency)信号。

2.2.5 谷歌

谷歌一直主张不造车,直接以"机器人系统"为核心的全自动无人驾驶汽车作为开发目标,主要研究无人驾驶汽车的外部环境感知、检测、判断和控制算法等。

2009 年谷歌启动无人驾驶汽车项目,随后,谷歌将丰田普锐斯改造成谷歌的第 1 代无人驾驶汽车,如图 2.5 所示,该车搭载用 64 线激光雷达,突出地图优势,并在加利福尼亚州山景城进行了路测。

2011 年,谷歌将雷克萨斯 RX450HSUV 改装成第 2 代无人驾驶汽车,如图 2.6 所示。在 2012 年便用雷克萨斯 RX450h 在高速公路完成超过 300km 的路试,并将车辆放在有行人、骑行者、道路施工等更复杂街区。相对第 1 代无人驾驶汽车,第 2 代无人车加强了环境感知技术,并通过收购知名企业,进一步增强图像识别能力,加大深度学习的水平,拓展车联网应用。

图 2.5　第 1 代谷歌无人驾驶汽车　　　　图 2.6　第 2 代谷歌无人驾驶汽车

2014 年 4 月,谷歌宣布谷歌无人车可以应对数千座城市的道路交通,这是其自 2012 年以来第一次对无人驾驶汽车项目信息正式的更新。2014 年 5 月,谷歌发布了第 3 代无人驾驶汽车(图 2.7),这款车是谷歌自主研发的纯电动自动驾驶车。谷歌借鉴 PodCar 原型,推出了自主设计并研发的无人驾驶车原型。这款车整合了谷歌广告及地图服务等优势资源,增强了人机交互体验,更加关注行人安全。这款车没有制动器、转向盘和油门,最高速度设置为 25mile/h,计划生产 100~200 辆。2015 年谷歌自行研发的"Firefly"无人驾驶汽车首次在公路测试。

2016 年 5 月,谷歌宣布和菲亚特-克莱斯勒汽车公司(FCA)合作,FCA 为谷歌生产了 100 辆 Pacifica 多用途汽车(multi-purpose vehicles,MPV),车上装备了整套的传感器、远程信息处理和计算单元等系统,这是谷歌首次与汽车厂商展开官方合作。10 月,搭载全新自动驾驶系统的测试车在美国有极端天气的多地进行了测试。

2016 年 12 月 14 日,谷歌宣布成立无人驾驶公司 Waymo,并展示了基于 Pacifica MPV 改进的自动驾驶概念车(图 2.8)。该车车顶安装了雷达和摄像头套件,车前翼子板和前后保险杠都装有感应器。

图 2.7　第 3 代谷歌无人驾驶汽车　　　　图 2.8　利用 MPV 改造的自动驾驶概念车

12 月 22 日,本田和谷歌公司宣布将共同研发完全自动驾驶技术,本田将为 Waymo 提供开放车辆控制权限用于自动驾驶开发的改装车辆,并将这些车辆加入到 Waymo 公司的路测车队中。

截至 2017 年底,谷歌公司的无人驾驶汽车测试里程已经达到 141.3 万 mile(约合 227.4 万 km),而根据测试报告显示,谷歌 Waymo 的每千英里人为干预次数仅为 0.18 次,相当于约 9000km 才需要人为干预一次,排在第二名的通用 Cruise 为 0.84 次。

2017 年 11 月 24 日,谷歌 Waymo 正式对外宣布实现了真正的完全无人驾驶,正在向加利福尼亚州申请完全无人驾驶路测资格,未来谷歌汽车上路测试将不再需要配备安全员。

2018年1月底,谷歌Waymo从美国亚利桑那州交通部门拿到了正式的无人驾驶商用许可。2018年7月,谷歌Waymo宣布其自动驾驶车队在公共道路上的路测里程已达800万mile。2018年12月,谷歌Waymo推出了面向自动驾驶网约车的Waymo One应用。

谷歌无人驾驶汽车外部的核心是位于车顶的旋转式激光雷达,该激光雷达可以发出64道激光光束,能够计算出200m以内物体的距离,得到精确的三维地图数据,自动驾驶汽车会将激光雷达测得的数据和高分辨率的地图相结合,作出不同的数据模型。安装在前挡风玻璃的摄像头可以用于近景观察,帮助自动驾驶汽车识别前方的人和车等障碍物,记录行程中的道路情况和交通信号的标志,最后通过相应软件对信息进行分析和综合。轮胎上的感应器可以保证汽车在一定轨道上运行,倒车时,还能快速测算出后方障碍物的距离,实现安全停车。汽车前后保险杠内安装有4个雷达元件,可以保证汽车在道路上保持2~4s的安全反应时间,根据车速变化进行调整,在最大程度上保证乘客的安全。

2.2.6 特斯拉

特斯拉(Tesla)是一家美国电动车及能源公司,产销电动车、太阳能板及储能设备。公司最早创立于2003年,后改名为"特斯拉汽车"(Tesla Motors),以纪念物理学家尼古拉·特斯拉(Nikola Tesla)。

特斯拉的第一款汽车产品Roadster发布于2008年,为一款两门运动型跑车。2012年,特斯拉发布了其第二款汽车产品Model S,是一款四门纯电动豪华轿跑车。第三款汽车产品为Model X,是豪华纯电动SUV,于2015年9月开始交付。特斯拉的Model 3,首次公开于2016年3月。

2015年,特斯拉正式启用了一款驾驶辅助系统AutoPilot,并开始利用影子模式(shadow-mode)功能收集大量真实的路况数据。2016年,特斯拉发布Autopliot 2.0,称其可以实现常见道路的全自动驾驶,包括Model 3等车型都可以搭载,如图2.9所示。

图2.9 特斯拉的AutoPilot系统

实际上,特斯拉在宣传文案上的自动驾驶功能在SAE的分级中也只是能达到L2级别的标准,并没有宣传中所讲的那么神奇。2016年5月,史上第一起由自动驾驶技术引发的血案发生了,主角是"先行者"特斯拉与驾驶员Joshua Brown。Joshua Brown驾驶着特斯拉

Model S，从侧面撞上一辆18轮大型货车，车从后轮的空隙中直接穿过，顶部被掀翻，致驾驶员当场死亡。事故发生后，特斯拉被指责其自动驾驶功能"越过了安全的底线"，那只是辅助驾驶功能。

特斯拉的"激进"因此有所滞缓，其中文官网对于AutoPilot的中文翻译由"自动驾驶"改成"自动辅助驾驶"。在2017年度的Navigant自动驾驶报告中，特斯拉在众多企业中排名垫底。在策略(strategy)维度，特斯拉是排在较高级别的，而在执行力(execution)维度，则是全场最低。

2018年3月3日，一辆处于AutoPilot状态的特斯拉在硅谷撞上了高速护栏，车主也不幸身亡。可以说，特斯拉的AutoPilot到现在仍然属于辅助驾驶，与谷歌所研发的完全无人驾驶不属于同一级别的自动驾驶。

2.3　欧洲智能车辆的研究历史和现状

在欧洲，PROMETHEUS项目于1986年将智能车辆作为一项重要内容开始研究，由此，欧洲各国开始了智能车辆的研究，主要的研究包括PROMETHEUS项目、意大利ARGO项目、德国的Caravelle和VaMoRs-P(VaMP)系统。

2.3.1　PROMETHEUS项目

欧洲的无人驾驶车辆技术在世界上处于领先水平，它们在无人驾驶车辆及其相关领域进行了很多科学研究工作。1987—1995年，"欧洲高效安全交通系统计划"(PROMETHEUS)是欧洲在无人车研究领域最大的项目，其领军人物Ernst Dickmanns于1994年带领项目组研制的VaMP和VITA-2机器人车辆在法国的高速公路上行驶了一千多千米，它们能自主完成变道、超车和跟踪行驶，车辆行驶速度最高能达到130km/h。Ernst Dickmanns在1995年又重新对奔驰自主车进行了设计，进行了1600km的行驶测试，车辆的最高行驶速度超过了175km/h。

1989年，帕尔马大学首次开发视觉算法和计算机系统结构，并在MOB-LAB上进行了测试。如图2.10所示。

图2.10　MOB-LAB智能车

1994年，PROMETHUS项目结束，帕尔马大学在此基础上继续进行研究，在高速公路上利用ARGO测试了车辆行进的鲁棒性和算法的便捷性，并于1998年6月进行试验，车辆自主驾驶行程总共2000km。

2.3.2　ARGO项目

ARGO试验车由意大利帕尔马大学研制。它装有视觉系统，以获得道路环境信息，并有不同的控制设备,以实现车辆无人驾驶功能。它采用通用芯片、商用 MMXPentium 2 车载计算机系统,其传感器系统采用普通适用性传感器。该车视觉系统采用商用低成本的CCD 摄像机,应用立体视觉检测定位车辆前方的障碍,通过单目图像获取车辆前方道路的几何参数,通过 I/O 板获得车辆的速度及其他数据。车道检测算法是从单目灰度图像中提取出道路特征,采用直线道路模型进行匹配。如图 2.11 所示。

图 2.11 ARGO 智能车外观

在 1998 年的意大利汽车百年行活动中,ARGO 试验车由通用障碍和车道检测系统(generic obstacle and lane detection,GOLD)驾驶,沿着意大利的高速公路网进行了 2000km 的道路试验。试验中 ARGO 试验车行驶的道路既有平坦区域,也有高架桥和隧道丘陵区域。ARGO 的无人驾驶里程达到总里程的 94%,最高车速为 112km/h。

2.3.3 Caravelle 系统

1992 年,德国研究与技术部门和大众汽车公司合作开发 Caravelle 系统,车体采用大众公司的 Caravelle 旅行车。研究的主要内容是高速公路下的视觉导航,因此其传感器和计算机系统都是以视觉为主。传感器系统除 2 台摄像机外,仅安装了 1 个速度传感器和 1 个测量驾驶角的传感器。两台摄像机中一台装有摄远镜头用来检测障碍,另一台装有广角镜头用来检测行车道。执行机构为方向力矩电机和电子油门。计算机系统由面向并行处理的微处理器 Transputer 构成,完成图像处理、卡尔曼动态滤波、车体控制。另一台 PC 完成系统自检、监控等功能。1992 年公布的材料显示,系统从识别一帧图像到完成控制的周期为 70ms。

Caravelle 在典型的高速公路环境下的最高速度为 120km/h。2011 年开始开展隔离试验道路上的计算机视觉与其他传感器信息融合的完全自主驾驶试验研究。

2.3.4 VaMoRs-P(VaMP)系统

在无人驾驶自主导航的研究上,德国联邦国防大学研制的 VaMoRs-P 系统具有一定的代表性。VaMoRs-P 的计算机系统由并行处理单元和两台 PC-486 组成。传感器系统包括由 4 个小型彩色 CCD 摄像机构成的两组双目视觉系统、3 个惯性线性加速度计和角度变化传感器、测速表及发动机状态测敏仪等。除传感器系统外,底层执行器还包括用于驾驶控制的力矩电机、电子油门、液压制动器等设备,如图 2.12 所示。

VaMoRs-P 系统在高速公路和普通标准公路上进行了大量试验,试验内容包括跟踪车道线、躲避障碍以及自动超车等。车辆前进速度由驾驶员根据交通信号、环境条件和目标进行选择。该系统在 1995 年公布的最高时速为 130km/h。

图 2.12 VaMoRs-P 系统测试车

2.3.5 奥迪

作为老牌德国车企，奥迪同样不会错过自动驾驶的大潮。

2017年7月11日，奥迪全球品牌峰会上带来了全新一代奥迪A8/A8L（图2.13），这款将峰会推向高潮的车型拥有的自动驾驶技术将超越此前的特斯拉达到L3级。这是全球第一款达到L3级别的自动驾驶量产车，这一款车足以说明奥迪在自动驾驶领域先人一步。

A8上配备了4个鱼眼摄像头、12个超声波雷达、4个中距离毫米波雷达、1个长距离毫米波雷达、1个激光雷达、1个前视摄像头。其中，4个鱼眼摄像头用于360°环视系统，12个超声波雷达用于自动泊车系统，而车辆在行驶过程中的数据采集，便由余下的传感器来完成。

奥迪研发的全新自动驾驶技术被命名为Traffic Jam Assist，可在速度60km/h以下时启用，并能够在驾驶员完全不干涉的情况下发挥作用。这套系统中还配备了显示屏，可提示车辆的实时驾驶模式。

目前，包括特斯拉的AutoPilot系统等都属于L2级自动驾驶，或被称为半自动驾驶系统。奥迪A8所配备的L3级自动驾驶功能，可以使新车在拥堵的公路上将速度限制在60km/h以下，若驾驶员启动了自动驾驶功能，他们就能在车上阅读、浏览资讯或者回复邮件等。

除了A8这款量产车外，在2017年法兰克福车展的大众之夜上，奥迪带来了新车型——概念车Audi Aicon，如图2.14所示。

图2.13 新A8/A8L

图2.14 Audi Aicon

奥迪的概念车Audi Aicon是一款带有人工智能的无人驾驶汽车，与自动驾驶相比更智能，Audi Aicon没有方向盘，没有油门踏板，全车通过多组摄像头来控制车辆运行。座椅采用2+2的对置座椅布局，并且由人工智能提供一些带有个人喜好的个性化问题解决方案。

最重要的是，Audi Aicon具备L5级别的自动驾驶能力，驾驶员完全不需要观察路面。既然在任何环境下都不需要人类驾驶，自然而然座舱中便不再需要方向盘、踏板、排挡杆等传统操作部件，取而代之的是遍布座舱四周的大型触控屏幕，作为输入目的地、提供路况资讯、影音串流与网络服务操作界面，所有的驾驶行为都由车辆自主完成。

不过这终归还是概念车，能否量产依然是未知数，但至少让我们对未来有了更清晰的认知。

2.3.6 博世

作为世界最大的汽车零部件供应商,博世在自动驾驶领域展现出了极大的积极性。针对自动驾驶的发展,博世采用了渐进式与跨越式两条路径并行的模式。一边通过ADAS技术逐步向高级自动驾驶方面演进,另一边也在与戴姆勒集团直接进行L5级别的自动驾驶技术的研发。近几年,博世大举进军自动驾驶领域,先后与众多企业联手合作,如自动驾驶重量玩家特斯拉、领先的机器学习芯片巨头英伟达、全球导航品牌TomTom等。此外,博世在德、美、中三国都有自动驾驶的研发团队,但侧重点和对象都不一样。德国的技术团队主要进行L3~L5阶段的自动驾驶技术研发。美国的技术团队因靠近硅谷,更侧重于自动驾驶中的人工智能(AI)研究。在中国则积极与本土伙伴展开合作。

博世在开发无人驾驶项目有着硬件优势。目前,博世在自动驾驶方面拥有全球最多的专利,超过了任何一家车厂或是科技公司,涉及传感器、驾驶辅助系统、控制、软件等领域。感知系统方面,博世提供的单双目摄像头、毫米波雷达、超声波雷达等各类传感器,都已有可量产的车规级产品;执行机构方面,博世拥有ESP、iBooster和Servolectric等控制类产品,目前博世的ESP在可靠性和价格方面都垄断了整个市场;在高精度地图、V2X等其他领域,博世也在积极寻找合作伙伴,2017年4月,博世底盘控制系统与国内三大地图供应商正式达成合作,将博世道路特征引入中国自动驾驶市场。

德国科隆经济研究所曾经分析了从2010年到2017年间,5839项与无人驾驶相关的专利,发现在该领域表现最积极的不是特斯拉、谷歌,而是德国传统汽车厂商,其中位居第一的正是德国工业企业——博世。博世以958个专利数量登顶榜单,近乎两倍于以516项专利居第二名的奥迪,如图2.15所示。博世在无人驾驶领域的雄厚实力可见一斑。

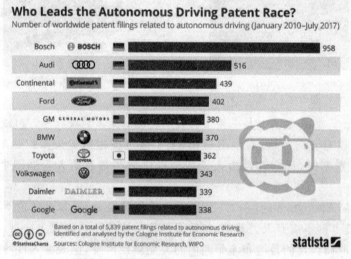

图2.15 无人驾驶相关的专利数量排名

在传统汽车时代,博世可以说是掌控着整车厂的技术命脉。在无人驾驶时代,博世依然有着庞大的野心,想方设法地保证自己作为技术龙头的垄断地位。未来,博世希望通过数以百万计的配备该公司摄像头及毫米波雷达的量产车辆,可实现数据采集,定位特征提取,并上传至地图供应商的符合国家安全要求的云端服务器,从而满足高精地图对及时性和低成本性的需求。

2.4 日韩智能车辆的研究历史和现状

1996年,日本成立了高速公路先进巡航/辅助驾驶研究协会,主要目的是研究自动车辆导航的方法,促进日本智能车辆技术的整体进步,主要研究包括尼桑的ASV系列、三菱ASV系列、本田ASV系列和马自达ASV系列。

2.4.1 日本尼桑ASV系列

2005年,尼桑开发了第三代ASV,其装有尼桑开发的车车通信系统,可以在下面5种潜在碰撞场景为驾驶员提供报警,通过车载监视器上的色彩编码显示器和声音进行报警。如果驾驶员释放制动不管报警,报警声会增大。

5种场景为:在道路结合处的盲区可能潜在的车头碰撞、右转时与驶来车辆的潜在碰撞、左转时与车辆的潜在碰撞、与固定车辆的潜在碰撞、换道时潜在的侧向碰撞(同向行驶)。

2006年,尼桑在"安全盾*2"基础上开发了距离控制辅助系统,能帮助驾驶员控制自车与前车的距离,适用于拥挤流中连续不断制动环境中。如图2.16所示,利用安装在前保险杠上的雷达传感器,此系统能确定车辆的跟随车距、相对速度。

2.4.2 日本三菱ASV系列

1991年,在日本运输省ASV项目支持下三菱开始智能车的开发,2000年三菱展示ASV-2,经过细节的改善之后定型。

ASV-2具有如下功能:前向碰撞避免、车道偏离报警、自适应巡航、自适应正面照明和周围车辆检测,如图2.17所示。

图2.16 尼桑ASV-3

图2.17 三菱ASV 2

2.4.3 日本本田ASV系列

本田的ASV-2*1智能车为弥补识别和判断错误,将CCD摄像机用于辅助驾驶,可减少驾驶员心理负担。它利用 CCD 摄像机辨识车道标志线,帮助驾驶员不偏离车道行驶的车道保持辅助系统;使用毫米波雷达跟踪前面车辆,保持合适车距,包括走-停等拥挤交通流中行驶的走-停自适应巡航控制系统;当系统判断与前车很可能发生碰撞时,系统采取紧急制动以降低车辆碰撞速度的碰撞速度剧减系统,如图 2.18 所示。

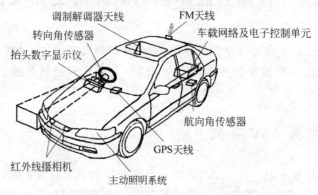

图 2.18 本田 ASV-2*1 结构

ASV-2*2 智能车能为驾驶员提供行人和摩托车的信息,从而保护交通事故中易受撞击群体。它使用红外线摄像机检测夜间行走的行人的夜间视觉系统;根据方向盘转角自动调整照明区域的主动照明系统;通过车车间通信,提高驾驶员所知晓的交通信息的车车通信系统。

2.4.4 日本马自达 ASV 系列

马自达的 ASV 项目智能车由传感器、控制单元、报警装置和高速车内 LAN 进行智能控制,如图 2.19 所示。传感器有速度传感器、转向传感器、激光雷达、磁场传感器、超声波传

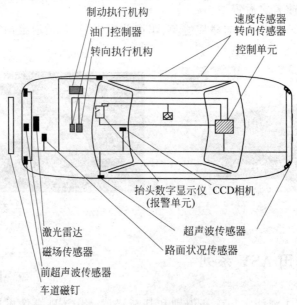

图 2.19 马自达 ASV 结构

感器和路面状况传感器,主要功能是监测车辆周围环境,如车头间距;控制单元可以利用传感器信息预测碰撞的危险度;报警装置能够提供给驾驶员危险信息,控制制动、节气门、转向装置来避免碰撞;高速车内 LAN 利用自制 IC,用于控制单元之间通信传输。

马自达的 ASV 项目在用于行人横穿道路的碰撞避免技术、交叉口的碰撞避免技术、警报界面技术方面取得了一定的突破。

2.4.5 韩国 PRV 系列

韩国理工大学与现代汽车合作,发展研究了智能车辆 PRV(POSTECH Road Vehicel)系列。其中最新的是 PRV-3,能够实现车辆跟驰、障碍物检测和车队控制。

PRV-3 配备 CCD 彩色摄像机,实现车道检测、障碍物检测和车列控制,也可以通过激光测距仪和超声波雷达来执行。其处理系统基于 PC-hosted TMS/C40 并行体制,可以对车辆转向、制动和节气门进行调整。

现代汽车开发的智能车具有车车间距控制系统、车道偏离报警系统、自动停车系统、碰撞损失减轻系统、盲区感知系统、自动驾驶系统等功能。

车车间距控制系统:利用距离传感器,系统可告知驾驶员以任意速度行驶的自车与前车的距离,提高驾驶员的便利性。

车道偏离报警系统:利用摄像机和图像处理技术,当驾驶员不经意使车辆转向偏离车道时,系统会发布报警。如果车辆继续转向,自动转向系统会阻止车辆的继续偏转。

自动停车系统:此系统有助于对倒车有困难的年老或没有驾驶经验的人,当驾驶员倒车时,车后的场景显示在 AV 屏上,允许驾驶员利用触摸屏来指定到期望的停车区域,计算最优的路径,方向盘自动移动使车辆准确地进入指定地点。

碰撞损失减轻系统:系统在潜在碰撞发生之前起作用以减轻对行人的伤害。当驾驶员用力踩制动踏板、突然转向,或者 VDC(vehicle running dynamic control system,车辆驶动态控制系统)开始起作用时,系统确定碰撞危险存在可能性高并开始起作用。当雷达数据确定前车速度和车车间距处于碰撞高危险时,此系统也起作用。在高危险情况下,系统自动利用安全带限制住驾驶员以使对乘客的碰撞最轻。

盲区感知系统:利用雷达和图像信息,系统感知车辆后侧,当驾驶员发出转向信号时,系统检查车辆和其他危险物,如果换道危险则发布报警信息。

自动驾驶系统:通过 DGPS 获得的车辆绝对位置和车道信息,系统能控制制动和转向使车辆自动驾驶。

2.5 中国智能车辆的研究历史和现状

2.5.1 ATB 系列

由我国有关部委"八五"和"九五"计划支持的"军用地面机器人"(autonomous test bed,ATB)系列,代表了同一时期(20 世纪 90 年代)国内无人驾驶车辆技术研究领域的先进水平。

在"八五"期间,由南京理工大学、北京理工大学、清华大学、浙江大学和国防科技大学等联合研制了 ATB-1 无人驾驶车辆,其车体选用国产跃进车,车上集成了二维彩色摄像机、陀螺、超声波雷达等传感器。计算机系统采用 2 台 Sim Spark 10 完成信息融合、黑板调度、全局和局部路径规划。2 台 PC486 负责路边信息的提取识别和激光信息处理。8098 单片机负责定位计算和车辆自动操控驾驶系统。其体系结构以水平式结构为主,采用传统的"感知—建模—规划—执行"算法流程。实际演示表明,该车能在结构化及非结构化的野外道路上自主行驶、跟踪道路、避障、越野及岔路转弯。在直路上自主行驶的最高速度达 21.6km/h,弯路速度也可达 12km/h。

"九五"期间,我国继续组织研究了第二代无人驾驶车辆 ATB-2 系统。ATB-2 系统的车体改装自德国奔驰 Sprinter414 厢式货车,具有面向结构化道路环境和越野环境的功能,同时还具有临场感遥控及夜间行驶、侦察等功能。试验结果表明,该车在结构化道路中最高行驶速度为 74km/h,平均速度为 30.6km/h;越野环境下白天行驶最高速度为 24km/h,夜间行驶最高速度为 15km/h。

2.5.2 北京航空航天大学自动驾驶汽车

北京航空航天大学于 2008 年开始研究自动驾驶汽车,开发了驾驶机器人,并使用机器人代替人类驾驶员驾驶汽车。2016 年成立了猛狮车队,车队先后改装 4 辆线控汽车,并自主开发了线控加速踏板控制器、制动控制器、EStop 模块、红绿灯识别模块等,车队先后参加了中国智能车未来挑战赛、世界智能大会自动驾驶挑战赛等。图 2.20 为北航猛狮车队参加 2018 年世界智能大会自动驾驶挑战赛的自动驾驶汽车。

图 2.20 北京航空航天大学自动驾驶汽车参加自动驾驶挑战赛

2.5.3 军事交通学院猛狮系列

2012 年 11 月 24 日,军事交通学院猛狮 3 号(JJUV-3,如图 2.21 所示)从北京台湖收费站出发,沿着京津高速一路飞奔,85min 后安全到达天津东丽收费站。根据国家自然科学基金委和北京理工大学有关专家现场宣布的测试结果,该无人驾驶智能车全程行驶114km,最高时速105km,共完成12次自主超车,36次换道操作,30次制动操作。猛狮3号无人驾驶车到目前为止已经完成了一万多千米测试,最高时速达到120km。

2.5.4 国防科技大学红旗HQ3

国防科技大学从20世纪80年代末开始进行无人车研究,2001年研制成功时速达76km的无人车;2003年研制成功我国首台高速无人驾驶轿车,最高时速可达170km;2006年研制的无人驾驶红旗HQ3,在可靠性和小型化方面取得突破。

2011年7月14日,国防科技大学自主研制的新一代红旗HQ3无人车首次完成了从长沙到武汉286km的高速全程无人驾驶实验(图2.22),它从京珠高速公路长沙杨梓冲收费站出发,途遇复杂天气,部分路段有雾、有雨,共历时3h22min到达武汉。实验中,无人车全程由计算机系统控制车辆行驶速度和方向,系统设定的最高时速为110km,实测的全程自主驾驶平均时速为87km,并且自主超车67次,在特殊情况下进行人工干预的距离仅为2.24km,占自主驾驶总里程的0.78%。此次新一代红旗HQ3无人车实验,创造了我国自主研制的无人车在复杂交通状况下自主驾驶的新纪录,标志着我国无人车在复杂环境识别、智能行为决策和控制等方面实现了新的技术突破,达到世界先进水平。

图2.21 军事交通学院猛狮3号

图2.22 路试中的红旗HQ3无人车

2.5.5 武汉大学 Smart V

2010年9月底,武汉大学与奇瑞合作研制的无人驾驶车"Smart V"在光谷园区内上路试验,宣布研制成功,随后在西安举行的全国"2010智能车未来挑战赛"中夺得了越野项目的第一名。

Smart V价格大约为170万元,与一辆宝马X6的价格基本相当,该车中价值最高的就是头顶的激光雷达,约90万元。其他大部分传感器集中在行李架上,有5个摄像头,除了可以拍摄稍远路面的场景,识别车道线外,在急转弯时还能看到两旁的车道线。为了方便倒车,有两个摄像头是向后的。Smart V无人车如图2.23所示。

图2.23 武汉大学研制的Smart V无人车

在车体前方,还有3个类似探照灯的仪器,叫二维扫描仪,也就是常说的单线激光雷达。它们通过发出激光,"摸"到前方障碍物,反馈到副驾驶的计算机上。

在后备厢里则放置了3台计算机主机,它们分工协作,分别控制三维扫描仪、其他感知设备、决策系统。同时也对它进行相应的"训练",使它能识别平日道路中常见的交通指示牌。经过训练,它最短大约需要8ms即可识别出指示牌并发出相应指令。在西安的比赛中,该车成功识别出"禁止左右转""减速让行""注意行人"等交通标识。

2.5.6 清华大学 THMR-V

1986年以来,清华大学智能技术与系统国家重点实验室THMR课题组先后承担了与无人车技术有关的"七五"至"十一五"国家科技重点项目6项,国家"863"计划"智能交通"等科技研究项目8项,同时还承担了由国家邮政研究所、徐工集团、Omron公司等国内外企业支持的与无人车技术有关的研发课题6项,先后设计和研制成室内智能移动机器人THMR-Ⅰ、THMR-Ⅱ、THMR-ⅡA和室外智能移动机器人THMR-Ⅲ和THMR-V。

图2.24 2012年第四届未来智能车挑战参赛清华大学参赛车

清华大学研制的智能车THMR-V,能够实现结构化环境下的车道线自动跟踪,准结构化环境下的道路跟踪,复杂环境下的道路避障、道路停障以及视觉临场感遥控驾驶等功能。在车道线自动跟踪研究中,THMR课题组提出了基于扩充转移网络的道路理解技术和基于混合模糊逻辑的控制方法,实现了车道线的自动跟踪,平均时速为100km,最高时速达到150km,如图2.24所示。

车速每小时150km相当于在1s开出40m,因此对车道线识别技术、车体的控制技术以及方向盘转角的检测技术提出了快速、精确、灵敏的极高要求。

针对车道线的识别技术,课题组进行了大量的试验研究,攻克了车道线图像处理、横向控制和方向传感器传动机构精密设计等关键技术,提出了基于扩充转移网络的道路理解技术和基于混合模糊逻辑的控制方法,实现了车道线自动跟踪。这种方法对于车道检测的贡献在于大幅降低了道路图像处理和车道线识别的计算量,提高了整个车道检测过程的速度,保证了车道检测和道路环境理解的实时性,而且能够有效避免路面上其他车道标志的干扰。试验结果表明,在车道线跟踪阶段全部计算过程的周期缩短到不足20ms,完全可以满足高速移动机器人自主行驶的实时性需求。

课题组提出了基于混合模糊逻辑的车体控制技术方法。该方法是把传统的PID控制与模糊逻辑控制的优点结合起来,提出的一种混合模糊逻辑控制算法,大量的实验研究表明,该算法具有很高的实时性、控制精度和鲁棒性,满足了智能车高速自主导航的需要。

对于方向盘转角的检测,课题组选择了精密的绝对光码盘,设计了合适的传动比,配置了精密的传动机构。

2.5.7 吉林大学 JUTIV 系列

吉林大学的智能车辆课题组从 1992 年开始开展智能车辆技术研究,在智能车辆的体系结构、传感器信息的获取与处理、路径识别与规划、智能车辆前方障碍物探测及车距保持等方面进行了较为系统深入的研究。先后研制开发出 JUTIV Ⅱ、Ⅳ 和 Ⅴ 三代具有障碍物识别功能的室外视觉导航智能车,如图 2.25 所示。

图 2.25　JUTIV Ⅱ 智能车与 JUTIV Ⅳ 智能车

课题组进行的主要研究有智能车辆自主导航机理及关键技术研究、汽车安全辅助驾驶机理及关键技术研究、特种智能车辆系统研究、越野环境感知关键技术研究、区域智能交通运输系统 CyberCar 研究、视觉导航自动车辆(AGV)及自动化物流系统、公路路面破损智能化检测技术研究等,并取得了多篇硕博论文的研究成果,在汽车智能辅助驾驶系统、驾驶员行为、车辆仿真等领域也取得了不俗的成果。

2.5.8 西安交通大学无人驾驶汽车

西安交通大学的主要研究领域是计算机视觉和模式识别、机器学习、汽车自主和辅助驾驶关键技术等,主要应用在道路偏离预警系统、道路边界检测和识别系统、驾驶员疲劳检测系统、道路表面质量评估系统、特种车辆导航系统和车辆牌照识别系统上,如图 2.26 所示。

图 2.26　道路偏离警告系统的检测结果和摄像机安装位置

2001 年年初,西安交通大学与吉林大学汽车动态模拟国家重点实验室展开了汽车辅助驾驶的合作研究,在智能辅助驾驶平台 Springrobot 上完成了道路偏离警告系统硬件框架设计、道路检测和识别算法、系统软件结构的设计工作,并在西安和长春两地的高速公路上进行了试验,取得较好的试验效果。

2.5.9　长安无人驾驶汽车

除了高校外,很多车企也在智能车辆领域深耕,比如长安汽车。在2016年北京车展前,长安汽车邀请了众多媒体参与2000km的路试。车展上一身电镀银的睿骋改装车,吸引不少人围观。车辆安装了高精度GPS系统、单目摄像头、激光雷达、毫米波雷达等用于检测道路状况的装备。在测试过程中,该无人车实现了结构化道路自动驾驶,包括全速自适应巡航、交通拥堵辅助、车道对中、交通信息识别、自动换道和非结构化道路接管提醒等。

从重庆到北京,长安的自动驾驶汽车主要展示了以下功能:ACC自适应巡航(0~120km/h)、自动车道保持、自动变道。在进出收费站、夜间进入市区休息期间,还是人工接管的。确切来说,长安的自动驾驶汽车是一辆有"高级驾驶员辅助系统"的改装车。此外,长安也在重庆和北京的工厂,展示了使用激光雷达方案的园区内的自动驾驶。

目前,长安汽车与清华、百度、华为、高德等形成了战略合作关系,逐步完成智能化技术的量产和持续升级。

2.5.10　北汽无人驾驶汽车

2016年车展展出的北汽无人驾驶汽车,是在北汽EU260的基础上打造的,通过加装毫米波雷达、高清摄像头、激光雷达和GPS天线等元器件用于道路识别,同时配合高清地图进行路线规划,从而实现无人驾驶,如图2.27所示。

图2.27　北汽无人驾驶汽车

值得一提的是,北汽无人驾驶汽车目前搭载的无人驾驶感知与控制元器件大部分采用了国产化零件,目的是为未来的量产打下基础。

2.5.11　百度Apollo

从2015年开始,百度大规模投入无人车技术研发,2015年12月在北京进行了高速公路和城市道路的全自动驾驶测试。2016年9月获得美国加利福尼亚州自动驾驶路测牌照,11月在浙江乌镇开展普通开放道路的无人车试运营。

2017年百度发布了一项名为"Apollo"(阿波罗)的新计划,目的是向汽车行业及自动驾驶领域的合作伙伴提供一个开放、完整、安全的软件平台,帮助他们结合车辆和硬件系统,快速搭建一套属于自己的完整的自动驾驶系统。

百度此次开放的 Apollo 平台是一套完整的软硬件和服务系统,包括车辆平台、硬件平台、软件平台、云端数据服务四大部分。百度开放此项计划旨在建立一个以合作为中心的生态体系,发挥百度在人工智能领域的技术优势,促进自动驾驶技术的发展和普及。Apollo 试验车如图 2.28 所示。

百度还将开放环境感知、路径规划、车辆控制、车载操作系统等功能的代码或能力,并且提供完整的开发测试工具。同时会在车辆和传感器等领域选择协同度和兼容性最好的合作伙伴,推荐给接入 Apollo 平台的第三方合作伙伴使用,进一步降低无人车的研发门槛。

Apollo 计划的核心是人工智能技术,这也是该平台搭建的核心支柱,如果百度兼容了高精度地图的领先者与人工智能技术的平台提供者这两种属性,势必会在无人驾驶时代到来前占据先机,但这样的期盼是否能够达成需要时间来检验。

Apollo 计划有两种形式开放自动驾驶能力:一种是开放能力,一种是开放代码。开放能力是基于 API 或者 SDK,可以通过标准公开方式来获取百度提供的能力。开放代码与一般传统开放开源软件一样,代码公开,大家可以运用,可以参与一起开发。开放范围包括感知体系、路径规划、车辆控制体系等重要的组成部分。

2017 年 7 月,Apollo 1.0 开放封闭场地循迹自动驾驶能力和资源;同年 9 月 1.5 版本中开放固定车道自动驾驶能力和资源;2018 年 1 月,Apollo 2.0 开放简单城市路况自动驾驶能力和资源;2018 年 4 月,Apollo 2.5 支持限定区域视觉高速自动驾驶,"解锁"高速公路场景;2018 年 7 月,百度发布 Apollo 3.0。Apollo 已经开放了超过 22 万行代码,超过 1 万名开发者推荐使用 Apollo 的开放代码,生态合作伙伴规模达到 116 家。

面向量产,Apollo 发布了自主泊车(Valet Parking)、无人作业小车(MicroCar)、自动接驳巴士(MiniBus)3 套自动驾驶解决方案,帮助开发者及合作伙伴 3 个月内即可打造出属于自己的"阿波龙"。2018 年 8 月,"阿波龙"满载乘客行驶在厦门软件园三期道路上,开展首次市民体验活动。同年 10 月,首台"阿波龙"无人驾驶小巴进入武汉市武汉开发区灵山公园,百度在全国的首个无人驾驶商业示范运营项目正式进入运行阶段。

此外,无人作业小车新石器 AX1 也已实现量产,在雄安、常州两地实地运营。如图 2.29 所示,自动接驳巴士"阿波龙"在 4 座城市、五大场景启动常态化运营,并获得国家客车质检中心重庆测试场安全认证。Apollo 3.0 还带来了更加智能的量产车联网系统解决方案——小度车载 OS,并首次发布了车载语义开放平台。

图 2.28 Apollo 试验车

图 2.29 已经量产的"阿波龙"

Apollo 还带来了更多样化的智能仿真，推出业内首创真实环境 AR 仿真，提供虚拟交通流结合实景渲染的全栈式闭环仿真解决方案，帮助开发者实现"日行百万千米"的仿真测试。

2019 年 7 月，百度独家获得全国首批 T4 道路测试牌照，Apollo 5.0 开启量产限定区域自动驾驶。

2020 年 9 月 15 日，百度正式发布 Apollo 6.0。此次全新升级的 6.0 版本，包括智能新模型、安全无人化、系统新升级、联动新服务、V2X 车路协同五大功能，车辆认证平台、硬件开发平台、开源软件平台和云端服务平台四大平台的诸多升级。除了开放平台外，Apollo 还新发布了百度无人车第五代自动驾驶套件，完成了在保证硬件驾驶能力的前提下安全性提升 10 倍，成本降低一半的目标，并且在设计生产过程引入了更多无人化目标所需要的技术。Apollo 6.0 不仅有新的硬件，软件上也推出基于深度学习的新算法，新增了无人化接口。此外，Apollo 6.0 版本还对云服务进行了全面升级，能更好地帮助开发者运用平台能力。

思 考 题

1. 美国智能车辆的研究有何特点？
2. 欧洲国家智能车辆的研究有何特点？
3. 日本智能车辆的研究有何特点？
4. 我国智能车辆的研究有何特点？

第 3 章

智能车辆整体构造与设计

3.1 智能车辆的整体构造

智能车辆在构造上除了具有或部分具有传统汽车的主要机械和电子结构之外,还具有信息采集系统(感知)、信息处理系统(决策)及控制系统,如图 3.1 所示。

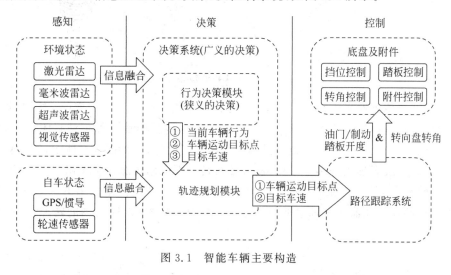

图 3.1 智能车辆主要构造

3.1.1 信息采集系统

信息采集系统主要由车辆状态信息采集系统和环境信息采集系统两部分构成。其中车辆状态信息采集系统由汽车内部的各种传感器构成,得到车辆的速度、加速度以及偏航角等状态信息。环境信息采集系统由分布在汽车周围的传感器组成,包括视觉相机、超声波雷达、毫米波雷达、激光雷达以及红外成像仪等,根据每种传感器的特点和用途合理地布置在车辆上,采集车辆自身以及道路和环境的信息。

1. 车辆状态信息采集系统

车辆状态信息采集系统所使用的传感器主要有车速传感器、GNSS、节气门位置传感器、转角传感器、转矩传感器等。车辆的速度和加速度主要通过安装在发动机输出轴和变速箱输出轴的车速传感器、车轮的轮速传感器以及 GNSS 获得。常用的车速传感器有光电式、舌簧开关式、霍尔式以及磁感应式等。

舌簧开关式转速传感器示意图如图3.2所示,开关触点封装在玻璃管中,永久磁铁转子上的磁极按照N-S极相间的顺序排列。当开关触点处在两个磁极之间时(图3.2(a)),两个触点被磁化成极性相反的磁极,在磁力的作用下闭合。当开关触点只受一个磁极的作用时(图3.2(b)),开关触点被磁化成极性相同的磁极,开关触点断开。一般永久磁铁被划分成N-S极相间的4个磁极,如图3.2(c)所示,因此永久磁铁转动一圈,舌簧开关会开闭4次,输出4个脉冲信号,电子控制单元(electronic control unit,ECU)通过检测脉冲信号的频率高低计算出汽车的行驶速度。舌簧开关式传感器靠机械的通断产生信号,可靠性较差,使用寿命较短,逐渐被霍尔式或磁电式传感器取代。

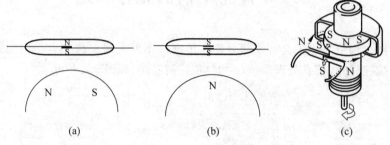

图3.2 舌簧开关式转速传感器示意图

霍尔式转速传感器属于霍尔式传感器,是利用霍尔效应的原理制成的。利用霍尔效应使霍尔元件在磁场中运动产生霍尔电势。霍尔式转速传感器是一种小型封闭式传感器,具有性能稳定、功耗小、抗干扰能力强、使用温度范围宽等优点。如图3.3所示,磁性转盘上一般安装多个磁铁或者加工为多个磁极,输入轴每转一圈霍尔传感器会发出多个脉冲,一般有单脉冲、双脉冲、4脉冲、8脉冲、16脉冲等不同形式。霍尔式转速传感器一般用于车速测量,传感器安装在变速器输出轴附近的壳体上,用于检测变速器输出轴的转速,根据该转速计算车速。

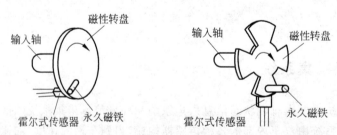

图3.3 霍尔式转速传感器示意图

磁电式车速传感器由永久磁铁和电磁感应线圈组成,如图3.4所示。车轮齿圈上的齿轮为感应转子,当车轮转动时,齿轮的凸齿不断地靠近或离开车速传感器,使感应线圈内的磁通量发生变化,从而产生交流电。轮速越高,齿轮转速也越高,感应电压脉冲频率也越高,ECU根据感应电压脉冲的大小计算汽车行驶的速度。磁电式传感器结构简单、可靠性高,可以在恶劣的环境下工作,目前很多制动防抱死系统(ABS)和车身电子稳定系统(electronic stability program,ESP)的轮速传感器采用磁电式传感器。发动机的转速测量一般也使用磁电式传感器。

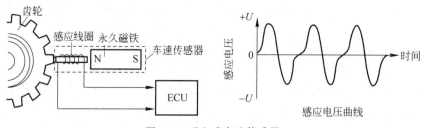

图 3.4 磁电式车速传感器

目前应用最广泛的 GNSS 为全球定位系统(GPS),GPS 是美国于 1967 年开始研制的新一代卫星导航系统。GPS 系统主要由三大部分组成:空间部分、地面监控系统和用户设备。空间部分由 21 颗工作卫星和 3 颗备用卫星组成,均匀分布于地球上空 20.2km 的 6 个轨道面上,保证地面任何一个位置在任何时间至少观测到 4 颗卫星,实现定位功能。地面监控系统由 1 个主控站、3 个注入站和 5 个监测站组成,分别负责卫星的操纵、向卫星注入卫星星历和钟差信息、跟踪测量卫星信息并汇总主控站等功能。用户设备的核心是 GPS 接收机,用于接收卫星发播的信号,获取定位的观测值,提取导航电文中的广播星历,完成导航工作。GPS 最主要的应用就是授时和定位,以及和定位有关的其他延伸功能,比如运动导航、轨迹记录、大地测量、周边信息查询等。车载 GPS 主要用来定位和测速,定位原理是根据卫星的瞬时位置,利用到达时间原理或载波相位原理测量观测点和卫星之间的距离(伪距),然后综合多颗卫星的数据就可知道接收机的具体位置。具体如下公式:

$$\begin{cases} P_1 = \sqrt{(x-x_1)^2+(y-y_1)^2+(z-z_1)^2}+c(\mathrm{d}t-\mathrm{d}t_1) \\ P_2 = \sqrt{(x-x_2)^2+(y-y_2)^2+(z-z_2)^2}+c(\mathrm{d}t-\mathrm{d}t_2) \\ P_3 = \sqrt{(x-x_3)^2+(y-y_3)^2+(z-z_3)^2}+c(\mathrm{d}t-\mathrm{d}t_3) \\ P_4 = \sqrt{(x-x_4)^2+(y-y_4)^2+(z-z_4)^2}+c(\mathrm{d}t-\mathrm{d}t_4) \end{cases} \quad (3.1)$$

其中,$(x_1,y_1,z_1)(x_2,y_2,z_2)$、$(x_3,y_3,z_3)$、$(x_4,y_4,z_4)$ 是卫星的位置;P_1、P_2、P_3、P_4 是伪距;c 是光速;$\mathrm{d}t$ 是卫星时钟与接收机时钟的钟差。$\mathrm{d}t_1$、$\mathrm{d}t_2$、$\mathrm{d}t_3$、$\mathrm{d}t_4$ 是 GPS 卫星发射电文后到达接收机的时间。

速度测量是基于多普勒频率位移原理。每个卫星频率的多普勒位移是接收机和卫星沿它们之间的直线的相对速度的直接度量,由于卫星轨道运动和接收机所处地球旋转运动,每个卫星相对于一个静止接收机具有非常高的速度。通过前面介绍的伪距方程对时间求导可求出速度解。

2. 环境信息采集系统

环境信息采集系统是自动驾驶汽车其他技术的数据基础,通过视觉相机、毫米波雷达、激光雷达、超声波传感器等设备采集周边环境信息,实时发送给处理器,形成对周边环境的认知模型,为路径规划、实时决策和行车控制提供依据。

视觉传感器采用的是工业摄像机,是最接近人类视觉的传感器。摄像机将被摄取目标转换成图像信号,传送给专用的图像处理系统,根据像素分布、亮度、颜色等信息,转变成数字化信号。图像系统对这些信号进行各种运算来抽取目标的特征,进而得到环境的信息。

在自动驾驶汽车上,机器视觉主要用于路径的识别与跟踪,识别环境中的车辆、行人、车道线、路标、交通标志、交通信号灯等。目前的摄像头主要分为单目、双目、后视和环视4种,其中单目摄像头一般安装在前挡风玻璃上部,用于探测车辆前方环境,识别车辆、道路、行人等。先通过图像匹配进行目标识别,再通过目标在图像中的大小估算目标的距离。这就要求对目标进行准确识别,然后建立一个庞大的样本特征数据库。双目摄像头是通过对两幅图像的视差计算直接对前方景物进行距离测量,无需判断前方出现的是什么类型的障碍物。依靠两个平行的摄像头采集图片产生的"视差",找到同一个物体所有的点,依赖精确的三角测距,就能够计算出摄像头与前方障碍物的距离,实现更高的识别精度和更远的探测范围。机器视觉技术是目前智能车辆领域发展最快的技术之一,与其他传感器相比,机器视觉具有检测信息量大、能够遥测等优点,但数据处理量大,容易导致系统的实时性问题。如图3.5为某ADAS上摄像头的分布。

在视觉驾驶辅助系统领域,Mobileye一直处于世界领先水平,运用单摄像头附带传感器和特有算法,将物体探测任务在单一硬件平台上执行。这使得设备安装程序大为简化,成本也大大降低,从而受到各大车企的青睐。特斯拉汽车的AutoPilot自动辅助驾驶导航系统就是以机器视觉为主,在Model S以及Model X上一共搭载了8个光学摄像头。在前置挡风玻璃区域嵌入了3个光学摄像头,其中一个是窄角摄像头,覆盖范围可达250m;一个是中程摄像头,覆盖范围达150m,这是最主要的摄像头;另外一个则是广角摄像头,覆盖范围较短,仅有60m;在汽车的周围和后面还有5个光学摄像头,用不同的视角来观察周围的环境。

在汽车行驶时除了需要前方障碍物的信息外,还要知道前方行人和车辆的移动信息,包括两车的相对位置、前车的速度和加速度等,因此雷达技术可以轻松解决视觉技术在深度信息方面的难题。毫米波雷达(图3.6),主要由高频头、预处理系统、终端系统和红外启动器等组成。其测距原理与一般雷达一样,雷达天线将毫米波信号发出去,信号在传播过程中遇到障碍物会被反射,通过雷达的接收天线接收回波,根据收发之间的时间差测得目标的位置数据,从而得到前方障碍物的距离。利用多普勒原理或基于位置跟踪的速度测量原理可以得到前方目标的径向速度。

图 3.5 某 ADAS 上摄像头的分布

图 3.6 某型号毫米波雷达外形示意图

激光雷达,是利用激光束探测目标,获得目标的位置速度等数据并生成精确的数字高程模型的传感器。以激光作为信号源,由激光器发射出的脉冲激光打到目标上,引起散射,一部分光波会反射到激光雷达的接收器。图3.7是威力登（Velodyne）的激光雷达产品。根据激光测距的原理计算，就得到从激光雷达到目标点的距离，脉冲激光不断地扫描目标物就可以得到目标物上全部目标的数据，用此数据成像处理后，就可得到精确的三维立体图像。激光雷达测量时间差的方法主要有以下3种：

图3.7　Velodyne激光雷达

（1）脉冲检测法：直接测量反射脉冲和发射脉冲之间的时间差。

（2）相干检测法：通过测量调频连续波的发射光束和反射光束之间的差频来计算时间差。

（3）相移检测法：通过测量调幅连续波的发射光束和反射光束之间的相位差来计算时间差。

激光雷达按有无机械旋转部件分类，包括机械激光雷达和固态激光雷达。机械激光雷达（图3.8）带有控制激光发射角度的旋转部件，而固态激光雷达则依靠电子部件来控制激光发射角度，无需机械旋转部件。机械激光雷达由光电二极管、MEMS反射镜、激光发射接收装置等组成。固态激光雷达与机械雷达不同，它通过光学相控阵列、光子集成电路以及远场辐射方向图等电子部件代替机械旋转部件实现发射激光角度的调整。激光雷达有单线和多线之分，单线激光雷达只能获取周围环境的二维信息，无法识别目标的高度信息，而多线激光雷达可以同时发射并接收多束激光的激光，多束激光呈一定角度分布，可以获取周围环境的离散三维信息，目前市场上主流的多线激光雷达有4线、16线、32线和64线。激光雷达线数越多，识别的数据点数也越多，数据量也随之增大，价格也越高。

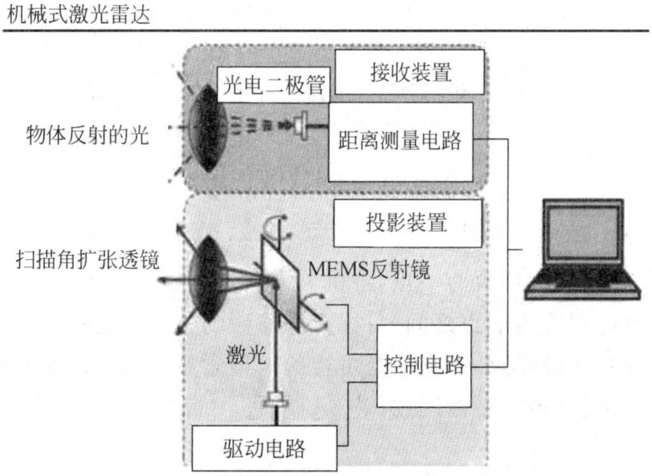

图3.8　机械式激光雷达结构示意图

激光雷达工作于光学波段，发射的激光束一般是可见或近红外光波，波段一般在950nm附近，频率比微波高2～3个数量级以上，因此，与微波雷达相比，激光雷达具有极高的距离分辨率、角分辨率和速度分辨率；激光波长短，可发射发散角非常小（μrad量级）的激光束，多路径效应小（不会形成定向发射，与微波或者毫米波产生多路径效应），可探测低空/

超低空目标,抗干扰能力强;激光主动探测,不依赖于外界光照条件或目标本身的辐射特性。它只需发射自己的激光束,通过探测发射激光束的回波信号来获取目标信息。但是,激光雷达很容易受到大气条件以及工作环境的烟尘的影响,成像速度较慢。

3.1.2 信息处理系统

信息处理系统既包含软件部分也包含硬件部分,主要功能是决策和路径规划,具体表现在融合多传感器的信息,根据驾驶的需求进行任务决策,在可以躲避障碍物、安全到达终点等特定的约束条件下,规划出起始点之间的多条可选的安全路径,并从中选取一条最优的路径作为车辆的行驶轨迹。

1. 软件部分——路径规划

自动驾驶汽车的路径规划按照规划的范围主要分为全局路径规划和局部路径规划两种。全局路径规划是利用卫星定位和导航系统,根据先验的环境模型(例如全局地图等)中,从起点到终点规划出一条合理的路径,而不考虑车辆的运动细节。局部的路径规划则具体到车辆的运动轨迹和细节,根据传感器获取周围环境的信息(道路及障碍物信息),在换道、转弯、躲避障碍物等情况下,实时规划出一条安全、平顺的行驶路径。也有分类将路径规划算法分为静态路径规划和动态路径规划,其分类方式与前者几乎相同(图3.9)。

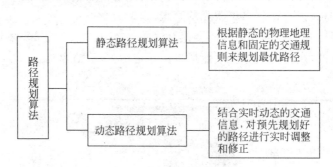

图3.9 路径规划算法分类

1) 可视图法

可视图法把自动驾驶汽车视为一点,将机器人、目标点和多边形障碍物的各顶点进行组合连接,要求汽车和障碍物各顶点之间、目标点和障碍物各顶点之间以及障碍物顶点与顶点之间的连线,均不能穿越障碍物,即直线是可视的。搜索最优路径问题转化为从起始点到目标点经过这些可视直线的最短距离问题。

2) 栅格法

栅格法是地图建模的一种方法,实质上是将AGV的工作环境进行单元分割,将其用大小相等的方块表示出来,以栅格为单位记录环境信息,有障碍物的地方累积值比较高,移动机器人就会采用优化算法避开。环境被量化成具有一定分辨率的栅格,栅格大小直接影响环境信息存储量大小和规划时间长短。栅格划分大,环境信息存储量小,规划时间短,但分辨率下降,在密集环境下发现路径的能力减弱。栅格划分小,环境分辨率高,在密集环境下发现路径的能力强,但环境信息存储量大,导致规划时间增加。

3）拓扑法

拓扑法将规划空间分割成具有拓扑特征子空间，根据彼此的连通性建立拓扑网络，在网络上寻找起始点到目标点的拓扑路径，最终由拓扑路径求出几何路径。拓扑法的基本思想是降维法，即将在高维几何空间中求路径的问题转化为低维拓扑空间中判别连通性的问题。优点是利用拓扑特征大大缩小了搜索空间，算法复杂性仅依赖于障碍物数目，理论上是完备的；而且拓扑法通常不需要机器人的准确位置，对于位置误差也就有了更好的鲁棒性。缺点是建立拓扑网络的过程相当复杂，特别在增加障碍物时如何有效地修正已经存在的拓扑网是有待解决的问题。

4）Dijkstra算法

它是最短路径的经典算法之一，由迪杰斯特拉（E. W. Dijkstra）在1959年提出。算法解决的是有向图中单个源点到其他顶点的最短路径问题，其主要特点是每次迭代时选择的下一个顶点是标记点之外距离源点最近的顶点。该算法优点是思路清晰，搜索准确，但由于该算法主要计算从源点到其他所有点的最短路径，输入为大型稀疏矩阵，耗时长，占用空间大，所以算法的效率较低。

5）Lee算法

与Dijkstra算法相比，Lee算法更适合用于数据随时变化的道路路径规划，其运行代价要小于Dijkstra算法。只要最佳路径存在，Lee算法就能够找到最佳优化路径。

6）Floyd算法

Floyd算法又称为插点法，是一种利用动态规划的思想寻找给定的加权图中多源点之间最短路径的算法，与Dijkstra算法类似，它是一种计算图中任意两点间的最短距离的算法，可以正确处理有向图或负权的最短路径问题，同时也被用于计算有向图的传递闭包。

7）启发式搜索算法——A^*算法

A^*算法常用于二维地图路径规划，算法所采用的启发式搜索可以利用实际问题所具备的启发式信息来指导搜索，从而减少搜索范围，控制搜索规模，降低实际问题的复杂度。A^*算法的原理是设计一个代价估计函数，其中评估函数$F(n)$是从起始节点通过节点n到达目标节点的最小代价路径的估计值，函数$G(n)$是从起始节点到n节点的已走过路径的实际代价，函数$H(n)$是从n节点到目标节点可能的最优路径的估计代价。函数$H(n)$表明了算法使用的启发信息，它来源于人们对路径规划问题的认识，依赖某种经验估计。根据$F(n)$可以计算出当前节点的代价，并可以对下一次能够到达的节点进行评估。采用每次搜索都找到代价值最小的点再继续往外搜索的过程，一步一步找到最优路径。

A^*算法通过引入估价函数，加快了搜索速度，提高了局部择优算法搜索的精度，从而得到广泛的应用，是当前较为流行的最短路径算法。

8）双向搜索算法

双向搜索算法在从起点开始寻找最短路径的同时也从终点开始向前进行路径搜索，最佳效果是二者在中间点汇合，这样可缩短搜索时间。

9）蚁群算法

蚁群算法是一种随机搜索算法，是在对大自然中蚁群集体行为的研究基础上总结归纳出的一种优化算法，它能够求出从原点出发，经过若干个给定的需求点，最终返回原点的最短路径。具有较强的鲁棒性，而且易于与其他方法相结合。

2. 硬件部分——计算平台

进入自动驾驶时代,控制器需要接收、分析、处理大量的信号,原有的一个功能对应一个 ECU 的分布式计算架构或者单一分模块的域控制器已经无法适应需求,比如摄像头、毫米波雷达、激光雷达乃至 GPS 和轮速传感器的数据都要在一个计算中心内进行处理以保证输出结果对整车自动驾驶最优。因此,自动驾驶车辆的各种数据聚集、融合处理,为自动驾驶的路径规划和驾驶决策提供支持的多域控制器将会是发展的趋势。车辆的信息处理系统的计算平台主要以 CPU、GPU、DSP、FPGA 为主。

1) 基于 CPU 的自动驾驶解决方案

众所周知,中央处理器(central processing unit,CPU)是计算机的运算核心和控制核心,其主要功能是解释计算机指令以及处理计算机软件中的数据。如图 3.10 所示,CPU 主要由控制单元、运算单元、存储单元和总线等部分组成。控制单元 CU(control unit)是整个 CPU 的指挥控制中心,由指令寄存器 IR(instruction register)、指令译码器 ID(instruction decoder)和操作控制器 OC(operation controller)3 个部件组成。控制单元的作用是管理计算机资源,通过提供定时和控制信号来指导其他单元的操作,告诉计算机的内存、算术逻辑单元以及输入和输出设备如何响应已发送到处理器的指令。运算单元也就是算术逻辑单元(arithmetic logic unit,ALU),接受控制单元的命令,执行算术运算和逻辑运算。ALU 的输入是要操作的数据,称为操作数,以及指示要执行的操作的代码,ALU 的输出是执行操作的结果。在许多设计中,ALU 还具有状态输入或输出或两者,它们分别在 ALU 和外部状态寄存器之间传送关于先前操作或当前操作的信息。存储单元包括 CPU 片内缓存和寄存器组,是 CPU 中暂时存放数据的地方,里面保存着那些等待处理的数据,或已经处理过的数据,CPU 访问寄存器所用的时间要比访问内存的时间短。采用寄存器,可以减少 CPU 访问内存的次数,从而提高了 CPU 的工作速度。简单来说,CPU 就是对指令流和数据流进行时间和空间上的控制。CPU 擅长处理诸如分布式、协调控制这种复杂运算,具有很强的通用性。

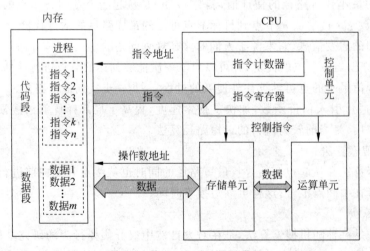

图 3.10 CPU 组成结构示意图

2) 基于GPU的自动驾驶解决方案

GPU(graphics processing unit)也称图形处理器,是计算机上专为执行复杂的数学和几何计算而设计的用于图形处理的微处理器。随着技术的发展,GPU已经不仅仅局限于二维和三维图形的处理,与CPU相比,GPU的优势体现在其高效的并行性和强大的浮点计算能力。

图3.11对CPU与GPU中的逻辑架构进行了对比。可以看到GPU设计者将更多的晶体管用作执行单元,而不是像CPU那样用作复杂的控制单元和缓存。从实际来看,CPU芯片空间的5%是ALU,而GPU空间的40%是ALU。CPU需要同时很好地支持并行和串行操作,需要很强的通用性来处理各种不同的数据类型,同时又要支持复杂通用的逻辑判断,这样会引入大量的分支跳转和中断的处理。这些都使得CPU的内部结构异常复杂,计算单元的比重被降低了。而GPU面对的则是类型高度统一的、相互无依赖的大规模数据和不需要被打断的纯净的计算环境,具有高并行结构,因此GPU的计算能力远远强于CPU。

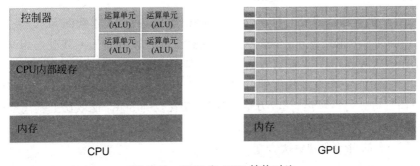

图3.11 CPU和GPU结构对比

目前,在自动驾驶计算平台领域,应用最为广泛的是英伟达(Nvidia)的自动驾驶计算平台。在自动驾驶时代之前,英伟达很早就通过Tegra系列处理器进入了众多整车厂的供货商名单,不过早年Nvidia Tegra负责的主要还是车载娱乐方面。比如,奥迪新A8采用的自动驾驶平台zFAS中使用了Nvidia Tegra K1芯片,负责处理车辆的环视影像;但zFAS负责实现自动驾驶功能的芯片是Mobileye Q3和Altera的Cyclone V。Nvidia自动驾驶芯片始于2015年初推出的DrivePX系列。

2015年1月在国际消费类电子产品展览会(International Consumer Electronics Show,CES)上英伟达发布了第一代DrivePX。DrivePX搭载TegraX1处理器和10GB内存,能够同时处理12个200万像素摄像头每秒60帧的图像拍摄,单浮点计算能力为2Tops[①],深度学习计算能力为2.3Tops,可支持L2高级辅助驾驶计算需求。2016年1月在CES上英伟达又发布了新一代产品DrivePX2,如图3.12所示。DrivePX2基于16nm FinFET工艺制造,散热设计功耗(thermal design power,TDP)达250W,采用水冷散热设计,支持12路摄像头输入、激光定位、雷达和超声波传感器。其中,CPU部分由两颗NVIDIA Tegra 2处理器构成,每颗CPU包含8个A57核心和4个Denver核心;GPU部分采用两颗基于NVIDIA Pascal架构设计的

---

① Tops为算力单位,代表处理器每秒钟可进行一万亿次(10^{12})操作。

图3.12　NAVIDA Drive PX2自动驾驶计算平台

GPU。单精度计算能力达到8TFlops,深度学习计算能力达到每秒24万亿次,在单精度运算速度上是DrivePX的4倍,深度学习速度是DrivePX的10倍,可以满足L3自动驾驶的运算要求。

DriveXavier是英伟达研发的自动驾驶处理器,最早在2016年欧洲GTC大会上提出,2018年1月在CES上正式发布。同时发布的还有全球首款针对无人驾驶出租车打造的车载计算机DrivePXPegasus。在配置方面,Xavier基于一个特别定制的8核CPU、一个全新的512核VoltaGPU、一个全新深度学习加速器、全新计算机视觉加速器以及全新8KHDR视频处理器而打造。每秒可运行30万亿次计算,功耗仅为30W,能效比上一代架构高出15倍,可以满足L3/L4自动驾驶的计算需求。

3)基于DSP的自动驾驶解决方案

DSP(digital singnal processor)又叫数字信号处理器,它有完整的指令系统,是以数字信号来处理大量信息的芯片。一个数字信号处理器在一块不大的芯片内包括控制单元、运算单元、各种寄存器以及一定数量的存储单元等,在其外围还可以连接若干存储器,并可以与一定数量的外部设备互相通信,有软、硬件的全面功能。DSP采用的是哈佛总线结构,即数据总线和地址总线分开,使程序和数据分别存储在两个分开的空间,允许取指令和执行指令完全重叠。在执行上一条指令的同时就可取出下一条指令,并进行译码,这大大地提高了微处理器的速度。另外还允许在程序空间和数据空间之间进行传输,增加了器件的灵活性。

如图3.13所示,德州仪器提供了一种基于DSP的无人驾驶解决方案。其TDA2x SoC拥有两个浮点DSP内核C66x和4个专为视觉处理设计的完全可编程的视觉加速器。相比ARM Cortex-15处理器,视觉加速器可提供8倍的视觉处理加速且功耗更低。全新TDA3x处理器和TDA平台的其他SoC一样都基于相同的架构而开发可支持车道线保持、自适应巡航控制、交通标志识别、行人与物体检测、前方防碰撞预警和倒车防碰撞预警等多种ADAS算法。这些算法对于前置摄像头、全车环视、融合、雷达与智能后置摄像头等众多ADAS应用的有效使用至关重要。此外,TDA3x

图3.13　德州仪器TDA2x

处理器系列还能帮助客户开发针对行人和车辆、前方碰撞预警及车线维持辅助的自主紧急制动（AEB）等符合新车碰撞测试（new car assessment program，NCAP）程序的 ADAS 应用。

CEVA XM4 是另一款基于 DSP 的无人驾驶计算解决方案，由全球领先的用于蜂窝通信、多媒体和无线连接的 DSP IP 平台授权厂商 CEVA 公司发布，专门面向计算视觉任务中的视频流分析计算，实现实时三维深度图和点云数据（point cloud）生成，用于目标识别和语义环境认知（context awareness）的深度学习和神经网络算法，图像增强的计算图像学功能，包括变焦、图像稳定、降噪和低照度增强等。CEVA 在 CEVA-XM4 中采用了可编程宽矢量架构、定/浮点处理能力、多重同步标量单位，以及一个专门针对计算机视觉处理需求的低功耗指令集，使其比 CEVA-MM3101 实现多达 8 倍的性能增强，并提升多达 35% 的能效。CEVA XM4 每秒处理 30 帧 1080p 的视频仅消耗功率 30MW，是一种相对节能的解决方案。

4）基于 FPGA 的自动驾驶解决方案

FPGA（field-programmable gate array）即现场可编程逻辑门阵列，它是在 PAL（programmable array logic，可编程阵列逻辑）、GAL（generic array logic，通用阵列逻辑）、CPLD（complex programmable logic device，复杂可编程逻辑器件）等可编程器件的基础上进一步发展的产物。FPGA 是一种可编程的专用处理器，由可编程的逻辑块和互联网络组成，可在不同逻辑下执行多个线程，实现流水线并行处理，具有较强的并行处理能力。在高性能计算应用中，FPGA 专用逻辑电路通过并行计算硬件电路直接执行，无需遵循冯·诺依曼存储程序执行的结构。

Altera 公司的 Cyclone V SoC 是一个基于 FPGA 的无人驾驶解决方案，现已应用在奥迪无人车产品中，如图 3.14 所示。Altera 公司的 FPGA 专为传感器融合提供优化，可结合分析来自多个传感器的数据以完成高度可靠的物体检测。类似的产品有 Zynq 专为无人驾驶设计的 Ultra ScaleMPSoC。当运行卷积神经网络计算任务时，Ultra ScaleMPSoC 运算效能为 14 帧/($s^{-1} \cdot W^{-1}$)，优于 NVIDIA Tesla K40 GPU 可达的 4 帧/($s^{-1} \cdot W^{-1}$)。同时，在目标跟踪计算方面，Ultra ScaleMPSoC 在 1080p 视频流上的处理能力可达 60fps。

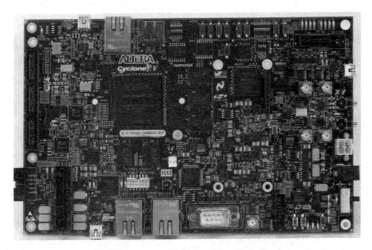

图 3.14　Altera Cyclone V SoC

3.1.3 控制系统

汽车的控制系统主要由汽车控制单元 ECU 及其软件部分、通信总线和执行机构等组成，控制着汽车的各种控制系统，其中包括防抱死制动系统（ABS）、驱动防滑系统（acceleration slip regulation，ASR）、电子稳定系统（ESP）、电子制动力分配（electronic brake force distribution，EBD）、自适应巡航控制（ACC）、电子控制悬架（electronic control suspension，ECS）、电动助力转向（EPS）等。

1. 电子控制单元 ECU

电子控制单元（ECU）是电控系统的核心，也是汽车电子控制器（controller）或汽车电子控制组件，俗称"汽车电脑""车载电脑"。ECU 包括了微控制器和相关外围器件的电路板，在这块电路板上集成了微处理器（CPU）、存储器（ROM、RAM）、输入/输出接口（I/O）、模/数转换器（A/D）、数/模转换器（D/A）以及整形、驱动等大规模集成电路。整块电路板一般都封装在铝质金属壳体或塑料壳体内部，通过卡扣或者螺钉安装于车身钣金上，并通过线束插座与汽车整车的电器线路连接。图 3.15 为桑塔纳 2000GLi 型轿车 ECU 的外形。图 3.16 为铝质金属壳体或塑料壳体内部 ECU 的结构。

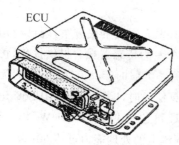

图 3.15 ECU 外形

图 3.16 ECU 内部结构

ECU 是以单片微型计算机（即单片机）为核心所组成的电子控制装置，具有强大的数学运算、逻辑判断、数据处理与数据管理等能力。ECU 是一种电子综合控制装置，具备以下功能：

（1）接收传感器或其他装置输入的信息；给传感器提供参考电压；将输入的信息转变为微机所能接收的信号，并向受控装置（即执行器或执行元件）发出控制指令。

（2）存储、计算、分析处理信息；计算输出值所用的程序；存储该车型的特点参数；存储运算中的数据、存储故障信息。

（3）运算分析。根据信息参数求出执行命令数值；将输出的信息与标准值对比，查出故障。

（4）输出执行命令。把弱信号变成强的执行命令信号；输出故障信息。

（5）自我修正功能（自适应功能）。

在汽车电子控制系统中,各种 ECU 的组成大同小异,都是由硬件、软件、壳体和线束插座四部分组成。汽车各种 ECU 的硬件电路都是一种十分复杂的电路,虽然不同公司开发研制的硬件电路的结构各有不同,但是硬件电路的组成基本相同,都是由输入回路、单片微型计算机(即单片机)、输出回路和电源电路四部分组成,组成框图如图 3.17 所示。

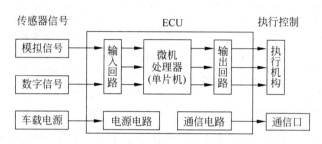

图 3.17　ECU 组成框图

汽车电子控制系统包括硬件和软件两个部分,硬件有电子控制单元及接口、传感器、执行机构、显示机构等。ECU 控制功能的变化主要依赖于软件及输入、输出模块功能的变化,随控制系统所完成的任务不同而不同。汽车各种电控单元的硬件电路组成,具体来说是由不同种类的专用集成电路、大量的电阻器、电容器、二极管、稳压管、三极管等分立电子元件和印制电路板等构成。

在软件方面,ECU 的控制程序有以下几个方面:计算、控制、监测与诊断、管理、监控。执行控制模式如图 3.18 所示。

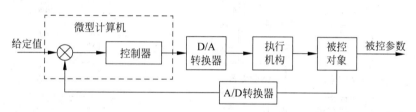

图 3.18　ECU 软件控制模式框图

2. 通信总线

集成电路和单片机在汽车上的广泛使用,大大增加了汽车上的电子控制器的数量,使得线路越来越复杂。为了提高信号的利用率,要求大批的数据信息能在不同的电子单元中共享,汽车综合控制系统中大量的控制信号也需要实时交换。传统的电器系统大多采用的点对点的单一通信方式,已远不能满足这种需求。针对上述问题,在借鉴计算机网络和现场控制技术的基础上,汽车网络技术应运而生。

汽车网络技术从 20 世纪 80 年代提出以来,迄今为止,已形成了多种网络标准,其侧重的功能有所不同。20 世纪 90 年代中期,美国汽车工程师协会(SAE)按照汽车上网络系统的性能由低到高将其划分为 A 级、B 级、C 级网络。3 种网络的应用对象、应用范围、位速率和代表总线如表 3.1 所列。

表 3.1 汽车网络的划分

类别	对象	位速率/kbps	应用范围	主要总线
A	面向传感器执行器的低速网络	1～10	电动门窗、座椅调节、灯光照明等控制	TTP/A LIN
B	面向独立模块间数据共享的中速网络	10～125	电子车辆信息中心、故障诊断、仪表显示、安全气囊等系统	CAN
C	面向高速、实时闭环控制的多路传输网	125～1000	悬架控制、牵引控制、发动机控制、ABS等系统	CAN TTP/C FlexRay

CAN 是德国博世公司从 20 世纪 80 年代初为解决现代汽车中众多的控制与测试仪器之间的数据交换而开发的一种串行数据通信协议。它是一种多主总线，通信介质可以是双绞线、同轴电缆或光导纤维，通信速率可达 1Mbps，1991 年首次在奔驰 S 系列汽车中采用。同年，博世公司正式颁布了 CAN 技术规范（版本 2.0），该技术规范包括 A 和 B 两部分。1993 年 11 月 ISO 正式颁布了 ISO 11898，为 CAN 的标准化、规范化铺平了道路。此后，越来越多的北美和日本汽车公司也开始采用 CAN 网络。1994 年美国汽车工程师协会卡车和巴士控制和通信子协会选择 CAN 作为 SAEJ1939 标准的基础。典型的 CAN 总线系统如图 3.19 所示。

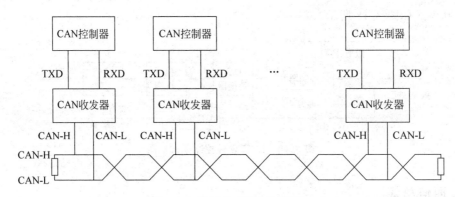

图 3.19 典型的 CAN 总线系统

由于其高性能、高可靠性及独特的设计，CAN 越来越受到人们的重视。世界上一些著名的汽车制造厂商，如 BENZ（奔驰）、BMW（宝马）、PORSCHE（保时捷）、ROLLS-ROYCE（劳斯莱斯）和 JAGUAR（美洲豹）等均采用 CAN 总线来实现汽车内部控制系统与各检测和执行机构间的数据通信。

3. 执行机构

执行机构包括转向控制、电子节气门控制、悬架控制和辅助制动系统。执行机构的主要功能是接收电子控制单元的指令，完成既定的动作，并将执行结果反馈到控制单元。智能车辆的执行机构一般是线控的，取消了原有的机械连接，使得控制更加灵活、准确。

3.2 线控油门

线控油门也称电子节气门控制系统（ETC），主要由位于发动机进气歧管内的电子节气门和控制系统组成，目前广泛应用在汽车节气门开度的控制上，通过传感器、控制器、节气门驱动装置实现与发动机管理系统（engine management system，EMS）的配合：根据汽车行驶时的负荷和状态等相关信息快速且精确地控制节气门开度，以此来精确调节进气量，使发动机在最合适的状态下工作；使车辆具有良好的怠速、加速及减速工况过渡性能，从而有效降低排放和燃油消耗，提高汽车的动力性、平稳性、安全性和舒适性；同时ETC系统也能按照车辆其他系统，如驱动防滑（ASR）系统、巡航控制（cruise control system，CCS）系统、车辆稳定性控制（vehicel stability control，VSC）系统等的要求，改变节气门开度和发动机扭矩输出。

传统的节气门控制主要是拉线式，节气门和油门踏板连接在了一起，驾驶员踩下加速踏板的动作通过拉线传递到节气门，从而调整节气门的开度，如图3.20(a)所示。该方式结构简单、可靠性较高，能准确反映驾驶员的操作意图，但是节气门的控制完全交由驾驶员操作，不能保证发动机的工作状态与汽车的运行状态为最佳匹配。线控油门则取消了这一拉线，直接通过电子信号进行控制，如图3.20(b)所示。

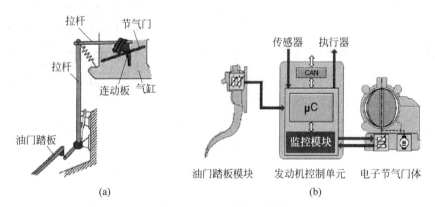

图3.20 油门系统示意图
(a) 传统机械油门系统；(b) 线控油门系统

线控油门主要由加速踏板、加速踏板位置传感器、电子节气门体总成以及电子油门控制单元组成。加速踏板有地板式和悬挂式两种形式，结合加速踏板位置传感器能够反映驾驶者的操作意图，并将信号传递给控制单元。

线控油门系统的工作原理是，当驾驶员踩下加速踏板时，加速踏板位置传感器感知驾驶员的操作意图，转换为相应的电压信号，输送给电子油门控制单元，电子油门控制单元得到这个信号后，结合当前发动机的工作状态，如发动机的负荷、转速和冷却液温度等信息，通过分析和计算当前节气门的最佳开度值，控制驱动电机工作，经过齿轮机构减速后，输出相应扭矩使节气门阀体转动到对应位置。同时，节气门位置传感器将此时的开度反馈给电子控制单元，实现了闭环控制，从而达到最优的控制效果。

3.2.1 加速踏板位置传感器

加速踏板位置传感器是线控油门系统中的一个重要部件,加速踏板位置传感器传送加速踩踏深浅与快慢的信号,这个信号会被 ECU 接收和解读,ECU 根据控制逻辑发出控制指令,控制节气门快速或缓和开启到适当的角度。

加速踏板位置传感器有电位计型和霍尔型两种类型。电位计型加速踏板位置传感器以分压电路原理工作,如图 3.21(a)所示,ECU 供给传感器电路 5V 电压。踏板通过转轴与传感器内部滑动变阻器的电刷连接,踏板位置传感器的位置改变时,电刷与接地端的电压发生改变,ECU 将该电压转变成加速踏板的位置信号。加速踏板位置传感器同时输出两组信号给 ECU,保证输出信号的可靠性。霍尔型加速踏板位置传感器的传感元件为霍尔传感器,如图 3.21(b)所示,根据霍尔效应,霍尔元件随磁铁的位置改变而输出不同的电压,为非接触测量,无摩擦,使用寿命长。传感器同时输出两路信号,幅值相差一半,ECU 采集这两路信号后进行校验,如果发现错误则认为传感器故障,节气门将处于怠速状态。

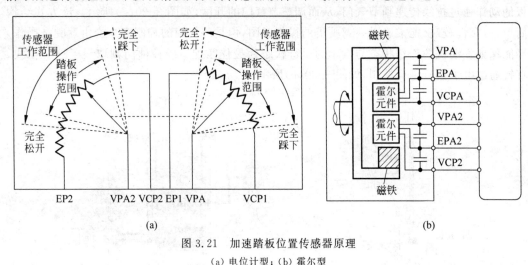

图 3.21 加速踏板位置传感器原理
(a)电位计型;(b)霍尔型

3.2.2 电子节气门体总成

电子节气门总成如图 3.22 所示,主要由节气门、节气门电机、传动齿轮、回位弹簧和节气门位置传感器等组成。

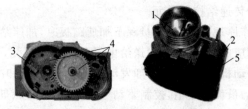

图 3.22 电子节气门外形及组成
1—节气门;2—节气门驱动电机;3—节气门位置传感器;4—传动齿轮;5—节气门双电位计

1. 节气门

节气门体由节气门阀片和转轴组成,由于阀片具有一定的厚度,完全关闭时会导致阀片卡在进气管,因此完全关闭时节气门的阀片和进气的流动方向的夹角不是0°,而是2°,在不施加油门开度时,节气门不是完全关闭的,而是通过复位弹簧使节气门开度维持在9°左右。

2. 驱动电机

驱动电子节气门的电机主要有永磁直流电机和步进电机两种形式。永磁直流电机采用脉宽调制技术(pulse width modulation,PWM),通过提供一定占空比的电压驱动电机转动,该控制方式操作简单,从处理器到被控系统信号都是数字形式的,无需进行数/模转换,抗干扰能力强,功率密度高。电机的输出转矩和脉宽调制信号的占空比成正比,当电机输出转矩和弹簧复位力矩相同时,节气门开度保持不变,增加占空比可以使得电机输出力矩增大,克服弹簧复位力矩,使节气门开度增大,反之占空比减小,节气门开度随之减小。步进电机是将脉冲信号转换为角位移或线位移的一种电机,电机的转速和停止位置只取决于脉冲信号的频率和脉冲数。当步进电机接收到一个脉冲数时,步进电机就会按照设定的方向转动一个固定的角度,因此可以通过控制脉冲的个数来控制角位移量,同时也可以通过控制脉冲频率来控制电机转动的速度和加速度。步进电机控制方式的优点是稳定性好,不需要闭环控制,缺点是响应较慢,因此采用步进电机的节气门比较少。

3. 传动齿轮

传动齿轮组是连接驱动电机和节气门阀片的中间部件,如图3.23所示,小齿轮固定在驱动电机上,电机的扭矩通过中间齿轮和扇形齿轮传到节气门阀片上,期间通过了两级齿轮减速,增大了输出扭矩,减小了电机转动过程中的运动冲击。同时也调整了电机和节气门的位置,使得结构更加紧凑。

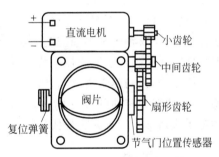

图3.23 节气门传动齿轮连接

4. 回位弹簧

电子节气门采用的是两个正反弹性系数不同的双回位弹簧,当不施加油门开度时,复位弹簧使得节气门保持9°左右的开度。其中一个弹簧用于关闭节气门,另一个弹簧使得节气门以默认的角度打开。

5. 节气门位置传感器

节气门位置传感器安装在节气门体上,它的作用是将节气门开度信号转换成电压信号输出,以便ECU控制喷油量,还可以得到汽车当前的负荷情况。节气门位置传感器有开关量输出和线性输出两种类型。下面根据图3.24介绍线性节气门位置传感器。

线性节气门位置传感器由与节气门联动的电位器、怠速触点及外壳等组成。电位器的动触点(节气门开度输出触点)随节气门开度在电阻膜上滑动,从而在该触点(VTA端子)得到与节气门开度成比例的线性电压输出,当节气门全闭时,另外一个与节气门联动的动触

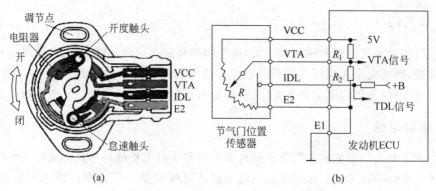

图 3.24 线性节气门位置传感器结构及电路图
(a) 结构图；(b) 电路图

点与急速输出触点(IDL)接通，传感器输出急速信号。节气门位置传感器输出的线性电压信号经 A/D 转换后送计算机处理。

3.3 线 控 制 动

传统制动系统如图 3.25 所示，主要由真空助力器、制动主缸、储液罐、轮缸、制动鼓或制动盘构成。当踩下制动踏板时，储液罐中的制动油进入制动主缸，经过真空助力装置的加压后，通过感载阀、比例阀分配至各轮缸，实现制动。传统制动系统的气体或液体管路长、阀类元件多，对于长轴距和多轴控制车辆来说，可能会产生制动滞后的现象，导致制动距离增大，安全性降低。随着智能线控系统的不断发展，汽车的制动系统作为汽车最为重要的主动安全系统之一，人们越来越意识到传统的液压制动系统已经难以满足人们对汽车制动性能的要求，因此线控制动(brake by wire, BBW)系统也逐渐进入人们的视野。线控制动系统利用电子线路部分或者完全替代传统制动汽车的制动管路，通过电子控制单元来实现对制动

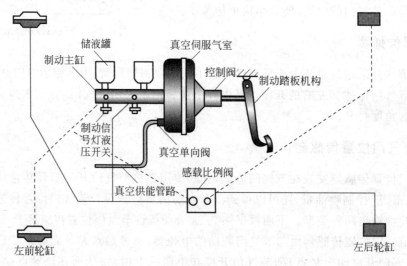

图 3.25 传统制动系统结构示意图

力矩的控制和分配。目前的线控制动系统主要有电子液压制动(electric hydraulic brake, EHB)系统和电子机械制动(electric mechanical brake, EMB)系统两种。

3.3.1 电子液压制动系统

与传统的制动系统不同,电子液压制动系统(EHB)结合了传统的液压制动系统和现代电子控制技术,以电子元件替代部分机械元件,是一个先进的机电一体化系统。EHB根据技术方向分为3类:电动伺服类,采用电机驱动主缸提供制动液压力源,代表产品有博世的iBooster;电液伺服类,采用电机、泵提供制动压力源,代表产品有Continental(大陆公司)的MK C1;电机、高压蓄能器电液伺服类,代表产品有日本爱德克斯(ADVICS)的ECB电动油压式制动系统。以上关键部件包括电机、电磁阀、油泵、电液控制单元、蓄能器,这些部件集成在一起,形成了机电液集成程度非常高的EHB产品。

EHB系统主要由制动踏板单元、液压驱动单元、控制系统以及制动执行单元组成。一个典型的电子液压制动系统如图3.26所示。EHB用一个综合制动模块取代传统制动器中的压力调节器和ABS模块。这个综合的制动模块由电机、泵、蓄能器等部件组成,它可以产生并储存制动压力,可以对4个车轮的制动力矩进行单独调节。同时,在EHB的电子控制系统中设计相应程序,通过操纵电控元件来控制制动力的大小及各轴制动力的分配,可以完全实现ABS及ASR等功能。

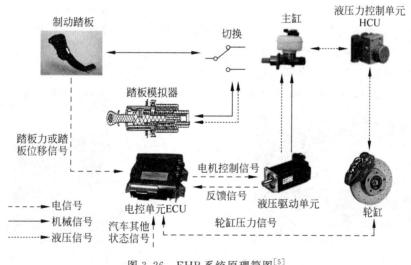

图 3.26　EHB系统原理简图[5]

1. 制动踏板单元

制动踏板单元主要由制动踏板、踏板模拟器以及制动踏板力/行程传感器等组成。踏板模拟器是EHB系统的重要组成部分,为驾驶员提供与传统制动系统相似的踏板感觉(踏板反力和踏板行程),使其能够按照自己的习惯和经验进行制动操作。制动踏板和制动器之间不再是直接的液压连接,而是通过传感器接收制动踏板的行程,并把信号传递给控制单元,驾驶员的制动意图通过制动踏板转角传感器的转角、角加速度和主缸液压力等信号被电子控制系统识别，图 3.27 为德国大陆公司生产的电子制动踏板单元。

2. 液压驱动单元

液压驱动单元包括"电动机＋减速机构""液压泵＋高压蓄能器"等形式。由于电动汽车制动主缸最高建压需求往往超过 15MPa，因此在采用电动机作为液压压力动力源的电子液压制动系统中，均需要加装减速增扭机构，以增大电动机的最大输出转矩，减小电动机体积，节约成本。"电动机＋减速机构"负责将电动机的力矩转化成直线运动机构上的推力从而推动主缸产生相应的液压力；"液压泵＋高压蓄能器"通过高压蓄能器的高压能量来提供主缸液压力或轮缸制动力以实现主动调节。该系统通过制动踏板单元获取制动驾驶意图从而向整车控制器发送指令，以控制高压蓄能器、电磁阀和泵产生相应的液压力；当高压蓄能器内压力不足时，液压泵将对高压蓄能器增压。

3. 控制系统

电子液压制动系统的控制单元主要包括电子控制单元 ECU 和液压控制单元（hydraulic control unit，HCU），图 3.28 为德国大陆公司生产的液压力控制单元。HCU 一般包括如下几个部分：

（1）独立于制动踏板的液压控制系统。该系统带有由电机、泵和高压蓄能器组成的供能系统，经制动管路和方向控制阀与制动轮缸相连，控制制动液流入、流出制动轮缸，从而实现制动压力控制。

（2）人力驱动的应急制动系统。当伺服系统出现严重故障时，制动液由人力驱动的主缸进入制动轮缸，保证最基本的制动力使车辆减速停车。

（3）平衡阀。同轴的两个制动轮缸之间设置有平衡阀，除需对车轮进行独立制动控制的工况之外，平衡阀均处于断电开启状态，以保证同轴两侧车轮制动力的平衡。

图 3.27　Continental Teves 电子制动踏板单元　　图 3.28　大陆公司带 ECU 的液压力控制的单元

4. 制动执行单元

制动执行机构与传统的液压制动系统类似，主要由制动主缸、制动轮缸以及液压管路和液压阀等组成，如图 3.29 所示。

EHB 控制系统主要控制的是压力供给单元和高速开关阀。压力供给单元包括电动液压泵和高压蓄能器。当制动系统开始工作时，电动液压泵开始为高压蓄能器供能，监测高压蓄能器压力的压力传感器实时将检测到的压力信号反馈给电子控制单元，直至压力达到系

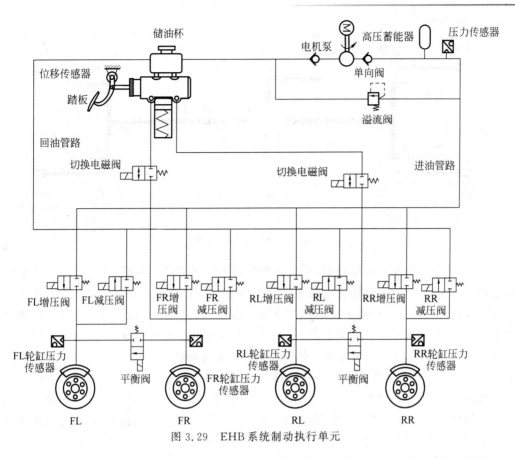

图 3.29 EHB 系统制动执行单元

统规定的阈值。进而使得高速开关阀的一端得到的是持续且稳定的高压制动液。高速开关阀则是通过 PWM 脉宽调制方式进行控制,以改变阀口的开度,控制输出流量。

制动过程中,车轮制动力由 ECU 和执行器控制,踏板转角传感器不断地将踏板转角信号转换为电信号,并将其输入到电控单元。电控单元 ECU 解释这些信号以及车辆速度和转向角等其他关键输入并将控制信号输入液压控制单元,使得高压制动液从蓄能器排出,通过液压控制单元中的电磁阀到达各个制动器,从而减慢车辆的速度。在制动过程中,ECU 还可以根据轮速传感器等其他各种信号进行分析计算,实现 ABS、ASR 等功能。为了保证在系统发生故障时也能安全停车,系统中设计有后备液压系统,以保证控制系统在失灵时仍有制动能力,确保安全。

3.3.2 电子机械制动系统

与 EHB 系统相比,电子机械制动系统(EMB)制动器去除了所有的液压控制单元,伺服电机直接安装在制动钳体上。其原理如图 3.30 所示,当电子控制单元接收到制动指令后,便会向 EMB 伺服电机发出驱动指令,随后驱动电机通过减速机构和运动转换机构来推动制动块产生制动力。EMB 系统由于完全取消了液压控制,不会出现液体泄漏的状况,从而减少了保养和维修的成本。

目前,EMB 存在的最主要问题是制动力矩不足。普通家用轿车一般需要 1~2kW 的制

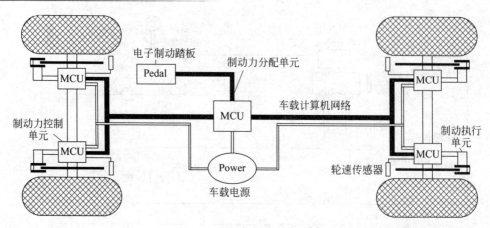

图 3.30　EMB 系统原理图[6]

动功率,但由于电机安装在轮毂中,轮毂狭小的空间限制了电机体积,且目前小体积电机无法达到 1~2kW 功率输出,因此必须大幅度提高输入电压,然而提高输入电压非常困难。其次,EMB 制动时的工作环境恶劣,刹车片附近的温度会高达数百度,受空间限制无法添加冷却系统,高温会极大影响其制动效果,一方面小体积电机多为永磁电机,高温将导致永磁体消磁;另一方面,目前没有半导体元件可以承受如此高的温度,部分工作在刹车片附近的半导体元件的效用也会被削弱。此外,剧烈振动也会对 EMB 系统产生影响,由于电机作为簧下元件所受振动十分剧烈,永磁体电机无论是烧结还是粘结都很难承受强烈振动。剧烈振动对半导体元件的也会产生影响,因此半导体元件需要一个高强度防护壳,然而受限于轮毂内体积,很难兼顾防护问题。

EMB 没有备份系统,但其对可靠性要求又极高。一是电源系统,为了保证失效安全性,必须要有车载电源网络备份(如采用双电源网络)。二是要求总线通信系统中每一个节点的串行通信都必须具备容错能力,因此系统需要至少两个 MCU 来确保其可靠性。

3.3.3　iBooster

早在 1999 年,德国大众汽车就设想采用电机直接推动主缸的设计,但是由于当时的电机无法满足要求,于是采用了高压蓄能器与之配合使用。2013 年博世去掉了高压蓄能器,直接采用电机推动主缸,这就是 iBooster 线控制动技术,如图 3.31 所示。

图 3.31　博世 iBooster 线控制动系统

iBooster制动技术的原理是当驾驶员踩下制动踏板时,输入杆会推动阀体移动,位于下方的踏板行程传感器会把踏板行程信息传递给电子控制单元,电子控制单元将得到的踏板行程信息进行处理并综合车速轮速等多种传感器信息分析得到合适的制动力矩,并把制动信号传递给直流无刷电机,电机转动将制动力矩通过二级齿轮单元放大后推动助力器阀体,最终推动制动缸实现制动。一代产品的助力器助力约5.5kN,重量为5kg。二代产品(如图3.32所示)的助力器助力可达8kN,重量为4.4~4.8kg。工作电压范围为9.8~16V,耗电量为<1A/1MPa(产生1MPa液压时电流小于1A),电机功率为300W。

图3.32 iBooster第二代产品
1—安装螺栓;2—踏板行程传感器;3—油壶(储油罐);4—制动主缸(给车轮上的制动器刹车提供压力);5—电机和控制器;6—输入杆

由于采用电力作为制动力来源,iBooster制动技术的最大好处就是脱离了以前的真空助力设备,不用发动机或者电动机带动真空泵来帮助制动,简化了制动系统。同时,这套新技术可以与再生制动等电制动手段结合,满足日常制动的要求,降低制动系统的磨损;也能通过电机的反向作用,弥补制动踏板在制动能量回收等状态下的力度反馈,让驾驶更为顺畅。

通过电机工作,iBooster能够实现主动建立制动压力,而无需驾驶员踩下制动踏板。与典型的ESP系统相比,获得所需制动力的速度提高了3倍,并且可通过电子控制系统进行更加精确的调节。紧急情况下,iBooster可在约120ms内自动建立全制动压力,这不仅有助于缩短制动距离,还能在碰撞无法避免时降低撞击速度和对当事人的伤害风险。iBooster还能支持自适应巡航控制(ACC)模式,帮助驾驶员进行舒适制动直至车辆完全停止。

iBooster与ESP结合能够为自动驾驶提供冗余制动备份,iBooster和ESP均可通过机械推动力,帮助车辆在任何情况下停止行驶。iBooster采用双安全失效模式。第一,将两种故障情况考虑在内:①如果车载电源不能满负载运行,那么iBooster则以节能模式工作,以避免给车辆电气系统增加不必要负荷,同时防止车载电源发生故障;②iBooster发生故障,ESP会接管并提供制动助力。在上述两种情况下,制动系统均可在200N踏板力作用下,提供0.4g的减速度。第二,如果车载电源失效,即断电模式下,驾驶员可以通过无制动助力的纯液压模式对所有4个车轮施加制动,使车辆停止,此时的工作模式和传统的真空助力器失效相同。

目前iBooster的应用车型包括:特斯拉全系,大众全部新能源车,保时捷918,凯迪拉克CT6,雪佛兰Bolt、Volt,本田CR-V,法拉第未来FF91,荣威Ei5,比亚迪e6,蔚来ES8等。

3.4 线控转向

汽车的转向系统经历了机械转向系统、液压助力转向系统、电控液压助力转向系统、电动助力转向系统的发展过程。无论是机械式、液压助力式,还是电控助力式,都没有改变驾驶员通过机械机构操纵转向器的方式。由于其转向传动比固定或变化范围有限,汽车的转向响应特性随车速而变化,因此驾驶员必须针对汽车转向特性的幅值和相位变化进行一定的操作补偿,才能够操纵汽车按其意愿实现转向,这在很大程度上影响了汽车的操纵稳定性和驾驶舒适性。

随着线控技术的发展,线控转向技术(steering by wire,SBW)也逐渐应用在汽车的转向系统中。世界著名的汽车及零部件厂家像宝马、奔驰、ZF、雪铁龙、DELPHI和日本光洋精工等都对线控转向技术进行了比较深入的研究,很多汽车公司推出了搭载线控转向系统的概念车。最早将线控转向技术应用到量产车型的是英菲尼迪 Q50,如图 3.33 所示。

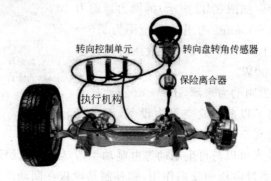

图 3.33　英菲尼迪 Q50 线控转向系统组成

线控转向系统取消了转向盘和转向器之间的机械连接,直接通过电信号控制转向电机来控制汽车转向,完全摆脱了传统机械结构的限制,驾驶员的转向操作仅仅是向车辆输入转向盘的转角指令,在一定的操纵稳定条件下,由控制器根据转向盘的转角、当前车辆状态等信息,依据有关控制算法确定合理的前轮转角,实现准确的转向。线控转向系统主要由转向盘总成、转向执行总成和主控制器(ECU)3 个部分以及自动防故障系统、电源等辅助系统组成,如图 3.34 所示。

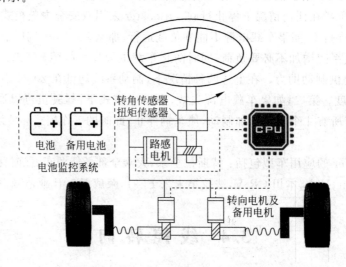

图 3.34　线控转向系统示意图

3.4.1 转向盘总成

转向盘总成由转向盘、转向盘转角传感器、扭矩传感器和路感电机组成,其主要功能是将驾驶员的转向意图(通过测量转向盘转角)转换成数字信号并传递给主控制器,同时主控制器向转向盘回正力矩电机发送控制信号,产生转向盘回正力矩,以提供给驾驶员相应的路感信息。

3.4.2 转向执行总成

转向执行总成包括转向电机、前轮转角传感器、转向器和转向拉杆等部件,其功能是将测得的前轮转角信号反馈给主控制器,并接受主控制器的命令,控制转向盘完成所要求的前轮转角,实现驾驶员的转向意图。

3.4.3 主控制器

主控制器对采集的信号进行分析处理,判断汽车的运动状态,向转向盘回正力矩电机和转向电机发送命令,控制两个电机协调工作。主控制器还可以对驾驶员的操作指令进行识别,判断在当前状态下驾驶员的转向操作是否合理。当汽车处于非稳定状态或驾驶员发出错误指令时,前轮线控转向系统将自动进行稳定控制或将驾驶员错误的转向操作屏蔽,以合理的方式自动驾驶车辆,使汽车尽快恢复到稳定状态。

3.4.4 自动防故障系统

自动防故障系统是线控转向系统的重要模块,它包括一系列的监控和实施算法,针对不同的故障形式和故障等级做出相应的处理,以求最大限度地保持汽车的正常行驶。线控转向技术采用严密的故障检测和处理逻辑,以最大程度地提高汽车安全性能。

线控转向系统工作原理如图 3.35 所示,汽车线控转向系统用转向盘传感器检测驾驶员的转向数据,然后通过数据总线将信号传递给主控制器,主控制器结合转向盘转角传感器信

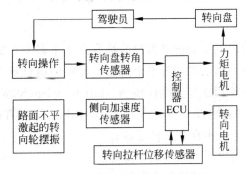

图 3.35 线控转向系统工作原理

息和车辆当前状态信息分析计算出合理的前轮转角,输出至转向电机,从而控制整个转向系统的运动。同时车轮转向子系统转向阻力传感器传出的信息也经由电子控制系统,接收控制器传来的力矩信号,传给转向盘子系统中的路感模拟部件,产生转向盘的回正力矩,提供驾驶员相应的路感信息。

SBW 的发展与 EPS 一脉相承,其所用到的关键部件在 EPS 中一样有应用,其系统相对于 EPS 需要有冗余功能。目前 SBW 系统有两种方式:①取消转向盘与转向执行机构的机械连接,通过多个电机和控制器来增加系统的冗余度。博世在 EPS 电机的基础上进行了修改,使电机有两个绕组,同时配备两套电子功率器件控制系统,一个绕组出问题时另外一个绕组可以代替,这样电机还是可以工作,进而达到冗余系统的要求。②在转向盘与转向执行机构之间增加一个电磁离合器作为失效备份,来增加系统的冗余度。

相比于传统的转向系统,线控转向系统取消了传统转向机构转向盘与转向器之间的机械连接,主要有以下优点:

(1) 提高了汽车的安全性能。取消了转向管柱等机械结构以后,在汽车受到撞击时,免除了驾驶员受到转向管柱伤害的可能性,提高了被动安全性能。采用线控技术以后,转向的控制可以更加智能和灵活,响应更加迅速,提高了主动安全性能。

(2) 提高了整车的设计自由度。取消机械机构使得汽车内部空间增加,便于操纵系统的布置,也能够增加汽车内部的空间,提高驾驶舒适性。

(3) 简化生产工艺,降低生产成本。线控转向系统取消了转向柱等机械连接,简化了结构和生产工艺,便于维护和实现汽车的轻量化,提高汽车的燃油经济性。

(4) 有利于实现底盘集成控制。采用线控转向系统后有利于整合底盘技术,综合利用主动悬架、ASR、ESP 等系统的传感器,实现数据共享。同时可以综合车辆转弯行驶、车身横向稳定性控制以及转向制动时的操纵稳定性等,提高汽车的操纵稳定性。

(5) 实现转向的变传动比控制。作为线控系统的一部分,线控转向系统除了具有一般线控系统安全、轻便、控制精确的优点之外,还可以轻易地通过控制程序实现变传动比控制甚至理想传动比控制,即提高在低速时转向的灵敏性,和高速时转向的稳定性,控制汽车的横摆角速度和质心侧偏角,提高转向稳定性。

3.5 线控换挡

换挡系统的作用是通过调节变速器齿轮的啮合方式来调节车辆的运行速度和方向,一般包括停车挡、倒车挡、空挡和前进挡等多个挡位。传统的机械排挡位于中控台后部,排挡杆和变速器内部的行星齿轮相连接。线控换挡(shift by wire,SBW)简称电子换挡,是一种不需要任何机械结构,仅通过电控来实现挡位变换的机构。主要有以下特点:

(1) 选挡杆和变速箱之间不存在机械连接;
(2) 换挡操纵需求以纯电子方式传输至变速箱;
(3) 驻车锁通过电控液压方式操控和激活。

线控换挡系统主要由输入装置、控制装置和执行装置组成。

3.5.1 输入装置

输入装置包括各种开关和传感器,将发动机的负荷、车辆的速度以及驾驶员的操作信息通过车载总线发送给 ECU。

1. 节气门位置传感器

节气门位置传感器可以将当前的节气门位置信息即发动机的负荷信息传递给 ECU,该 ECU 也将该信息作为换挡控制和变矩器控制的主要参考信息。

2. 车速传感器

车速传感器可以产生频率和车速成正比的脉冲信号,通过 ECU 的计算得到实时的车速信息,ECU 也将车速信息作为换挡控制和变矩器控制的主要参考信息。一般来说,电子控制自动变速系统安装有两套车速传感器,作为一种失效保护的机制。

3. 驱动模式选择开关

汽车发动机节气门开度和车速的关系称为驱动模式或换挡规律,电子控制自动变速器一般有普通型(NORM)、动力型(PWR)和经济型(ECON)3 种,如图 3.36 所示。换挡模式开关一般安装在换挡操纵手柄或组合仪表盘上,驾驶员通过操作这些开关来选择合适的换挡规律。普通型换挡规律介于经济型和动力型之间,可以兼顾汽车的动力性和燃油经济性。动力型换挡规律力图使汽车获得最大的动力,通过改变变速器的换挡时机和变矩器的锁止时机,充分利用液力变矩器增加扭矩的功能来提高汽车的动力性,适合于坡道和山区驾驶。经济型换挡规律以牺牲一定的动力性获得最佳的燃油经济性为目的,适合道路条件良好的城市和高速公路使用。

1) 超速开关

超速开关又称 O/D 开关,通常位于操纵手柄的上方。如图 3.37 所示,使作用于 3、4 挡换挡阀高挡端的液力传动油泄空,车速足够高时可换入 4 挡。当开关关闭时,电磁阀不通电,压力油使 3~4 换挡阀锁止在 3 挡位置,车速再高也无法升入 4 挡。在驾驶室仪表盘上,

图 3.36　驱动模式选择开关

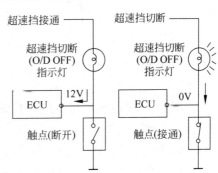

图 3.37　超速开关电路示意图

有"O/D OFF"指示灯,用来显示超速挡开关的工作状态。开关打开,"O/D OFF"指示灯灭;开关关闭,则"O/D OFF"指示灯亮。超速挡的传动比一般为0.7~0.85,主要用于在良好的路面上轻载的场合,借此提高汽车的燃油经济性。

2) 空挡启动开关

空挡开关是一个由选挡操纵手柄控制的多位多功能开关,选挡操纵手柄拨到某一位置时,选挡操纵手柄的连杆机构使开关上的相应触点闭合,从而接通点火开关至ECU和挡位指示灯之间的相应电路。ECU根据空挡启动开关输入的N、S、L三个位置信号来判断选挡操纵手柄的位置,如果都无信号输入,则判定选挡操纵手柄处于D位。

3) 制动灯开关

如图3.38,制动灯开关安装在制动踏板下面的支架上,当驾驶员踩下制动踏板时,制动灯开关接通,制动灯开关发亮,并从制动灯开关信号输入端子向ECU输入一个信号,当ECU接收到信号时,便知道已经开始制动,立即解除液力变矩器的锁止命令,使锁止离合器分离,避免发动机熄火。

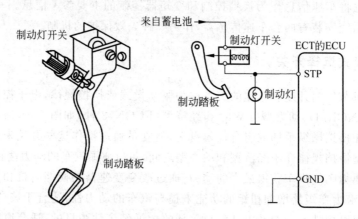

图3.38 制动灯开关及连接线路图

4) 驻车制动灯开关

当驻车制动手柄放松时,停车制动开关断开,制动报警灯熄灭,并输入给ECU一个信号,当ECU接收到该信号时,在起步和换挡时将控制减少车尾下坐量。当驾驶员拉紧驻车制动手柄时,停车制动开关接通,制动报警灯发亮,ECU接收到这一信号后便得知驻车制动手柄已拉紧。

3.5.2 控制装置

如图3.39所示,电子控制单元(ECU)根据传感器检测所得的节气门开度、车速、油温等运转参数,以及各种控制开关发送来的当前状态信号,由ECU根据预先编制并存入存储器ROM的换挡程序,进行计算比较和分析后,确定换挡点和液力变矩器闭锁离合器闭锁时间,向电磁阀发出控制信号,以控制电磁阀线圈中电流的通断,再由电磁阀控制液动的换挡阀,从而最终实现对自动变速器的换挡控制。

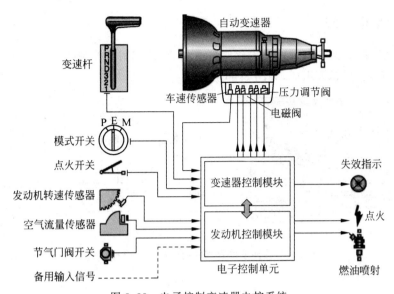

图 3.39 电子控制变速器电控系统
P：动力型(PWR)；E：经济型(ECON)；M：普通型(NORM)

3.5.3 执行装置

执行装置的主要功能是根据 ECU 的指令，完成自动换挡和变矩器的锁止工作，主要的装置是电磁阀。电磁阀根据电子控制单元所发出的指令开启或闭合，相应接通或切断回油通道，从而控制换挡和锁止时间。电磁阀按作用分为换挡电磁阀、油压调节电磁阀和锁止控制电磁阀；按照结构形式可以分为开关型电磁阀和脉冲型电磁阀。

1. 开关型电磁阀

开关型电磁阀的作用：开启和关闭自动变速器油路，可用于控制换挡阀及液力变矩器的锁止离合器锁止阀。开关型电磁阀由电磁线圈、衔铁、阀芯和回位弹簧等组成，如图 3.40所示。

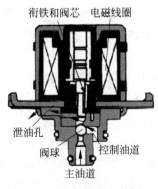

图 3.40 开关型电磁阀

2. 脉冲型电磁阀

脉冲型电磁阀的结构与开关型电磁阀基本相似,其作用是控制油路中油压的大小,也是由电磁线圈、衔铁、阀芯等组成,如图3.41所示。

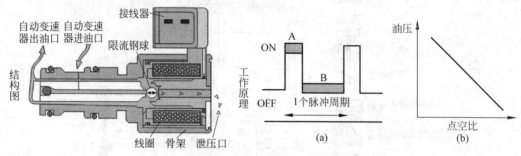

图 3.41 脉冲型电磁阀的结构和工作原理示意图

3.6 线控灯光

缓解驾驶员疲劳和提高夜间驾驶安全性的最重要措施之一是提供明亮的视野。线控灯光系统是汽车根据自身的状态和驾驶员的操作,智能控制某些灯光的开启关闭甚至自适应地进行调节,以减少驾驶员频繁操作次数,降低驾驶疲劳,提高汽车的安全性,本节主要以自适应前照灯系统为例进行介绍。

自适应前照灯系统(adaptive front-lighting system,AFS)根据驾驶环境来优化前照灯的灯光分布。该系统使用传感器,根据车速和转向输入,检测汽车的方向以及它在道路上的位置。当系统检测到汽车转向时,会自动调整横梁的方向,将低光束前照灯指向驾驶员想要行驶的方向,以照亮道路上的黑暗区域。无AFS系统车辆行驶时,前大灯会将大部分光束集中在正前方道路上,如图3.42所示。与卤素大灯相比,该系统采用的LED大灯可以照亮更远的距离并且更加明亮,从而改善了驾驶员的视野以及在夜间行驶期间曲线和交叉路口的可见度。配合自动调平功能,系统可不受车辆位置的影响提供稳定的光线分布。

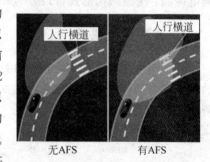

图 3.42 有无 AFS 对比

AFS主要由前照灯总成、轮速传感器、偏航传感器、转向盘角传感器摄像头、执行电机以及电子控制单元(ECU)组成。汽车AFS系统控制,由多路传感器模块、数据信号传输模块、控制计算模块、执行机构所组成,在汽车的行驶过程中,各路数据信号对前照灯的调节影响是多种的,所以AFS属于多输入多输出(MIMO)系统,在汽车各模块正常工作过程中,各单元传感器将采集不同的数据信息,将采集的数据传输至控制器单元(ECU)中,经由控制器中的控制算法和程序的计算,随后将所得指令传输至执行机构中,随着控制电机的转动,带动前照灯实现水平方向和垂直方向上的转动功能。

3.7 语音交互技术

一直以来,语音都是人们最直接、最自然的交互方式,自从人们学会使用工具开始,一直是通过手动操作工具,而通过语音自然地与机器进行交流,是人类长久以来的梦想。语音技术日趋成熟,已经从实验室理论研究阶段走到产品化阶段。于是人们考虑在汽车系统上使用语音技术来解放驾驶员的双手和双眼,使得驾驶员只需进行语音命令和听取语音回馈就能控制车载设备。语音技术在计算机领域中的关键技术有语音识别技术和语音合成技术。

3.7.1 语音识别技术

语音识别技术(auto speech recognize,ASR)所要解决的问题是让计算机能够"听懂"人类的语音,将语音中包含的文字信息"提取"出来。ASR 技术在"能听会说"的智能计算机系统中扮演着重要角色,可以将语音中的内容、说话人、语种等信息识别出来,相当于给机器装上了人工耳朵,使其具备"能听"的功能,进而实现信息时代利用"语音"这一最自然、最便捷的手段进行人机通信和交互。

如图 3.43 所示,语音系统主要包含特征提取、声学模型、语言模型以及字典与解码四大部分。为了更有效地提取特征,往往还需要对所采集到的声音信号进行滤波、分帧等音频数据预处理工作,将需要分析的音频信号从原始信号中合适地提取出来。特征提取工作将声音信号从时域转换到频域,为声学模型提供合适的特征向量;在声学模型中再根据声学特性计算每一个特征向量在声学特征上的得分;语言模型则根据语言学相关的理论,计算该声音信号对应可能词组序列的概率;根据已有的字典,对词组序列进行解码,得到最后可能的文本表示。

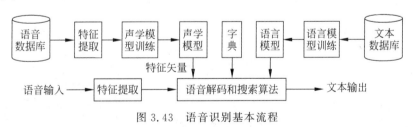

图 3.43 语音识别基本流程

3.7.2 语音合成技术

语音合成,又称文语转换(text to speech)技术,它能将任意文字信息实时转化为标准流畅的语音朗读出来,涉及声学、语言学、数字信号处理、计算机科学等多个学科技术,是中文信息处理领域的一项前沿技术。

文语转换系统实际上可以看作是一个人工智能系统。为了合成出高质量的语言,除了依赖于各种规则,包括语义学规则、词汇规则、语音学规则外,还必须对文字的内容有很好的理解，这也涉及对自然语言理解的问题。文语转换过程是先将文字序列转换成音韵序列，再由系统根据音韵序列生成语音波形。

　　经过多年的渐进式发展，语音交互的价值正逐步走出单纯"控制方式"的狭隘理解，向业内人眼中的"大连接"阶段过渡。车载语音交互平台发展迅速，全球市场风起云涌，前有亚马逊、Nuance、Google 等国际巨头，后有科大讯飞、百度、思必驰及云知声等国内厂商，通过携手全球各大车企巨头，共同推动车载语音交互从"命令式""自然式"向"主动对话式"时代全面进击。搭载了科大讯飞的"飞鱼-2.0"汽车智能交互系统的广汽 GS8 可以让车主通过语音完成控制空调温度、车窗开闭以及地图导航等智能操作。该系统不仅可以过滤环境噪声，还可以过滤掉干扰人声，更重要的是，系统能识别出用户的交互对象是否为自己。理想状态下，车内音乐或其他人聊天的声音都不影响用户和汽车的语音交流。百度推出的人工智能操作系统 DuerOS 2.0 的 one shot 功能可以让用户在说完唤醒词后不必等待小度被唤醒，而是直接说出具体指令。丰田汽车已宣布与亚马逊合作，将亚马逊的 Alexa 整合到车载系统中，以进一步增强汽车的智能语音功能。

思 考 题

1. 简述智能车辆的结构组成以及各部分的功能。
2. 为何加速踏板位置传感器信号要使用两根信号线？这两根信号线有何特点？
3. 什么是线控转向技术？由哪几部分组成？
4. EHB 技术分哪几类？各自有何特点？
5. EMB 技术存在哪些优点和缺点？
6. 各种线控技术是如何相互配合完成车辆控制的？

第 4 章

智能车辆环境感知技术

智能车辆环境感知技术是智能驾驶核心技术之一,主要负责感知车辆周围的环境,相当于人的眼睛和耳朵,为车辆决策系统提供基础信息。随着技术的发展,新的感知技术不断出现。表 4.1 给出了几种典型传感器在远距离测量能力、分辨率、温度适应性等方面的性能表现,各有所长,要满足智能车辆系统的要求,须对多个传感器进行数据融合,综合应用。

表 4.1 典型传感器的性能比较

	激光雷达	毫米波雷达	超声波雷达	图像传感器
远距离测量能力	优	优	差	优
分辨率	良	优	差	优
低误报率	良	优	良	一般
温度适应性	优	优	优	优
不良天气适应性	较差	优	优	较差
灰尘/潮湿适应性	较差	优	优	较差
低成本硬件	较差	优	优	优
低成本信号处理	较差	优	优	较差

本章将分别介绍智能车辆环境感知的主要关键技术。

4.1 激光雷达

4.1.1 激光雷达简介

激光雷达又称光学雷达(LiDAR),是一种先进的光学遥感技术,它首先向目标发射一束激光,然后根据接收激光反射的时间间隔确定目标物体的实际距离;同时结合这束激光的发射角度,利用简单的三角函数原理推导出目标的位置信息如图 4.1 所示。激光具有能量密度高、方向性好的特点,大多数激光雷达的探测距离达到 100m 以上。雷达具有波长越短探测精度越高的特点,激光雷达的探测介质是激光射线,使用的波长集中在 600~1000nm,远低于传统雷达的波长。故激光雷达可以用于测量物体距离和表面形状,其测量精度可达厘米级。

激光雷达是 20 世纪 60 年代以后迅速发展起来的。在此之前,经历了百年的理论探索和工程准备阶段。1886 年,赫兹验证了电磁波的发射、接收和目标特性等电磁雷达的基本物理原理。19 世纪末,麦克斯韦经典电磁理论的建立发现电磁辐射遵守折射、反射定律还

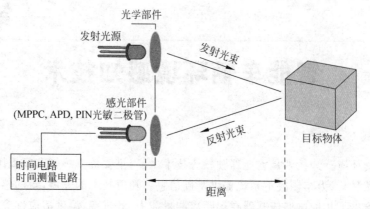

图 4.1 激光雷达的工作原理(时差法,time of flight,ToF)

测量并发现黑体辐射总能量与温度、波长的变化关系,辐射能量峰值随温度增高,向短波方向移动,建立了理想黑体模型,发现了辐射空间分布规律。1905 年爱因斯坦发现和解释了光电效应,1916 年确定了电磁辐射和光电辐射的量子性,预言了受激辐射——激光的存在,以及广义相对论的时间、空间与辐射的关系,奠定了激光雷达的量子理论基础。1937 年瓦特研制成功第一台机载电磁雷达。1939 年,进入电磁雷达实用化,但功能单一、性能低的发展阶段。第二次世界大战后才进入功能繁多、性能先进的成熟阶段。

20 世纪 60 年代激光的出现,验证了爱因斯坦的预言。能量更集中的高强度、窄波束的激光,提高了探测灵敏度和作用的距离;激光的方向性、准直性有利于精确瞄准和跟踪,提高了探测分辨率和控制精度。更高速率和信息量的激光通信和激光雷达一道发展了起来。

激光雷达的核心,一是激光发射系统,它发射发散角小、能量集中的激光光束;另一个是激光接收系统,它探测和接收照射到目标上反射、散射等回波信号。

与微波雷达相比,激光的波长比微波短了几个数量级,又有更窄的波束,它的优点是:

(1) 探测灵敏度和测量分辨率(角分辨率、速度分辨率和距离分辨率)高,多普勒频移大,信息量大,可获得幅度、频率和相位信息,可测速及识别移动目标。经过信号处理具有成像能力,可得到运动目标的高分辨率清晰图像。

(2) 激光雷达波长短,可在分子量级上对目标进行探测,这是微波雷达无能为力的。利用不同的分子对特定波长的激光吸收、散射或荧光特性,可以在分子量级上探测不同的物质成分。

(3) 能够全天候工作,不受白天和夜晚光照条件的影响;受地面背景、天空背景干扰小;抗干扰能力强,隐蔽性好;激光不受无线电波干扰,能穿透等离子鞘,低仰角工作时,对地面多路径效应不敏感;激光束很窄(10^{-3} rad 数量级),只有在被照射的那点和那一瞬间,才能被截获。

(4) 在功能相同的情况下,较微波雷达体积小、重量轻;天线和系统的结构尺寸可做得很小。近年来,由于微电子和微光学技术的发展,在功能相同的情况下,激光雷达的全固态集成光学化和小型化,硬件和软件的融合等,取得较大进展。这是目前微波雷达难以做到的。

(5) 激光雷达和激光通信分别承担着探测和传输的不同任务,但它们的物理规律基本相同,波段同样宽广,重叠性和共用性好,技术和工程上的共用性强。因此,复合性好,探测通信一体化,网络融合化能力强。

与其他被动光电雷达相比,激光雷达的优点是:

(1) 自身具有对目标的照射光源,可全天候工作,不受白天和黑夜的光照条件的限制。

(2) 激光的光束窄,具有单色性,谱线线宽,有更高的分辨率和灵敏度,有更强的抗干扰能力,受地面和天空背景的干扰小。

(3) 可获得幅度、频率和相位信息,信息量大,可用于测速及动目标识别。

激光雷达主要缺点有:

(1) 激光受大气及气象影响大。大气衰减和恶劣天气使其作用距离降低,大气湍流会降低激光雷达的测量精度。但随着激光雷达技术的发展,通过计算机修正、自适应光学和相共轭光学技术等,上述问题得到一定解决。作用距离短可以通过激光雷达实现小型化、搭载运载平台解决,只要全固态激光雷达能探测 60~100km 的目标,便可发挥它的体积小和重量轻的优势,配合微型信号处理器、控制器,可以搭载运载平台,送到任何地方工作。目前,已能发射星载激光雷达,实现对深空间的探测。

(2) 激光的光束窄和单色性,使其难以搜索和捕获目标。一般先由其他电磁雷达和光电雷达实施大空域、快速粗捕目标,然后交由激光雷达再对目标进行精密跟踪测量。因此,发展了多模复合式激光雷达,提高了搜索、捕获和跟踪能力。被动光电雷达能探测任何遥远的、具有温度的微弱光电辐射的物体,激光雷达还不能取而代之。

(3) 激光功率也是探测距离受到限制的因素。研制大功率激光器,除了从原理上寻找提高功率的措施外,制造高密度、高亮度面阵的发光二极管和激光二极管,发展单光子计数探测技术等,也是解决的办法之一。

(4) 激光雷达在使用过程中时刻都在产生海量的点云数据,即使是 16 线的 LiDAR 每秒钟要处理的数据点也达到了 30 万个,64 线的型号每秒产生的点数甚至超过两百万个。LiDAR 给出的原始数据只是反射物体的距离信息,需要对所有的点进行几何变换,且在后期处理中也要进行大量的坐标系转换等工作,这些对计算硬件(CPU、GPU、FPGA 等)提出了很高的要求。

在智能车辆行驶过程中,其搭载的 LiDAR 系统相对于车辆并非静止不动,而是随着车辆移动以相对于汽车的稳定角速度转动,同时不断向周围发射激光并探测周围的物体,记录下反射点信息,以便得到车辆周边全方位的环境信息。LiDAR 在收集反射点距离的过程中同时记录下实时时间数据和水平角度,结合每个激光发射器已知的位置和姿态,可以计算得到所有反射点的坐标,这些所有反射点坐标的集合就构成了点云。

智能车辆定位不但借助 GNSS 等系统的帮助,LiDAR 在其中也扮演着重要角色。在智能车辆行驶的路径上事先由搭载 LiDAR 的采集车采集道路环境点云信息,后期通过人工进行修饰与更改,剔除一些错误的不应保留的信息,比如移动中的行人与车辆,或其他与道路环境无关的物体所反射的点云数据,再经过多次对齐与加工修饰,最终拼接成完整的点云数据,称为高精度地图。车辆通过自身 LiDAR 信息与已有高精度地图进行比对,就可以进行精确定位。实际应用中,LiDAR 可以联合 GNSS/IMU 进行加强定位,一方面通过 GNSS 得到初始位置信息,再通过 IMU 和车辆的 Encoder(编码器)配合得到车辆的初始位置;另一方面,将激光雷达的三维点云数据,包括几何信息和语义信息进行特征提取,并结合车辆初始位置进行空间变化,获取基于全局坐标系下的矢量特征。最后,将初始位置信息、激光雷达提取的特征信息与高精度地图的特征信息进行匹配,从而获取一个准确的定位。其过程如图4.2所示。

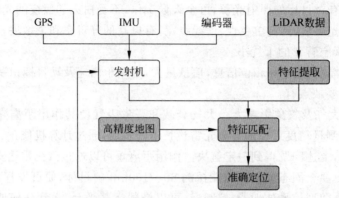

图4.2 激光雷达定位示意图

在障碍物检测方面,机器视觉中一个较难解决的问题是判断物体距离。基于单一摄像头抓取的二维图像无法得到准确的位置信息,而基于多摄像头合成的方法实时处理很大的计算量,难以满足无人车实时性的要求。而 LiDAR 生成的点云可以在很大程度上避免摄像头的上述问题。借助 LiDAR 本身的特性可以很好地探测反射障碍物的远近、大小甚至表面形状,有利于障碍物检测准确性的提高,而且在算法方面对比机器视觉算法也比较简单。

4.1.2 激光雷达系统组成及功能

当辐射照射目标时,激光雷达对目标的反射、折射、散射和透射等所产生的回波辐射进行探测。图4.3是一个典型的激光雷达框图。

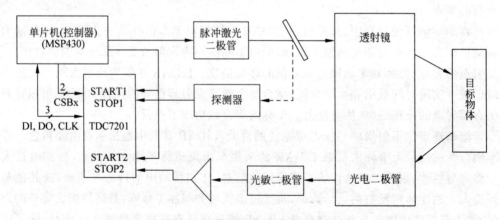

图4.3 典型激光雷达基本框图

激光雷达基本组成包括发射、接收和后置信号处理三部分,以及使这三部分协调工作的机构。

1. 发射部分

1) 激光发射器

激光发射器由激光器和激光电源等部分组成,并可配上激光调制。激光器经历了从 He-Ne 及 CO_2 等气体激光器、YAG 等固体激光器、半导体激光二极管,发展为发光二极管或激光二极管、泵浦固体激光器、高亮度高密度矩阵激光二极管等大功率密度或矩阵激光器。

2) 激光调制器

激光调制器将发射的激光调制成所需要的波形(连续波或脉冲)和参数(幅度、频率、相位和偏振化,脉幅、脉宽和重复频率)。一般可通过控制激光电源和光束控制机构实现。

3) 光束控制器

光束控制器控制激光束在空间的位置、方向及束宽,也可采用矩阵式反射镜、矩阵光栅或矩阵滤光器等微光学系统获得矩阵激光束。

4) 光学发射天线

光学发射天线又叫发射望远镜,它能够对激光束进行整形和束宽压缩,变成所要求的波形和参数,射向空间,使远处目标获得照射能量最大化。智能车辆上应用的传统的成像激光雷达要求进行光机扫描等。

2. 接收部分

1) 光学接收天线

光学接收天线对从目标返回的反射或散射激光信号进行能量汇聚,并能校正波阵面,使激光回波进入探测器的光敏面上。它和光学发射天线可以是分置的,也可以是合置的。

2) 光电探测器

光电探测器将返回的激光信号直接转变为电信号,或者与通过分束器得到的本振光混频,实现外差接收而得到电信号。也可以采用阵列探测器,提高灵敏度,或成像探测。

3. 信号处理及控制部分

1) 信号预处理

前置放大器先将探测器输出的电信号进行匹配滤波、消噪、信噪比增强和频率、相位及偏振等预处理,再经主放大器放大到一定功率。

2) 信号处理器

信号处理器将各种信号参量处理为含有距离、速度、角度和目标图像特征的信息,再经过 A/D 转换器,转变为数字信号,送入计算机或微处理器等主处理器,变为可分析和显示及传输的数据和图像信息。它可以经通信系统传输出去,或经图像处理系统在屏幕上显示,或送入伺服系统。

3) 伺服系统

伺服系统根据主处理器提供的角度和角速度信息控制激光平台的跟踪架对捕获的目标实现跟踪。

4.1.3 激光辐射源

由于激光的特点,使其成为激光雷达的优良光源。

激光能量高度集中,能量密度高,亮度高,比普通光源高几万亿倍,比太阳表面亮度高几百亿倍。将中等强度的激光光束汇聚,在焦点处会产生几千到几万 K 的高温。

激光的发散角非常小,光束集中。高性能激光器发出的激光射出 20km,光斑直径只有 20～30cm;射到距地球表面 380 000km 的月球上,其光斑直径还不到 2km。

激光器输出波长基本一致,谱线宽度很窄,颜色很纯,单色性好易于调制,波长范围可以从紫外覆盖直到微波范围。

激光是受激辐射光,具有极强的相干性,故称为相干光源。激光脉冲非常窄,有高峰值功率或能量。脉冲越窄,重复频率就越高。可实现纳秒级(ns)脉宽,甚至皮秒级($1ps = 10^{-12}s$)脉宽。

激光辐射源用于产生激光束照射目标,获取回波信号。激光器结构图如图 4.4 所示,其中激活介质、泵浦源和谐振腔是不可缺少的三部分。

激活介质或工作物质是用来实现粒子数反转,并产生受激辐射作用的物质体系,有时也称为激光增益或激光介质,可以是固体(晶体、玻璃)、气体(原子气体、离子气体、分子气体)、半导体和液体等媒质。激活介质应尽可能工作在它的粒子特定能级之间,实现较大程度的粒子数反转,并在整个激光发射过程中有效地保持下去。因此,激活介质应有合适的亚稳态能级结构和跃迁特性。最普遍的固体激光器有两种类型的能级结构,即所谓的三能级系统和四能级系统,如图 4.5 所示。

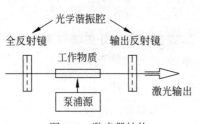

图 4.4 激光器结构

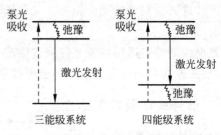

图 4.5 激光的三能级结构与四能级结构

典型的三能级系统是红宝石 $Cr^{3+}:Al_2O_3$ 晶体。激光下能级就是基态,激活粒子吸收了泵浦源的光能之后,激励抽运跃迁至吸收带,然后通过无辐射跃迁的弛豫过程,到达可以产生激光发射的亚稳态即为激光上能级。泵浦光的强度足够大时,激光上下能级之间形成了足够大的粒子反转,当激光波长的光增益足以补偿其损耗时,介质将变成该波长光的增益介质。如果把这种增益介质放到适当的光学谐振腔中,受激辐射的光束多次在增益介质中通过两端的反射镜往复振荡,诱发新的受激辐射,不断增强和放大,就形成在空间和时间上高度集中的光辐射——激光。

典型的四能级系统是 $Nd^{3+}:YAG$。存在两个激发态,激光上能级仍是亚稳态,激光下能级不是基态,而是另一激发态。激活离子吸收泵浦光后跃迁到一个位于激光上能级之上的吸收带的抽运能级,然后由无辐射跃迁进入激光上能级,以后的过程与三能级系统相同,但是四能级系统中跃迁到激光下能级,发出激光后,也通过无辐射跃迁回到基态。

不论三能级系统还是四能级系统,要使激光材料发射激光,都必须由激励(泵浦)源为实现粒子数反转激励(或抽运),使激活介质产生,并为维持粒子数反转提供能量,成为光的增益介质。光学激励(光泵)利用外界光源辐照激活介质实现粒子数反转,它由气体放电光源(如氙灯、氪灯)或半导体激光管和聚光器组成,利用气体激活介质的气体放电,实现粒子数反转,激励装置由放电电极和电源组成。化学激励利用激活介质内部的化学反应,实现粒子数反转,应有适当化学反应物和引发措施;核能激励利用小型核裂变反应所产生的裂变碎片、高能粒子或放射线来激励工作物质实现粒子数反转。

光学谐振腔的作用是提供光学反馈能力,以保证受激辐射持续进行,同时还可对激光光束的方向和频率进行控制,以实现激光的高度单色性和定向性。光学谐振腔的品质好坏,由输出激光光束的发散角、光束场图分布的均匀性、调节精度等因素来描述。

光学谐振腔由光学元件组成,使腔内光子有一致频率、相位和运行方向,具有光放大和选频作用,使激光具有良好的定向性、相干性和高光束质量。按照腔的稳定性可分为稳定腔、介稳腔、非稳腔。稳定腔用于低增益气体激光器和折叠腔激光器;介稳腔限制波形能力强,激光发散角小,用于各类激光器;非稳腔限制波形能力更强,用于高增益大口径激光器。

在激光雷达、光通信等应用中,光束特性需要专门讨论。它涉及激光发射功率、激光光束的束宽或发散角、激光光束光强分布截面形状和相对于目标的传输方向等问题。激光光束的空间分布是驱动电流、光源温度、内部孔径或反射镜等光学元件共同影响的结果,是大功率强激光和半导体激光的重要概念。光束轮廓显示了光束所有特征,与光束传播、光束质量和光束用途有关,还能得出修正和整形后激光器的输出效率。所有光学元件都会改变光束传输路径和能量分配,激光雷达要正确选择光学元件,必须要了解激光的初始分布,必须知道所选择的光学元件是否能达到预期效果。有时还需要对光束性能进行实时反馈,以便做出调整。

有关光束性能的参数主要有光束形状和光束扩散角。各种激光形状函数有均匀光束分布函数、爱里(Airy)光束分布函数和高斯(Gaussian)光束分布函数。光束轮廓指激光的空间分布特性,描述光束波前辐射能量分布,这种特性通过光束运行路线上横截面内点的相对强度图来显示。光束轮廓用光束宽度或光束直径来定义。因为衍射的缘故,远场探测时束宽或发散角受到发射机输出孔径大小的影响。发射激光束宽大于衍射极限,于是发射激光波前有畸变,引起远场发散更加严重,此时,衍射极限束宽是重要的。

常用的指标是半高(峰)全宽值(full width at half maxima,FWHM),此处光能下降到激光光源衍射极限峰值的一半。任选其一测量光束直径,就可确定光束空间发光的各种重要特征。

束宽是由光束内光强下降到峰值光强的指定百分比的位置所确定的。常用峰值光强为 e^{-2} 处所对应的张角,称为高斯束宽。采用高斯分布近似,其峰值光强为1。在爱里斑情况下,激光功率有84%集中于束宽内。具有高斯束宽的激光束称为高斯光束。激光光束质量对相干探测系统性能的影响用与距离有关的光束截面函数表示。用近似方法表示光束质量常数为

$$Q = \frac{\varphi_M}{\varphi_T} \tag{4.1}$$

式中：φ_M 为实际的激光束宽(rad)；φ_T 为理论衍射极限的束宽(rad)。对于衍射极限的情况，光束质量常数 $Q=1$。

激光器按工作介质可分为气体激光器、固体激光器、激光二极管(laser diode, LD)、化学激光器和染料激光器等几大类；按工作方式可分为连续式、脉冲式、调 Q 和超短脉冲式等。大功率激光器通常都是脉冲式输出，激光器波长已达数千种，最长波长为微波段 0.7mm，最短波长为远紫外区 210Å，X 射线波段激光器也正在发展中。可调谐激光器、自由电子激光器也有其独特之处。

气体激光器曾在激光雷达发展中有过重要作用，至今某些重要远程激光雷达和探测大气的激光雷达仍使用气体激光器。

气体激光器按工作物质划分，有原子气体激光器、离子气体激光器、分子气体激光器和准分子激光器。波长可从真空紫外到远红外，可以连续或脉冲形式工作。它由放电管内辉光放电激活气体、一对反射镜构成的谐振腔和激励源 3 个主要部分组成，如图 4.6 所示。

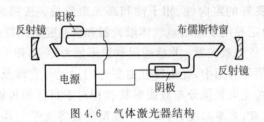

图 4.6 气体激光器结构

主要激励方式有电激励、气动激励、光激励和化学激励等。在适当放电条件下，利用电子碰撞激发和能量转移激发等，气体粒子被有选择性地激发到某高能级上，形成与某低能级间的粒子数反转，产生受激发射跃迁。与固体、液体比较，气体的光学均匀性好，因此，输出光束具有较好的方向性、单色性和较高频率稳定性，发散角小，相干长度达几百米。但气体密度小，不易得到高浓度激发粒子，输出能量密度较小。

1. 原子气体激光器

原子气体激光器包括各种惰性气体激光器和各种金属蒸气激光器。氦-氖激光器使混合气体放电，部分氦原子被激发到亚稳激发态 2S 或 3S，这部分氦原子与基态氖原子碰撞时，能导致能量转移激发，使氖原子处于激发能级上，实现氖原子的粒子数反转分布。氖原子在谐振腔中通过受激发射发出 3 个波长($3.39\mu m$、$1.15\mu m$ 和 6328Å)的激光。氦-氖激光器输出功率从几毫瓦至 100mW，效率约为 0.1%。它具有单色性好、方向性强、使用简便、结构紧凑坚固等优点。

其他原子气体激光器有铜蒸气激光器，其具有平均功率高、重复率高等优点。

2. 离子气体激光器

离子气体激光器在惰性气体和金属蒸气离子的电子态能级之间建立粒子数反转，输出激光功率较大。其有氩离子激光器、氪离子激光器和氦-镉激光器等。它们可在紫外和可见光区产生多条波长激光，其中最强的是 4480Å 和 5145Å。其连续输出激光功率为几百毫瓦至几百瓦，效率很低，约为 0.1%。

3. 分子气体激光器

分子气体激光器的激光工作介质是中性分子气体，如 N_2、CO、CO_2 等，经受激振荡后的光放大产生激光。其波长范围从真空紫外、可见光到远红外。其中以 CO_2 激光器最为重要。

CO_2 激光器有封闭容器式、低速轴流式、高速轴流式和横流式（放电方向、光轴方向与气体流动方向成正交）等类型。CO_2 激光器可用于焊接、切割和热处理等加工；光通信、光雷达、测距、同位素分离、高分辨率光谱学和高温等离子体研究等。CO_2 气体（实际上是 CO_2、N_2 和 He 混合体）通过施加高压电形成辉光放电状态，借助设在容器两端的反射镜使其在反射镜之间的区域不断受激励并产生激光。它的效率高，一般为 10%～25%，可以获得很高的激光功率，连续输出功率高达万瓦，脉冲输出可达每脉冲万焦耳级。这种激光器工作波长在以 10.6μm 为中心的多条分子振转光谱线上。CO_2 激光器分为普通低气压封离型激光器、横向和纵向气体循环流动型激光器、横向大气压和高气压连续调谐激光器、气动激光器以及结构紧凑、增益高以及可调谐的波导激光器等。

全密封射频激励 CO_2 激光器采用内腔式可选模混合谐振腔技术的射频（RF）激励匹配系统，使激光光束具有非常高的光束质量。采用全钛金属设计，具有很高的刚性。腔内光学元件均采用特殊真空镀膜技术，使高真空腔体不泄漏，增加激光器寿命和稳定性。并且重量轻，刚性强，光束质量好，有多种脉冲工作模式。

全密封式板条放电 CO_2 激光器与传统的气体流动式 CO_2 激光器不同，它结构紧凑，使用可靠，被用来雕刻、打标，切割诸如塑料、木材、陶瓷和金属薄板等。全密封式 CO_2 激光器体积小，结构坚固，寿命超过 20 000～35 000h。系统集成简单，无须维护，容易生产。但是光束是椭圆的，不适合切割、打标和雕刻等。

4. 其他气体激光器

1) 准分子激光器

准分子激光器的主要受激准分子是惰性气体准分子和惰性气体卤化物准分子。利用准分子束缚高能态和排斥性或弱束缚的基态之间的受激发射产生激光。由于基态寿命极短，可实现高效率和高平均功率。波长在紫外区域，输出能量达百焦耳量级，用于光泵染料激光器、同位素分离和激光化学。

2) 化学激光器

化学激光器是另一类气体激光器，用泵浦源化学反应所释放的能量产生激光，如 F 原子和 H 原子的两种气体迅速混合后，发生化学反应时，能生成处于激发状态的 HF 分子，产生激光。不需别的能量，直接从化学反应中获得很强的光能。

化学激光器有脉冲和连续形式。这类激光器大多是以分子跃迁方式工作的高能激光系统，波长范围从近红外到中红外谱区。主要有在 7.6～3.3μm 输出 15 条以上谱线的氟化氢（HF）激光器；在 7.6～4.2μm 输出约 25 条谱线的氟化氘（DF）激光器，它们均可实现数兆瓦输出。其他化学激光器包括 4.0～4.7μm 的溴化氢（HBr）激光器，波长 4.9～3.8μm 的 CO 激光器等。利用电子跃迁的化学激光器是氧碘（OI）激光器，具有高达 40% 的能量转换效率，而其 1.3μm 的输出波长则很容易在大气中或光纤中传输。在材料加工、受控热核聚变反应中可望得到应用。

3）染料激光器

染料激光器以液体染料作为工作介质。染料液体是有机大分子，分子量为几百。它可用波长短的气体激光器为泵浦源用激光来激发。一种固定波长激光也可以激发多种染料。染料激光器输出激光波长比作为光泵的激光器波长更长。这种激光器输出激光波长连续可调，可以得到所需要波长的高输出功率激光。目前产生的激光波长已可覆盖$(3200\sim 12\,850)\times 10^{-10}$ m。连续波激光线宽已可压缩到 1kHz 以下。脉冲染料激光脉冲时间已经可压缩到 8×10^{-15} s。

固体激光器的激活介质是易于起激活作用的金属离子掺入人工晶体和玻璃基质，如钡冕玻璃和钙冕玻璃等优质硅酸盐光学玻璃。它具有较宽有效吸收光谱带、较高荧光效率、较长荧光寿命和较窄荧光谱线，易产生粒子数反转和受激发射。主要类别有红宝石激光器和钇铝石榴石固体激光器（YAG 激光器）。

红宝石激光器的晶体基质是 Al_2O_3 内掺约 0.05%（重量比）的 Cr_2O_3。Cr^{3+} 密度为 1.58×10^{19} g·cm^{-3}，输出激光波长为 6943nm。世界上第一台测距激光雷达，便是以红宝石激光器为辐射源。

传统 YAG 固体激光器的晶体有掺钕钇铝石榴石（简写为 Nd:YAG），玻璃则是钕玻璃。其结构原理如图 4.7 所示。

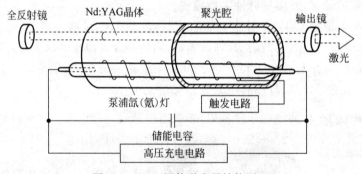

图 4.7 YAG 固体激光器结构原理

借助光泵先将电能转化为光能，传送到激活介质中，在激光棒与电弧灯周围形成一个泵室。通过激光棒两端的反光镜，使光对准工作介质，对其激励以产生光放大，获得激光。现在以激光二极管泵浦，发出高质量的激光光束，成为激光雷达的主要辐射源。

激光同光一样是一种电磁波。人眼可以感知的可见光波长范围一般是 400~760nm，激光雷达发射的光源一般是选用红外波段的激光，这样人眼是看不到的，从而避免了对视网膜的伤害和对人眼视觉的干扰。目前市场上的激光雷达主要选择两种波长的激光：中央波长为 905nm 的激光及中央波长为 1550nm 的激光。905nm 激光又分为垂直腔面发射激光器（vertical-cavity surface-emitting laser，VCSEL）发出的激光和边发射激光器（edge emitting laser，EEL）发射的激光。

激光雷达测距原理一般是时差法（time of flight，TOF），即根据激光飞行时间测距。TOF 一般使用脉冲激光，脉冲激光的如下几个指标非常关键：

(1) 强度最大峰值。脉冲就像海浪一样，会在某个时间点达到最大值，这个最大值与激光雷达能探测到的最大距离直接对应。峰值越大，探测距离越远。人的眼球对 1550nm 光的吸收远远大于905nm光的吸收,这样同样峰值的1550nm激光到达视网膜的光通量就远远小于905nm激光。或者说,人能容忍的1550nm激光的量要高得多。这样,在保证对人眼安全的前提下,1550nm的激光拥有更远的探测距离。

(2) 发射频率。发射频率代表一秒钟内激光器发出的脉冲数。目前905nm激光器的发射频率可以达到20kHz,意味着一秒钟内可以发出20 000个脉冲。1550nm激光器的发射频率可以达到几十MHz。激光器的发射频率直接影响激光雷达的帧率与点数。频率越高,帧率与点数可以越多,单位时间内获取的信息量越多。

(3) 脉冲宽度。对于激光雷达,脉冲宽度一般在几纳秒至几十纳秒。宽度太大会影响距离测量精度。

(4) 光斑质量。905nm激光光斑趋于扁平,形状很差,即使经过镜头校正,在传播一定距离后,激光发散角还是会变得很差。1550nm激光应用单模光纤激光器,形状近圆形,即使传播200m长的距离后发散角仍然很小,光斑大小也较小。

4.1.4 激光探测器

探测器是激光雷达接收系统的核心部分。只要辐射照射物体所引起的任何物理效应足够灵敏,都可以用来度量辐射的强弱。

激光雷达领域最常使用的电磁辐射探测器是光电二极管。

光电二极管(photo-diode,PD)是一种响应速度快,频率响应好,灵敏度高,可靠性高,把辐射光信号转变为电信号的探测器,是激光雷达的主要探测器。按半导体PN结的结构和掺杂浓度的不同,有光电二极管(PD)、PIN光电二极管、雪崩光电二极管和肖特基势垒二极管等。

当无光照时,PN结处于反向偏压的光电二极管处于截止状态,只有少数载流子在反向偏压的作用下,在P区有少量空穴,N区有少量电子。渡过阻挡层,形成微小的反向电流,这就是暗电流。

当有光照时,PN结吸收外来光子能量后,产生电子空穴对,产生非平衡载流子,空穴扩散到P层,电子扩散流向N层,从而使P区和N区的少数载流子浓度大大增加。于是PN结两端出现电荷积累,产生光生电动势。图4.8为光电二极管PN结产生电动势的原理图。

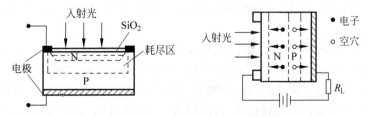

图 4.8 光电二极管PN结产生电动势原理

若不加偏压,就以光生电动势输出电能,就是前面的光电池的原理。作为探测器,PN结外加反向偏压,将光信号转变为电信号。

当外加反偏电压时,在和耗尽区的内电场的共同作用下,P区少数载流子(电子)渡过势垒区进入N区,同样N区的少数载流子(空穴)也渡过势垒区进入P区,从而形成光电流。在一定偏压下,入射光子越多,产生的电子空穴对越多,则光电流越大,即光电流与照度成线性关系,这就是光电二极管的光照特性。

光电二极管封装在透明玻璃外壳中,PN结在顶部,直接受到光照。为了提高转换效率,应当大面积受光,PN结面积比一般二极管大。光电二极管在电路中一般处于反向偏置状态,无光照时反向电阻很大,反向电流很小;有光照时,PN结处产生光生电子空穴对,在电场作用下形成光电流,随入射光强度变化相应变化,光照越强光电流越大,光电流方向与反向电流一致。硅光电二极管结构如图4.9所示。

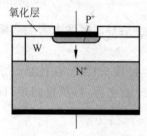

图4.9 硅光电二极管结构

PN型光电二极管在PN结的中间设置一层掺杂浓度很低的本征半导体层,形成PIN结构类型光电二极管。它是高速光电二极管,响应时间达1ns,适用于光通信和遥控装置中。

PN结光电二极管的光生电流是由耗尽层内的光生电子空穴对在外加偏压和内建场共同作用下的漂移运动形成的。由于电场的作用,耗尽层内光生载流子运动速度很快,光生电流能够随输入的光信号快速变化,响应时间在5ns左右。然而在耗尽层外的扩散区,没有内建场的加速作用,载流子仅做缓慢的扩散运动,又容易自行复合降低浓度。响应速度慢,时间长,光电转换效率大大降低。

PIN光电二极管虽然较大地改善了频率特性,但是由于耗尽层的加宽,使载流子的漂移时间加长,由于结电场所要求的反向偏压又不能无限加大,因此影响了响应速度的进一步提高,难以满足高频响应和高速数据传输的需要。同时,PN光电二极管的输出光电流过小,仅为nA数量级。在长距离衰减严重的激光雷达、激光通信和激光制导的信号传输中,信号非常微弱,检测十分困难。若系统采用多级放大,又引入放大器噪声,则使整个系统信噪比降低,灵敏度也随之降低。为解决信号弱和响应速度低的问题,应采用类似于光电倍增管的雪崩光电二极管(avalanche photon diode,APD)。

在研究半导体二极管的反向击穿机理时发现,只要耗尽层中的电场足以引起碰撞电离,则通过耗尽层的载流子就会具有某个平均的雪崩倍增值。当载流子的雪崩增益非常高时,则进入雪崩击穿状态。在击穿前,当反向偏压足够高时,在耗尽层内运动的载流子就可能因碰撞电离效应而获得雪崩倍增。碰撞电离效应也可以引起光生载流子的雪崩倍增,具有内部光电流增益的半导体光电子器件,又称固态光电倍增管。这种器件具有小型、灵敏、快速等优点,适用于微弱光信号的探测和接收,在光纤通信、激光测距和其他光电转换数据处理等系统中应用较广。

APD的噪声是由于两种载流子的碰撞离化能力不同导致的。具有较高离化能力的载流子注入到耗尽区有利于在相同的电场条件下获得较高的雪崩倍增效应。但是,离化能力由于注入光强的增加而下降,使APD的线性范围受到一定的限制;另一方面更重要的是,由于载流子的碰撞电离是一种随机的过程,即每一个别的载流子在耗尽层内所获得的雪崩增益可以有很广泛的概率分布,因而倍增后的光电流I比倍增前的光电流有更大的随机起伏,即光电流中的噪声也有起伏。与真空光电倍增管相比,由于半导体中两种载流子都具有离化能力,使得这种起伏更为严重。

与一般的半导体光电二极管一样,雪崩光电二极管的光谱灵敏范围主要取决于半导体材料的禁带宽度。制备雪崩光电二极管的材料有硅、锗、砷化镓和磷化铟等Ⅲ-Ⅴ族化合物及其三元、四元固熔体。根据形成耗尽层方法的不同,雪崩光电二极管有PN结型(同质或异质结构的 PN 结。其中又有一般的 PN 结、PN 结及诸如 N＋PP＋结等特殊的结构)、金属半导体肖特基势垒型和金属-氧化物半导体结构等。

与真空光电倍增管相比，雪崩光电二极管具有小型、不需要高压电源等优点，因而更适于实际应用；与一般的半导体光电二极管相比，雪崩光电二极管具有灵敏度高、速度快等优点，特别当系统带宽比较大时，能使系统的探测性能获得大的改善。

在 PN 结中加上一个较高的反向偏置电压后(在硅材料中一般为 100～200V)，利用盖格模式的电离碰撞的雪崩击穿倍增效应，可在 APD 中获得一个 $10^2\sim10^3$ 的内部电流增益。因此灵敏度高，响应速度快，可达 100GHz。某些硅 APD 采用了不同于传统 APD 的掺杂等技术，允许加上更高的电压(＞1500V)而不至于击穿，从而可获得更大的增益(＞1000)。由于 APD 的增益与反向偏置和温度的关系很大，因此有必要对反向偏置电压进行控制，以保持增益的稳定。雪崩光电二极管的灵敏度高于其他半导体光电二极管。为获得更高的增益($10^5\sim10^6$)，某些 APD 可以工作在反向电压超出击穿电压的区域。此时，必须对 APD 的信号电流加以限制并迅速将其清为零，可采用各种主动或被动的电流清零技术。这种高增益工作方式，特别适用于对单个光子的检测。它已成为光子探测型的微脉冲激光雷达的主要接收元件。

在倍增区可采用的各种半导体材料的特点如下：硅材料适用于可见光和近红外线的检测，且具有较低的倍增噪声(超额噪声)。锗(Ge)材料可检测波长不超过 $1.7\mu m$ 的红外线，但倍增噪声较大。InGaAs 材料可检测波长超过 $1.6\mu m$ 的红外线，且倍增噪声低于锗材料。用做异质结(hetero structure)二极管的倍增区，适用于高速光通信，商用产品已达到 10Gbps 或更高。氮化镓二极管可用于紫外线的检测。HgCdTe 二极管可检测红外线，波长最高可达 $14\mu m$，但需要冷却以降低暗电流，可获得非常低的噪声。

保护环型雪崩光电二极管(guidering APD, GAPD)是一种新的结构。保护环使保护环与耗尽层之间形成浓度缓变的缓变结，使环的击穿电压高于中心区，防止高反向电压使扩散区先发生雪崩击穿，增大漏电流，难以实现中心区的雪崩倍增效应。虽然有较高的倍增系数 M，但是它随偏压非线性变化严重，且击穿电压对温度变化敏感，造成 M 较大变化。达通型雪崩光电二极管(reach through APD, RAPD)解决了这一问题。它的 PN 结是一个 $N^+P\pi P^+$ 结构。入射光经过增透膜进入 D^+ 区，再进入 π 层，被吸收后产生初级电子空穴对，在 π 层被弱电场加速，移向 PN^+ 结，再由强电场加速，产生雪崩效应。雪崩光电子到达 N^+ 层，光生空穴向电源负极运动，被 P^+ 层吸收。将耗尽层展宽或拉通到整个 π 层，形成一个宽区小电场，对光生载流子逐渐加速，然后到一个窄区高电场，产生倍增效应。有利于降低工作电压，具有效率高、响应快和噪声低的优点。

雪崩光电二极管的实物如图 4.10 所示。

图 4.10　雪崩光电二极管实物

4.2 毫米波雷达

毫米波雷达通过发射无线电信号(毫米波波段的电磁波)并接收反射信号来测定汽车车身周围的物理环境信息(如汽车与其他物体之间的相对距离、相对速度、角度、运动方向等),然后根据所探知的物体信息进行目标追踪和识别分类,进而结合车身动态信息进行数据融合,完成合理决策,减少事故发生概率。

毫米波工作频率为 30~300GHz,波长为 1~10mm,介于厘米波与光波之间,因此毫米波兼有微波制导和光电制导的优点。雷达测量的是反射信号的频率转变,进而推测其速度变化。毫米波雷达可以检测 30~100m 远的物体,高性能毫米波雷达可以探测更远的物体。同时,毫米波雷达不受天气的影响,即使是最恶劣的天气和光照条件下也能正常工作,穿透烟雾的能力很强。毫米波雷达具有全天候、全天时的工作特性,且探测距离远,探测精度高,被广泛应用于车载距离探测,如自适应巡航、碰撞预警、盲区探测、自动紧急制动等。

毫米波雷达的测距和测速原理都是基于多普勒效应,其采集的原始数据基于极坐标系(距离与角度)。其工作时,振荡器会产生一个频率随时间逐渐增加的信号,这个信号遇到障碍物之后,会反射回来,其时延为 2 倍的距离除以光速。返回波形和发出的波形之间有个频率差,这个频率差是呈线性关系的:物体越远,返回波收到的越晚,跟入射波的频率差值就越大。将这两个频率做一个减法,就可以得到二者频率的差拍频率,通过判断差拍频率的高低就可以判断障碍物的距离。

相比激光雷达,毫米波雷达精度低、可视范围的角度也偏小,一般需要多个雷达组合使用。雷达传输的是电磁波信号,因此它无法检测刷漆的木头或是塑料(隐形战斗机就是通过表面喷漆躲过雷达信号的),行人的反射波较弱几乎对雷达免疫。同时,雷达对金属表面非常敏感,如果是一个弯曲的金属表面,它会被雷达误认为是一个大型表面。因此,路上一个小小的易拉罐甚至可能被雷达判断为巨大的路障。此外,雷达在大桥和隧道里的效果同样不佳。

毫米波雷达的主要问题是存在互相干扰的可能。频率不同的电磁波在传输过程中相互独立,但是频率相近的电磁波却会互相叠加,使信号劣化。调频连续波雷达本身不能免疫干扰。随着道路上装载毫米波雷达的车辆增加,相似频段的雷达信号也随之增加,雷达之间的干扰不可避免。干扰信号可以通过直线传播直接干扰,也可以经过物体反射从而间接干扰。这样的结果是大大降低了信号的信噪比,甚至会导致雷达"致盲"。

1. 毫米波雷达分类

毫米波雷达的可用频段有 24GHz、60GHz、77GHz 和 79GHz,主流可用频段为 24GHz 和 77GHz,分别应用于中短距和中长距测量。相比于 24GHz,77GHz 毫米波雷达物体分辨准确度可提高 2~4 倍,测速和测距精确度提高 3~5 倍,能检测行人和自行车,且设备体积更小,更便于在车辆上安装和部署。如表 4.2 所列,长距离雷达的侦测范围更广,可适配行驶速度更快的车辆,但是相应地探测精度下降,因此更适用于 ACC 自适应巡航这类的应用。典型的长距离雷达有博世公司的一款产品,其探测前向距离为 250m;典型的短距离雷达有大陆公司的一款产品，其探测距离为前向60m后向20m。

表4.2 长距雷达与短距雷达主要参数对比

分 类	LRR长距离雷达	SRR/MRR短距离雷达
	窄带雷达	宽带雷达
覆盖距离/m	280	30/120
车速上限/(km/h)	250	150
精度	0.5m	厘米级
主要应用范围	ACC自适应巡航	车辆环境监测

为完全实现ADAS的各项功能，一般需要"1长+4中短"5个毫米波雷达，目前全新奥迪A4采用的就是"1长+4短"5个毫米波雷达的配置。以自动跟车型ACC功能为例，一般需要3个毫米波雷达。车正中间一个77GHz的LRR，探测距离在150~250m，角度为10°左右；车两侧各一个24GHz的MRR，角度都为30°，探测距离在50~70m。

电磁波频率越高，距离和速度的检测解析度越高，因此频段发展趋势是逐渐由24GHz向77GHz过渡的。1997年，欧洲电信标准学会确认76~77GHz作为防撞雷达专用频道。早在2005年，原信息产业部发布《微功率(短距离)无线电设备的技术要求》，将77GHz划分给车辆测距雷达。2012年，工信部进一步将24GHz划分给短距车载雷达业务。2015年，日内瓦世界无线电通信大会将77.5~78.0GHz频段划分给无线电定位业务，以支持短距离高分辨率车载雷达的发展，从而使76~81GHz都可用于车载雷达，为全球车载毫米波雷达的频率统一指明了方向。至此之后，最终车载毫米波雷达将会统一于77GHz频段(76~81GHz)，该频段带宽更大、功率水平更高、探测距离更远。

2. 毫米波雷达国内外制造现况

全球汽车毫米波雷达主要供应商为传统汽车电子优势企业，如博世、大陆、海拉、富士通、电装、天合、德尔福、奥托立夫、法雷奥等，如表4.3所列。

表4.3 毫米波雷达主要供应商

厂商	长距		中距		短距	
	型号	性能参数	型号	性能参数	型号	性能参数
博世	远距LRR4	76~77GHz，前向距离为250m	中距MRR	76~77GHz，前向距离为160m/42°，后向距离为80m/150°	—	—
大陆	长距ARS410	76~77GHz，前向距离为170m	—	—	SRR320	24~25GHz
	长距ARS430	76~77GHz，前向距离为250m	—	—		
海拉	—	—	—	—	短距离雷达SRR	24GHz，前向距离为0.75~70m，视角165°

续表

厂商	长距		中距		短距	
	型号	性能参数	型号	性能参数	型号	性能参数
德尔福	—	—	中距ESR2.5	76~77GHz，前向距离为174m	—	—
电装	长距离雷达LRR	76~77GHz，前向距离为205m，视角36°	—	—	—	—
奥托立夫	—	—	—	—	短距离雷达SRR25GHz	超宽带24GHz，窄带77GHz多模式雷达

其中，博世的核心产品是长距离毫米波雷达，主要用于 ACC 系统。最新产品 LRR4 可以探测 250m 外的车辆，是目前探测距离最远的毫米波雷达，市场占有率最高，但客户集中在奥迪和大众。大陆客户分布广，产品线齐全，主力产品为 24GHz 毫米波雷达，并且在 Stop&Go ACC 领域占有率极高。Hella 在 24GHZ-ISM 领域客户范围最广，24GHz 雷达传感器下线 1000 万片，出货量达 650 万片，市场占有率全球第一。第四代 24GHz 雷达传感器将在 2017 年中投入全球化生产。富士通和电装主要占据日本市场，其中富士通略胜一筹。富士通、松下和电装是未来 79GHz 雷达市场领域的强者。从工艺上看，毫米波雷达正从点目标探测向成像雷达方面发展，例如 SAR（相控阵）型雷达，正在从军用领域向汽车领域推进。

目前，中国市场中高端汽车装配的毫米波雷达传感器全部依赖进口，国内自主车载毫米波雷达产品总体仍处于研制阶段。因研发成本及难度较低，国际市场上 24GHz 毫米波雷达供应链也已相对稳定。国内厂商的研发方向主要集中于 24GHz 雷达产品，可从飞思卡尔等供应商获得 24GHz 射频芯片。目前，较为成熟的产品仅有湖南纳雷、厦门意行、芜湖森思泰克的 24GHz 中短距雷达，而 77GHz 产品设计难度较大，成本较高，并且英飞凌、ST、飞思卡尔等芯片厂商并没有对中国开放供应 77GHz 射频芯片，因此国内 77GHz 毫米波雷达的开发受到很大限制。

在雷达数据处理芯片领域，主要采用的是恩智浦（NXP）MR2001 多通道 77GHz 雷达收发器芯片组，包括 MR2011RX、MR2001TX、MR2001VC，以及意行半导体 24GHz 射频前端的 MMIC 套片产品，包括 SG24T1、SG24R1 和 SG24TR1。2016 年 NXP 推出了目前全世界最小（7.5mm×7.5mm）的单晶片 77GHz 高解析度 RFCMOS1C 雷达晶片。该款车用雷达晶片的超小尺寸使其可以近乎隐形地安装在汽车的任意位置，且其功耗比传统雷达晶片产品低 40%，为汽车传感器的设计安装提供了极大便利。目前，毫米波雷达芯片已经从硅锗工艺向廉价的 CMOS 工艺发展，并且发射、接收及信号处理器三合一的产品也在开发中，毫米波雷达芯片现在价格比原来的价格下降数倍。

4.2.1 毫米波雷达的组成与功能

毫米波雷达系统主要包括收发天线、射频前端、调制信号、信号处理模块等，如图 4.11

所示。毫米波雷达通过接收信号和发生信号的相关处理实现对目标距离、方位、相对速度的探测。

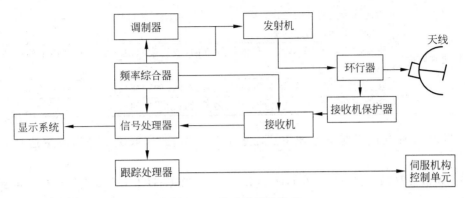

图 4.11 毫米波雷达结构

图 4.11 展示了常规毫米波雷达的基本构成形式，它有 5 个主要组成部分：发射机、接收机、信号处理器、天线和显示系统。由雷达发射机产生的电磁波，经收发转换开关传输给天线。收发转换开关用来使单个天线既能发射电磁波，又能接收电磁波。天线起着将电磁能量耦合到大气中，并接收由目标反射回来的电磁能量的作用，电磁波在大气中以光速传播。雷达天线通常会形成一个集中向某一给定方向传播的电磁波波束，位于天线波束内的物体或目标将会截取一部分传播的电磁能量，且将被截取的能量向各个方向散射，其中部分能量向雷达方向反射（称后向散射），从而实现发现目标并测定其位置等参数。

图 4.11 中所示天线为反射面型，它由跟踪处理器控制伺服系统，从而驱动天线转动。也可采用固定式阵列天线，其辐射波束为电扫描。其他组成部分还有电源、调节器、变频器以及单元间连接用的电缆、波导、微带或光纤等。

类似于微波雷达，毫米波雷达具有的主要功能简要定义如表 4.4。

表 4.4 毫米波雷达主要功能

功　能	定　义
截获	指雷达对准目标，以便能进行跟踪的动作
探测	指发现目标的行为或动作，有时则指确定某一物体或事件的位置
测高	指确定空中目标高度的动作
寻的	指自行定向，飞向指定点或目标的动作。寻的雷达可提供目标的相对坐标位置
测绘	指系统地搜集数据，并能显示出部分地球表面的行为。测绘雷达主要关心地形特征和特定目标
测距	指确定感兴趣目标距离的行为。智能车辆的自适应巡航控制系统（ACC）就是依靠毫米波雷达的测距功能实现的
侦察	指探察一个地区或空域，以便获取感兴趣目标的位置，或有关地形所需信息的行为
搜索	指搜索感兴趣的一个目标或若干个目标的行为。搜索雷达通常可确定位于探测范围内目标的距离和方位
测速	指通常利用多普勒效应来确定感兴趣目标径向速度的行为。例如警察使用的测速雷达往往只用这种方式
监视	连续地观测一个地区或空间。监视通常用于观测熟悉地区的目标

续表

功　　能	定　　义
跟踪	指连续观测目标的动作。跟踪雷达通常"锁定"某目标回波信号，并对目标角坐标和距离坐标自动连续测定
地物回避和防撞	指控制飞行器、车辆或船只的行驶方向（或高度），使它们紧密沿预定的路线动作（或躲避障碍物）
测量	在此，指利用变化频率关系，测定目标或杂波的特征数据及其截面积数据
成像	指雷达利用高分辨技术测出目标各部分散射强度的分布图

20世纪80年代以来对毫米波雷达需求的日益增长，这取决于毫米波雷达具有以下特性。

(1) 频带极宽，如在35GHz、94GHz、140GHz和220GHz 4个主要大气窗口中可利用的带宽分别为16GHz、23GHz、26GHz和70GHz，均接近或大于整个厘米波频段的宽度，适用于各种宽带信号处理。

(2) 可以在小的天线孔径下得到窄波束，方向性好，有极高的空间分辨率，跟踪精度较高。

(3) 有较宽的多普勒带宽，多普勒效应明显，具有良好的多普勒分辨率，测速精度较高。

(4) 地面杂波和多径效应影响小，低空跟踪性能好。

(5) 毫米波散射特性对目标形状的细节敏感，因而，可提高多目标分辨和对目标识别的能力与成像质量。

(6) 由于毫米波雷达以窄波束发射，因而使敌方在电子对抗中难以截获。此外，由于毫米波雷达作用距离有限，因而使作用距离之外的敌人探测器难以发现。加上干扰机正确指向毫米波雷达的干扰功率信号比指向微波雷达更困难，所以毫米波雷达易于获得低被截获概率性能，抗电子干扰性能好。

(7) 目前隐身飞行器等目标设计的隐身频率范围局限于1~20GHz，又因为机体等不平滑部位相对毫米波来说更加明显，这些不平滑部位都会产生角反射，从而增加有效反射面积，所以毫米波雷达具有一定的反隐身功能。

(8) 毫米波与激光和红外相比，虽然它没有后者的分辨率高，但它具有穿透烟、灰尘和雾的能力，可全天候工作。

毫米波雷达的缺点主要是受大气衰减和吸收的影响，目前作用距离大多限于数十千米之内；另外，与微波雷达相比，毫米波雷达的元器件目前批量生产成品率低；加上许多器件在毫米波频段均需涂金或涂银，因此器件的成本较高。

4.2.2　毫米波发射机与接收机

发射机的主要功能是产生由发射天线辐射并由目标散射的射频(RF)信号。朝雷达方向后向散射的RF信号被接收天线截取后，传送到接收机以进行目标检测。雷达发射机的基本部件包括射频功率源、调制器和电源，如图4.12所示。它属于功率振荡器发射机，即由功率振荡器产生一个功率相当高的射频信号并直接输送到天线上。图4.13示出了主振功率放大器发射机。由主控振荡器产生一个功率相当低的RF信号，在送到天线前要先将信号在功率放大器中放大到适当的功率电平。

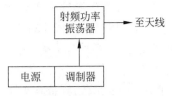
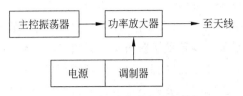

图 4.12　发射机基本部件(功率振荡发射机)　　图 4.13　主振功率放大器发射机

毫米波发射系统的射频源大致可分为 3 类：电真空器产生的源、固态器件产生的源、其他方式产生的源(如光导毫米波源等)。

目前在大功率毫米波源中,慢波型电真空管仍起主导作用。这类管包括早期的磁控管、速调管、交叉场放大器(cross field amplifier, CFA)、行波管(travelling wave tube, TWT)和返波振荡器(backward wave oscillator, BWO)等。行波管主要是 O 型管或线性磁场管,相对应的 M 型管为交叉场管。行波管的主要优点是高增益和大带宽。O 型行波管适合用作放大器,M 型行波管用作振荡器或正反馈放大器,然而返波振荡器更适合用作毫米波发生器,因此 M 型行波管不用于毫米波频段。

固态毫米波器件由于体积小、质量小、噪声系数低、耗电少和可集成等特点,目前已广泛应用于毫米波雷达中,尤其是智能车辆用毫米波雷达。常用固态器件中,IMPATT 管和 Gunn 管最适合于作毫米波射频源。

在相控阵雷达、跟踪雷达和有源导弹寻的器等的应用中,需要的是毫米波脉冲源。在脉冲工作状态下,IMPATT 振荡器的输出功率可提高一个量级以上。例如,94GHz IMPATT 振荡器的连续波功率为 0.5W 时,在脉冲工作时,其功率可达到 10W。由于双漂器件可得到更高的输出功率,所以一般采用双漂 IMPATT 二极管脉冲振荡器。

已开发出的各种毫米波 IMPATT 振荡器,它们由波导构成的阻抗变换器、同轴偏置电路、帽式谐振腔和调谐电路构成。在最优化状态下,电路阻抗的实部和虚部都必须与器件阻抗匹配,因此要求有两个调整自由度。

目前 IMPATT 器件可获得功率最大,效率最高,常用的有双漂移双里德分布型 IMPATT 管,GaAs IMPATT 管,硅 IMPATT 等。20 世纪 90 年代末,IMPATT 二极管振荡器在 103GHz 上已可产生 1W 的连续波功率。IMPATT 器件可用于 30~300GHz 的整个毫米波频率范围,有很好的连续波和脉冲功率效率与可靠性。

Gunn 二极管也广泛用在毫米波系统中。尽管有 IMPATT 二极管可用,但是在低噪声接收机前端的本地振荡器应用中,仍然选用 Gunn 二极管,这主要是由于它具有低的调幅噪声特性。在较高的频率上(高于 100GHz),Gunn 器件与倍频器相比更便宜并且更简单。

目前已对毫米波 Gunn 二极管振荡器作了广泛研究,除了波导型振荡电路外,还有微带型、鳍线型以及分布式布拉格反射器电路等。

像 IMPATT 二极管一样,Gunn 二极管在脉冲工作状态下可以输出比连续波工作状态高得多的脉冲功率。一般情况下,脉冲 Gunn 振荡器峰值输出功率比连续波输出功率高 10 倍以上。最大脉冲宽度和占空比决定了可得到的峰值功率。诸如 GaAs Gunn 管和 InP Gunn 管也可作毫米波射频源,例如 GaAs Gunn 振荡器,其调谐范围可达 25~125GHz,可获得 25mW 以上的输出功率。此外,已研制出一种利用量子隧道效应产生载流子,又通过负阻渡越时间效应产生毫米波振荡的隧道渡越时间二极管（TUNNET），它既具有IMPATT管的功率容量，又有Gunn管的低噪声特性，工作频率可扩展到338GHz。目前还研制出了一种量子阱振荡器，可在高于200GHz频率上产生几百毫瓦的功率。这些都为开辟毫米波雷达固态发射机的应用提供了极为有利的条件。

固态毫米波源有许多吸引人的优点，如尺寸小、质量轻、可靠性高、频带宽等，但其功率电平低，特别是其随着频率升高，输出功率下降很快，因此就希望能尽可能提高固态毫米波的功率电平。应用功率合成技术可大大提高固态源的输出功率。

在过去30年里，人们研究过各种功率合成技术，大体上可分为5类：芯片功率合成、电路功率合成、空间功率合成、混合功率合成以及不能归入上述4类的其他功率合成。混合功率合成是芯片、电路及空间合成的各种不同方式的组合。电路功率合成又可进一步分为谐振功率合成及非谐振功率合成。谐振功率合成包括矩形腔和圆柱腔功率合成技术。非谐振功率合成技术包括圆锥波导合成、径向线合成、Wilkinson合成、混合电桥合成以及链式耦合合成等。其他如介质波导合成、推挽电路合成、分布式及阵列式合成等属于不能归入前4类的其他功率合成。

功率合成的3mm波脉冲发射源从20世纪80年代至今，国内外做了大量研究。1981年Huanchun Yen、Kai Chang报道的W波段脉冲固态发射机输出功率达到了63W，他们采用三级注入锁定放大，其中末级是4个两管IMPATT功率合成器通过4个混合耦合器实现八管功率合成，工作频率为92.6GHz，脉冲宽度为100ns，工作比为0.5%。他们使用的3mm波脉冲IMPATT器件具有10～13W的输出功率能力。并且在比Kai Chang早一两年的3mm波功率合成器研究中，在单腔矩形波导电路中分别实现了脉冲IMPATT两管和四管功率合成，前者的输出功率为20.5W，后者达到了40W，合成效率达到80%以上。1989年H.Barh报道四级脉冲注锁放大链，输出功率达到10W以上，随后，在末级也采用了4个脉冲IMPATT振荡器通过4个混合耦合器实现四管功率合成，得到了28W的输出功率。

功率合成技术已成功地用于30～300GHz的整个毫米波频段，未来腔体合成技术将更加成熟。由于其窄带特性，它主要用于雷达和制导系统。

雷达接收机的作用是放大、检波，并从噪声和干扰中分离出所需要的回波信号。

雷达接收机中，除与环行器连接部分外，其前端主要是低噪声高频放大器和混频器。混频器通常选用低噪声平衡混频器，其后由中频放大器（包括增益控制和灵敏度时间控制）和自频控电路与相干检波器等组成；相干检波后的视频信号分成两路（同相和正交支路），再由两个A/D变换器加以数字化；最后将这些数字信号传输到信号处理系统或终端录取系统。

近年来，毫米波接收机技术已取得相当的进展，非冷却式毫米波外差接收机的性能水平已达到可跟微波频段的水平相比较的程度。业已证明，在这些接收机中采用梁式引线的GaAs半导体器件，对于频率在30～100GHz范围内的接收机设计说来也是很适合的。

毫米波雷达接收机中通常采用低噪声平衡混频器，这样可以改善本振源对射频系统的隔离度，且可较好地抑制调幅噪声。通常采用肖特基二极管作常规的混频器；悬置带线平衡混频器；也可利用分谐波混频技术，其本振频率仅为基频的1/2或1/4，从而使全固态毫米波接收机工作频率为可用的固态本振信号频率的2～4倍。肖特基二极管混频器具有宽范围的频率响应,且可在高达460GHz上使用。目前这种混频器在183GHz上双边噪声系数已达到5dB以下。采用肖特基二极管混频器的缺点是需要有几毫瓦的本振功率。近年来,利用SIS(superconductor insulator superconductor)结两端上准粒子的隧道效应有关的混频作用获得了更好的结果。在毫米波频段上,后者的噪声系数比肖特基二极管混频器低,而且只要求几微瓦的本振功率。

4.2.3 毫米波天线

毫米波雷达的应用取决于信号在自由空间的传播。发射机的能量经过传输线送到天线,天线的功能是将发射机的能量集中于确定的波束内,并将波束指向预定的方向。接收时,又由天线从特定的方向形成波束,有选择地收集各个目标的反射回波能量。

常见的毫米波天线形式主要有反射面天线、透镜天线、喇叭天线、介质天线、漏波天线、相控阵列天线等。其中反射面天线包括前馈、双反射器(卡塞格伦)、偏馈、变形反射器等形式,透镜天线包括分区介质透镜、龙勃透镜等形式,喇叭天线包括张开的、多模的、分层的等形式。

智能车辆上应用的毫米波雷达天线主要可采用以下类型:

电扫描相控阵列:电扫描相控阵列天线是理想的选择,但技术要求和成本较高。

机械扫描天线:卡塞格伦天线的连接波导短,孔径阻塞小,所以常选用这一类天线。

1. 毫米波反射面天线

常规反射面天线,如抛物面天线、卡塞格伦天线,具有增益高、质量轻的优点,在工程中有广泛应用,其理论与技术已经成熟。

在毫米波雷达系统应用中,反射面天线是一种极为重要的天线形式。因为这种天线能在很大的孔径面上经济地分配能量和产生高增益的赋形波束或笔形波束。

反射面天线是一种成功的毫米波高增益天线,各种各样的技术已在电气设计、结构设计和机械加工等方面得到证实,反射面表面的精密加工技术已发展到可实现80dB天线增益的水平。市售反射器表面加工误差与口径尺寸比值可达5×10^{-5},其口径尺寸可超过1.2m,相应的公差只有0.06mm。为保证反射面的机械强度,有的反射面已不采用传统的金属面结构,而是用多层夹心结构,例如将铝蜂窝材料夹在两层玻璃纤维之间,并将其表面涂以高导电银漆,以减小反射面的欧姆损耗。

由于毫米波趋肤效应严重,对欧姆损耗十分敏感,例如在94GHz频段的矩形直波导,其传输损耗可高达3.3dB/m。因此,接到位于焦点上的馈源的这段连接波导,其损耗是十分严重的,这时采用后馈反射面(卡塞格伦或格里高伦馈电系统)或偏馈单反射面(赫希依连或牛顿馈电系统)就具有特别的吸引力。后馈和偏馈的附加优点,还包括由于孔径阻挡减小而带来的高增益和低旁瓣等天线参量的改善,以及天线结构强度的提高。

2. 毫米波透镜天线

透镜天线在微波频段会因介质过重而在使用上受到限制,但在毫米波频段则可变得十分轻巧灵活。由于透镜天线可以完全消除辐射孔径中的馈源、副皿及其支撑结构的阻挡,能显著改善天线的增益和旁瓣特性,因而也具有特殊的吸引力。

毫米波透镜大多采用低损耗介质材料(如石英玻璃等)作为透镜。透镜可以直接安装在馈电喇叭口面上实现低旁瓣相位校正,也可以通过一段空间馈电系统利用透镜产生对称的或不对称的波束形状。在毫米波透镜天线的分析和设计中,以高斯波束法为代表的准光学技术提供了一种简便的研究方法。在结构上,为减小质量并保持所要求的聚焦特性,毫米波透镜常采用分区结构,去掉多余的介质材料后形成一种阶梯形介质透镜。外透镜表面还兼有天线罩的作用。常用的有毫米波分区介质聚焦透镜天线、喇叭介质透镜天线和卡塞格伦光学透镜天线等。

此外,还有一种称为 Fresnel 区板衍射透镜天线。这种天线源于光学上的 Fresnel 区板。Fresnel 区板在光学中已经有 100 多年的历史。与抛物面天线和常规折射透镜相比,衍射透镜同样具有增益高的特点,但它是平面结构,因此具有低剖面特性,而且质量比折射透镜轻。透射形式的衍射透镜天线不存在抛物面天线的副反射镜阻挡的问题。已经发展的 Fresnel 区板衍射透镜天线包括有振幅型透镜(主要用光刻腐蚀工艺在双面敷铜基片上制成)和相位型透镜(三维浮雕型平面介质结构)。衍射透镜的聚焦是由于波的衍射特性而不是折射特性。它们可以是透射式的,也可以是反射式的。已有的理论和实验结果均表明其聚焦性能接近抛物面天线。由于其厚度比折射透镜薄,可以作为透射式工作,故可以给出与抛物面天线相似的辐射特性,同时没有副反射镜阻挡的缺点。透射式衍射透镜天线目前的不足是尺寸略大,可用在寻的器的级联天馈系统中。

3. 毫米波喇叭天线

各种喇叭天线通常用作反射面天线和透镜天线的馈源,或作为阵列天线的单元辐射器。喇叭天线通常是由标准波导的尺寸逐渐变大而形成的。波导尺寸的平滑变化引起的反射很小,因此喇叭像一个行波结构,它有很宽的频带。为了满足对馈源的各种要求,诸如高效率、低旁瓣电平、线极化、圆极化或双极化等,已研制了各种喇叭天线,如双模喇叭、波纹喇叭、介质加载喇叭、TEM 喇叭等,都得到了广泛应用。前几种喇叭可辐射圆对称场图,TEM 喇叭有极宽的频带宽度。

在圆锥波纹喇叭支持混合模式时,它可以得到极低的交叉极化电平和较高的效率,研究标准波导中的场和模式,可以给出喇叭中场与模式的合理近似表示。

一般地,对于常规的零点跟踪系统,要求毫米波馈源实现圆锥扫描或单脉冲工作方式。在卡塞格伦系统中,可利用多喇叭或多模馈源对反射面或透镜馈电,获得必要的角误差信号。为获得高质量的反射面天线系统,改善馈电喇叭的电气性能和机械性能,通常需采用高效率波纹喇叭结构。但在毫米波频段这类喇叭的设计过程十分复杂,加工费用很高。一种简单而有效的方法是对普通光壁喇叭进行介质加载,由于其锥形介质心的作用,这种喇叭在较宽的毫米波频带内具有较高的辐射特性。

4. 毫米波汽车天线的选择

用于 ACC 等的高精度距离传感器采用单一的窄针状波束的简单天线结构难以实现功能。

在智能车辆上,对毫米波天线的基本要求有:

(1) 能观测到前方±10°以上的视域,以便给驾驶员提供周围情况的足够信息。
(2) 扫描速率 10Hz 左右。
(3) 要求天线增益＞40dB,旁瓣电平＜−20dB。
(4) 来自天线和天线罩的反射应足够小。

目前从天线类型选择来看,主要可采用以下 3 类:

电扫描相控阵列:电扫描相控阵列天线是理想的选择,但技术要求和成本较高。

准光学天线:毫米波与光学技术的结合是重要的发展方向。

机械扫描天线:卡塞格伦天线的连接波导短,孔径阻塞小,所以常选用这一类天线。

4.3 超声波雷达

超声波雷达是一种在汽车上应用非常广泛的传感器,通常被用作驻车雷达。它可以对近距离目标进行精确探测,满足智能车辆低速运动条件下的环境感知要求。

超声波雷达的工作原理是通过超声波发射装置向外发出超声波,到通过接收器接收到从物体反射回来的超声波时的时间差来测算距离。目前,常用的超声波频率主要有 40kHz、48kHz 和 58kHz 等。一般来说,频率越高,则探测灵敏度越高,但相应的探测角度就越小,因此 40kHz 一般选用,其测距精度为 1~3cm,探测范围为 0.1~0.3m,防水、防尘,可靠性高,因此非常适合应用于智能车辆低速短距离测量。

超声波雷达的构造一般分为等方性传感器和异方性传感器,其中等方性传感器水平角度与垂直角度相同,而异方性传感器水平角度与垂直角度不同。等方性传感器的缺点在于垂直照射角度过大,容易探测到地面,无法侦测较远的距离。异方性超声波的缺点在于其探头产生的超声波波形强弱不易稳定,而容易产生误报警的情况。超声波雷达的技术方案,一般有模拟式、四线式数位、二线式数位、三线式主动数位,其中 3 种在信号干扰的处理效果上依次提升,在技术难度、装配以及价格上各有优劣,总体呈递进趋势。三线式主动数位倒车雷达,每个倒车雷达传感器(探头)内部带有 CPU,独自完成信号的发射接收及数据处理,基本不存在信号在传输上的干扰及损失;具有非常好的 EMC 及 EMI 性能;探头通过 CPU 可以及时对各种信号进行处理和运算,并对检知器(超声波传感器本体)进行控制,从而取得非常精准的信号和判断。常见的超声波雷达有两种。第一种是安装在汽车前后保险杠上的,也就是用于测量汽车前后障碍物的倒车雷达,称为超声波驻车辅助传感器(ultrasonic parking assist,UPA);第二种是安装在汽车侧面的,用于测量侧方障碍物距离的超声波雷达,称为自动泊车辅助传感器(automatic parking assistant,APA)。

超声波雷达的测距方式同毫米波雷达、激光雷达类似,均为 TOF 模式。采用超声波雷达测距时,超声波发射器先向外面某一个方向发射出超声波信号,在发射超声波的同时开始进行计时,超声波通过空气进行传播,传播途中遇到障碍物就会立刻反射回来,超声波接收器在接收到反射波的时刻立即停止计时。计时器通过记录时间,就可以测算出从发射点到障碍物之间的距离。在空气中超声波的传播速度一般为 340m/s,计时器通过记录时间 t,就可以测算出从发射点到障碍物之间的距离 (s),即 $s=340t/2$。

超声波雷达的工作可用图 4.14 的数学模型来表示,其中 α 为超声波雷达的探测角,一般UPA的探测角为120°左右,APA的探测角较小,为80°左右;β为超声波雷达检测宽度范围的影响元素之一,该角度一般较小。一般UPA的为20°左右,APA的较为特殊,为0°;R也是超声波雷达检测宽度范围的影响元素之一,UPA和APA的R值差别不大,都在0.6m左右;D是超声波雷达的最大量程。UPA的最大量程为2~2.5m,APA的最大量程至少是5m,目前已有超过7m的APA雷达投入应用。

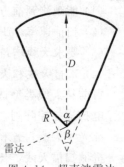

图4.14 超声波雷达数学模型

在实际使用中,超声波能量消耗较为缓慢,防水、防尘,即使有少量的泥沙遮挡也不影响,在介质中的传播距离较远,穿透性强,测距方法简单,成本低,且不受光线条件的影响,有着众多的优点。在短距离测量中,超声波雷达测距有着非常大的优势。但是,超声波是一种机械波,使得超声波雷达有着以下几种局限性:

(1)对温度敏感。超声波雷达的波速受温度影响,近似关系为

$$C = C_0 + 0.607 * T \tag{4.2}$$

式中:C_0为零度时的波速,$C_0 = 332 \text{m/s}$;T为温度(℃)。波速受温度影响,因此测量的精度也与温度直接相关。传播速度较慢时,若汽车行驶速度较快,使用超声波测距无法跟上汽车车距的实时变化,误差较大。

(2)超声波散射角大,方向性较差,无法精确描述障碍物位置。在测量较远距离的目标时,其回波信号较弱。

超声波雷达在汽车上主要用于泊车系统、辅助制动等。通常一套倒车雷达需要安装4个UPA传感器,而自动泊车系统是在倒车雷达的基础上再加4个UPA传感器和4个APA传感器。UPA超声波传感器的探测距离一般在15~250cm,主要用于测量汽车前后方向的障碍物。APA超声波传感器的探测距离一般在30~500cm,探测范围更远,因此相比于UPA成本更高,功率也更大。APA的探测距离优势让它不仅能够检测左右侧的障碍物,而且还能根据超声波雷达返回的数据判断停车库位是否存在。APA超声波传感器是自动泊车系统的核心部件,探测距离较远,可用作探测车位宽度,获得车位尺寸及车辆的位置信息。APA传感器与倒车雷达工作频率不同,不形成干扰。

超声波雷达在倒车辅助这个过程中,通常需要同控制器和显示器结合使用,从而以声音或者更直观的显示告知驾驶员周围障碍物的情况,解除驾驶员泊车、倒车和启动车辆时前后左右探视引起的困扰,并帮助驾驶员扫除视野死角和视线模糊的缺陷,提高驾驶安全性。除了检测障碍物外,超声波雷达还有许多更加强大的功能,比如泊车库位检测、高速横向辅助等。泊车库位检测是自动泊车系统的第一步,主要依赖安装在车辆侧方的APA传感器。

在汽车缓缓驶过库位时,如图4.15所示,利用汽车侧方的APA传感器会得到一个探测距离与时间的关系,然后可以计算得到库位的近似长度。当检测的库位长度大于汽车泊入所需的最短长度时则认为当前空间有车位。另外,超声波雷达还可应用于高速横向辅助,比如特斯拉Model S实现了高速公路的巡航功能,并通过使用APA超声波传感器实现了高速横向辅助功能,有效

图4.15 自动泊车

提高了巡航功能的安全性和舒适性。假设在汽车行驶过程中,左后方有车辆渐渐驶近,在离自车距离较近时,Model S 在确保右侧有足够空间的情况下,自主地向右微调,降低与左侧车辆的碰撞风险。目前大部分车型搭载的超声波雷达是倒车雷达 UPA,而随着自动驾驶技术的不断推进,基于超声波的自动泊车功能,逐渐进入大众视野,APA 的市场也会逐渐打开。

超声波雷达的主要生产商有博世、法雷奥、日本村田、尼塞拉、电装、三菱、松下、中国台湾同致电子、深圳航盛电子、深圳豪恩、辉创、上富、奥迪威等。传统的超声波雷达多用于倒车雷达,这部分市场基本被博世、法雷奥、日本村田等占据,国内厂商很多,但能进前装市场的寥寥无几。对于国内外厂商之间的差距,主要在于传感器实现上的稳定性和可靠性。博世公司产品主要有倒车雷达、半自动泊车、全自动泊车,其超声波雷达可以增加整个探测范围,提高刷新时间,每一个超声波雷达有一个代码,避免超声波雷达有噪声,更加精准。第六代超声波雷达可以很好地识别第五代产品无法识别的低矮物体。博世车用超声波传感器的检测范围为 20～450cm。同致电子主要生产汽车倒车雷达、遥控中控、后视摄像头、智能车内后视镜等产品,是国内各大汽车厂(如上海通用、上海大众、东风日产、上海汽车、神龙汽车、奇瑞汽车、吉利汽车、福特汽车等)的供应商,也是目前亚洲倒车雷达 OEM 市场第一供应商。

4.4 图像传感器

图像传感器是智能车辆应用规模最大的传感器之一,一般俗称为摄像头。

摄像头的工作原理,首先是采集图像,将图像转换为二维数据;然后,对采集的图像进行模式识别,通过图像匹配算法识别行驶过程中的车辆、行人、交通标志等;最后,依据目标物体的运动模式或使用双目定位技术,以估算目标物体与本车的相对距离和相对速度。

相比其他传感器,智能车辆上配置的摄像头采集的数据量远大于 LiDAR 产生的数据量,但可以获得最接近人眼获取的周围环境信息。摄像头是目前唯一能获取环境颜色信息的环境感知手段,可以用于红绿灯检测和车道线检测等多种其他传感器无法实现的应用,且现今摄像头技术比较成熟,在无人车上使用成本很低。摄像头作为感知工具同样存在缺点。首先,基于视觉的感知技术受光线、天气影响较大,在恶劣天气和类似于隧道内的昏暗环境中性能难以得到保障;其次,物体识别基于机器学习资料库,需要的训练样本很大,训练周期长,也难以识别非标准障碍物。此外,由于广角摄像头的边缘畸变,得到的距离准确度较低。

表 4.5 列出了当前摄像头在智能车辆领域的应用。在无人车上使用的摄像头主要有单目、双目(立体)和环视摄像头 3 种类型。单目摄像头一般安装在前挡风玻璃上方,图 4.16 为其采集图像,用于探测车辆前方环境,识别道路、车辆、行人等。先通过图像匹配进行目标识别,再通过目标物体在图像中的大小估算目标距离。这要求对目标物体进行准确识别,然后建立并不断维护一个庞大的样本特征数据库,保证这个数据库包含待识别目标物体的全部特征数据(比如三维尺寸等)。如果缺乏待识别目标物体的特征数据,就无法估算目标物体的距离,导致问题。因此,单目视觉方案的技术难点主要在于提高模型用到的机器学习算法的智能程度或者模式识别的精度。

表4.5 摄像头在智能车辆领域的应用

自动驾驶辅助功能	使用摄像头	具体功能简介
车道偏离预警 LDW	前视	当前视摄像头检测到车辆即将偏离车道线时,就会发出警报
前向碰撞预警 FCW	前视	当摄像头检测到与前车距离过近,可能发生追尾时,就会发出警报
交通标志识别 TSR	前视、侧视	识别前方道路两侧的交通标志
车道保持辅助 LKA	前视	当前视摄像头检测到车辆即将偏离车道线时,就会向控制中心发出信息,然后由控制中心发出指令,及时纠正行驶方向
行人碰撞预警 PCW	前视	前摄像头会标记前方道路行人,并在可能发生碰撞时及时发出警报
盲点监测 BSD	侧视	利用侧视摄像头,将后视镜盲区内的景象显示在驾驶舱盲区内
全景泊车 SVP	前视、侧视、后视	利用车辆四周摄像头获取的影像,通过图像拼接技术,输出车辆周边的全景图
泊车辅助 PA	后视	泊车时将车尾的影像显示在驾驶舱内,预测并标记倒车轨迹,辅助驾驶员泊车
驾驶员注意力监测	内置	安装在车内,用于检测驾驶员是否疲劳、闭眼等

图4.16 单目摄像头采集图像

双目摄像头是通过对两幅图像视差的计算,直接对前方景物(图像所涉及的范围)进行距离测量,因此无需判断前方出现的物体是什么类型的障碍物,不需要像单目摄像头那样建立并维护庞大的样本特征数据库。依靠两个平行布置的摄像头产生的视差,找到同一物体所有的点,依赖精确的三角测距,就能够算出摄像头与前方障碍物的距离,实现更高的识别精度和更远的探测范围。使用这种方案,需要两个摄像头有较高的同步率和采样率,因此技术难点在于双目标定以及双目定位。相比单目,双目的解决方案没有识别率的限制,无须先识别再测量,直接利用视差计算距离精度更高,无须维护样本数据库。双目摄像头的测距精度依赖两个摄像头的安装距离,对安装精度和设备刚性也有比较高的要求。在实际的使用过程中,在大部分常见障碍物测距上没有明显的优势。优势在于测距算法不依赖于检测算法,对障碍物类型不依赖。缺点在于处理规则性物体时容易出现错误。因为检测原理上的差异,双目视觉方案在距离测算上相比单目以及其他感知技术所需要的硬件及计算量的要求都上了一个新台阶,这也是双目视觉方案在应用时的一个难关。

环视摄像头一般至少包含4个摄像头,分别安装在汽车的前后左右侧,实现360°环境感知,难点在于畸变还原与图像之间的对接。

根据不同自动驾驶功能的需要,摄像头的安装位置也有所不同,主要分前视、环视、后视、侧视以及内置。实现全部自动驾驶功能至少需要安装6个以上的摄像头。前视摄像头一般采取55°左右的镜头得到较远的有效距离,有单目和双目两种解决方案。双目需要装在两个位置,成本比单目贵一倍左右。环视使用的是广角摄像头,通常在车辆四周装备4个摄像头进行图像拼接形成全景视图,通过辅助算法实现道路线感知。后视采用广角或者鱼眼镜头,主要为倒车后视使用。侧视一般使用两个广角摄像头,完成盲点检测等工作,也可以代替后视镜,侧视功能在某些自动驾驶方案中也可由超声波雷达代替。内置摄像头也是使用广角摄像头,安装在汽车内后视镜处,实现驾驶过程中对驾驶员进行监控,及时对驾驶员状况发出提醒。其中的前视摄像头可以实现车道线偏离预警、车辆识别、行人识别、交通标志识别等自动驾驶方案中主动安全的核心功能,未来将成为自动紧急制动(AEB)、自适应巡航(ACC)等主动控制功能的信号入口。这种摄像头安全等级较高,应用范围较广,是目前开发的热点。

车载摄像头需要具备的首要特性是图像采集速度高,在行驶过程中,自动驾驶系统必须能够记录关键驾驶状况,评估这种状况并实时启动相应的措施。在140km/h的车速下,汽车每秒要移动40m距离,为避免两次图像信息获取间隔期间自动驾驶汽车驶过的距离过长,要求车载摄像头具有最慢不低于30帧/s的影像捕捉速率。在汽车制造商的规格中,甚至提出了60帧/s乃至120帧/s的指标要求。在功能上,车载摄像头需要在复杂的运动路况环境下保证采集到稳定的数据。要求有:

(1)高动态:在较暗环境以及明暗差异较大时仍能实现识别,要求摄像头具有高动态的特性。

(2)中低像素:为了降低对图像处理器的性能要求,摄像头的像素并不需要非常高。目前30万~120万的像素就可以满足要求。

(3)角度要求:对于环视和后视,一般采用135°以上的广角镜头,前置摄像头对视距要求更大,一般采用55°范围。

同时,相比工业级与消费级摄像头,车载类型在安全级别上要求更高,尤其是对前置镜头安全等级要求更高。主要体现:

(1)温度要求:车载摄像头要求能在-40~80℃的环境下工作。

(2)防磁抗震:汽车启动时会产生极高的电磁脉冲,车载摄像头必须具备极高的防磁抗震性能。

(3)较长的使用寿命:车载摄像头的寿命要求至少满足8~10年的稳定工作。

4.5 红外传感器

智能车辆发展过程中,更多人讨论的是激光雷达、超声波/毫米波雷达、摄像头等传感器及其组合与配置,但近年来,业界开始越来越多地关注红外传感器。

红外传感器利用红外光波检测物体自然发射的热量差异,可以探测到摄像头、雷达和激光雷达不能识别的物体,而且在微光和复杂气象条件下性能保持稳定。据统计,在过去的交通事故统计案例中,事故死亡人数在日落之后上升最快,绝大多数(超过3/4)的行人死亡事故发生在夜间等微光条件下,这说明了红外传感器的必要性。

4.5.1 红外线

1. 热与温度

世界上所有的物体,包括人体在内,都是由大量的不断运动的分子和原子组成的。在一杯清水中滴入一滴墨水时,尽管我们不去搅动杯中的水,过一段时间后,墨水也会自动扩散到整杯水中。同样,如果将酒精瓶盖打开你会很快嗅到酒精的气味。这些日常生活中常见的现象和某些精确的物理学实验都一致证明:组成物体的原子和分子,都在进行永不停歇的无规则的运动。分子与原子无规则运动越剧烈,物体就越热,反之,分子与原子无规则运动越缓慢,物体就越冷。组成物体的分子与原子的永不停息的无规则运动,称为热运动。它是物质运动的最基本形式之一,也是最早被人们认识和研究的一种基本物理现象。

温度是描述物体中分子、原子无规则运动剧烈程度的物理量,而且分子和原子运动越缓慢,物体的温度越低。照这样推算下去,物体总会有一个最低的温度,此时物体的分子和原子的无规则运动就停止了。这个最低的温度,就叫做绝对零度。

试验表明,人们已经可以使物体冷却到接近零度的温度,但无论如何都不能真正达到绝对零度的低温,但通过理论分析,可以推算出绝对零度相当于摄氏温标的−273.15℃(一般近似地认为是−273℃)。

以绝对零度(即−273℃)为零度的温标叫做热力学温度或称为开氏温标。它是研究红外辐射和热成像技术中最常用的温标。通常用K表示热力学温度的数值。

开氏温标(K)和摄氏温标(℃)之间,存在以下换算关系:

$$T(K) = t(℃) + 273 \tag{4.3}$$

式中:T 为热力学温度;t 为摄氏温度。

2. 红外线相关知识

1672年人们发现太阳光(白光)是由各种颜色的光复合而成的。当时,牛顿做出了单色光在性质上比白光更简单的著名结论。我们用分光棱镜就可把太阳光(白光)分解为红、橙、黄、绿、青、蓝、紫等单色光。1800年,英国物理学家赫胥尔从热的观点来研究各种色光时,发现了红外线。赫胥尔在研究各种色光的热量时,有意地把暗室中唯一的窗户用木板堵住,并在板上开一条矩形孔,孔内装一个分光棱镜。当太阳光通过这个棱镜时,便被分解为彩色光带。这时他用温度计去测量光带中不同色光所含的热量。为了和环境温度做比较,他又在彩色光带附近放几支作为比较用的温度计,来测定周围环境的温度。在试验中,他偶然发现一个奇怪的现象:放在光带红光外的一支温度计,比室内其他温度计的指示数值都要高。经过反复多次试验,这个所谓含热最多的高温区,总是位于光带最边缘处红光的外面。于是赫胥尔宣布,太阳发出的辐射中除可见光线外,还有一种人眼看不见的"热线"。这种看不见的

"热线"位于红色光外侧,因而叫做红外线。红外线也常被称为红外辐射线,简称红外辐射。

通过试验发现的红外线也是电磁波。其与可见光的根本差别就在于波长范围不同,如图4.17所示,红外线在电磁波谱上位于可见光右侧,波长处于可见光与毫米波之间。

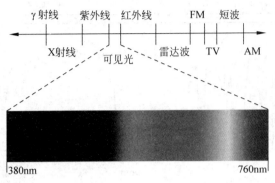

图4.17 电磁波谱

理论分析和试验研究表明,不仅太阳光中有红外线,任何温度高于绝对零度的物体(如人体等)都在不停地辐射红外线。因此,红外线的最大特点是普遍存在于自然界中。红外线又被称为热辐射线,简称热辐射。

红外线与可见光相比的另一个特点是,色彩丰富多样。由于可见光的最长波长是其最短波长的2倍,所以也叫做一个倍频程。而红外线的最长波长却是其最短波长的10倍,即有10个倍频程。因此,如果说可见光能表现为7种颜色,则红外线可以表现为70种颜色,显示更加丰富的色彩。这也使得红外图像能包含更多信息。红外线透过烟雾的性能好,这是又一特点。

红外线既然是一种电磁波,那么它和其他波长的电磁波一样,也可以在真空和一些介质中传输。在传输方面它有着自己的特点。

地球周围的大气主要由氮和氧组成,此外还有少量的水蒸气、二氧化碳和其他成分。试验表明,当红外线在大气中传输时,它的能量由于大气的吸收而衰减。大气对红外线的吸收与衰减是有选择性的,即对不同波长的红外线,吸收与衰减的程度有很大的差别。例如,对于某些波长的红外线,大气几乎全部吸收,就像大气对这种波长的红外线完全不透明一样;相反,对于另外一些波长的红外线,大气又几乎一点也不吸收,就像完全透明一样。

大气对红外线的吸收,实际上是由于大气中的水蒸气、二氧化碳、臭氧、氧化亚氮、甲烷和一氧化氮等气体的分子有选择地吸收一定波长的红外线所造成的。这些气体分子的红外线吸收带中心波长,如表4.6所列。

表4.6 某些气体的分子吸收带中心波长

气体名称	吸收带中心波长/μm
水(H_2O)	0.9 1.14 1.38 1.87 2.7 3.2 6.3
二氧化碳(CO_2)	1.4 1.6 2.0 2.7 4.3 4.8 5.2 15
臭氧(O_3)	4.5 9.6 14
氧化亚氮(N_2O)	4.7 7.8
甲烷(CH_4)	3.2 7.5
一氧化氮(NO)	4.8

由于上述气体只对一定波长红外线产生吸收,这就造成了大气对不同波长的红外线具有不同的透过率。图 4.18 为一海里长度的大气对不同波长的红外线的透过率曲线。

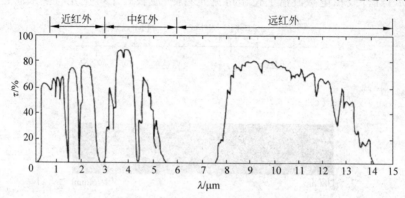

图 4.18 大气对红外线透过率曲线

曲线纵坐标代表透过的能量和入射能量之比。由曲线可看出,能够透过大气的红外线主要有 3 个波长范围,即 1~2.5μm、3~5μm 和 8~14μm。换句话说,大气只对这 3 个波长范围的红外线是透明的。因此这 3 个波长范围被称做大气窗口。由曲线图中还可以看出,即便是大气窗口,在红外线传输时还会有一定的能量衰减,而不是百分之百通过。造成衰减的原因是大气中尘埃及其他悬浮粒子的散射作用,使红外线偏离原来的传播方向。因此,在考虑红外线在大气中传输的衰减时,还必须考虑大气中存在各种悬浮粒子和云、雾等因素的影响。

普通玻璃能透过可见光,但它却几乎不能透过红外线。通常把可以透过红外线的介质称为红外光学材料。事实上任何介质不可能对所有波长的红外线都透明,而只是对某些波长范围的红外线具有较高的透过率。因此,在谈到某种红外光学材料时,必须说明它所透过红外线的波长范围。

红外光学材料按它的结构、性能和制备的方法,可分为三大类:晶体材料(包括单晶和多晶材料)、玻璃材料、塑性材料。

3. 红外线辐射定律

既然物体都在不停地辐射红外线,那么它们辐射红外线有哪些规律呢?这一节中介绍的红外辐射基本定律,将确切地描述这些规律和有关概念。

1) 黑体

试验表明,不同物体若其表面的温度不同,则其辐射红外线(或其他电磁波)或吸收红外线的能力也不同。如果存在一个理想的物体,它对红外线的辐射率、吸收率、波长与表面温度无关,并且等于 1(即全部吸收或全部辐射),则称这种理想的辐射体和理想的吸收体为黑体。

现实中绝对的黑体并不存在。一般物体的辐射率和吸收率都小于 1,并且它们的辐射或吸收红外线的能力都与表面温度及红外线波长等因素有关。

在理论研究和工程实践中,常用物体的比辐射率来定量描述物体辐射和吸收红外线的能力,它等于物体的实际辐射强度与同温度下黑体辐射强度比值,常用符号 ε 表示。

$$\varepsilon = \frac{I}{I_b} \tag{4.4}$$

式中：I 为物体辐射强度；I_b 为黑体辐射强度；ε 为物体的比辐射率。

很明显，实际物体的比辐射率都小于1。但是有些物体的比辐射率很接近于1，如石墨粗糙的表面及黑色的漆面等。而另一些物体的比辐射率却很小，如抛光的铝表面，其比辐射率仅为0.05。

2) 基尔霍夫定律

德国物理学家基尔霍夫根据大量的试验资料总结出一条有关物体热辐射的定律：当几个物体处于同一温度时，各物体发射红外线的能力与它吸收红外线的能力成正比。这个定律可以用下面的公式表示：

$$W_\lambda = dW_b \tag{4.5}$$

式中：W_λ 为物体在单位时间内发射红外线的能量密度；W_b 为黑体在同样温度下单位时间内发射红外线的能量密度；d 为物体对红外线的吸收系数，它总是小于1。

显然，黑体是最理想的辐射体，它的吸收系数和发射系数都等于1。此外，当物体处于红外辐射平衡状态时，它所吸收的红外线能量，总恒等于它所发射的红外线能量。

根据这一定律还可推断出，性能好的反射体或透明体，必然是性能差的辐射体。因此，光滑的表面能够很好地反射红外线，但它在同一温度下发射红外线的能力就差于其他物体。在实践中，常用增加物体发射红外线能力的方法，就是使它的表面具有最小的反射红外线的能力。

3) 斯蒂芬-玻耳兹曼定律

这是一个描述物体辐射红外线能量和它的温度之间关系的定律。它是在1879年由斯蒂芬在试验中发现，并在1884年由玻耳兹曼从理论上加以证明。

斯蒂芬-玻耳兹曼定律指出：物体辐射的红外线能量密度与其自身的热力学温度(T)的四次方成正比，并与它表面的比辐射率(ε)成正比。如果用 W 表示单位时间和单位面积物体辐射的红外线总能量，那么这一定律可以用下面公式表示：

$$W = \sigma \varepsilon T^4 \tag{4.6}$$

式中：σ 为斯蒂芬-玻耳兹曼常数，其数值为 $5.6697 \times 10^{-12} \text{W}/(\text{cm}^2 \cdot \text{K}^4)$；$\varepsilon$ 为物体表面比辐射率；T 为物体的热力学温度。

由这一定律可以看出，物体的温度越高，它所辐射的红外线能量越多。用这个定律还可以估算出正常人体皮肤的平均温度为30℃，其表面面积为1.5m² 时，它辐射的红外线的功率则将达到1kW。这是一个相当大的数字。不过人体在辐射红外线的同时，还吸收周围物体辐射的红外线能量，所以人体真正向外界释放的净功率，远小于这个数值。

4) 维恩位移定律

物体辐射的红外线具有各种不同的波长，其能量大小也不相同。实践表明，辐射红外线能量密度的大小，随波长(或频率)的不同而变化，形成一个连续而平滑的曲线，如图4.19所示。

由图4.19可以看出，所有曲线都不相交，而且每条曲线随温度的升高向上平移，它们都有一个确定的峰值。与辐射能量密度最大峰值对应的波长，称为峰值波长($\lambda_{\max}$)。维恩由试验确定了峰值波长和热力学温度之间关系的公式，通常称为维恩位移定律：

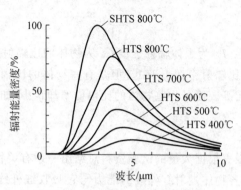

图 4.19　红外线辐射能量密度曲线

$$\lambda_{\max} = \frac{2897}{T} \tag{4.7}$$

式中 T 为物体温度,单位为 K,得出的峰值波长 $\lambda_{\max}$ 单位为 μm。显然,随着物体温度的升高,峰值波长将变短。除峰值波长外,物体还同时辐射其他各种波长的红外线,只不过其能量密度较小而已。

4.5.2　红外线成像原理

红外线传播规律与可见光类似,符合几何光学的各定律。因此红外线通过空间传播到目的地,可经过红外光学系统成像在某一确定的平面上。这个平面上的红外线能量密度分布图,就是目标的红外图像。

人眼可以直接感受可见光,所以人眼可以直接观看可见光的能量密度分布图。但是,人眼无法直接感受红外线,因此红外线的能量密度分布图人眼是无法直接看见的。为了使人们能够看到红外线的能量密度分布图,就必须把这个分布图转变为可见光图像。这种表示红外线能量密度分布情况的可见光图像,叫做目标热像。显示目标热像的过程,叫做红外热成像,原理和方法如下:

(1) 物体的红外辐射分布图。由热辐射的基本定律可知,任何温度高于绝对零度的物体,都在不断地向周围空间辐射红外线。这些辐射红外线的物体都可以称为红外辐射源。

红外辐射源和背景的温度、形状总有一定的差异,而且红外辐射源本身各部位的温度、形状和表面状况也存在着差异。所有这些差异决定了物体红外辐射的不均匀性,即物体与背景辐射的红外线能量密度不同,物体表面上不同区域辐射的红外线能量密度也不同。

物体与背景的红外线辐射,以及物体表面不同点的红外辐射,便构成了它们的红外辐射分布图。

(2) 热成像镜头。物体的红外辐射和光线一样,也是沿直线向四周空间传播的。如果在传播方向上放置一个热成像镜头,它便可以通过折射或反射,把物体的红外辐射分布图汇聚在某一平面上。根据几何光学原理,这个平面上的红外辐射分布与物体的红外辐射分布存在着一定的比例关系。普通照相机的镜头把物体的反射光线分布图会聚在照相机底板上从而形成物体与实际的反射光线分布图对应的光图像,与热成像镜头在原理上是完全一样的。但是光图像人眼可直接看到,而红外辐射分布人眼却无法看见。为了把红外辐射分布图转变为可见光图像,还必须使用对红外线敏感的特殊元件,把红外线能量转变为电信号。这种敏感元件就是通常所说的红外探测器。

(3) 红外探测器。红外探测器主要用于将红外线能量转变为电信号。电信号大小可以反映出红外线能量的强弱,通过对电信号的处理与显示,便可形成物体红外辐射分布图。

(4) 电子电路。红外探测器输出的电信号一般都很微弱,所以首先必须通过电子电路进行充分的放大。然后还要使用电子电路进行系列的处理,才能符合最终指示与显示的需要。

(5) 显示器。经过电子电路处理后的电信号,可以通过指示仪表或数字仪表来表示目标红外辐射的总能量,也可通过示波器显示目标某一直线上红外辐射分布情况。当然,还可以通过电视屏幕来显示目标表面红外辐射分布图。

电视屏幕显示物体热像,可以用其灰度不同的黑白图像来显示,也可用不同的颜色来表示红外辐射的分布情况,称作彩色显示。

1. 热成像镜头

普通的摄影镜头无法进行红外成像,热成像必须依靠热成像镜头。红外热成像镜头是热成像装置的重要组成部件,它的性能好坏直接影响热成像的质量。

1) 热成像镜头的功能

热成像镜头的主要功能,首先是将红外设备与空间分隔开来,作为红外线进入仪器的窗口。

热成像镜头将入射的红外辐射进行收集与会聚,使它的空间分布显现在给定平面上(称为焦面)。通常在这个平面上放置对红外线敏感的元件(红外探测器)。使用热成像镜头往往比直接用敏感元件接收红外线的效率高,因此将这种情况称做热成像镜头的光学增益。通常有效光学增益应等于镜头接收面积和敏感元件面积之比。

2) 热成像镜头的类型

热成像镜头可以分为透射式和反射式两大类。前者用可透过红外线的材料制成,后者则用能很好地反射红外线的镜面构成。

根据热成像镜头中透镜曲面的形状,又可划分为球面镜和非球面镜。球面镜制造容易,价格便宜,但成像质量较差;而用非球面镜则可得到良好质量的图像。此外,无论是透射镜还是反射镜,根据其用途还可划分为望远型与显微型两大类。前者图像均小于目标,而后者图像远大于目标。下面介绍两种常用的热成像镜头。

(1) 锗(硅)透镜

使用单晶锗材料磨制的热成像镜头,可以在 $3\sim5\mu m$ 和 $8\sim14\mu m$ 两个热成像波段上正常工作。而对于只要求透过 $3\sim5\mu m$ 红外线的仪器,则可以使用单晶硅材料磨制的镜头。通常,单晶硅材料的价格大约仅为单晶锗材料的一半。

锗和硅透镜的镜片可以磨制成各种形状的凸透镜。这种透镜的镜面可以是球面的,也可以是非球面的。每个镜头可由一个透镜组成,也可由多个透镜组成。采用非球面透镜,或多个球面透镜构成一个热成像镜头,都可以提高成像质量。

磨削好的单晶锗透镜,它的透过率大约只有 44%。为了提高其透过率,必须进行镀增透膜的工艺处理。镀膜一般都在透镜的两面进行,可以镀单层增透膜,也可以镀多层增透膜。单层膜可以使透镜在某个波长上的透过率增加到85%~95%，而多层膜则可以使透镜在某一很大的波长范围内，使透过率增加到95%~99%。

为了保护透镜表面在各种环境中不受损伤和污染，一般还应在透镜的最外层镀上保护膜，保护膜又称为硬膜，它可以抗御其他物体对其擦伤，并且不怕水、油及其他气体的侵蚀。

(2) 玻璃反射镜

由于单晶锗或硅的直径都不可能做得很大，因此大口径的热成像镜头多数使用玻璃反射镜。玻璃的价格远远低于单晶锗、硅。

常用的反射望远型热成像镜头，主要有牛顿式、格里高利式和卡塞格伦式3种类型。

玻璃反射镜的本体是由玻璃材料磨制而成。它的反射面可以是平面、球面、抛物面、椭球面或双曲面。为了提高反射面反射红外线的能力，一般在玻璃上镀一层反射膜。同样，为了防止环境中其他物体的污染，在反射膜外还镀有保护膜。

2. 红外探测器

能够把红外辐射能转变为电信号的器件称为红外探测器。

一般来说，当红外线照射到物体上时，除了有一部分被物体表面反射外，总有一部分被物体所吸收。红外线进入物体后，它的能量将传递给物体内的原子、分子等粒子。这些粒子得到这部分能量后，其总动能将增加，无规则的运动将变得更激烈。这在宏观上，表现为物体温度升高。通常把物体吸收红外线后温度升高的效应，叫做红外辐射对物体产生的一次效应。

物体吸收红外线除产生温度升高的一次效应外，还同时伴随着其他物理与化学性质的变化，如体积、折射率、导电率、二次发射等。这些性能的改变，称为物体吸收红外辐射而产生的二次效应。大多数红外探测器的工作原理基于二次效应。不同的红外探测器不但工作原理不同，而且其探测的波长范围、探测的灵敏度和其他主要性能都不同。

根据物体光电效应原理制成的红外探测器叫做光电探测器。物体的许多电学性质都是由它们内部电子的运动状态所决定，当红外辐射进入物体内部时，物体内的电子接收辐射能量，从而改变了运动状态，使物体的电学性质发生变化。根据物体电学性质变化的种类，光电探测器又可以进一步划分为光电导型探测器和光伏型探测器。

使用具有光电导效应的材料制成的红外探测器，叫做光电导型(PC)探测器。常用的这种类型的探测器有硫化铅(PbS)探测器、硒化铅(PbSe)探测器、锑化铟(InSb)探测器及锗(Ge)掺杂质的各种探测器。要了解这些探测器的工作原理，首先应了解光电导效应。

某些半导体材料，当受到红外线照射或受到其他辐射照射时，它的导电率将明显增大，这个物理变化现象称为光电导效应。

光电导效应产生的原因，可以用半导体的能级理论来说明。这一理论认为，物体中的电子都处在一定的能带中。当电子处于能量较低的满带中时，它们受原子核的束缚而不能参加导电。只有当它们中的一些电子受激发而具有足够大的能量并越过禁带而达到导带时，这些电子才有足够的能量脱离原子核的束缚，而成为可以参与导电的自由电子。由于这些电子离开了满带，并在其中留下与这些电子对应的空穴，因此它们也可以参加导电。这些能够参与导电的自由电子和空穴，通常都被称为半导体的载流子。

半导体内产生载流子的途径很多，除了上述电子获得足够能量而进入导带并激发产生自由电子与空穴对外,还可以通过在半导体内掺入一定的其他元素(称为杂质)来产生载流子。前者产生一个自由电子对的激发,称为本征激发;后者产生自由电子或空穴载流子的激发,称为杂质激发。所谓 N 型半导体就是通过杂质激发而产生以自由电子为主要载流子的材料,而 P 型半导体则以空穴为主要载流子。

当红外或其他辐射照射某些半导体时,其中的电子接收了能量而处于激发状态,便形成了自由电子及空穴载流子,使这个材料的导电率明显增大,这便是光电导效应。

根据量子力学原理,红外或其他辐射不仅是一种电磁波,而且可以看作是光量子。其光量子的能量由下式计算:

$$E_0 = h\nu = \frac{R}{\lambda} \tag{4.8}$$

式中:h 为普朗克常数;ν 为红外线或其他辐射的频率;λ 为红外线或其他辐射的波长;$R = hc$(常数)(c 为真空中光速)。

理论分析与试验结果均表明,只有当光量子的能量(E_0)大于半导体材料的禁带宽度时,满带中的电子吸收这种光量子,才可能跃迁到导带中,在半导体内产生一个自由电子空穴对,即受光量子激发的光生载流子。相反,如果光量子的能量(E_0)小于禁带宽度,则无论多少光量子进入半导体,都不可能产生光电导效应。因此,光电导探测器是一种选择性探测器。

由于光量子的能量(E_0)与波长成反比,因此当红外线的波长增大时,光量子能量便减少。所以,当波长增大到一定值时,光电导效应便消失。这个波长就是光电导探测器的截止波长。

此外,当红外线或其他辐射照射半导体时,在产生载流子的同时,还存在载流子的复合消失现象,而且复合的数量随材料内载流子数目的增加而增加。因此,光电导效应只有在辐射照射一段时间后,其导电率才会达到稳定值。同样当辐射停止照射后,载流子不可能马上全部复合消失。因此,其导电率只有经过一段时间后才为零。光电导效应的这一性能被称为光电导效应的惰性。它是限制光电导探测器响应时间的主要因素之一。

一般将使用具有光伏效应材料制成的红外探测器,叫做光伏型(PV)探测器。常用的光伏型红外探测器有砷化铟(InAs)探测器、碲镉汞(Hg-Cd)Te 探测器和光伏型锑化铟探测器。下面通过介绍光伏效应来说明这种类型探测器的工作原理和特性。

当主要载流子为自由电子的 N 型半导体和主要载流子为穴的 P 型半导体接触在一起时,便会在两种材料的交界面处形成具有特殊导电性能的 PN 结。

PN 结有一个特殊的导电性能,即单向导电性,也就是当 P 区接电源正极,N 区接电源负极时,它具有很小的电阻,并容许一定的电流流过。但当 P 区接电源负极,N 区接电源正极时,它将有很大的电阻,只允许极小的电流流过。

PN 结单向导电的特性是由 PN 结中自建电场造成的。当 PN 结刚形成时,P 区的多数载流子向 N 区扩散,并在 N 区的边界附近与自由电子复合。P 区失去了空穴,在其边界附近出现带负电的离子。同时 N 区的一些自由电子被复合也将在边界附近出现带正电的离子。相同的情况也发生在 N 区自由电子向 P 区扩散的过程中。其中最终的结果是在 P 结界面两侧分别出现由正负离子组成的空间电荷区。这些正负离子产生的由 N 区指向 P 区的电场,就是 PN 结的自建电场。

自建电场的方向在平衡时的大小,正好能阻止半导体内空穴与自由电子的进一步扩散,并在自建电场以外的 P 区或 M 区中,仍保持它原有的性质而不呈现任何带电现象。

但是,如果以红外线或其他辐射照射 PN 结的一个面时,则 PN 结两边的 P 区与 N 区之间便可能产生一定的电压,叫做光生伏效应,简称光伏效应。这种效应实际是把光能转变为电能的效应。

光伏效应产生的原因,可以这样理解:当光子能量大于半导体材料的禁带宽度时,射入半导体材料的光子将会通过激发而产生许多自由电子空穴(例如光子进入 N 结 P 区的一面,产生许多自由电子空穴对)。这些载流子在邻近表面的区域浓度较大,而内部浓度较小,于是载流子将向里面扩散。由于 P 区内空穴多数是载流子,所以产生的空穴将不会影响 P 区内空穴的密度,而且产生的自由电子在表面附近的浓度,将比内部明显的大,因而自由电子向内部扩散。当自由电子到达 PN 结的自建电场区域内时,这个电场将把这些自由电子拉到 N 区中。于是 N 区中的自由电子将呈负电荷,P 区中留下的空穴与原来的空穴加在一起而呈现出正电荷,结果在 P 区和 N 区之间便产生了电位差。这就是光伏效应。

由于光伏效应的产生也要求光子的能量必须足够大,所以光伏型探测器和光电导型探测器一样,也是选择型红外探测器,并具有确定的截止波长。

光伏探测器的响应速度可以远大于光电导型探测器。

4.6 惯性导航系统

4.6.1 概述

惯性导航系统(inertial navigation system,INS)是一种不依赖于外部信息、也不向外辐射能量的自主式导航系统,是以陀螺仪和加速度计为敏感器件的导航参数解算系统,该系统根据陀螺仪的输出建立导航坐标系,根据加速度计输出解算出运载体在导航坐标系中的速度和位置。惯性导航系统至少包括计算机及含有加速度计、陀螺仪或其他运动传感器的平台(或模块)。目前的高级驾驶辅助系统(ADAS)包括加速度计、陀螺仪、压力传感器和磁力仪等类型的惯性传感器的运用。其中加速度计用来测量运动体的加速度大小和方向,经过对时间的一次积分得到速度,速度再经过对时间的一次积分即可得到位移;陀螺仪用来测量运动体围绕各个轴向的旋转角速率值,通过四元数角度解算形成导航坐标系,使加速度计的测量值投影在该坐标系中,并可给出航向和姿态角;磁力仪用来测量磁场强度和方向,定位运动体的方向,通过地磁向量得到的误差表征量,可反馈到陀螺仪的姿态解算输出中,校准陀螺仪的漂移。

4.6.2 工作原理

惯性导航的基本工作原理是以牛顿力学定律为基础,通过测量载体在惯性参考系的加速度,将它对时间进行积分,并把它变换到导航坐标系中,就能够得到在导航坐标系中的速度、偏航角和位置等信息。惯性导航系统属于推算导航方式,即从一已知点的位置根据连续测得的运动体航向角和速度推算出其下一点的位置,因而可连续测出运动体的当前位置。惯性导航系统中的陀螺仪用来形成一个导航坐标系,使加速度计的测量轴稳定在该坐标系中,并给出航向和姿态角;加速度计用来测量运动体的加速度,经过对时间的一次积分得到速度,速度再经过对时间的一次积分即可得到位移。

在惯性导航系统工作开始时,由外界(GNSS 接收器等)给其提供初始位置以及速度,此后惯性导航系统通过对运动传感器的信息进行整合计算,不断更新当前位置以及速度。惯性导航系统的优势在于给定初始位置和速度后,不需要外部参照就可以确定当前的位置、方向以及速度。通过跟踪系统当前角速率以及相对于运动系统测量到的当前线加速度,就可以确定参照系中系统当前线加速度。以起始速度作为初始条件,应用正确的运动学方程,对惯性加速度进行积分就可得到系统惯性速率,然后以起始位置作初始条件再次积分就可得到惯性位置。

现代比较常见的几种导航技术,包括天文导航、惯性导航、卫星导航、无线电导航等,其中,只有惯性导航是自主的,既不向外界辐射能量,也不用看天空中的恒星或接收外部的信号,它的隐蔽性是最好的。

4.6.3 优缺点

惯性导航在智能汽车上有着很多的优点:

(1) 自主定位:不接收卫星信号,也不需要外部基站等辅助设备或先验数据库,给定了初始条件后,不需要外部参照就可确定当前位置、方向及速度;

(2) 工作不受气象条件、人为干扰影响和覆盖范围限制,可全天候、全时间地工作;

(3) 不依赖于任何外部信息,也不向外部辐射能量,故隐蔽性好,不受外界电磁干扰、遮挡的影响,适用于各种复杂地理环境和外界干扰下的精确定位;

(4) 能提供位置、速度、航向和姿态角数据,且能不断测量位置的变化,精确保持动态姿态基准,所产生的导航信息连续性好而且噪声低;

(5) 数据更新率高,短期精度和稳定性好。

但是,由于惯性导航定位信息由积分产生,存在积累误差,定位误差随时间而增大,大体上成正比,长期精度差,因此需要外部的信息进行校准。现代惯性导航系统使用各种信号(如 GPS、磁罗盘等)对其进行修正,采取控制论原理对不同信号进行权级过滤,以保证 INS 的精度及可靠性。另外,惯性导航的缺点有设备价格较为昂贵,不能给出时间信息等。

4.6.4 惯性导航在智能车辆上的应用

智能车辆的核心内涵包括定位、感知、执行几个部分,其中定位是决策和执行的前提,定位系统主要作用是确定车辆所处的绝对位置。定位系统主要是以高精地图为依托,通过惯性传感器(IMU)和全球定位系统(GNSS),来精确定位车辆所处绝对位置。在自动驾驶的定位技术中,高精度地图、全球卫星导航系统和惯性导航是互相配合的。GNSS 通过导航卫星可以提供全局的定位信息,惯性导航可以提供不依赖于环境的定位信息。通过 GNSS 和惯性导航得到的定位信息与高精度地图对比,得到车辆在地图中的精确位置,进而进行路径的规划与决策。惯性导航在自动驾驶定位系统中具有不可替代性。惯性导航具有输出信息不间断、不受外界干扰等独特优势,可保证在任何时刻以高频次输出车辆运动参数,为决策中心提供连续的车辆位置、姿态信息,这是任何传感器都无法比拟的。

惯性导航系统主要有两个作用,一个是在 GPS 信号丢失或者很弱的情况下,暂时填补 GPS 留下的空缺,用积分法取得最接近真实的三维高精度定位。如今大城市高楼林立,即便是北斗+GPS+GLONASS,卫星导航信号还是有很多无法覆盖的地方,特别是以北京为代表的北方高纬度地区。北方卫星导航仰角都不高,如果仰角不超过 48°,卫星发出的信号由于受地面高层建筑物的遮挡,实际只能覆盖城市面积的 30%。在 GPS 信号丢失的情况下,惯性传感器可在失去信号前最后一次 GPS 的读数之后确定位置的变化。假使汽车在隧道内无法接收到 GPS 信号,惯性传感器就会以米数推算车辆的方向,再进行位置变化的计算,就可根据惯性传感器的信号推断本车当前所在的位置。所以市区、隧道等地方的无人驾驶,惯性导航系统必不可少。GNSS+IMU 方案是一种最常用的组成组合惯导系统的方案。GNSS 在卫星信号良好时可以提供厘米级定位,但地下车库和城市楼宇之间等卫星信号丢失或者信号微弱的场景提供的定位精度会大大下降。惯性导航系统可以不依赖外界环境提供稳定的信号,但它会有累积误差。通过 IMU 与 GNSS 信号进行融合后组成惯性组合导航系统,可以发挥两者优势,并规避各自劣势。通过整合 GPS 与 IMU,汽车可以实现既准确又足够实时的位置更新。GPS 更新频率过低(仅有 10Hz)不足以提供足够实时的位置更新,IMU 的更新频率可以达到 100Hz 或者更高,完全能弥补 GPS 所欠缺的实时性。GPS+IMU 组合系统通过高达 100Hz 频率的全球定位和惯性更新数据,可以帮助自动驾驶完成定位。在卫星信号良好时,INS 可以正常输出得到 GPS 的厘米级的定位;而卫星信号较弱时,惯性导航系统可以依靠 IMU 信号提供定位信息。图 4.20 为 GNSS+IMU 算法示意图。

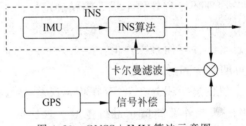

图 4.20 GNSS+IMU 算法示意图

惯性导航系统的另一个作用是配合激光雷达。GPS 加惯性导航系统为激光雷达的空间位置和脉冲发射姿态提供高精度定位,建立激光雷达云点的三维坐标系。惯性导航可用于定位,与其他传感器融合时,也需要统一到一个坐标系下。定位过程中,当激光雷达实时扫描单次的点云数据后,结合单次的点云数据进行匹配,并进行特征提取。这些特征包括路沿、车道线、高度等周围点线面的特征。对于高精度地图,将提取过的特征与实时提取的特征进行匹配,最终得到精准的车本体位置,从而实现定位。

另外,惯性导航系统也可以应用到主动车距控制巡航系统(ACC)上。惯性传感器有助于预测路径,然后将该路径连接到障碍物检测上。类似的惯性装置还能做到爬坡控制的特色,让低重力传感器利用向下的重力方向来确定倾斜度,使正在上坡的车辆不会往后滑动。

在自动驾驶体系中,惯性导航系统将成为自动驾驶定位信息融合的中心。惯性导航系统可以在车辆运行中提供连续的测量信息,同时可以将视觉传感器、雷达、激光雷达、车身系统信息进行更深层次的融合,为决策层提供精确可靠的连续的车辆位置、姿态的信息,成为定位信息融合的中心。以百度阿波罗的多传感器融合定位架构为例:惯性导航系统处于定位模块的中心位置,模块将 IMU、GNSS、LIDAR 等定位信息进行融合,通过惯性导航系统解算修正后输出 6 个自由度的位置信息。

惯性导航系统在智能车中的应用属于起步阶段,短期内竞争力主要体现在算法上。算法包括了微电机系统(micro electro mechanical system,MEMS)惯性传感器的标定等硬件信息的处理,速度、加速度、航向及姿态的确定,以及与其他传感器信息、车身信息的融合等主要模块。算法的优劣决定传感器是否能发挥其最佳性能,也决定了惯性导航系统的稳定性和可靠性。从长远看,惯性导航系统的竞争力在惯性传感器芯片。随着自动驾驶技术级别的提升,对 MEMS 惯性传感器芯片的性能要求将持续提高;同时随着惯性导航系统算法的不断成熟,通过算法优化来提升系统性能的空间越来越小,而对惯性传感器芯片硬件性能的依赖程度则会相应提高。MEMS 惯性传感器芯片的设计、制造、封测及标定将成为惯性导航系统中比较关键的环节。

4.7 车速里程计

车速里程计,是基于车轮旋转次数或角速度信息来测量车速与行驶距离的仪器。它可以简单可靠地测量智能车辆的车速及在特定时间段行驶的实际距离,进而辅助智能车辆进行自主导航。

传统车速里程计性能的发挥依赖于汽车车轮与地面的良好附着,因此在一些特殊条件和环境下(如松软路面、湿滑路面、颠簸),车速里程计的测量数据会产生较大的误差,且行驶距离的误差会随时间的增加扩大。

根据原理的不同,车速里程计主要分为磁感应式车速里程计和电子式车速里程计。

4.7.1 磁感应式车速里程计

磁感应式车速里程计是较为传统的车速里程计。它是利用磁电互感的作用,使表盘上指针的摆角与汽车的行驶速度成正比,其结构如图 4.21 所示。

车速表主要由永久磁铁、指针活动盘、表盘和指针组成。永久磁铁与车速里程表驱动轴固连在一起,驱动轴由来自变速器输出轴的软轴驱动。带有刻度的表盘固定在壳体上,指针活动盘、指针轴与指针连成一体。游丝的一端与指针轴相连,另一端固定在壳体的支架上。不工作时,指针活动盘在游丝的作用下使指针归于零位。

汽车行驶时,车速里程表驱动轴带动永久磁铁旋转,由于磁电感应而在指针活动盘内产生感应电流(涡流)。因为永久磁铁的磁场与指针活动盘中涡流产生的磁场相互作用,就使得指针活动盘与永久磁铁同向转动。当指针活动盘连同指针旋转时,与指针轴相连的游丝被扭紧而产生一个反力矩,此反力矩与永久磁铁带动指针活动盘转动的力矩相等时,指针活动盘便稳定在某一位置,指到相应的车速刻度。永久磁铁转动的速度和汽车行驶速度成正

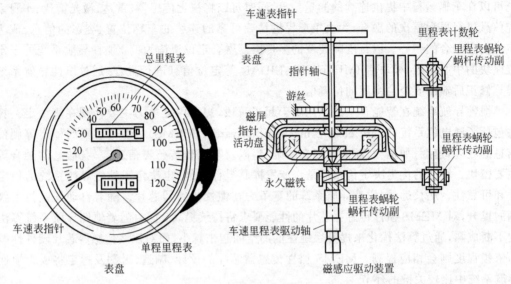

图 4.21 磁感应式车速里程表

比。当汽车行驶速度增大时,在指针活动盘内感应的电流也随之增大;相应地驱动指针活动盘的力矩也将按比例增加,使指针摆动到更大的角度。因此,车速不同,指针可指出不同的读数。

里程表由蜗轮蜗杆传动机构、六位十进制计数器及内传动齿轮等组成。为了使用方便,有些车速里程表内还有单程里程表,用来记录汽车单程的行驶里程。单程里程表可以随时复位至零。

总里程表共有 6 个计数轮,每个计数轮上有 0～9 共 10 个数字。汽车行驶时,驱动轴通过一系列蜗杆传动副,驱动最右边第一个计数轮。相邻两个计数轮之间设有中间传动齿轮,分别可以按 10∶1 的传动比从右向左逐级驱动其余 5 个计数轮,即当右边的计数轮转一圈,数字从"9"转到"0"时,左边相邻的下一个计数轮转动 1/10 圈。最右边的计数轮每一格代表 0.1km,第二计数轮每一格代表 1km,第三计数轮每一格代表 10km……以此类推,总里程表所能记录的最大行驶里程为 99 999.9km。单程里程表共有 4 个计数轮,所能记录的最大行驶里程为 999.9km。

4.7.2 电子式车速里程计

电子式车速里程表由车速里程表传感器、信号处理电路、车速表和里程表组成。

红旗 CA7220 型和奥迪 100 型轿车所采用的是电子式车速里程表,其电子电路框图如图 4.22 所示。电路系统主要由稳压电路、单稳态触发电路、恒流源驱动电路以及 64 分频电路等组成。汽车运行时,它将车速传感器输入的脉冲信号进行整形和处理,转变为电流信号并加以放大,以驱动车速表指示车速;同时它还将脉冲信号经分频和功率放大,转变为一定频率的脉冲信号,以驱动里程表步进电动机的轴转动。在图 4.22 中,电阻 R_1、电容 C_1 用于调整仪表的精度,电阻 R_2 用于调节仪表的工作电流,电阻 R_3、电容 C_3 用于电源滤波。

电子式车速里程表是一个带有通电线圈的指针机构,在恒定磁场中受到力的作用。当

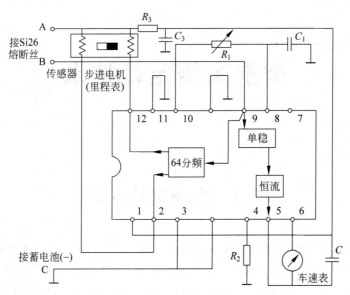

图 4.22　电子式车速里程计电子电路框图

汽车以不同车速行驶时,在电子车速里程表的传感器中就产生相应于某一车速的频率脉冲信号,经 B 端输送到单稳态触发电路,用以控制恒流源的输出,从而改变了车速表指针机构线圈中的电流。于是,它在恒定磁场中受到的作用力就发生了变化,指针就指示出相应的行驶车速。

思　考　题

1. 简述激光雷达的测量原理,激光雷达适用于哪些环境感知场景?
2. 简述毫米波的测量原理,毫米波雷达适用于哪些环境感知场景?
3. 图像传感器适用于哪些环境感知场景?
4. 超声波雷达能否用于汽车的自动紧急制动?
5. 红外传感器有何特点?
6. 惯性导航系统有何特点? 能否独立使用?
7. 车速里程计适用于哪些环境感知场景?

第 5 章

智能车辆定位技术

5.1 车辆定位方法

车辆定位技术是让智能车辆获取自身确切位置的技术,在智能车辆中担负着相当重要的职责。经过多年发展,车辆定位技术手段多种多样,涉及多种传感器类型与相关技术。本章将重点讨论卫星定位、RTK(real time kinematic,实时动态定位技术)载波相位差分定位、超宽带(ultra wide band,UWB)定位、视觉里程计技术等车辆定位相关技术。

5.2 卫星导航定位系统

卫星定位的基本原理(图5.1)如下方程所示:

$$P_i = \sqrt{(x-x_i)^2 + (y-y_i)^2 + (z-z_i)^2} + c(dt - dt_i) \tag{5.1}$$

式中:P_i 为第 i 颗卫星伪距;x、y、z 为以地球质心为原点的接收机空间直角坐标系的坐标值;x_i、y_i、z_i 为第 i 颗卫星的空间坐标值;c 为光速;dt_i 为接收机接收到的第 i 颗卫星发射的导航电文到达接收机的时间;dt 为卫星时钟与接收机时钟的钟差。

由式(5.1)可知,方程中有 4 个未知量,至少需要 4 颗卫星组成一个含有至少 4 个独立方程的方程组才能解算得到接收机的位置信息。在实际应用过程中,接收机同时接收多个卫星的报文,代入方程组不但可以得到相对精确的坐标信息、时间信息。

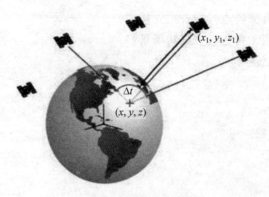

图 5.1 GNSS 原理

5.2.1 卫星导航定位系统介绍

卫星导航定位系统是星基无线电导航系统,以人造地球卫星作为导航台,为全球海陆空的各类军民载体提供全天候的、高精度的位置、速度和时间信息,因而又被称作天基定位、导航和授时(position navigation time,PNT)系统。卫星导航定位系统中除了全球卫星导航系统外,还有星基增强系统以及地基增强系统。

目前世界上著名的卫星导航定位系统有美国的全球定位系统(GPS)、俄罗斯的全球导航卫星系统(global navigation satellite system,GLONASS)、中国的北斗卫星导航系统(beidou navigation satellite system,BDS)以及欧盟伽利略(Galileo)系统。下面分别简要介绍。

1. 美国的 GPS

早在1958年,美国海军武器实验室就开始实施建立为美国军用舰艇导航服务的卫星导航系统,即"海军导航卫星系统"(navy navigation satellite system,NNSS)。NNSS系统由6颗卫星组成,具有全天候、全球覆盖、定位精度较高、定位速度快和经济效益好等一系列优点,因此,迅速被世界各国所采用。但是,该系统的"单星、低轨、低频测速"体制,不能满足高动态用户实时导航定位的要求,也不能满足现代军事和民用部门的高精度要求。

鉴于NNSS系统的局限性,为了实现全天候、全球性和高精度的连续导航定位,满足军事部门和民用部门对连续实时、高动态、高精度导航定位的迫切要求,美国于1967年着手研制新一代卫星导航系统,经过试验研究,于1973年12月,美国国防部正式批准陆海空三军共同研制导航星全球定位系统。全称为"授时与测距导航系统/全球定位系统"(navigation system timing and ranging/global positioning system,NAVSTAR/GPS),简称为"全球定位系统(GPS)"。

全球定位系统 GPS 自1973年开始研制以来,经过3个阶段,耗时20年,投资300亿美元,于1993年6月基本建成。这是继阿波罗登月、航天飞机之后的第三大空间工程。GPS是在NNSS的基础上发展起来的,采用了"多星、高轨、高频、测时-测距"体制,实现了全球覆盖、全天候、高精度、实时导航定位。

GPS是为了满足军事部门对高精度导航和定位的要求而由美国国防部建立,目标是向陆海空三大领域提供实时、全天候和全球性的导航服务,并且能够满足情报收集、核爆监测和应急通信等军事要求。在随后对GPS试验卫星的开发表明,GPS不仅能够达到上述目的,而且GPS信号能够进行厘米级甚至毫米级精度的静态定位,米级甚至亚米级精度的动态定位,亚米级甚至厘米级精度的速度测量和毫微秒级精度的时间测量。因此,GPS展现了极其广阔的应用前景。

GPS卫星所发送的导航定位信号,是一种可供无数用户共享的空间信息资源。陆地、海洋和空间的广大用户,只要持有能够接收、跟踪、变换和测量的GPS信号接收机,就可以全天候和全球性地测量运动载体的七维状态参数和三维姿态参数。正因为如此,GPS用途之广,是任何其他无线电接收系统所望尘莫及的。GPS技术的应用有且不限于:各种车辆的行驶状态监测与定位、大气物理观测、地球物理资源勘探、板内运动状态和地壳形变测量、农业测量、船舶定位与导航、水文测量、港口交通管制、飞机的自主导航、飞机精密着陆、低轨通信卫星的实时轨道测量等。

2. 俄罗斯的 GLONASS

GLONASS 是苏联建设的第二代导航系统,同样能够为海陆空的民用和军用提供全球范围内的实时、全天候三维连续导航、定位和授时服务。GLONASS 由空间段、地面段、用户段三大部分组成,但与 GPS 相比,各部分的具体技术有较大的差异。空间段由 24 颗 GLONASS 卫星组成,其中 21 颗为正常工作卫星,3 颗为备份卫星。如果 GLONASS 星座完整,则可以满足在地球上任何地点、任何时刻都能收到来自至少 4 颗卫星的信号,从而获取可靠的导航定位信息。地面监控部分包括系统控制中心和跟踪控制站网,这些跟踪控制站网分散在俄罗斯所有领土上,用户端能接收卫星发射的导航信号,进而获取需要的位置、速度和时间信息。

GLONASS 24 颗卫星均匀分布于 3 个轨道平面上,每个轨道平面布设着 8 颗 GLONASS 卫星。3 个轨道平面间按升交点经度计算互为 120°,平均轨道高度为 19 100km,轨道倾角为 64.8°,卫星运行周期为 11h15min。

3. 欧盟的 Galileo

欧洲空间局早于 1982 年就提出建议,希望通过国际合作,建立一套以民用为主要目的的全球导航卫星系统。20 世纪 90 年代后,随着美国 GPS 系统的建成完善,卫星导航系统在定位、导航、大地测量及精密授时等领域取得了广泛的应用。为打破 GPS 和 GLONASS 在全球卫星导航市场的垄断局面,欧盟首脑于 2002 年正式签署协议开始建设欧洲的全球定位系统 Galileo。

Galileo 是一个独立的,又与 GPS 兼容的全球导航系统,要求系统应尽量满足以下几个条件:①适应用户及市场需要;②开发和运行成本最小;③系统本身固有风险最小;④与其他系统(主要是 GPS)具有互操作性。基于以上考虑,Galileo 主要由全球设施部分、区域设施部分、当地设施部分、用户终端 4 个部分组成。

全球设施部分是 Galileo 基础设施的核心,包括空间星座部分和地面监控部分。Galileo 的卫星星座由 30 颗卫星(其中 27 颗在轨工作卫星,3 颗备份星)构成,平均分布在 3 个等间距的地球轨道上,轨道高度 23 616km,轨道倾角 56°。卫星设计寿命 20 年,运行周期为 14h04min。

分布于全球的地面监控设备负责维持 Galileo 卫星星座,控制导航系统的核心功能,以及通过地球轨道卫星向全球发布 Galileo 完好性信息。地面监控设备包括:

(1) 控制中心:坐落于欧洲的两个 Galileo 控制中心是系统地面监控的核心,其主要功能是控制星座、保证卫星原子钟的同步、信号处理、监控卫星等。

(2) 上行链路站:分布于全球主要用来传输往返于卫星的数据。

(3) 监测站 GSS(geostationary satellite,对地静止卫星)网络:分布在全球范围的 GSS 网络接收卫星导航信号,并检测卫星导航信号的质量及气象和其他所要求的环境信息。这些站将收到的信息通过通信网络传输给控制中心。

(4) 全球通信网络:用于将所有地面站和设施连接起来。

区域设施部分是 Galileo 的有机组成部分，主要由对系统完好性实施监测的监测站 IMS 和数个进行完好性监测的控制中心以及完好性信息注入站组成。

当地设施主要根据用户当地的特殊需要提供特别的精确性、完好性信息，以及当地差分信息。主要功能包括：①提供本地差分修正信号的本地精确导航设备，用户可以根据这些信号修正星历和钟差，以及补偿对流层、电离层延迟误差；②使用单向或双向通信的方式来协助用户确定在复杂环境下的位置；③提供本地辅助的"伪卫星"的本地增强可用性导航设备。

Galileo 用户接收机及终端的基本功能是在用户端实现 Galileo 所提供的各种卫星无线导航服务，包括接收信号，拥有与区域和当地设施部分提供服务的接口，与其他卫星定位系统(如 GPS)互操作等。

4. 中国的北斗卫星导航系统

北斗卫星导航系统(BDS)是中国正在实施的自主发展、独立运行的全球卫星导航系统。系统建设目标是：建成独立自主、开放兼容、技术先进、稳定可靠的覆盖全球的北斗卫星导航系统，促进卫星导航产业链形成，形成完善的国家卫星导航应用产业支撑、推广和保障体系，推动卫星导航在国民经济社会各行业的广泛应用。

2000 年，首先建成北斗导航试验系统，使我国成为继美、俄之后的世界上第三个拥有自主卫星导航系统的国家。2012 年 12 月 27 日，启动北斗区域性导航定位与授时正式服务，由 16 颗导航卫星组成的北斗二号系统已向我国及亚太大部分地区提供服务，截至 2018 年底，北斗三号基本系统星座部署完成。2018 年 12 月 27 日，北斗开始提供全球范围内的定位与授时服务。2020 年 7 月 31 日，北斗三号全球卫星导航系统建成暨开通仪式在北京举行，中共中央总书记、国家主席、中央军委主席习近平出席仪式，宣布北斗三号全球卫星导航系统正式开通。

北斗卫星导航系统致力于向全球用户提供高质量的定位、导航和授时服务，包括开放服务和授权服务两种方式。开放服务是向全球免费提供定位、测速和授时服务，定位精度 10m，测速精度 0.2m/s，授时精度 10ns。授权服务是为有高精度、高可靠卫星导航需求的用户，提供定位、测速、授时和通信服务以及系统完好性信息。

从北斗卫星导航系统的组成结构来看，同样分为空间段、地面段和用户段。空间星座部分由 5 颗地球静止轨道(geostationary orbit，GEO)卫星和 30 颗非地球静止轨道(nongeostationary orbit，NON-GEO)卫星组成，后者包括中圆地球轨道(medium earth orbit，MEO)卫星和倾斜地球同步轨道(inclined geosynchronous orbit，IGSO)卫星。GEO+MEO+IGSO 的星座构型是北斗卫星导航系统的完整布局，最大的优点是保证了在地球上任意地点任意时刻均能接收来自 4 颗以上导航卫星发射的信号，观测条件良好的地区甚至可以接收到 10 余颗卫星的信号。地面段包括监测站、上行注入站、主控站。用户端能接收卫星发射的导航信号，进而获取需要的位置、速度和时间信息。

经全球范围测试评估，北斗卫星导航系统服务性能为：

系统服务区：全球；

定位精度：水平 10m、高程 10m(95% 置信度)；

测速精度：0.2m/s(95% 置信度)；

授时精度：20ns(95％置信度)；

系统服务可用性：优于95％。

其中，亚太地区，定位精度水平5m、高程5m(95％置信度)。

5. 星基增强系统

随着全球卫星导航系统应用的不断推广和深入，现有卫星导航系统在定位精度、可用性、完好性等方面还是无法满足一些高端用户的要求。为此，各种卫星导航增强系统(satellite-based augmentation system，SBAS)应运而生。美国的"广域差分增强系统(wide area augmentation system，WAAS)"、俄罗斯的"差分校正与监视系统(system of differential correction and monitoring，SDCM)"、日本的"多功能卫星增强系统(multi-functional satellite augmentation system，MSAS)"、欧洲的"导航重叠服务(European geostationary navigation overlay service，EGNOS)"和印度的"GPS辅助增强导航系统(GPS aided geo augmented navigation，GAGAN)"这5个典型区域性广域差分增强系统也被纳入到GNSS中。

SBAS也主要由空间段、地面段和用户段三部分构成。它们作为区域性广域差分增强服务，可以使得单点的卫星，定位更稳定、定位精度更高，从而实现1～3m、1m甚至优于1m的定位服务。

6. 地基增强系统

地基增强系统(ground-based augmentation systems，GBAS)是卫星导航系统建设中的一项重要内容，可以大大提高系统服务性能。GBAS综合使用了各种不同效果的导航增强技术，主要包括精度增强技术、完好性增强技术、连续性和可用性增强技术，最终实现增强卫星导航服务性能的目的。

我国的地基增强系统主要是北斗地基增强系统，是国家所有的重要信息基础设施，用于提供北斗卫星导航系统增强定位精度和完好性服务。系统由框架网基准站和加强密度网基准站、通信网络、数据处理系统、运营平台、数据播发系统和用户终端组成，具备在全国范围内为用户提供广域实时米级、分米级、厘米级和后处理毫米级定位精度的能力，具有作用范围广、精度高、野外单机作业等优点。

5.2.2 卫星定位时间系统

定位卫星作为一个高空动态已知点，其位置是随时间不断变化的。卫星定位测量是通过接收和处理定位卫星发射的无线电信号，来确定用户接收机至卫星间的距离，进而确定观测站的位置。而想要准确地测定观测站至卫星的距离，就必须精准地测量信号传播的时间。如果要求接收机与卫星之间的距离误差小于1cm，则信号传播时间的测定误差不应超过3×10^{-11}s。

利用卫星定位技术进行精密定位与导航对时间的精度要求非常高，这需要一个精确的时间系统来确定时间。与卫星定位有关的时间系统有世界时、原子时和力学时。

1. 世界时系统

世界时系统是以地球自转为基准的时间系统。根据观测地球自转所选择的空间参考点，世界时可以有恒星时、太阳时、世界时。

简单概括，恒星时是以地球自转为基础，并与地球的自转角度相对应的时间系统。

以春分点为参考点，由春分点的周日视运动所确定的时间，称为恒星时（sidereal time）。春分点连续两次经过本地子午圈的时间间隔为一恒星日，包含 24 个恒星时。所以恒星时在数值上等于春分点相对于本地子午圈的时角。由于恒星时是以春分点通过本地子午圈时为原点计算得到的，所以恒星时具有地方性，有时也被称为地方恒星时。由于岁差、章动的影响，地球自转轴在空间的指向是变化的。与此相对应，春分点在天球上的位置不固定，有真春分点和平春分点之分。因此，相应的恒星时也具有真恒星时与平恒星时之分。

太阳时（solar time）有真太阳时与平太阳时（mean solar time）两种。如果以真太阳作为观察地球自转的参考点，那么由真太阳周日视运动所确定的时间，称为真太阳时。即可定义真太阳中心连续两次经过本地子午圈所经历的时间间隔为一个真太阳日。类似地，一个真太阳日也包含 24 个真太阳时。显然，真太阳时也有地方性，而且由于地球的公转轨道为一椭圆，根据开普勒定律可以推出太阳的视运动速度是不均匀的。以真太阳作为观察地球自转运动的参考点，不符合建立时间系统的基本要求。因此，假设某个参考点的视运动速度等于真太阳周年运动的平均速度，且其在天球赤道上作周年视运动。这个假设的参考点，在天文学中称为平太阳。平太阳连续两次经过本地子午圈的时间间隔为一个平太阳日，而一个平太阳日包含有 24 个平太阳时。平太阳时也具有地方性，故常称为地方平太阳时。

世界时（universal time，UT）是以平子夜为零时起算的格林威治平太阳时。

2. 原子时系统

随着科技发展，部分工程领域对时间系统的准确度和稳定度的要求在不断提高。以地球自转为基础的世界时系统，已难以满足要求。因此，早在 20 世纪 50 年代，人们便建立了以物质内部原子运动特征为基础的原子时间系统。原子时系统的理论依据是物质内部原子跃迁所辐射和吸收的电磁波频率具有很高的稳定性和复现性，由此建立的原子时（atomic time）成为当代最理想的时间系统。

铯原子时秒长的定义是：位于海平面上的铯原子 Cs^{133} 基态两个超精细能级，在零磁场中跃迁辐射振荡 9 192 631 770 周所持续的时间，为 1 原子时秒。该原子时秒作为国际制秒（SI）的时间单位。这一定义严格地确定了原子时的尺度。

原子时系统出现后，得到了迅速的发展和广泛的应用，许多国家相继建立了各自的地方原子时系统。但不同的地方原子时之间存在着差异。为此，国际上大约有 100 台原子钟，通过相互比对和数据处理计算得出的统一原子时系统，称为国际原子时（international atomic time）。

在卫星导航系统中，原子时作为高精度时间基准，用于精密测量卫星信号的传输时间。

3. 力学时系统

力学时（dynamic time）是天体力学中用以描述天体运动的时间单位。根据天体运动方程，所对应的参考点不同，分为质心力学时和地球力学时两种形式。质心力学时（barycentric dynamic time)是相对于太阳系质心的天体运动方程所采用的时间参数。地球力学时(terrestrial dynamic time)是相对于地球质心的天体运动方程所采用的参数。

5.2.3 GPS定位原理与方法

本节以GPS为例讲述卫星定位的基本原理。

1. GPS组成

GPS主要由三大部分组成：空间星座部分、地面监控部分和用户设备部分，如图5.2所示。

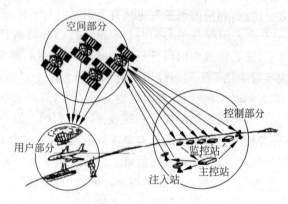

图5.2 GPS系统组成

1）空间星座部分

GPS空间星座部分由24颗卫星组成，其中包括3颗备用卫星。工作卫星分布在6个等间距的轨道面内，每个轨道面分布4颗卫星。卫星轨道倾角为55°，各轨道平面升交点的赤经相差60°，在相邻轨道上，卫星的升交距角相差30°。轨道为近圆形，最大偏心率是0.01，半长轴为26 560km，轨道平均高度为20 200km，卫星运行周期为11h58min（12恒星时）。每颗卫星每天约有5个小时在地平线以上，同时位于地平线以上的卫星数最少为4颗，最多可达11颗，因此，保证了在地球上和近地空间任一点、任何时刻均可至少同时观测4颗GPS卫星，便于进行实时定位。但应指出，在个别地区可能有某一短时间内，所观测到的4颗卫星几何图形结构较差，不能达到定位精度要求，这段时间称作"间隙段"。

2）地面监控部分

地面监控系统由1个主控站、3个注入站和5个监控站组成。

主控站：位于美国科罗拉多（Colorado）的法尔孔（Falcon）空军基地。主控站根据各监控站对GPS卫星的观测数据，计算出卫星的星历和卫星时钟的改正参数等，并将这些数据通过注入站注入卫星中，对卫星进行控制，向卫星发布指令；当工作卫星出现故障时，调度备用卫星，替代失效的工作卫星工作；主控站还具有监控站的功能。

监控站：主控站也具有监控站的功能，其他4个监控站位于夏威夷（Hawaii）、阿松森群岛（Ascencion）、迭哥伽西亚（Diego Garcia）和卡瓦加兰（Kwajalein）。监控站的功能是接收卫星信号，监测卫星的工作状态。

注入站：注入站位于阿松森群岛、迭哥伽西亚和卡瓦加兰。其作用和功能是：将主控站计算的卫星星历和卫星时钟的改正参数等注入卫星中。

3) 用户设备部分

用户设备的核心是 GPS 接收机。它主要由主机、天线、电源和数据处理软件等组成。其主要功能是接收卫星发播的信号，获取定位的观测值，提取导航电文中的广播星历、卫星星钟改正等参数，经数据处理而完成导航定位工作。

2. GPS 的特点

(1) 全球覆盖连续导航定位。在地球上和近地空间上任何一点，均可连续同步地观测 4 颗以上卫星，可实现全球、全天候连续导航定位。

(2) 高精度三维定位。GPS 能连续地为各类用户提供三维位置、三维速度和精确时间信息。P 码精度为 3～5m；C/A 码精度为 15m，事后处理精度可达 3～5m。

(3) 实时导航定位。1s 即可完成一次定位。

(4) 被动式全天候导航定位。使用 GPS 导航定位时，用户设备只需接收 GPS 信号就可以进行导航定位，而不需要用户发射任何信号，因此 GPS 系统隐蔽性好，而且可以容纳无数多用户。

(5) 抗干扰性能好、保密性强。GPS 采用数字通信的特殊编码技术，即伪噪声码技术，因而具有良好的抗干扰性和保密性。GPS 信号利用码分多址（code division multiple access，CDMA）方式，所有的卫星都工作在同样的频率上，采用伪随机噪声码（pseudo random noise，PRN）是 GPS 信号的基本特点，它是一种复杂的数字编码，具有特殊的数学特征。这种信号看起来如同随机的电噪声，但又不是真正的噪声，故称为"伪随机噪声"，信号为伪随机噪声码。

由于 GPS 的优异性能，目前应用非常广泛，包括导航定位应用、精密定位应用、精密授时、大气研究、为武器精确制导、航天与武器试验中的应用。

GPS 也存在生存能力问题，比如缺少通信链，使用 GPS 接收机只能确定自己的位置，不能把自己的位置告诉别人。GPS 信号无入水能力，水对 GPS 信号的衰减很强，在水下无法定位。受地形影响，有时 GPS 接收机收不到信号，比如在隧道内、立交桥下、地下室、远离窗口的室内。

美国的 GPS 政策：标准定位服务（standard positioning system，SPS）：不收直接用户费。SPS 的定位精度采用 SA（selective availability）技术降为：水平 100m，垂直精度 156m。精密定位服务（precision positioning system，PPS）：长期保密，仅供美国和盟国及特许用户使用。另外，美国政府不保证 GPS 的可用性精度和可靠性，SA 引入的误差是可变的。

3. 伪距测量的基本原理

具体地测量卫星与接收机距离是依靠卫星发射的测距码信号以及伪距测量原理实现的。

码是指表达信息的二进制数及其组合。其中每一位二进制数称为 1 个码元（binarydigit）或 1 比特（bit）。比特的意思就是二进制数，它是码的度量单位，同时也是信息量的度量单位。将各种信息，例如声音、图像、文字等通过量化并按照某种规则表示为某种二进制数组合形式的过程就称为编码。编码就是信息数字化的过程。

在二进制数字化信息的传输中,每秒传输的比特数称为数码率,用以表示信息的传输速度,其单位为 bit/s 或记为 bps。一组二进制数的码序列也可以看作是以 0 和 1 为幅度的时间函数(图5.3),用 $u(t)$ 表示。如果对于一组码序列 $u(t)$,对某个时刻 t,在此时刻的码元为 0 或 1 完全是随机的,其分别出现的概率均为 50%。这种码元幅值是完全无规律的码序列,称为随机噪声码序列。它是一种非周期序列,无法利用规律进行复制。但是,随机噪声码序列却具有良好的自相关性。

图 5.3 二进制码序列

GPS 的信号测距正是利用测距码良好的自相关性才获得成功。自相关性是指两个码序列的相关程度,它由自相关函数描述。

为了说明自相关函数的定义,可以将随机噪声码序列 $u(t)$ 平移 k 个码元,获得具有相同结构的新序列 $\tilde{u}(t)$。比较两个码序列,设它们对应码元中,值相同的个数为 S,值相异的个数为 D。两者之差 $S-D$ 与两者之和 $S+D$ 的比值,定义为随机噪声码序列的自相关函数,以符号 $R(t)$ 表示,即 $R(t)=\dfrac{S-D}{S+D}$。

在实际中,可以通过自相关函数 $R(t)$ 的值判断两个随机噪声码序列的相关性。显然,当平移码元的个数为 $k=0$ 时,两个结构相同的码序列其相应码元完全相同,这时候 $D=0$,自相关函数 $R(t)=1$;相反,当 $k\neq 0$ 时,且假定码序列中的码元总数充分大,那么由于码序列的随机性,将有 $S\approx D$,这时自相关函数 $R(t)\approx 0$。由此,根据自相关函数的取值,可以确定两个随机噪声码序列是否已经"相关",或者通俗地讲,两个码序列的码元是否已经完全"对齐"。

虽然随机码具有良好的自相关特性,但是由于它是一种非周期性的码序列,内容毫无规律,实际上无法复制和利用。为了克服这一缺点,卫星定位系统采取了一种伪随机噪声码(PRN)简称伪随机码或伪码。这种码序列的主要特点是,不仅具有类似随机噪声码的良好自相关特性,而且具有某种特定的编码规则。它是周期性的、可人工复制的码序列。

假设卫星发射一个序列 $u(t)$,经过 Δt 时间传播后到达接收机,而接收机在收到信号的同时复制出结构与 $u(t)$ 完全相同的随机序列 $\tilde{u}(t)$,则这时由于信号传播时间延迟的影响,被接收的 $u(t)$ 与 $\tilde{u}(t)$ 之间相应的码元已经错开了一段距离,因而 $R(t)\approx 0$。如果通过一个时间延迟器来调整 $\tilde{u}(t)$ 使得其与 $u(t)$ 的码元完全对齐,此时 $R(t)=1$。那么就可以根据延迟器延迟的时间 τ 来推断卫星信号到达接收机所消耗的时间,乘以光速 c 即可得到准确的卫星至接收机的距离信息。

GPS 接收机解算自己的位置,必须根据 GPS 卫星发播的信号测量伪距,图 5.4 为伪距测量的基本原理,具体方法如下:

(1) 卫星依据自己的时钟发出某一结构的测距码,该测距码经过 Δt 时间传播后到达接收机;

(2) 接收机在自己的时钟控制下产生一组结构完全相同的测距码——复制码,并通过

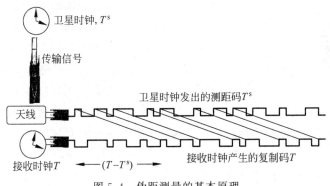

图 5.4 伪距测量的基本原理

时延器使其延迟时间 τ;

(3) 将这两组测距码进行相关处理,直到两组测距码的自相关系数 $R(t)=1$ 为止,此时,复制码已和接收到的来自卫星的测距码对齐,复制码的延迟时间 τ 就等于卫星信号的传播时间 Δt;

(4) 将 Δt 乘以光速 c 后即可求得卫星至接收机的伪距。

GPS 接收机可以同时接收多个卫星的信号,并解算多个卫星的伪距,GPS 接收机能接收并处理一颗卫星的信号称为一个通道,如能定位,一个 GPS 接收机至少需要 4 个通道,市面上的接收机至少具备 6 个通道的处理能力,一般有 12 个通道以上,有的接收机可多达 50 个通道。

4. GPS 接收机位置解算原理

GPS 卫星的轨道可以根据 GPS 卫星的运行参数计算得出,GPS 的坐标可以经过计算精确求出。如果再测量得到 GPS 接收机与多个 GPS 卫星之间的伪距,则 GPS 接收机的位置就容易求出。

在二维情况下,计算接收机的位置至少需要两颗卫星。如果卫星的位置已知且可测量接收机到每个卫星的伪距,那么接收机的位置处于半径等于伪距的两个圆的交点之一。可用式(5.2)计算未知接收机的位置。注意这些方程采用二维笛卡儿坐标系作为参照坐标系。

$$\begin{cases} P_1 = \sqrt{(x-x_1)^2 + (y-y_1)^2} \\ P_2 = \sqrt{(x-x_2)^2 + (y-y_2)^2} \end{cases} \tag{5.2}$$

式中:(x_1,y_1),(x_2,y_2) 为卫星的已知位置;P_1,P_2 为测量的伪距。

对于三维情况,需要 3 颗卫星。伪距产生定位球体,而不是圆。求解式(5.3)的方程可确定接收机的位置 (x,y,z):

$$\begin{cases} P_1 = \sqrt{(x-x_1)^2 + (y-y_1)^2 + (z-z_1)^2} \\ P_2 = \sqrt{(x-x_2)^2 + (y-y_2)^2 + (z-z_2)^2} \\ P_3 = \sqrt{(x-x_3)^2 + (y-y_3)^2 + (z-z_3)^2} \end{cases} \tag{5.3}$$

式中:(x_1,y_1,z_1),(x_2,y_2,z_2) 和 (x_3,y_3,z_3) 为卫星的已知位置;P_1,P_2,P_3 为测量的伪距。

用于测量信号传播时间的接收机时钟与 GPS 时间不同步,必须确定接收机时间与 GPS

时间之间的时钟偏差,利用第四颗卫星可计算该参数。按照设计,所有卫星时钟利用精确的原子钟同步(图5.5)。如果接收机时钟与卫星时钟精确地同步,时间的测量是简单的。然而,从经济上考虑接收机采用原子钟是不实际的,而是采用价格便宜的晶体管振荡器。这些时钟在接收机和GPS时钟间引入时间偏差(时钟偏差),所以,必须考虑偏差在计算中的影响。接收机时钟偏差是接收机的时间偏差,对于每颗卫星都是相同的。从而可计算接收机位置和时钟偏差:

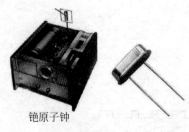

图5.5 铯原子钟和石英晶体振荡器

$$\begin{cases} P_1 = \sqrt{(x-x_1)^2 + (y-y_1)^2 + (z-z_1)^2} + c(\mathrm{d}t - \mathrm{d}t_1) \\ P_2 = \sqrt{(x-x_2)^2 + (y-y_2)^2 + (z-z_2)^2} + c(\mathrm{d}t - \mathrm{d}t_2) \\ P_3 = \sqrt{(x-x_3)^2 + (y-y_3)^2 + (z-z_3)^2} + c(\mathrm{d}t - \mathrm{d}t_3) \\ P_4 = \sqrt{(x-x_4)^2 + (y-y_4)^2 + (z-z_4)^2} + c(\mathrm{d}t - \mathrm{d}t_4) \end{cases} \quad (5.4)$$

式中:(x_1,y_1,z_1),(x_2,y_2,z_2),(x_3,y_3,z_3)和(x_4,y_4,z_4)为已知卫星的位置;P_1,P_2,P_3,P_4为测量的伪距;c为光速;$\mathrm{d}t_1$,$\mathrm{d}t_2$,$\mathrm{d}t_3$和$\mathrm{d}t_4$为GPS卫星与接收机时钟偏差项。

卫星时钟偏差项可从广播导航信息由接收机计算出。在式中,为简化起见忽略了某些误差项。例如,由于电离层延迟和对流层延迟造成的测距误差可用大气模型估算。然而,接收机噪声、多路径传播误差、卫星轨道误差及SA影响仍然存在。方根项表示接收机和卫星的几何测距,其他项是伪距的分量。

速度测量是基于多普勒频率位移原理。每个卫星频率的多普勒位移是接收机和卫星沿它们之间的直线的相对速度的直接度量,由于卫星轨道运动和接收机所处地球旋转运动,每个卫星相对于一个静止接收机具有非常高的速度。对式(5.4)的四维导航解(伪距方程)对时间求导可求出速度解。

如果在定位过程中,用户接收机处于静止状态,或者待定点在地球坐标系中的位置是固定不动的,那么确定这些待定点位置的定位过程被称为静态定位。由于地球本身在不停运动,所以严格地说,接收机所谓静止状态,指的是相对周围的固定点天线位置没有可察觉的变化,或者变化非常缓慢,以至于在观测期内察觉不出因而可以忽略。

在进行静态定位时,因为接收机位置固定不变,所以可以通过大量重复观测消除随机误差,提高观测精度。正是由于这一原因,静态定位在大地测量、工程测量、地球动力学研究和大面积地壳形变监测中,获得了广泛的应用。随着快速解算技术的发展,快速静态定位技术大幅度缩短了静态定位的时间,因而已在实际工程中广泛使用。

相反,如果在定位过程中,用户接收机处于运动状态,这时待定点位置将随时间变化。确定运动中的待定点的实时位置,称为动态定位。例如,为了确定车辆、轮船、飞机的实时位置,就可以在相关载体上安装卫星定位系统接收机,采用动态定位的方式获取准确的实时位置信息。

根据参考点的不同,卫星定位又可分为绝对定位和相对定位。

绝对定位是以地球质心为参考点,测定接收机在地球坐标系中的绝对位置。由于定位仅需要一台接收机，又被称为单点定位。单点定位系统搭建和数据处理都较为简单，但其定位精度受卫星星历误差和信号传播误差影响较大，定位精度较低。这种定位方式，适用于低精度测量领域，如船只、飞机的导航。

如果选择地面某个固定点为参考点，确定接收机相位中心相对于参考点的位置，则称为相对定位。由于相对定位至少使用两台以上的接收机，同步跟踪 4 颗以上的导航卫星，因此相对定位所获得的观测量具有相关性，并且观测量中所包含的误差也同样具有相关性。采用适当的数学模型，即可消除或削弱观测量所包含的误差，使定位精度达到相当高的水准。

在动态相对定位技术中，差分定位 DGPS 受到普遍重视。在进行 DGPS 时，一台接收机作为基站，被安置于某已知坐标的参考点上固定不动，其余接收机作为移动站安装于需要定位的移动载体上。固定接收机和流动接收机可以分别跟踪 4 颗以上卫星的信号，并以伪距作为观测量。根据参考点的已知坐标，可计算出定位结果的坐标改正数，并可通过数据传输电台发送给用户，以改进移动站定位精度。

以 DGPS 为基础发展起来的实时动态定位技术 RTK 采用载波相位观测量作为基本观测量，能达到厘米级的定位精度。在 RTK 测量模式下，位于参考站的接收机通过数据链将参考点的已知坐标和载波相位量一起传输给位于流动站的接收机，流动站的接收机根据参考站传递的定位信息和自己的测量结果，组成差分模型并进行基线向量的实时解算，可获得厘米级的定位精度。RTK 载波相位差分技术极大地提高了卫星导航系统的工作效率，特别适用于各类工程测量等应用，为卫星导航技术开拓了更广阔的应用前景。

5.2.4 GPS 误差分析

1. 误差概述

GNSS 系统在实际工作中，由于测距码产生过程的随机误差和信号传播误差，自相关函数实际不可能达到 1。但通过不断地调整 τ，使得 $R(t)$ 达到最大值 $R_{\max}$，因而有 $\tau \approx \Delta t$。

与其他测量手段相同，卫星定位同样不可避免地会受到测量误差的干扰。按误差性质分析，影响定位精度的主要是系统误差和偶然误差。其中，系统误差的影响又远大于偶然误差。从误差来源分析，卫星定位系统的测量误差大体可分为以下 3 类。

1）与卫星有关的误差

这类误差主要包括卫星星历误差和卫星钟误差，两者均为系统误差。在定位过程中，可以通过一定的方法消除或削弱其影响，也可以采用某种数学模型对其进行修正。

2）与信号传播有关的误差

卫星发射的信号，需要穿越地球上空的电离层和对流层才能到达地面。当信号通过电离层和对流层时，由于传播速度减慢而产生延迟，使测量结果产生系统误差，称为电离层折射误差和对流层折射误差。在定位过程中同样可以采用一定的方法消除或削弱其影响，也可以通过观测气象元素并采用一定的数学模型对其进行修正。

当卫星信号到达地面时，往往会在某些物体表面发生反射，使接收机收到卫星直接发来的信号的同时也接收到一部分反射信号，从而产生信号的多路径误差。多路径误差取决于接收机周围的环境，具有随机性质，是一种偶然误差。

3）与接收机有关的误差

这类误差主要包括接收机的分辨率误差、接收机的时钟误差以及接收机天线相位中心的位置偏差。

接收机的分辨率误差也称为观测误差，具有随机性质，是一种偶然误差，通过增加观测量可以明显减弱其影响。接收机时钟误差是指接收机内部安装的高精度石英钟的钟面时间相对标准时间的偏差。这项误差与卫星钟误差一样属于系统误差，并且一般比卫星钟误差大，同样可以通过一定的方法消除或减弱。在进行定位测量时，是以接收机天线的相位中心代表接收机位置的。理论上讲，天线相位中心与天线几何中心应当一致，但事实上天线相位中心随着信号强度和输入方向的不同而变化，使得天线相位中心偏离天线几何中心而产生系统误差。

除去以上3种主要的误差源，卫星定位还受到其他一些误差源的影响。其中最主要的是地球自转影响和相对论效应。

卫星在协议地球坐标系中的瞬时位置，是根据信号发射的瞬间进行计算的，当信号到达接收机时，由于地球自转的影响，实际位置与测量位置会偏差一段距离，应对此加以校正补偿。根据相对论原理，处在不同运动速度中的时钟振荡器会产生频率偏移，而引力位不同的时钟振荡器会产生引力频移现象。在进行定位测量时，由于卫星钟和接收机所处的状态不同，即它们的运动速度和引力位不同，卫星钟和接收机钟就会由于相对论原因产生相对钟差，称为相对论效应。

2. 星历误差

卫星星历误差是指卫星星历给出的卫星空间位置与卫星实际位置间的偏差，由于卫星空间位置是由地面监控系统根据卫星轨道测量信息计算求得的，所以又称卫星的轨道误差。

估计和处理卫星的轨道误差比较困难，原因是卫星在运行中要受到多种摄动力的复杂影响，而地面监控系统很难确切掌握这些作用力的变化规律。早期GPS广播星历精度为20～100m，随着摄动力模型和定轨技术的不断完善已可达到10m以内的精度。

在卫星定位测量中，卫星作为空间动态已知点，卫星星历作为已知起算数据，因此星历误差作为一种起算数据误差，它必将以某种方式传递给测站坐标，产生定位误差。在绝对定位方面，星历误差对测站坐标的影响，估计为几十米至100m。由于在某一时间段内，卫星的星历误差有很强的相关性，所以在实际测量过程中，可以利用两个相邻测站上星历误差的相关性，采用相位观测量求差的方法消除或削弱星历误差的影响。因此，卫星星历误差对相对定位的影响，远小于它对绝对定位的影响。

3. 时钟误差

由卫星定位系统测距原理可知，测量精度与时钟误差的大小密切相关。所谓时钟误差是指卫星钟误差以及接收机钟误差。

定位卫星均配备高精度原子钟（铷钟或铯钟），其日频率稳定度约为 10^{-13}，运行12h误差为±4.3ns，相对距离误差为±1.3m。原子钟由地面主控站控制和调整，并且太空中外部环境对原子钟的工作也十分有利。尽管如此，卫星钟面时与标准系统时的误差（卫星钟误差）仍在1ms之内，而1ms钟差足以引起数百千米的等效距离误差，显然远远无法满足定位要求。为了解决这个问题,可以通过卫星连续监测精确测定其状态参数,再由地面站将用于校正的改正数通过电台传送给用户。校正后的卫星钟误差可以达到约 20ns 的程度,等效距离误差约 6m,对于导航定位已经足够。

接收机一般设有高精度石英钟,其日频率稳定度约为 10^{-11}。消除或削弱接收机钟差的方法,通常是将接收机钟差改正数作为未知参数,在数据处理时与测站坐标一起解算。经过改正后的接收机钟与卫星钟的同步精度为 10～100ns,以满足定位要求。

4. 电离层传播误差

电离层(ionosphere)是地球大气受太阳高能辐射以及宇宙射线的激励而电离的大气高层。电离层位于距地球表面 60～1000km 的高层区域。由于阳光及宇宙射线的强烈辐射,气体分子被电离生成自由电子和正负离子,形成宏观上仍然呈中性的等离子体区域,称为电离层。当电磁波信号穿过电离层时,信号的路径会产生弯曲,信号传播速度会发生变化,略小于光速,从而导致电离层信号传播误差。电离层对定位精度的影响可达几十到百余米。

电离层中电子密度分布随高度、每日的时间及季节、测站的地理位置的不同而变化,由于受多种不规律因素影响故难以用数学模型精确描述,这为规避相关误差带来了困难。

为了改正电离层信号传播误差,可以采用 3 种方法。首先,可以在解算位置时采用近似的电离层改正模型,此模型由导航电文向用户接收机分发。其次,可以应用双频技术改正电离层传播误差。由于载波信号为一种单一频率的电磁波,其在电离层的折射率与其频率相关。如果同时采用两种频率的载波信号,接收机就可利用双频信号传播路径距离误差求出电离层改正数,纠正电离层延迟对测距的影响。最后,还可利用距离相近的已知位置基站,采用相位差分的方式削弱电离层信号传播误差的影响。

5. 对流层传播误差

从地面起到距地面 40km 高度的大气层称为对流层。电磁波在对流层中的传播速度与大气折射率和传播方向有关。对流层折射对观测值的影响可分为干分量与湿分量两部分。干分量主要与大气温度与压力相关,湿分量主要与大气湿度与高度相关。当卫星处于天顶方向时,对流层干分量对距离观测值的影响占据绝大多数的份额,且这种影响可以应用地面的大气资料计算。若地面平均大气压为 1013mbar,则在天顶方向干分量对测距的影响约为 2.3m,而当高度角为 10°时其影响约为 20m。湿分量的影响虽然在数值上不大,但由于难以观测信号传播路径上的大气物理参数,所以湿分量尚无法准确测定。当定位精度要求高时,其将成为主要误差来源。

消除对流层传播误差的方法除了应用对流层模型加以改正外,相位差分仍是最简单有效的方法。

6. 多路径效应误差

多路径效应,是指接收机在直接接收卫星的信号时同时接收到某些物体表面反射的信号,两种信号叠加将引起天线相位中心位置的变化。这种变化由接收机周围的环境决定,难以预测与控制。多路径效应具有周期性特征,其变化幅度可达数厘米。在同一地点,当所测卫星的分布相似时,多路径效应将会重复出现。

针对多路径效应的解决方法有：
(1) 注意选择接收机天线的安放位置，避开高楼、山脉等明显的反射面。
(2) 选择抑制多路径效应性能良好的天线。
(3) 针对多路径误差的周期特性，采用较长的观测定位时间，用对数据取平均值的方法尽可能消除误差。

7. 天线相位中心偏移误差

卫星定位是以接收机天线相位中心为准，而天线对中则是以天线的几何中心为准。从理论上讲，接收机天线相位中心与天线几何中心应保持完全一致，但实际上接收机天线相位中心随着信号输入的强度与方位不同而有所变化，往往无法与天线的几何中心重合，因此产生的误差称为天线的相位中心偏移误差。天线相位中心偏移误差数值上有几毫米至几厘米。实际测量过程中，如果使用同一类型的天线，在相距不远的两个或多个观测站上同步观测同一组卫星，那么就可以通过观测值求差的方式削弱天线相位中心偏移误差。在高精度定位测量中，常用一种带有螺旋结构的天线，称扼流圈天线，它可以有效消除天线相位中心偏移误差。

5.3 RTK 的原理及应用

差分 GNSS 可有效地利用已知位置的基准站或参考站将公共误差估算出来，通过相关的补偿算法完成精确定位，消除公共参数，从而提高定位精度，是减少甚至消除 5.2.4 节所提到的误差是提高定位精度的措施之一。

差分 GNSS 的基本原理主要是在一定地域范围内设置一台或多台接收机，将一台已知精密坐标的接收机作为差分基准站，基准站连续接收 GNSS 信号，与基准站已知的位置、距离数据进行比较，从而计算出差分校正量，基准站就会将此差分校正量发送至范围内的流动站，从而减少甚至消除 GNSS 中用户站由卫星时钟、卫星星历、电离层延时与对流层延时所引起的误差，提高定位精度。

流动站与差分基准站的距离可以直接影响差分 GNSS 系统的效果，当流动站与差分基准站距离越近，同一卫星信号到这两个站点的传播途径就越短，两站点之间测量误差的相关性就越强，从而差分 GNSS 系统性能会相对较好。

根据差分校正的目标参量的不同，差分 GNSS 主要分为位置差分、伪距差分和载波相位差分。

5.3.1 位置差分

位置差分系统如图 5.6 所示，由在已知坐标点的基准站上安装 GNSS 接收机实时观测 4 颗或 4 颗以上的卫星后进行三维定位，得出当前基准站的坐标测量值。实际上 GNSS 接收机接收的消息解算出来的坐标，由于存在着轨道误差、时钟误差等影响，与基准站的已知

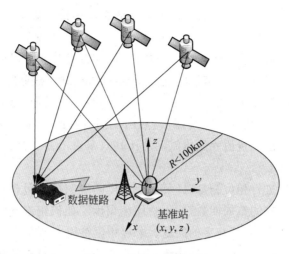

图 5.6 位置差分原理图

坐标是不相同的。然后将坐标测量值与基准站实际坐标值的差值作为差分校正量,基准站利用数据链将所得的差分校正量发送给流动站,流动站用接收到的差分校正量在与自身 GNSS 接收机接收到的测量值的基础上进行坐标修改。位置差分是一种最简单的差分方法,其传输的差分改正数少,计算简单,并且任何一种 GNSS 接收机均可改装和组成这种差分系统。基准站与流动站必须观测同一组卫星,因此位置差分法的应用范围受到距离上的限制,仅适用于流动站与基准站间距离不超过 100km 的短距离范围内。

5.3.2 伪距差分

伪距差分技术是在一定范围的定位区域内,设置一个或多个安装 GNSS 接收机的已知点作为基准站,连续跟踪观测所有在信号接收范围内的 GNSS 卫星伪距,通过在基准站上利用已知坐标求出测站至卫星的几何距离,并将其与观测所得的伪距比较,然后利用一个 α-β 滤波器将此差值滤波并求出其伪距修正值,并将所有卫星的伪距修正值传输给流动站,流动站利用此误差来改正 GNSS 卫星传输来的测量伪距。最后,用户利用修正后的伪距进行定位。伪距差分的基准站与流动站的测量误差与距离存在很强的相关性,故在一定区域范围内,流动站与基准站的距离越小,其使用 GNSS 差分得到的定位精度就会越高。

5.3.3 载波相位差分

GNSS 位置差分技术与伪距差分技术都基本满足定位导航等的定位精度需求。但是应用在智能车辆上还远远不能满足需求,从而需要更加精准的 GNSS 差分技术,即载波相位差分技术,也称为实时动态差分技术(RTK)。RTK 是一种利用接收机实时观测卫星信号载波相位的技术,将数据通信技术与卫星定位技术相结合,采用实时解算和数据处理的方式,能够实现实时为流动站提供在指定坐标系中的三维坐标点,在极短的时间内实现厘米级高精度的位置定位。

载波相位差分技术建立在实时处理两个测站的载波相位基础上，与其他差分技术不同的是，载波相位差分技术中基准站不直接传输关于 GNSS 测量的差分校正量，而是发送 GNSS 的测量原始值。流动站收到基准站的数据后，与自身观测卫星的数据组成相位差分观测值，利用组合后的测量值求出基线向量完成相对定位，进而推算出测量点的坐标。实现载波相位差分的方法包括修正法和差分法。前者与伪距差分类似，基准站将载波相位修正量发送给流动站，以改正其载波相位观测值，然后得到自身的坐标，是准 RTK 技术。后者将基准站观测的载波相位测量值发送给流动站让其自身求出差分修正量，从而实现三维定位，是真正的 RTK 技术。

在使用载波差分法进行相位测量时，每一个相位的观测值都包含有一个相同且无法直接观测载波在空间中传输的整周期数，称为整周模糊度。如何正确确定相位整周模糊度是载波相位测量求解中最重要、最棘手的问题。求解相位整周模糊度的方法常用的有三差法、模糊度函数法、频率综合法和快速逼近法等。这些方法可分为有初始化方法和无初始化方法。前者要求移动台固定观测一定时间，例如 15min，利用静态相对测量软件进行求解，得到每颗卫星的相位整周模糊度，这一过程称为初始化过程。然后将此相位整周模糊度加以固定，在以后的动态测量中作为已知值进行求解。后者名义上称无初始化，实际上仍要初始化，不过初始化的时间比较短，例如只需 3～5min，然后利用 OTF(resolution on the fly)算法或其他方法快速求解相位整周模糊度。要做到这一点，需要采用双频接收机获得更多的信息。不管何种方法，都要求初始化后，保持卫星信号不失锁，一旦信号失锁需返回起算点重新捕获和锁定。这是应用 RTK 技术时最致命的弱点。

上述 RTK 定位技术是一种基于 GNSS 高精度载波相位观测值的实时动态差分定位技术，也可用于快速静态定位。采用 RTK 进行定位工作时，除需配备基准站接收机和移动站接收机外，还需要数据通信设备，基准站需将自己所获得的载波相位观测值及站坐标，通过数据通信链实时播发给在其周围工作的动态用户。流动站数据处理模块使用动态差分定位的方式确定出移动站相对应基准站的位置，然后根据基准站的坐标求得自己的瞬时绝对位置。常规 RTK 野外作业示意图如图 5.7 所示。

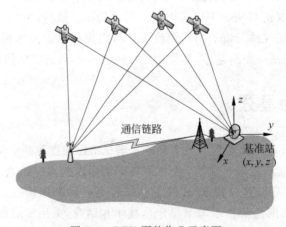

图 5.7　RTK 野外作业示意图

5.3.4 网络 RTK 定位技术

显然,传统的 RTK 定位技术虽然可以满足很多应用的要求,但流动站与基准站的距离不能太长,当距离大于 50km 时,现有 RTK 单历元解一般只能达到分米级的定位精度。因此,传统 RTK 并不能满足智能车辆系统对车辆、车道及障碍物的厘米级定位需求。这使得网络 RTK 技术得到快速发展。

网络 RTK 是指在某一区域内由若干个固定的连续运行的 GNSS 基准站形成一个基准站网络,对区域内全方位覆盖,并以这些基准站中的一个或多个为基准,为该地区内的 GNSS 用户实时高精度定位提供 GNSS 误差改正信息。网络 RTK 也称多基准站 RTK,是近年来一种基于常规 RTK 和差分 GNSS 技术等基础上发展起来的一种实时动态定位新技术。网络 RTK 技术与传统 RTK 技术相比,扩大了覆盖范围,降低了作业成本,提高了定位精度,减少了用户定位的初始化时间。

1. 网络 RTK 的基本思想

网络 RTK 属于一种实时载波相位双差定位。双差载波相位观测方程为

$$\Delta\nabla\phi \cdot \lambda = \Delta\nabla\rho - \Delta\nabla N \cdot \lambda + \Delta\nabla d_{orb} + \Delta\nabla d_{ion} + \Delta\nabla d_{trob} + \Delta\nabla d_{multi} + \Delta\nabla\delta_{\phi} \quad (5.5)$$

式中:$\Delta\nabla$ 为双差算子;$\Delta\nabla\phi$ 为双差载波相位观测值;$\Delta\nabla\rho$ 为卫星至接收机间的伪距;λ 为波长;$\Delta\nabla N$ 为整周模糊度;$\Delta\nabla d_{orb}$、$\Delta\nabla d_{ion}$、$\Delta\nabla d_{trob}$ 分别为双差后残余轨道误差、电离层误差和对流层误差;$\Delta\nabla d_{multi}$ 为双差多路径误差;$\Delta\nabla\delta_{\phi}$ 为双差载波相位观测值的噪声影响。电离层误差和对流层误差的大小和性质是由卫星信号传播路径的电离层和对流层决定的。电离层和对流层具有空间相关性,即在小范围内电离层和对流层的性质基本一致,在差分定位中流动站与基准站之间的距离越短,基准站和流动站接收到的卫星信号传播路径上的电离层和对流层的空间相关性越强。因此在上式中,$\Delta\nabla d_{ion}$、$\Delta\nabla d_{trob}$ 的大小与基线长度相关。$\Delta\nabla d_{orb}$ 也与卫星轨道误差的影响与基线长度相关。通常选用较好的观测环境来减弱多路径误差 $\Delta\nabla d_{multi}$ 的影响。$\Delta\nabla\delta_{\phi}$ 与载波相位的观测值质量相关。

常规 RTK 是建立在流动站与基准站误差强相关的基础上,因此作业距离很大程度上限制了常规 RTK 的应用,在基准站和流动站近距离(一般 15km 以内),并且信号传播路径上的电离层和对流层一致或相似的前提下,可以获得高精度定位效果,因为此时式中的 $\Delta\nabla d_{ion}$、$\Delta\nabla d_{trob}$、$\Delta\nabla d_{orb}$ 都很小,在定位中可以忽略。作业距离限制了常规 RTK 的应用范围。为了克服常规 RTK 的这一缺点,实现大范围的实时高精度定位,网络 RTK 技术应运而生。网络 RTK 定位中多个基准站分布在固定的位置,流动站在其覆盖区域内进行作业的时候,可能离其中的任何一个基准站的距离都比较远(大于 15km),则任何一个单独基准站与进行载波相位动态差分后的观测值都存在较大的残差,如果不进行改正,难以得到高精度定位结果。因此,网络 RTK 技术的基本思想是利用流动站周围的多个基准站的已知坐标和观测数据,为流动站提供高精度的电离层、对流层和轨道等与基线距离相关的误差改正数。

2. 网络 RTK 系统

网络 RTK 系统是网络 RTK 技术的应用实例，它主要由固定的基准站网、负责数据处理的控制中心部分、数据播发中心、数据通信链路和用户五大部分组成。其中一个基准站网可以包括若干个基准站，每个基准站上配备有双频全波长 GNSS 接收机、数据通信设备和气象仪器等。基准站的精确坐标一般可采用长时间 GNSS 静态相对定位等方法确定。基准站 GNSS 接收机按一定采样率进行连续观测，通过数据通信链实时将观测数据传送给数据处理中心，数据处理中心首先对各个站的数据进行预处理和质量分析，然后对整个基准站网数据进行统一解算，实时估计出网内的各种系统误差的改正项（电离层、对流层和轨道误差），建立误差模型。网络 RTK 系统根据通信方式不同，分为单向数据通信和双向数据通信。在单向数据通信中，数据处理中心直接通过数据发播设备把误差参数广播出去，用户收到这些误差改正参数后，根据自己的位置和相应的误差改正模型计算出误差改正数，然后进行高精度定位。在双向数据通信中，数据处理中心实时侦听流动站的服务请求和接收移动站发送过来的近似坐标，根据移动站的近似坐标和误差模型，求出移动站处的误差后，直接播发改正数或者虚拟观测值给用户。基准站与数据处理中心间的数据通信可采用数字数据 DDN 或无线通信等方法进行。移动站和数据处理中心间的双向数据通信则可通过 V2X 等车联网通信技术进行。网络 RTK 系统如图 5.8 所示。

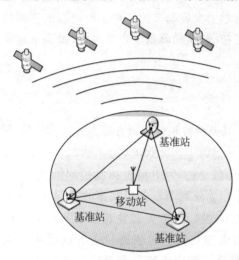

图 5.8 网络 RTK 系统

5.4 UWB 定位技术

随着通信技术的发展，无线定位技术越来越受到人们的青睐，在军事和民用领域得到了广泛的应用。超宽带（UWB）技术凭借着众多的优势在无线定位领域展现出了巨大的潜力。

UWB 技术是一种使用 1GHz 以上带宽且无需载波的先进无线通信技术。虽然是无线通信技术，但其通信速度可以达到 100Mbps 以上。由于不需要价格昂贵、体积庞大的中频设备，UWB 无线通信系统体积小且成本低。UWB 系统发射的功率谱密度可以非常低，甚至低于美国联邦通信委员会（FCC）规定的电磁兼容背景噪声电平，因此短距离 UWB 无线电通信系统可以与其他窄带无线电通信系统共存。

近年来，UWB 通信技术受到越来越多的关注，并成为通信技术的一个热点。作为室内通信用途，FCC 已经将 3.1～10.6GHz 频带向 UWB 通信开放。IEEE 802 委员会也已将 UWB 作为个人局域网（personal area network，PAN）的基础技术候选对象来探讨。UWB 技术被认为是无线电技术的革命性进展，巨大的潜力使得其在无线通信、雷达跟踪以及精确定位方面具有广阔的应用前景。

与其他传统的无线通信技术相比较(表5.1),UWB的技术特点主要有以下几点:

表5.1 几种近距离无线通信技术的比较

	UWB	IEEE 802.11a	HomeRF	蓝牙	ZigBee
频率范围/GHz	3.1~10.6	5	2.4	2.4~2.4835	0.868、0.915、2.4
传输速率/bps	1G	54M	1~2M	1M	20、40、250
通信距离/m	<10	10~100	50	0.1~10	30~70
发射功率/mW	<1	>1000	>1000	1~100	1
应用范围	近距离多媒体	无线局域网	家庭语音和数据流	家庭和办公室互联	数据量较小的工业控制

(1) 传输速率高。UWB 系统使用上千兆赫兹的超宽频带,所以即使把发送信号功率谱密度控制得很低,也可以实现高达 100~500Mbps 的信息速率。根据香农信道容量公式,如使用 7GHz 带宽,那么即使信噪比低至 -10dB,理论信道容量也能达到 1Gbps,因此实际中实现 100Mbps 以上的速率是完全可能的。

(2) 通信距离短。随着传播距离的增加,高频信号强度快速衰减,因此使用超宽频带的系统更适合于进行短距离通信。理论分析证明,当收发信机之间的距离大于 12m 时,UWB 的信道容量低于传统的窄带系统。

(3) 平均发射功率低。在短距离应用中,UWB 发射机的发射功率通常可低于 1mW,这是通过牺牲带宽来换取的。FCC 规定 UWB 的发送信号功率谱密度必须低于美国放射噪声规定值 -41.3dBm/MHz,因此,从理论上来说相对于其他通信系统 UWB 信号所产生的干扰仅相当于一个宽带白噪声。低功率密度带来的好处体现在两方面:一是可使 UWB 系统与同频段的现有窄带通信系统保持良好的共存性,从而提高无线频谱资源的利用率,缓解对日益紧张的无线频谱资源的需求;二是使得 UWB 信号隐蔽性好,不易被截获,保密性高。

(4) 多径分辨率极高。由于 UWB 采用持续时间极短的窄脉冲,其时间、空间分辨率都很强,因此系统的多径分辨率极高(1ns 脉冲的多径分辨率为 30cm),接收机通过分集可以获得很强的抗衰落性能,同时在进行测距、定位、跟踪时也能达到更高的精度。因此 UWB 具有比红外通信更为广泛的应用。

(5) 适合于移动型应用。

传统的 UWB 技术使用系带传输,无需进行射频调制和解调,使得 UWB 设备功耗小、成本低、灵活性高,适合于便携移动型无线应用。

凭借着短距离传输范围内的高传输速率这一巨大优势,UWB 进军民用市场之初就将其应用定位在无线局域网(wireless local area network,WLAN)和无线个人局域网(wireless personal area network,WPAN)。现有的很多无线解决方案(例如 3G、802.11、蓝牙等)的速率均低于 100Mbps,UWB 则在 10m 范围之内能达到 1Gbps,这样一种近距离的高速率通信通常是用有线连接来完成的,而 UWB 可以摆脱线缆的牵绊,通信变得更为方便。其应用主要集中在以下几个方面。

（1）各种移动设备之间的高速率信息传输，例如 PDA、MP3、可视电话、智能手机等设备之间的近距离点对点通信，包括多媒体文件传输、游戏互动等。

（2）桌面 PC、笔记本电脑、移动设备与各种外设之间的无线连接，如与打印机、扫描仪、存储设备等的无线连接。

（3）数字电视、家庭影院、DVD、投影仪、数码相机、机顶盒等家用电子设备之间的可视文件和数据流的传输。

UWB 是一种无线电通信手段，因此天线系统是 UWB 系统重要的组成部分。

无线电发射机输出的射频信号功率，通过馈线（电缆）输送到天线，由天线以电磁波形式辐射出去。电磁波到达接收地点时，由天线接收下来（接收到的仅仅是很小的一部分功率），并通过馈线送到无线电接收机。可见，天线是发射和接收电磁波的一个重要的无线电设备，没有天线就没有无线电通信。

天线可以从不同的角度出发来进行分类：以用途来分，如广播天线、雷达天线、通信天线、接收天线、发射天线等；以使用波长或频段来分，如短波天线、微波天线、高频天线、低频天线等；以形状来分，如"T"形天线、"王"形天线、螺旋天线、抛物面天线、鼓形天线等；以所使用的特殊材料来分，如介质天线、铁氧体天线、超导天线等；以电性能来分，如宽频带天线、多频段天线、低旁瓣天线、低增益天线等；以工作原理来分，如反射面天线、对数周期天线、表面波天线等；以发明人来命名，如卡塞格伦天线、格里高利天线等。大致来说，微波频段使用的天线多是面型天线，而低频天线则多是线型天线。这里所谓的线，包括直线和圆环线；这里所谓的低频是指频率低于微波频率。

在 UWB 系统中，天线是一种脉冲成形滤波器，一定形状的短脉冲从信号源产生并馈入天线后，要求天线能无失真地将脉冲波形辐射出去，UWB 信号频带内任何一个频率的失真都将导致发射脉冲的形状失真。因此，超宽带天线应具备的特征如下。

（1）天线的输入阻抗具有超宽带特性，即要求天线的输入阻抗在脉冲能量分布的整个频带上保持一致，以保证信号能量能够有效地辐射出去，从而不引起脉冲特性的改变或下降。

（2）天线的相位中心具有超宽频带不变特性，即要求天线的相位中心在脉冲能量分布的整个频带上保持一致。

（3）要求天线可以同时接收或辐射整个频带上所有频率的信号，并且天线的方向图要在整个频带上保持较好的一致性。

从信号辐射的角度来讲，要求辐射脉冲保持激励信号形状，使脉冲失真小；天线输入端反射信号要小；在一定方向上辐射信号的幅度应尽可能大。

UWB 天线是 UWB 通信系统中的关键部件，其设计主要取决于其工作频段、带宽、尺寸、方向性等。可以采用单元天线或阵列天线，其中阵列天线增益较高，但是辐射波形与辐射角度和采用的激励波形密切相关，而且用于超宽带电磁波辐射时，馈电网络比较复杂，且很难做到超宽带匹配。单元天线中的反射面天线虽然增益也很高，但是除要求馈源天线具有超宽带特性外，整个天线的辐射波形存在着与阵列天线一样的问题。

无线定位系统实现定位，要先获得和位置相关的变量，建立定位的数学模型，然后利用这些参数和相关的数学模型来计算目标的位置坐标。因此，按测量参数的不同，可将 UWB 的定位方法分为基于接收信号强度（received signal strength，RSS）方法、基于到达角度

(angle of arrival,AOA)方法和基于接收信号时间(time/time difference of arrival,TOA/TDOA)方法。

AOA定位是通过基站天线或天线阵列测出终端发射电波的入射角(入射角是光源与法线的夹角),从而构成一根从接收机到终端的径向连线,即方位线。利用两个或两个以上AP接入点提供的AOA测量值,按AOA定位算法确定多条方位线的交点,即为待定终端的估计位置,如图5.9所示。

TOA技术是指由基站向移动站发出特定的测距命令或指令信号,并要求终端对该指令进行响应。基站会记录下由发出测距指令到收到终端确认信号所花费的时间,该时间主要由射频信号在环路上的传播时延、终端的响应时延和处理时延、基站的处理时延组成。如果能够准确地得到终端和基站的响应和处理时延,就可以算出射频信号的环路传播时延。因为无线电波在空气中以光速传播,所以基站与终端之间的距离可以估算出来。当最少有3个基站参与测量时,就可以根据三角定位法来确定终端所在的区域,如图5.10所示。

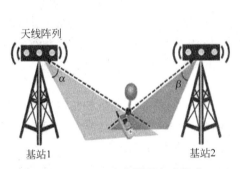

图5.9 AOA定位测量方法示意

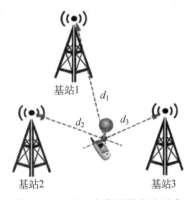

图5.10 TOA定位测量方法示意

TDOA定位算法是一种利用时间差进行定位的方法,通过测量信号达到基站的时间,可以确定信号源的距离,利用信号源到多个无线电监测站的距离(以无线电基站为中心,距离为半径作圆),就能确定信号的位置。通过比较信号到达多个基站的时间差,就能作出以检测站为焦点、距离差为长轴的双曲线的交点,该交点即为信号的位置,如图5.11所示。

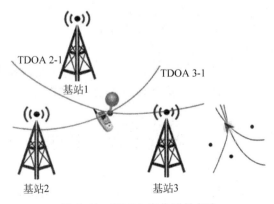

图5.11 TDOA定位测量方法

TDOA 是基于多站点的定位算法,因此要对信号进行定位必须有至少 3 个以上的监测站进行同时测量。而每个监测站的组成则相对比较简单,主要包括接收机、天线和时间同步模块。理论上现有的监测站只要具有时间同步模块就能升级为 TDOA 监测站,而不需要复杂的技术改造。

在基于 RSS 的算法中,被跟踪目标测量来自多个发射器接收的信号强度,以便使用信号强度作为发射器和接收器之间距离的估算参数。这样,接收器将能够估算其相对于发射器节点的位置。在基于 RSS 的算法中,无线信号传输过程中的多径效应和通过障碍时产生的阴影效应是产生定位误差的主要原因。在开放空间里,若无障碍物的阻隔,可以得到较为精确的定位,而在很多环境下存在各种各样的障碍物导致的多径效应、衰减、散射等不确定因素,将大大影响其定位精度。基于 RSS 的算法与其他算法相比具有一定优势,在基于 RSS 的算法中移动标签仅用作接收器,依赖于来自多个发射器的接收信号的强度来找到它们的位置。以这种方式,基于 RSS 的算法倾向于具有较少的通信流量,这有助于改善信道访问控制和定位准确性,较少的通信流量也有助于克服对使用中的标签数量的限制。移动标签只是接收器,数量没有限制。

基于 RSS 的算法可以分为两种主要类型:三边测量和指纹识别。三边测量算法使用 RSS 测量来估计到 3 个不同参考节点的距离,从而估计当前位置。另一方面,指纹识别需要收集场景 RSS 指纹的数据集,该数据集则用于将在线测量与数据集中最接近的指纹匹配用以估计位置。

目前,混合定位已成为新的无线定位主流。混合定位的核心思想依赖于可靠的短程测量的使用,以提高无线系统的位置估计的准确性,用已经实现了基本独立的无线定位测量方法(RSS、TOA、TDOA、AOA 等)的不同组合来增强位置估算的准确性。

对于 UWB 定位而言,AOA 不如其他算法实用。此外,AOA 需要传感器之间的大量合作,并且会受到误差累积的影响。虽然 AOA 具有可接受的准确度,但对于具有强散射的 UWB 信号而言其功能较弱。

RSS 算法相对于其他算法没有有效地利用 UWB 的高带宽,RSS 更适合使用窄带信号的系统。TOA 算法在基于 UWB 的系统等宽带系统中表现更好。

关于在二维空间中的定位,TDOA 算法需要至少 3 个适当定位的基站,而 AOA 算法仅需要两个基站用于位置估计。就准确性而言,当目标物体远离基站时,角度测量中的微小误差将对准确性产生负面影响。TDOA 和 AOA 定位算法可以组合在一个算法中,它们可相互补充,这种算法具有实现高定位精度的优点。

由于 UWB 信号的高时间分辨率,TOA 和 TDOA 相对于其他算法具有更高的准确度。对目前 UWB 定位来说最有效的解决方案是采用 TOA 与 TDOA 的混合定位算法。

5.5　视觉里程计技术

在智能车辆系统中,对车辆自身位置和姿态进行监测,称为位姿估计。传统的位姿估计方法有 GNSS、IMU、轮速传感器和声呐等。近年来,相机系统变得更加便宜,分辨率和帧率不断提高,计算机的处理能力和速度也有了显著提高,这些使得实时的图像处理成为可能。

一种新的车辆位姿估计方法因此而产生,即视觉里程计(vision odometry,VO)。VO 仅利用单个或多个相机所获取的图像流估计智能体位姿。它的成本低,能够在水下或空中等 GNSS 系统失效的环境中工作,其局部飘移率小于轮速传感器和低精度 IMU,它所获得的数据能够很方便地和其他基于视觉的算法融合,省去了传感器之间的标定。

在里程计问题中,我们希望测量一个运动物体的轨迹,这可以通过许多不同的手段来实现。例如,我们在汽车轮胎上安装计数码盘,就可以得到轮胎转动的距离,从而得到汽车行驶距离的估计;或者测量汽车的速度、加速度,通过时间积分来计算它的位移。完成这种运动估计的装置(包括硬件和算法)叫做里程计(odometry)。以往在自主导航车辆系统的设计中,通常使用传统的车辆里程计来完成里程测量任务。传统里程计是基于对车轮旋转次数或角速度信息来估计车辆运行距离,主要分磁感应式和电子式两种。

里程计一个很重要的特性,是它只关心局部时间上的运动,多数时候是指两个时刻间的运动。当我们以某种间隔对时间进行采样时,就可估计运动物体在各时间间隔之内的运动。由于这个估计受噪声影响,先前时刻的估计误差,会累加到后面时间的运动之上,这种现象称为漂移(drift),如图 5.12 所示。通过实验与实际情形的分析,我们可以看出,传统里程计在自主导航中存在很大缺陷。由于一些特殊环境(如松软地面、湿滑地面、颠簸),传统里程计数据会出现很大的漂移,并且会随着时间的推移而不断增大。这是因为根据传统里程计的原理,车轮轮速与车辆在车轮处相对地面的速度需要保持一致,而这往往不容易做到。

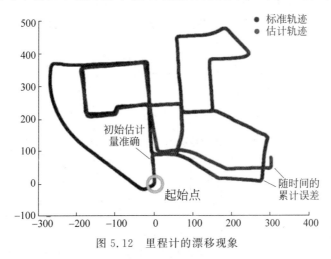

图 5.12　里程计的漂移现象

漂移是我们不希望看到的,它们扰乱全局轨迹的估计。但是,如果没有其他校正机制,而只有局部运动的情况下,这也是传统里程计不可避免的现象之一。目前很多里程计的改进都是在提高传统里程计的精度方面,主要通过在传统里程计的设计上引入一些误差修正的方法,或者定期纠正偏差来避免漂移带来的不良影响。也有些设计采用多传感器融合的方法,多是将传统里程计、IMU 和激光雷达等加以融合,很大程度上增强了里程计的应用价值,适用性大大提高,但其设计复杂,成本高,而且鲁棒性不强,因此也未能得到大规模推广普及。

如果一个里程计主要依靠视觉传感器,我们就称其为视觉里程计,如图 5.13 所示。和传统里程计一样,视觉里程计最主要的问题是如何从几个相邻的图像帧中,估计固定在被测

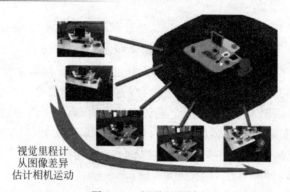

视觉里程计
从图像差异
估计相机运动

图 5.13　视觉里程计

物体上相机的运动。视觉里程计的功能实现依托于视觉导航所采集的图像数据,通过数据分析得到里程信息从而实现里程计的功能,从根本上克服了传统里程计的缺点。它获取的信息量大,设备成本低,安装实现简便,鲁棒性强,有着很好的开发和应用前景。

相机能将三维的环境信息变成二维的图像,这是视觉里程计的根本原理。在这里相机可以看成一个数学模型,我们称为相机模型。相机模型中,针孔相机模型是最常用也是最简单的相机模型。

考虑一个空间中的点 $X=(x,y,z)$,它投影在感光元件所在平面,并影响其中的一个像素 p,p 位于感光元件(成像平面)的 (u,v) 位置。不妨设相机光圈中心对准 z 轴,感光元件位于 $z=1$ 的平面处,根据图 5.14 描述的关系,投影方程可以表示为

$$\frac{x}{u}=\frac{y}{v}=\frac{z}{1} \tag{5.6}$$

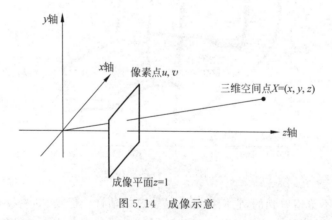

图 5.14　成像示意

写成矩阵形式,则有

$$z\begin{pmatrix}u\\v\\1\end{pmatrix}=\begin{pmatrix}x\\y\\z\end{pmatrix}=zp=X \tag{5.7}$$

将 z 写在左边,写成 zp 的形式,表示 z 为 p 的深度值。可以看出,理想化的针孔相机投影公式相当简单。实际上,工程中使用的相机,其焦距、光圈、光圈中心都有所不同,这些差异称为相机的内参,一般用 C 表示。于是投影方程变为

$$zp=CX \tag{5.8}$$

相机本身相对地面存在着运动。这个运动包含了三维空间里的旋转和位移,由一个旋转矩阵 R 和平移向量 T 来表示,最终的投影公式为

$$zp = C(RX + T) \tag{5.9}$$

这个方程描述了相机内参、位姿和像素之间的关系。其中内参可以通过标定相机求得,p 可以在图像中观测,z、X、R、T 是待测变量。

视觉里程计技术发展至今,具体的测量方法主要分特征匹配法与直接法两种。

在机器视觉中,采集的图像的信息量一般都比较大,要在整个图像上进行一些相关数据的处理是比较费时间的,特别是对于目前一些高清图像试验中,处理一幅图像要花费大量的时间和空间用于基本运算和存储,这在实际工程应用中是一种资源的浪费。在许多情况下,我们只需对图像的一个关键部分或是图像的一些主要特征进行处理,就可以得到我们所需要的信息,这也就是进行图像特征提取的原因。特征匹配方法认为,对于两幅图像,应该首先选取一些具有代表性的点,称为特征点。之后,我们仅需针对这些特征点估计相机的运动,同时估计特征点的空间位置。图像里其余非特征点信息,则被丢弃了。

特征点方法把一个对图像的运动估计问题转化为对两组特征点直接的运动估计问题。于是,它的主要问题为以下两方面:

(1) 如何获取并匹配特征点?
(2) 如何根据已经获取的特征点,计算相机的相对运动?

提取特征点的方法多种多样,提取的对象包括图像中的角点、色块等。近年来留下的特征点计算则更为复杂,主要的目的是,在图像发生一定的改变之后,特征点提取算法仍能提取出相同的点,并能判别它们之间的相关性。常用的特征点提取算法有 Harris 角点提取算法、SUSAN 角点提取算法、SIFT 具有尺度不变性的特征点提取算法。

在试验和工业检测中,Harris 角点检测是最为常见的一种特征点提取方法。如图 5.15 所示,这种方法提取出的角点在图像变化差异不大的前提下,具有一定程度的旋转、尺度、光照变化和图像噪声的不变性,也就是说对于两幅相似度较高的图像可以比较稳定的提取出图像的特征点位置,两幅图像公共部分特征点的数目和位置有较高的相似性。

图 5.15 Harris 法提取角点示意

SUSAN(small univalue segment assimilating nucleus)角点提取算法是继 Harris 角点提取算法后的又一杰出算法。SUSAN 算法在意义的理解方面更为直观简单,使用的场景比较宽松,同时它又是一种可以自动检测边缘和角点的算法,有着比较大的应用价值。SUSAN 通常可以译为最小核值相似区算法,是在 1997 年由 Smith 和 Brady 提出的。它是一种低层次的图像处理方法,直接对图像的灰度值进行操作,无需梯度运算,对多个区域的节点也能精确检测,对局部噪声不敏感,其基本原理如图 5.16 所示。

用圆形模板遍历图像,若模板内其他任意像素的灰度值与模板中心像素(核)的灰度值的差小于设定阈值,就认为该点与核具有相同的灰度值,满足这样条件的像素组成的区域称为核值相似区(univalue segment assimilating nucleus,USAN)。USAN 区域包含了图像局部许多重要的结构信息,它反映了图像局部特征的强度,当模板完全处于背景或目标中时,USAN 区域最大(如图 5.16 中的 a、c 区域)。当模板移向目标边缘时,USAN 区域逐渐减小(如图中的 d、e 区域)。当模板中心位于角点位置时,USAN 区域很小(如图中的 b 区域)。据此利用进一步的数据处理可以判断出角点的位置。

David Lowe 在现有特征检测方法的基础上,结合当前比较流行的具有不变性特征提取的思想,提出了一种尺度不变的特征点提取方法,即 SIFT(scale invariant feature transform)方法。SIFT 具有图像尺度、旋转不变的特性,而且在畸变、观测点变换、附加噪声和光强变换等情况下都具有鲁棒的检测结果,是目前图像特征提取方面研究的热点。

SIFT 在尺度空间进行特征检测,并使用关键点邻域梯度主方向作为该点的特征方向,主要有 4 个步骤:尺度空间极值检测、特征点定位、特征点方向标记、特征点描述符。前两个步骤属于点的提取过程,后两个步骤属于点的描述过程,如此就形成了一个完备的特征点提取算法。这些过程将图像数据变换到一个尺度不变的特征点上,可以从不同尺度和位置来稠密地对图像进行覆盖,能在多种场景中提取并匹配特征点。如图 5.17 所示为一幅图像中的 SIFT 特征点。

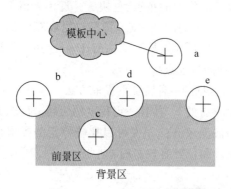

图 5.16 SUSAN 基本原理

图 5.17 一幅图像中的 SIFT 特征点

识别特征点仅仅是第一步。对于每一个特征点,为了说明它与其他点的区别,人们还使用"描述子"(descriptor)对它们加以描述。描述子通常是一个向量,含有特征点和周围区域的信息。如图 5.18 所示,如果两个特征点的描述子相似,我们就可以认为它们是同一个点。根据特征点和描述子的信息,我们可以计算出两幅图像中的匹配点。

图 5.18 相对应匹配点示意

在匹配好特征点后,我们可以得到两个一一对应的像素点集。接下来要做的,就是根据两组匹配好的点集,计算相机的运动了。在普通的单目成像中,我们只知道这两组点的像素坐标,而在双目和 RGBD 配置中,我们还知道该特征点离相机的距离。因此出现了多种计算相机的运动的形式:

(1) 2D-2D 形式:通过两个图像的像素位置估计相机的运动。

(2) 3D-2D 形式:假设已知其中一组点的 3D 坐标,以及另一组点的 2D 坐标,求相机的运动。

(3) 3D-3D 形式:两组点的 3D 坐标均已知,求相机的运动。

3 种方法既可以使用不同的计算方法,也可以将其统一到一个大框架中完成。统一框架是指把所有未知变量作为优化变量,而几何关系则是优化变量之间的约束。单独使用算法时,2D-2D 可以使用对极几何的方法,3D-2D 可以使用 PnP(pespective-n-point)求解算法,3D-3D 可以使用 ICP(iterative closest point)方法。使用统一框架时,由于噪声的存在,几何约束通常无法满足,因此通常将与约束不一致的量写入误差函数,通过最小化误差函数,可以求得各个变量的估计值。这种方法称为 Bundle Adjustment 方法,简称 BA 法。

代数方法简洁优美,但是它们对于噪声的容忍性较差。存在误匹配,或者像素坐标存在较大误差时,它给出的解会不可靠。而在优化方法中,我们先猜测一个初始值,然后根据梯度方向进行迭代,使误差下降。BA 法非常通用,适用于任意可以建模的模型。由于优化问题本身非凸、非线性,使得迭代方法往往只能求出局部最优解,而无法获得全局最优解。也就是说,只有在初始值足够好的情况下,我们才能希望得到一个满意的解。因此在实际工程中,一般会结合两种方法的优点。先使用代数方法获得一个粗略的运动,然后再用 BA 法进行优化,可以得到较为理想的结果。

特征匹配方法之外,直接法为我们提供了另一种思路。直接法认为,可以在图像提取特征点的过程中,丢弃图像里大量有用的信息,因为之后的运动估计、重建过程并未使用除特征点以外的信息。举例来说,对于一幅 640×480 的图像,原本有 30 万左右的像素,但是只用了其中几百个特征点而已。由于特征点的设计缺陷,无法保证对于每幅图,都能提取足够的、有效的特征点。这只是在大部分时候是可行的。

直接法跳过了提取特征点的步骤。它构建了一个优化问题,直接根据像素信息,形式一般是灰度图像,来估计相机的运动。因为利用了图像中所有的信息,直接法重构的地图是稠密的,这与基于稀疏特征点的视觉里程计有很大不同。在稠密地图里,你可以看到每处的细节,而不是离散的点,如图 5.19 所示。这种方法省去了提特征的时间,然而代价则是,利用了所有信息之后,使得优化问题规模远远大于使用特征点的规模。因此,基于直接法的 VO,多数需要 GPU 加速,才能做到实时化。此外,直接法没有提特征点,它假设相机运动是连续的、缓慢的。只有

图 5.19 直接法提取图像示意

在图像足够相似时才有效。而特征点方法在图像差异较大时也能工作。这一特性意味着如要在智能车上使用直接法,由于智能车快速地移动,必须增加视频帧率才能获得可接受的识别性能,而这必然进一步增加计算量,提高了对硬件性能的要求。

综上所述,特征匹配方法目前占据主流,它能够在噪声较大、相机运动较快时工作,但地

图是稀疏的特征点；直接法无需提取特征点，能够建立稠密的地图，但存在着计算量大、鲁棒性差的缺陷。

思 考 题

1. 车辆常用的定位方法有哪些？
2. 简述卫星导航定位系统的基本原理，目前世界上有哪几个卫星导航定位系统？
3. 简述 RTK 系统的基本原理，其定位精度大概是多少？
4. 简述 UWB 的基本原理，其定位精度大概是多少？简述视觉里程计的基本原理。

第 6 章

智能车辆通信技术

6.1 车辆通信系统的特点

车辆的行驶除与其自身有关外,也受行驶环境的影响,为了安全行驶,提高道路的利用率,有必要及时将前方路况信息(如交通状况、路面性能、路面特征等)、前方车辆的运动特征、下一步的动作等通过车-路或车-车通信系统及时告诉己车,以便己车及时采取相应的措施。与传感器的工作状态不同,通信系统的工作不易受环境与气候变化的影响,可以全天候地工作。

因此,研制和发展简便易行、工作可靠的车-路或车-车通信系统是智能车辆系统研究的另一重要方向。

6.1.1 基本需求

智能车辆无线通信系统基本需求如下:
(1) 应用环境:室外,大范围空旷地区;
(2) 通信带宽:保证高速数据通信,足够传输视频数据用于视频安全监控;
(3) 移动性:要求系统能保证移动点(智能车辆)的通信连接稳定性;
(4) 多用户需求:通信节点多,包括智能车辆、车站和视频监控点;
(5) 通信链路:实现一点对一点、一点对多点数据通信;
(6) 灵活性:通信节点可以随时进入和退出系统;
(7) 安全和抗干扰:保证系统通信安全和通信传输抗干扰。

6.1.2 功能要求及技术挑战

利用车辆通信系统搭建的车辆网络属于车载自组织网络(vehicular ad-hoc network,VANET),具有以下典型特征:
(1) 网络由车辆自主创建,不断进行自我配置,即使缺少基础设施的参与也能够工作;
(2) 由于车辆处于高速运动状态,网络属于高度动态拓扑结构,具有不可预测性,而且时间要求严格;
(3) 自组织网络信息交换频繁;
(4) 网络没有长期的通信交换中心,需要分布式操作机制;

(5) 需要适应多种通信环境，既包括相对简单的高速公路交通场景，也包括具有建筑物、树木等障碍物的复杂城市环境；

(6) 车辆密度低时，网络经常断开链接。

由于具有上述特征，VANET面临一系列的技术挑战：

(1) 网络具有安全隐患，任何欺诈节点对网络信息的更改都可能造成严重破坏后果；

(2) 要求高可靠性和低延迟性；

(3) 车辆密度高时，可能出现频道拥塞现象；

(4) 难以部署依赖于集中式控制器的媒介存取控制（media access control，MAC）方案；

(5) 要求可扩展性协议设计，在非常轻的负载或高度过载的网络中均可正常操作；

(6) 需要解决网络高多普勒频散以及多径延迟扩展的问题，并且需要实现非视距感知；

(7) 必要时应该在道路预先部署接入点，以保持网络连接。

6.1.3 V2X简介

车辆通信系统最有前景的应用就是V2X通信系统。V2X是vehicle to X的意思，X代表基础设施（infrastructure）、车辆（vehicle）、人（pedestrian）、路（road）、外部网络（network）等，X也可以是任何可能的"人或物"（everything）。目前，V2X技术全面涵盖车辆与车辆、车辆与基础设施、车辆与行人、车辆与外部网络各种通信应用场景。V2X主要用于提高道路安全性和改善交通管理的无线技术，是智能交通系统（ITS）的关键技术，能够实现车与车之间、车与路边设施、车与互联网之间的相互通信，从而获得实时路况、道路信息、行人信息等一系列交通信息，提高驾驶安全性、减少拥堵、提高交通效率。

V2X通信系统可以看作是一个超级传感器，它提供了比其他车载传感器高得多的感知能力和可靠性，在其他车载感知技术尚无法达到高可靠性之前，应用V2X技术可以大幅提高感知的可靠性。简单来说，V2X技术是利用无线通信技术实现车与车之间、车与道路之间、车与行人之间的信息互通，使驾驶员能更好地掌握车辆状态和周围环境情况，驾驶员收到危险警告就能降低事故风险或车辆就会采取措施，例如紧急制动。V2V通信技术首次由福特公司在2014年6月3日发布，在现场展示的是福特的两辆经过特殊改造过的车，通过一台连接了Wi-Fi的无线信号传输系统，演示了这项V2V技术是如何防止碰撞事故发生的。

目前而言，基于V2V通信，车辆能够实现前方碰撞预警、紧急电子制动灯、变道辅助、左转辅助、反向行驶预警、协同式自适应巡航控制等驾驶辅助功能；基于V2I通信，可以实现交通优先权和速度建议、交叉路口盲区预警、路况预警、闯红灯预警、现场天气影响预警、减速地带和施工地段预警、停车位和充电桩寻位等应用；基于V2P通信，能够实现弱势道路使用者的预警和防护；基于V2N通信，可以开展实时交通路径规划、地图更新等云服务。

V2X技术是一种网状网络，网络中的节点（汽车、智能交通系统等）可以发送、接收并转发信号。利用V2X车联网，车辆可以获取周围环境的未知参数以及附近车辆运行状态，包括速度、方位、方向、是否制动等基本安全信息。然后车载端主动安全算法将处理所获取的信息，并按照优先级对信息进行分类，对可能发生的危险情景进行预警，紧急情况下可以利用车辆执行端对车辆进行控制从而规避风险。V2X技术开启了对四周威胁的360°智能感知,这一技术能够在各种危险情况下提醒驾驶员,从而大大减少汽车碰撞事故的发生并缓解交通拥堵。

随着信息化水平的提高,通信行业在发展过程中探索与汽车产业融合的技术路线,如图 6.1 所示。根据 NHTSA 的定义,汽车的智能化阶段分为 L1~L5 共 5 个阶段,其时间发展路线分别对应:L1(1995—2005)传统汽车阶段,L2(2006—2015)辅助驾驶阶段,L3(2016—2020)辅助驾驶以及自动泊车自动巡航等部分智能化,L4(2021—2025)特定道路特定条件下的自动驾驶,L5(2026—2030)全天候全道路的自动驾驶;与此相对应的,ETSI(European Telecommunications Standards Institute)组织从通信角度将通信技术进行了 4 个阶段划分:Stage 1(1995—2005)第一代无线通信技术在汽车行业的应用,局限于路侧通信;Stage 2(2006—2015)信息娱乐以及在线导航/远程诊断;Stage 3(2016—2020)V2X 技术开始发展,围绕交通安全和交通效率的解决方案提上日程;Stage 4(2021—2030)增强的车路协同应用,车/路/环境的融合协同,更加高效安全的智能交通控制网,为无人驾驶提供网络支撑环境,从而平滑演进到 5G 技术应用。

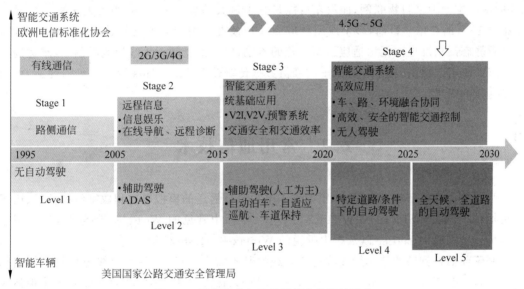

图 6.1 通信技术与汽车智能化路线的融合

V2X 的最终目标是通过装载在车上的通信设备与车、道路设施、人乃至网络进行实时的数据通信交互,将周围信息实时汇聚到信息终端,为道路出行提供智能决策依据,基于 V2X 技术不仅可以大幅提升交通安全、降低交通事故率,而且还可以为自动驾驶、智能交通和下一代车联网提供低成本、易部署的支撑和基础平台。

目前,通用、福特、克莱斯勒三大美国厂商联合研发了 V2V 系统。除此之外,丰田、日产、现代、起亚、大众、奔驰等车企也在其协议名单中。2016 年 12 月 14 日,美国交通部发布了 V2V 的新法规,进入了 90 天公示期,法规强制要求新生产的轻型汽车安装 V2V 通信系统。新规中要求的 V2V 系统通信距离达到 300m,而且是 360°全覆盖,远超摄像头的探测能力。其感知信息属于结构化信息,不存在误报的可能。根据美国国家公路交通安全管理局的研究,利用 V2X 技术,可以减少 80%的非伤亡事故,但前提是 100%的安装覆盖率。此前凯迪拉克等车企也曾经做过尝试,但都因为缺乏足够的覆盖率难以发挥作用。依靠强制性的法规,V2X 普及的最大难题将得到解决。

高通发布新闻表示,将与奥迪、爱立信等公司进行蜂窝-V2X 的测试合作,该测试符合由德国政府主导的项目组织——自动互联驾驶数字测试场的测试规范。在此之前,高通推出了基于其最新骁龙 X16LTE modem 的全新联网汽车参考平台,支持作为可选特性的专用短程通信和蜂窝-V2X 通信系统。

2016 年下半年,发改委联合交通部发布了《推进"互联网+"便捷交通促进智能交通发展的实施方案》,提出"结合技术攻关和试验应用情况,推进制定人车路协同国家通信标准和设施设备接口规范,并开展专用无线频段分配工作"的标准制定工作。从目前的情况看,LTE-V 极有可能被确定为中国标准。5G 的推进对 V2X 是非常大的利好,因为 5G 标准本身就包含了 V2X,可以说 5G 的发展和无人驾驶的发展是自恰的。

为了满足在商业应用上的高可靠性,越来越多的车企意识到在增强车辆性能的同时,需要将道路从对人友好改造为对车友好。从 2015 年开始,中国所有的无人驾驶示范园区都在规划部署路侧系统(V2I)。随着 5G 的时间表日渐清晰,更大范围的部署也让人非常期待。5G 的核心推动力来自物联网,而汽车可能是其中最大的单一应用,一辆无人车每天可以产生超过 1TB 的数据。目前,多个地图供应商在积极准备用于无人驾驶的实时高精度地图,以克服静态高精度地图无法适应道路变化的难题,但之前受制于无线带宽限制,很难达到实用状态,5G 可以提供高达 10Gbps+ 的峰值数据传输速率,以及 1ms 级的低延迟性能,可以满足这样的需求。

6.2 常用通信技术

常用的无线通信技术有很多,比如用于电视节目播送的模拟电视和数字电视信号、用于手机通信上网的 GSM/CDMA/GPRS/3G/4G、生活中常见的 Wi-Fi/蓝牙/红外,还有用于无线传感器网络的 ZigBee 以及很少听说的 Wimax 和 Meshwork。

基于前面提到的智能车辆无线通信系统的基本需求,可以对各类无线通信技术做出初步的筛选。基于大范围室外环境,可以将红外技术、蓝牙技术排除,因为其最大传输距离仅 10m 左右;基于通信带宽要求,可以将手机通信技术 GSM、CDMA 排除;基于多用户需求,可以将主要应用于面向大众服务的模拟电视传输技术、无线电传输技术排除,因为它们无法实现通信用户自行开发;基于灵活性,受国家对无线传输的波段管制,如果需要连入某些特定网络,必须提出申请或缴纳费用,因此模拟电视和数字电视传输技术不予考虑;而对 Wimax 技术,目前国家对其并未准入,同时国家考虑将其作为城际无线网络解决方案,故政府可能监管其通信波段,目前无法使用。

因此,目前常用的无线通信技术只有 Meshwork、Wi-Fi、ZigBee 和高速蜂窝移动网络。

6.2.1 Meshwork

Meshwork 是由网状拓扑结构组织的无线电节点组成的通信网络,它是点对点模式无线网络的一种形式。

Mesh 通常是指设备或节点之间的丰富互连。无线网状网络由网状客户端、网状路由器和网关组成。节点的移动性较少，如果节点不断地或频繁地移动，则网格将花费更多时间来更新路由而不是传递数据。在无线网状网络中，拓扑往往更加静态化，因此路由计算可以收敛，并且可以发生数据到其目的地。所以这是一种低移动性集中形式的无线自组织网络。此外，由于它有时依赖静态节点作为网关，因此它不是真正的全无线点对点模式网络。

网状客户端通常是笔记本电脑、手机和其他无线设备。网状路由器将流量转发到网关和从网关转发流量，网关可以但不必连接到因特网。作为单个网络工作的所有无线电节点的覆盖区域有时被称为网状云，要访问此网状云取决于无线节点之间协同工作以创建无线网络。网状网络可靠并提供冗余，当一个节点不能继续运行时，其余节点仍然可以直接或通过一个或多个中间节点相互通信。无线网状网络可以自我形成和自我修复。无线网状网络使用不同的无线技术，包括 802.11 协议、802.15 协议、802.16 协议、蜂窝技术，并且不必限于任何一种技术或协议。

1. 架构

无线网状结构是在特定覆盖区域上提供成本效益和低移动性的第一步。无线网状基础设施实际上是路由器网络减去节点之间的布线，它由对等无线电设备构建，无需像传统的 WLAN 接入点（access point，AP）那样连接到有线端口。网状基础设施通过将距离分成一系列短跳来传输远距离数据，中间节点不仅增强信号，而且基于它们对网络的了解做出转发决定来协作地将数据从点 A 传递到点 B，即通过首先导出网络的拓扑来执行路由。

无线网状网络是一种"相对稳定的拓扑网络"，除了偶尔的节点故障或新节点的添加，大量最终用户聚合的流量路径不经常更改。实际上，基础设施网状网络中的所有流量都被转发到网关或从网关转发，而在无线自组织网络或客户端网状网络中，流量在任意节点对之间流动。如果节点之间的移动率很高，即频繁发生链路中断，则无线网状网络开始崩溃并且通信性能弱化。

2. 管理和操作

Meshwork 基础设施可以分散（没有中央服务器）或集中管理（使用中央服务器）。两者都相对便宜，并且非常可靠和具有弹性，因为每个节点只需要传输到下一个节点。节点充当路由器，用于将数据从附近节点传输到距离太远而无法在单跳中到达的对等端，从而使得网络可以跨越更远的距离。网状网络的拓扑结构相对稳定，即移动性不是太大，如果一个节点由于硬件故障或任何其他原因而退出网络，则其邻居可以使用路由协议快速找到另一个路由。

Meshwork 原理类似于数据包在有线互联网上传播的方式——数据从一个设备跳到另一个设备，直到它最终到达目的地。在每个设备中实现的动态路由算法允许这种情况发生。为了实现这种动态路由协议，每个设备需要将路由信息传送到网络中的其他设备。然后，每个设备确定如何处理它接收的数据——将其传递给下一个设备或保留它，具体取决于协议。使用的路由算法应该始终确保数据采用最合适（最快）的路由到目的地。

3. 应用

网状网络可能涉及固定或移动设备。解决方案与通信需求一样多样化,例如在紧急情况、隧道、石油钻井平台、战场监控、公共交通上的高速移动视频应用。无线网状网络的一个重要可能应用是 VoIP(voice over internet protocol,基于 IP 的语音传输)。通过使用服务质量方案,无线网状网络可以支持通过网格路由本地电话呼叫。无线网状网络中的大多数应用与无线自组织网络中的应用类似。

目前的一些应用主要有:

(1) 美国军队使用无线网状网络将其计算机(主要是加固型笔记本电脑)连接到现场操作中。

(2) 现在部署在住宅中的电子智能电表,将读数从一个传输到另一个,最终到中心办公室进行计费,无需人工抄表。

(3) "One Laptop per Child"计划中的笔记本电脑使用无线网状网络,即使学生在其所在地区缺少有线或手机或其他物理连接,也可以交换文件并上网。

(4) Google Home,Google Wi-Fi 和 Google On Hub 都支持 Wi-Fi 网状网(即 Wi-Fi ad hoc)网络。几家 Wi-Fi 路由器制造商在 2010 年中期开始为家用提供网状路由器。

(5) 66 个卫星铱星座作为网状网络运行,相邻卫星之间有无线链路。两个卫星电话之间的呼叫通过网状网络,从一个卫星到另一个卫星穿过星座,而不必通过地球站。这使得信号的行进距离更小,减少了延迟,并且还允许星座以比 66 个传统通信卫星所需的更少的地球站运行。

4. 发展方向

关于无线网状网络的一篇较常被引用的论文将以下领域确定为 2005 年的开放性研究问题:

1) 新的调制方案

为了实现更高的传输速率,需要除 OFDM(orthogonal frequency division multiplexing,正交频分复用技术)和 UWB 之外的新的宽带传输方案。

2) 先进的天线处理

进一步研究了包括定向、智能和多天线技术的先进天线处理,因为它们的复杂性和成本对于广泛的商业化而言仍然太高。

3) 灵活的频谱管理

正在进行频率捷变技术研究方面的巨大努力,以提高效率。

4) 跨层优化

跨层研究是当前流行的研究课题,其中信息在不同通信层之间共享以增加网络的知识和当前状态。这可以促进新的、更有效的协议的开发。解决各种设计问题的联合协议-路由、调度、信道分配等可以实现更高的性能,但是粗心的跨层设计可能导致难以维护和扩展的代码。

5) 软件定义的无线网络

无线网络采用集中、分布式还是混合型?有学者探索了一种新的 WDN-SDN 架构,消除了对路由信息的多跳泛滥的需要,从而使 WDN(wireless developer network,WDN)能够轻松扩展。关键思想是通过使用两个独立的频段来分离网络控制和数据转发。转发节点和 SDN(software defined network)控制器在一个频带中交换链路状态信息和其他网络控制信令,而实际数据转发在另一个频带中进行。

6) 安全

WMN 是移动 Ad Hoc 网络的一种特殊形态,可以被视为一组节点(客户端或路由器),它们互相协作以提供连接。这种开放式架构(其中客户端用作转发数据包的路由器)暴露于许多类型的攻击,这些攻击可能会中断整个网络并导致拒绝服务(denial of service,DoS)或分布式拒绝服务(distributed denial of service,DDoS)。

Meshwork 技术,是对于智能车辆应用中最合适的技术手段。目前已经投入使用的几套智能车辆演示系统,均采用此项技术作为系统无线通信解决方案。但是此项技术由美国公司开发,用在美国军方的战场单兵指挥系统之中,因此美国对该技术进行封锁保密。

6.2.2 Wi-Fi

Wi-Fi 在生活中很常见,它是基于 IEEE 802.11 标准的无线电无线局域网络技术。基于两套系统的密切相关,常有人把 Wi-Fi 当做 IEEE 802.11 标准的同义术语。

可以使用 Wi-Fi 技术的设备包括台式机、笔记本电脑、视频游戏机、智能手机、平板电脑、智能电视、打印机、数字音频播放器、数码相机、汽车和无人机等。Wi-Fi 兼容设备可以通过 WLAN 和无线接入点连接到互联网。这样的接入点(或热点)在室内具有大约 20m (66 英尺)的范围,在室外具有更大的范围。热点覆盖范围可以与单个房间一样小,墙壁可以阻挡无线电波,也可以通过使用多个重叠接入点实现大到几平方千米的覆盖范围。

不同版本的 Wi-Fi,具有不同的范围、无线电频带、速度和无线电技术。Wi-Fi 最常用的 2.4GHz(12cm)的特高频(utra high frequency,UHF)和 5GHz(6cm)的超高频(super high frequency,SHF)均属于 ISM(industrial scientific medical)无线电频段。这些频段被细分为多个频道,每个通道可以由多个网络分时,这些波长最适合视距。许多常见材料吸收或反射它们,这进一步限制了范围,但可以有助于最大限度地减少拥挤环境中不同网络之间的干扰。

1. 历史背景

1971 年,ALOHAnet 将夏威夷群岛与 UHF 无线分组网络连接起来。ALOHAnet 和 ALOHA 协议分别是以太网的先行者,后来是 IEEE 802.11 协议的先行者。1985 年美国联邦通信委员会的一项裁决公布了 ISM 频段未经许可使用,这些频段与微波炉等设备使用的频段相同,并受到干扰。1991 年,NCR 公司与 AT&T 公司合作,以 WaveLAN 的名义发明了用于收银系统的 802.11 的前身。

无线网络是 IEEE 定义的无线网技术,在 1999 年 IEEE 官方定义 802.11 标准的时候,IEEE 选择并认定了 CSIRO 发明的无线网技术是世界上最好的无线网技术,因此 CSIRO 的无线网技术标准,就成为了 2010 年 Wi-Fi 的核心技术标准。

无线网络技术由澳大利亚政府的研究机构 CSIRO 在 20 年代 90 年代发明,澳大利亚广播天文学家John O'Sullivan博士及其同事Terence Percival、Graham Daniels、Diet Ostry和John Deane开发了一项关键专利,并于1996年在美国成功申请了无线网技术专利(US Patent Number 5,487,069)。

802.11协议的第一个版本于1997年发布,提供高达2Mbps的链路速度。在1999年更新的802.11b,提供11Mbps链路速度。

无线网络被澳大利亚媒体誉为澳大利亚有史以来最重要的科技发明,其发明人John O'Sullivan被澳大利亚媒体称为"Wi-Fi之父"并获得了澳大利亚的国家最高科学奖和全世界的众多赞誉,其中包括欧盟机构、欧洲专利局(European Patent Office,EPO)颁发的European Inventor Award 2012,即2012年欧洲发明者大奖。

早在1999年8月,商业化使用的Wi-Fi这个名称就由品牌咨询公司Interbrand创造出来。Wi-Fi联盟聘请Interbrand创建一个比IEEE 802.11b Direct Sequence更具吸引力的名字,便有了Wi-Fi的出现。Interbrand还创建了Wi-Fi徽标。黑白色的Wi-Fi徽标表示产品的互操作性认证。IEEE是一个相对Wi-Fi联盟独立但相关的组织,它们的网站称Wi-Fi是Wireless Fidelity的简称。

图6.2 旧的Wi-Fi联盟徽标

2. 技术功能参数认证

无线网络在无线局域网的范畴是指"无线相容性认证",其实质上是一种商业认证,同时也是一种无线连网技术。以前通过网线连接计算机,而Wi-Fi则是通过无线电波来连网,常见的就是一个无线路由器,在这个无线路由器的电波覆盖的有效范围都可以采用Wi-Fi连接方式进行连网,如果无线路由器连接了一条ADSL(asymmetric digital subscriber line)线路或者别的上网线路,则被称为热点。

IEEE不会测试设备是否符合其标准。非营利性Wi-Fi联盟成立于1999年,旨在填补这一空白——建立和执行互操作性和向后兼容性标准,并推广无线局域网技术。Wi-Fi联盟强制将Wi-Fi品牌用于基于IEEE的IEEE 802.11标准的技术。这包括无线局域网(WLAN)连接,设备到设备连接(例如Wi-Fi点对点即Wi-Fi直连),个人局域网(PAN),局域网(LAN),甚至一些有限的广域网(WAN)连接。拥有Wi-Fi联盟成员资格且其产品通过认证流程的制造商有权使用Wi-Fi徽标标记这些产品。

具体而言,认证过程要求符合IEEE 802.11无线电标准,WPA和WPA2安全标准以及EAP(early assessment program,早期评估版本)认证标准。认证可以选择性地包括IEEE 802.11草案标准的测试,与融合设备中的蜂窝电话技术的交互,以及与安全设置、多媒体和节能相关的特征。并非每个Wi-Fi设备都提交认证,缺乏Wi-Fi认证并不一定意味着设备与其他Wi-Fi设备不兼容。

1) 认证种类

Wi-Fi联盟所公布的认证种类有:
- WPA/WPA2:WPA/WPA2是基于IEEE802.11a、802.11b、802.11g的单模、双模或双频的产品所建立的测试程序。内容包含通信协定的验证、无线网络安全性机制的验证,以及网络传输表现与相容性测试。
- WMM(Wi-Fi multi media):当影音多媒体透过无线网络传递时,要如何验证其带宽保证机制是否正常运作在不同的无线网络装置及不同的安全性设定上是 WMM 测试的目的。
- WMM Power Save：在影音多媒体透过无线网络传递时，如何透过管理无线网络装置的待命时间来延长电池寿命，并且不影响其功能性，可以透过 WMM Power Save 的测试来验证。
- WPS(Wi-Fi protected Setup)：这是一个 2007 年年初才发布的认证，目的是让消费者可以透过更简单的方式来设定无线网络装置，并且保证有一定的安全性。当前 WPS 允许通过 Pin Input Config(PIN)、Push Button Config(PBC)、USB Flash Drive Config(UFD)以及 Near Field Communication、Contactless Token Config (NFC)的方式来设定无线网络装置。
- ASD(application specific device)：这是针对除了无线网络存取点（AP）及站台 (Station)之外其他有特殊应用的无线网络装置，例如 DVD 播放器、投影机、打印机等。
- CWG(converged wireless group)：主要是针对 Wi-Fi mobile converged devices 的 RF 部分测量的测试程序。

2）无线频谱

802.11 标准提供了几种不同的无线电频率范围，用于 Wi-Fi 通信：900MHz，2.4GHz，5GHz，5.9GHz 和 60GHz 频段。每个范围被分成多个通道。各国将自己的规则应用于允许的频道、允许的用户和这些频率范围内的最大功率水平。

802.11b/g/n 可以使用 2.4GHz ISM 频段，根据第 15 部分规则和条例在美国运行。在此频段，设备可能偶尔会受到微波炉、无绳电话、USB 3.0 集线器和蓝牙设备的干扰。

频谱指配和操作限制在全球范围内并不一致：澳大利亚和欧洲允许额外的两个频道 (12,13)超过美国允许的 2.4GHz 频段的 11 个频道，而日本多出 3 个频道(12~14)。在美国和其他国家/地区，802.11a 和 802.11g 设备可能无需许可即可运行，如 FCC 规则和条例第 15 部分所允许的那样。

802.11a/h/j/n/ac/ax 可以使用 5GHz U-NII 频段，在世界大部分地区，它提供至少 23 个非重叠 20MHz 频道而不是 2.4GHz ISM 频段，其中通道宽度仅为 5MHz。5GHz 频段被普通建筑材料更强烈地吸收，并且通常提供更短的范围。

随着 802.11 规范的发展支持更高的吞吐量，带宽需求也增加以支持它们。与 802.11a 或 802.11g(20MHz)相比，802.11n 可以使用双倍的无线电频谱/带宽(40MHz-8 信道)。802.11n 可以将自身限制在 20MHz 带宽，以防止在密集社区中发生干扰。在 5GHz 频段，允许 20MHz,40MHz,80MHz 和 160MHz 带宽信号，但有一些限制，可以提供更快的连接。

设备通常支持多种版本的 Wi-Fi。要进行通信，设备必须使用通用的 Wi-Fi 版本。这些版本在它们运行的无线电波段、占用的无线电带宽、可以支持的最大数据速率和其他细节之间有所不同。通常，较低频率具有更好的范围但具有较小的容量。某些版本允许使用多个天线，这允许更高的速度以及更少的干扰。

从历史上看，设备已经列出了它支持的 Wi-Fi 版本，但 Wi-Fi 联盟现在已经标准化了代际编号，因此设备可以指示它支持 Wi-Fi 4(如果设备支持 802.11n)、Wi-Fi 5(802.11ac)和 Wi-Fi 6(802.11ax)。这些代与以前的版本具有高度向后兼容性。该联盟已经声明，当连接时,可以在用户界面中指示级别 4、5 或 6 以及信号强度。

3. 组成结构

一般架设无线网络的基本配备就是无线网卡及一台 AP,如此便能以无线的模式,配合既有的有线架构来分享网络资源,架设费用和复杂程度远远低于传统的有线网络。如果只是几台计算机的对等网,也可以不要 AP,只需要每台计算机配备无线网卡。AP 为 Access Point 的简称,一般翻译为"无线访问接入点",或"桥接器"。它主要在媒体存取控制层 MAC 中扮演无线工作站及有线局域网络的桥梁。有了 AP,就像一般有线网络的 Hub 一般,无线工作站可以快速且轻易地与网络相连。特别是对于宽带的使用,Wi-Fi 更显优势。有线宽带网络(ADSL、小区 LAN 等)到户后,连接到一个 AP,然后在计算机中安装一块无线网卡即可。普通的家庭有一个 AP 已经足够,甚至用户的邻里得到授权后,无需增加端口也能以共享的方式上网。

1) 硬件设备

Wi-Fi 允许无线部署局域网(LAN)。无法运行电缆的空间(例如室外区域和历史建筑物)可以承载无线 LAN。但是某些材料的墙壁(例如具有高金属含量的石头)可能会阻挡 Wi-Fi 信号。

自 21 世纪初以来,制造商为大多数笔记本电脑构建无线网络适配器。Wi-Fi 芯片组的价格持续下降,使其成为更多设备中的经济型网络选项。

不同品牌的接入点和客户端网络接口可以在基本服务级别上互操作。被 Wi-Fi 联盟指定为"Wi-Fi 认证"的产品向后兼容。与移动电话不同,任何标准 Wi-Fi 设备都可以在世界任何地方使用。

无线接入点(wireless application protocol,WAP)将一组无线设备连接到相邻的有线 LAN。接入点类似于网络集线器,除了单个连接的有线设备(通常是以太网集线器或交换机)之外,在连接的无线设备之间中继数据,还允许无线设备与其他有线设备通信。

无线适配器允许设备连接到无线网络。这些适配器使用各种外部或内部互连(如 PCI、miniPCI、USB、ExpressCard、Cardbus 和 PC 卡)连接到设备。

无线路由器集成了无线接入点、以太网交换机和内部路由器固件应用程序,通过集成的 WAN 接口提供 IP 路由、NAT(network address translation)和 DNS(domain name system)转发。无线路由器允许有线和无线以太网 LAN 设备连接到单个 WAN 设备,例如电缆调制解调器或 DSL(digital subscriber line)调制解调器。无线路由器允许通过一个中央实用程序配置设备,主要是接入点和路由器。此实用程序通常是集成的 Web 服务器,可供有线和无线 LAN 客户端访问,并且通常可选择访问 WAN 客户端。此实用程序也可以是在计算机上运行的应用程序,就像 Apple 的 AirPort 一样,它通过 macOS 和 iOS 上的 AirPort 实用程序进行管理。

无线网桥将有线网络连接到无线网络。网桥与接入点不同:接入点将无线设备连接到数据链路层的有线网络。可以使用两个无线网桥通过无线链路连接两个有线网络,在有线连接不可用的情况下很实用,例如在两个独立的家庭之间或者没有无线网络功能的设备(但具有有线网络功能之间),无线网桥可用于支持有线连接的设备能够以无线网络标准运行,该无线网络标准比设备支持的无线网络连接功能(外部加密狗或内置)更快。双频无线网桥还可用于仅支持 2.4GHz 无线网络功能且具有有线以太网端口的设备上启用 5GHz 无线网络操作。

无线范围扩展器或无线中继器可以扩展现有无线网络的范围。策略性放置的增程器可以延长信号区域或允许信号区域到达诸如 L 形走廊中的障碍物周围的障碍物。通过中继器连接的无线设备将遭受每跳的延迟增加以及可用的最大数据吞吐量的减少。另外，使用无线范围扩展器的网络的附加用户效果比单个用户围绕使用扩展器的网络迁移的情况更快地消耗可用带宽。因此，无线范围扩展器在支持极低流量吞吐量要求的网络中效果最佳，例如，具有配备 Wi-Fi 功能的平板电脑的单个用户在整个连接网络的组合扩展和非扩展部分有周围迁移的情况。此外，连接到链中的任何中继器的无线设备将具有数据吞吐量，该数据吞吐量受到连接始发位置和连接结束位置之间链中存在的"最弱链路"的限制。采用无线扩展器的网络更容易受到来自邻近接入点的干扰影响，所述邻近接入点与扩展网络的部分接壤并且恰好占用与扩展网络相同的信道。

安全标准 Wi-Fi Protected Setup 允许具有有限图形用户界面的嵌入式设备轻松连接到 Internet。Wi-Fi Protected Setup 有两种配置：按钮配置和 PIN（personal identification number）配置。这些嵌入式设备也称为物联网，是低功耗、电池供电的嵌入式系统。许多 Wi-Fi 制造商为嵌入式 Wi-Fi 设计芯片和模块，例如 GainSpan。在过去几年中，嵌入式 Wi-Fi 模块越来越多地采用实时操作系统，并提供一种简单的无线方式，可以通过串口实现与任何设备的通信。

具体的硬件设计应该和相关 Wi-Fi 模块相适应，设计时要考虑清楚以下方面：

- 通信接口方面：2010 年基本是采用 USB 接口形式，采用 PCIE（peripheral component interconnect express）和 SDIO（secure digital input and output）的也有少部分，PCIE 的市场份额不大，多合一的价格昂贵，而且实用性不强，集成的很多功能都不会用到，其实是一种浪费。
- 供电方面：多数是用 5V 直接供电，有的也会利用主板中的电源共享，直接采用 3.3V 供电。
- 天线的处理形式：可以用内置的 PCB 板载天线或者陶瓷天线；也可以通过 I-PEX 接头，连接天线延长线，然后让天线外置。
- 规格尺寸方面：这个可以根据具体的设计要求，最小的有 nano 型号（可以直接做 nano 无线网卡）；有可以做到迷你型的 12×12 左右（通常是外置天线方式）；通常是 25×12 左右的设计多点（板载天线和陶瓷天线多，也有外置天线接头）。
- 跟主板连接的形式：可以直接 SMT，也可以通过 2.54 的排针来做插件连接（这种组装/维修方便）。

2) 网络协议

一个 Wi-Fi 联接点网络成员和结构站点（station）是网络最基本的组成部分。

基本服务单元（basic service set，BSS）是网络最基本的服务单元。最简单的服务单元可以只由两个站点组成。站点可以动态地联接（associate）到基本服务单元中。

分配系统（distribution system，DS）。分配系统用于连接不同的基本服务单元。分配系统使用的媒介（medium）逻辑上和基本服务单元使用的媒介是截然分开的，尽管它们物理上可能会是同一个媒介，例如同一个无线频段。

接入点(AP)。接入点既有普通站点的身份，又有接入到分配系统的功能。

扩展服务单元(extended service set, ESS)。由分配系统和基本服务单元组合而成。这种组合是逻辑上并非物理上的——不同的基本服务单元物有可能在地理位置上相去甚远。分配系统也可以使用各种各样的技术。

关口(portal)，也是一个逻辑成分。用于将无线局域网和有线局域网或其他网络联系起来。

这里有3种媒介，站点使用的无线媒介、分配系统使用的媒介，以及和无线局域网集成一起的其他局域网使用的媒介。物理上它们可能互相重叠。

IEEE 802.11只负责在站点使用的无线媒介上的寻址(addressing)。分配系统和其他局域网的寻址不属于无线局域网的范围。

IEEE 802.11没有具体定义分配系统，只是定义了分配系统应该提供的服务(service)。整个无线局域网定义了9种服务：

5种服务属于分配系统的任务，分别为：联接(association)、结束联接(diassociation)、分配(distribution)、集成(integration)、再联接(reassociation)。

4种服务属于站点的任务，分别为：鉴权(authentication)、结束鉴权(deauthentication)、隐私(privacy)、MAC数据传输(MSDU delivery)。

4. 性能表现

Wi-Fi传播范围取决于频带、无线电功率输出、接收器灵敏度、天线增益和天线类型以及调制技术等因素。信号的传播特性会产生很大的影响，在更远的距离和更大的信号吸收情况下，通常会降低速度。

1) 发射机功率

与手机和类似技术相比，Wi-Fi发射器是低功率设备。通常，Wi-Fi设备可以传输的最大功率量受当地法规的限制，例如美国FCC的第15部分。欧盟的等效全向辐射功率(EIRP)限制在20dBm(100mW)。

与一些旨在支持无线个域网(PAN)应用的标准相比，Wi-Fi具有更高的功耗。例如，蓝牙提供了1~100m更短的传播范围，因此具有更低的功耗。其他低功耗技术(如ZigBee)具有相当长的范围，但数据速率要低得多。Wi-Fi的高功耗使得某些移动设备的电池寿命成为一个问题。

802.11n在功耗和管理方面进行了重大创新，不仅能够延长Wi-Fi智能手机的电池寿命，还可以嵌入到其他设备中，如医疗监控设备、楼宇控制系统、实时定位跟踪标签和消费电子产品。可以不断地监测和收集数据，基于用户的身份和位置进行个性化设置。

2) 天线

符合802.11b或802.11g的接入点，使用全向天线，大约有100m(0.062英里)的范围。外部半抛物面天线(15dB增益)的相同无线电在远端具有类似装备的接收器，可能有超过20英里的范围。

较高的增益额定值(dBi)表示来自理论上的完美各向同性辐射器的进一步偏差(通常朝向水平方向)，因此与更加各向同性的天线的类似输出功率相比，天线可以在特定方向上进一步投射可用信号。例如，假设垂直辐射丢失与100mW驱动器一起使用的8dBi天线将具有与以 500mW 驱动的 6dBi 天线类似的水平范围。例子中,定向波导可以使低功率 6dBi 天线在单个方向上比不在波导中的 8dBi 天线更远地突出,即使它们都以 100mW 驱动。

在具有可拆卸天线的无线路由器上,可以通过安装在特定方向上具有更高增益的升级天线来改善范围。通过在路由器和远程设备上使用高增益定向天线,室外范围可以提高到数千米。

3) MIMO(多输入和多输出)

一些标准,例如用于 Wi-Fi 的 IEEE 802.11n 和 IEEE 802.11ac 允许设备具有多个天线。多个天线使设备能够专注于远端设备,减少其他方向的干扰,并提供更强大的有用信号。这大大增加了覆盖范围和网络速度,而不超过法定功率限制。

IEEE 802.11n 的范围可以扩大一倍以上。范围随频带而变化。2.4GHz 频率模块中的 Wi-Fi 在 802.11a(以及可选的 802.11n)使用的 5GHz 频率模块中的范围略优于 Wi-Fi。

在最佳条件下,IEEE 802.11ac 可以实现 1Gbps 的通信速率。

4) 传播带宽

许多较新的消费类设备支持最新的 802.11ac 标准,该标准仅使用 5GHz 频段,并且能够实现至少 1000Mbps 的多站 WLAN 吞吐量,以及至少 500Mbps 的单站吞吐量。在 2016 年第一季度,Wi-Fi 联盟认证符合 802.11ac 标准的设备为"Wi-Fi CERTIFIED ac"。该新标准使用多种先进的信号处理技术,如多用户 MIMO 和 4×4 空间复用流,以及大信道带宽(160MHz),以实现千兆吞吐量。根据 IHS Technology 的一项研究,2016 年第一季度 70% 的接入点销售收入来自 802.11ac 设备。

5) 干扰

通过在同一区域中安装其他设备,可以中断 Wi-Fi 连接或降低互联网速度。Wi-Fi 协议旨在公平合理地共享信道,并且通常不会中断。但是,许多 2.4GHz 802.11b 和 802.11g 接入点在初始启动时默认为相同的通道,导致某些通道拥塞。Wi-Fi 污染或该区域中接入点过多可能会阻止访问并干扰其他设备使用其他接入点,以及降低接入点之间的信噪比(SNR)。此外,802.11g/b 频谱中的信道重叠可能会导致干扰。这些问题在高密度区域可能成为问题,例如大型公寓大楼或具有许多 Wi-Fi 接入点的办公楼。Wi-Fi 6 极大地改善了功率控制,并且在拥挤区域的干扰较少。

使用 2.4GHz 频段其他的设备:微波炉、ISM 频段设备、安全摄像机、ZigBee 设备、蓝牙设备、视频发送器、无绳电话、婴儿监视器,以及在某些国家、业余无线电,所有这些都可能导致显著的额外干扰。当市政当局或其他大型实体(如大学)寻求提供大面积覆盖时,这也是一个问题。

为了最大限度地减少与 Wi-Fi 和非 Wi-Fi 设备的冲突,Wi-Fi 采用具有冲突避免功能的载波侦听多路访问(carrier sense multiple access,CSMA/CA),其中发送器在发送之前进行侦听,并在发现其他用户的情况下,延迟数据包传输在频道上活跃。然而,Wi-Fi 网络仍然容易受到隐藏节点和暴露节点的影响。

6) 吞吐量

IEEE 802.11 的各种第 2 层变体具有不同的特征。在所有类型的 802.11 中,最大可实现的吞吐量要么基于理想条件下的测量,要么基于第 2 层数据速率。然而,这不适用于在两个端点之间传输数据的典型部署,其中至少一个端点通常会连接到有线基础设施,而另一个端点经由无线链路连接到基础设施。

这意味着通常数据帧通过802.11(WLAN)介质并会转换为802.3(以太网),反之亦然。

这两种介质的帧(标题)长度不同,而应用程序的数据包大小决定了数据传输的速度。这意味着使用小数据包(例如VoIP)的应用程序创建具有高开销流量(例如低吞吐量)的数据流。

有助于整体应用数据速率的其他因素是应用传输分组的速度(即数据速率)和接收无线信号的能量。后者由距离和通信设备的配置输出功率确定。

相同的参考文献适用于附加的吞吐量图,其显示UDP(user datagram protocal)吞吐量测量的测量值。每个表示25次测量的平均吞吐量(误差条存在,但由于变化很小,几乎看不到),具有特定的数据包大小(小或大),并具有特定的数据速率(10kbps~100Mbps)。还包括常见应用程序的流量配置文件的标记。此文本和测量不包括数据包错误。

5. 应用前景

物联网等信息化技术是建设智慧城市的手段和工具,是承载智慧城市建设的基础设施。在互联网技术日益发达的今天,云计算、物联网、车联网等新技术层出不穷,这些新技术也反哺互联网,让互联网技术本身获得史无前例的快速发展。

车联网的出现或许能够改变在互联网冲击下的通信产业的现状,如果传统运营商抓住时代所赋予的先机,对于通信业,焕发第二春不是不可能,夺回行业话语权也将指日可待。

车辆是城市的重要组成部分,截至2021年3月,中国的机动车总保有量已经达到2.78亿辆,基于这个庞大的汽车保有量,"车联网"应运而生。如此可观的数字后面,带来的是多种问题,如交通堵塞、环境污染等,车联网作为中国打造智慧城市的重要动力,客户增多和需求上升,为车联网的发展提供商业市场。

6. 网络安全

与传统的有线网络(如以太网)相比,无线网络安全的主要问题是其对网络的简化访问。使用有线网络,必须能够访问建筑物(物理连接到内部网络)或者突破外部防火墙。然而要启用Wi-Fi,只需要在Wi-Fi网络范围内。大多数业务网络通过尝试禁止外部访问来保护敏感数据和系统。如果网络使用不充分或不加密,启用无线连接会降低安全性。获得Wi-Fi网络路由器访问权限的攻击者可以在查询的DNS服务器有机会回复之前伪造响应,从而对网络中的任何其他用户发起DNS欺骗攻击。

1)保护方法

阻止未授权用户的常用措施是通过禁用SSID(service set identifier)广播来隐藏接入点的名称。虽然对临时用户有效,但作为安全方法是无效的,因为响应于客户端SSID查询,SSID以明文广播。另一种方法是仅允许已知MAC地址的计算机加入网络,但确定的窃听者可能会通过欺骗授权地址加入网络。

有线等效加密(WEP)旨在防止随意窥探,但不是安全的。AirSnort或Aircrack-ng等工具可以快速恢复WEP加密密钥。由于WEP的弱点,Wi-Fi联盟批准了使用TKIP的Wi-Fi保护接入(WPA),专门设计通过固件升级来使用旧设备。虽然比WEP更安全,但

WPA 依旧存在漏洞。

使用高级加密标准的 WPA2 更安全,其于 2004 年推出并得到大多数新 Wi-Fi 设备的支持。WPA2 与 WPA 完全兼容。2017 年,发现了 WPA2 协议的一个缺陷,允许进行密钥重放攻击,称为 KRACK。

2007 年添加到 Wi-Fi 功能中的一个缺陷,称为 Wi-Fi 保护设置(WPS),允许在许多情况下绕过 WPA 和 WPA2 安全性并有效地破解。截至 2011 年底,唯一的补救措施是关闭 Wi-Fi 保护设置,这并非总是可行,通常使用虚拟专用网络保护 Wi-Fi。

2) 数据安全风险

即使正确配置,旧的无线加密标准有线等效加密(WEP)也可以轻松破解。Wi-Fi 保护访问(WPA 和 WPA2)加密,于 2003 年在设备中提供,旨在解决此问题。Wi-Fi 接入点通常默认为无加密(开放)模式。新手用户可以从开箱即用的零配置设备中受益,但此默认设置不支持任何无线安全性,提供对 LAN 的开放式无线访问。要打开安全性,用户需要配置设备,通常是通过软件图形用户界面(GUI)。在未加密的 Wi-Fi 网络上,连接设备可以监控和记录数据(包括个人信息)。此类网络只能通过其他手段来保护,例如 VPN 或传输层安全性(HTTPS)上的安全超文本传输协议。

如果使用强密码,则 Wi-Fi 保护访问加密(WPA2)被认为是安全的。2018 年 6 月 26 日,WPA3 发布,它被看作是 WPA2 的替代品,有效增加了安全性。

3) 非法接入

非法接入是指通过将自己的计算机置于另一个无线连接的范围内,并在没有用户明确许可或知晓的情况下使用该服务来访问无线互联网连接。

非法接入通常是无意中发生的——技术上不熟悉的用户可能不会将默认的"不安全"设置更改为其接入点,操作系统可以配置为自动连接到任何可用的无线网络。碰巧在接入点附近启动笔记本电脑的用户可能会发现计算机已加入网络而没有任何可见的指示。此外,如果后者具有更强的信号,则打算加入一个网络的用户可以改为结束另一个网络。结合其他网络资源的自动发现(参见 DHCP 和 Zeroconf)可能导致无线用户在寻找目的地时向错误的中间人发送敏感数据(参见中间人攻击)。例如,如果网站使用不安全的协议(例如没有 TLS 的普通 HTTP),则用户可能无意中使用不安全的网络登录网站,从而使得任何人都可以使用登录凭证。

未经授权的用户可以从无线接入点上的标签获取安全信息(工厂预设密码短语和/或 Wi-Fi 保护设置 PIN),可以使用此信息(或通过 Wi-Fi 保护设置按钮方法连接)提交未经授权的或非法活动。

6.2.3 ZigBee

ZigBee 是一种基于 IEEE 802.15.4 标准的低功耗局域网协议,用于创建具有小型低功耗数字无线电的个人局域网,例如用于家庭自动化、医疗设备数据收集和其他低功耗低带宽需求,专为需要无线连接的小型项目设计。因此,ZigBee 是低功率、低数据速率和近距离(即个人区域)无线自组织网络。

自组织网络是什么?举一个简单的例子,当一队伞兵空降后,每人持有一个 ZigBee 网络模块终端,降落到地面后,只要他们彼此间在网络模块的通信范围内,通过彼此自动寻找,很快就可以形成一个互联互通的 ZigBee 网络。而且随着人员的移动,彼此间的联络还会发生变化。因而,模块可以通过重新寻找通信对象,确定彼此间的联络,对原有网络进行刷新。这就是自组织网络。

ZigBee 规范定义的技术旨在比其他无线个域网(WPAN)更简单、更便宜,例如蓝牙、Wi-Fi。应用于包括无线灯开关、家庭能源监控器、交通管理系统以及其他需要短距离低速率无线数据传输的消费和工业设备中。

其低功耗限制了视距 10~100m 的传输距离,具体传输距离取决于功率输出和环境特性。ZigBee 设备可以通过中间设备的网状网络来远距离传输数据,以达到更远的传输距离。ZigBee 通常用于需要长电池寿命和安全网络的低数据速率应用(ZigBee 网络由 128 位对称加密密钥保护。)ZigBee 具有 250kbps 的定义速率,最适合传感器的间歇数据传输或输入设备。

ZigBee(图 6.3)于 1998 年构思,2003 年标准化,并于 2006 年进行了修订。主要特色有低速、低耗电、低成本、支持大量网上节点、支持多种网上拓扑、低复杂度、快速、可靠、安全。这个名字指的是蜜蜂回到蜂巢后的摇摆舞。

图 6.3 一个 ZigBee 模块

1. 概述

ZigBee 是一种低成本、低功耗的无线网状网络标准,针对无线控制和监控应用中的电池供电设备。ZigBee 提供低延迟通信,ZigBee 芯片通常与无线电和微控制器集成在一起。ZigBee 在工业、科学和医疗(ISM)无线电频段运营:全球大多数司法管辖区均为 2.4GHz、有些设备在中国使用 784MHz,在欧洲使用 868MHz,在美国和澳大利亚使用 915MHz,但这些地区和国家仍然使用 2.4GHz 用于家用。故大多数商用 ZigBee 设备的数据速率从 20kbps(868MHz 频段)到 250kbps(2.4GHz 频段)不等。

ZigBee 建立在 IEEE 标准 802.15.4 中定义的物理层和媒体访问控制之上,用于低速率无线个域网(WPAN)。该规范包括 4 个附加的关键组件:网络层、应用层、ZigBee 设备对象(zigbee device object,ZDO)和制造商定义的应用程序对象。ZDO 负责某些任务,包括跟踪设备角色、管理加入网络的请求,以及设备发现和安全性。

ZigBee 网络层本身支持星型和树型网络以及通用网状网络。每个网络必须有一个协调器设备。ZigBee 的另一个定义特征是用于执行安全通信,保护加密密钥的建立和传输,加密帧和控制设备的设施。

ZigBee 采用的是动态路由方式。所谓动态路由是指网络中数据传输的路径并不是预先设定的,而是传输数据前,通过对网络当时可利用的所有路径进行搜索,分析它们的位置关系以及远近,然后选择其中的一条路径进行数据传输。在我们的网络管理软件中,路径的选择使用的是"梯度法",即先选择路径最近的一条通道进行传输,如传不通,再使用另外一条稍远一点的通路进行传输,以此类推,直到数据送达目的地为止。在实际工业现场,预先确定的传输路径随时都可能发生变化,或者因各种原因路径被中断,或者过于繁忙不能及时传送。动态路由结合网状拓扑结构,就可以很好地解决这个问题,从而保证数据的可靠传输。

2. 发展历史

ZigBee 风格的自组织 Ad Hoc 数字无线电网络是在 20 世纪 90 年代构思出来的。IEEE 802.15.4—2003 ZigBee 规范于 2004 年 12 月 14 日批准。ZigBee 联盟于 2005 年 6 月 13 日宣布推出规范 1.0，称为 ZigBee 2004 规范。

2006 年 9 月，宣布 ZigBee 2006 规范，废弃了 2004 年的堆栈。2006 规范用集群库取代了 2004 堆栈中使用的消息/密钥值对结构。该库是一组标准化命令，按照称为集群的组进行组织，其名称包括 Smart Energy、Home Automation、ZigBee Light Link。

ZigBee PRO，也称为 ZigBee 2007，于 2007 年完成。ZigBee PRO 设备可以加入并运行在传统的 ZigBee 网络上，反之亦然。由于路由选项的不同，ZigBee PRO 设备必须成为传统 ZigBee 网络上的非路由 ZigBee 终端设备（ZED），而传统的 ZigBee 设备必须成为 ZigBee PRO 网络上的 ZED。它不仅适用于 2.4GHz 频段，还适用于 sub-GHz 频段。

2017 年 1 月，ZigBee 联盟将该集群库重命名为 Dotdot 并宣布集库群为一个由表情符号代表的新协议，将使用互联网协议另外运行其他网络类型，并将与其他标准互联（例如 Thread）。

3. 标准和配置

ZigBee Alliance 成立于 2002 年，是一个维护和发布 ZigBee 标准的公司。ZigBee 一词是该集团的注册商标（图 6.4），而非单一技术标准。该联盟发布应用程序配置文件，允许多个 OEM 供应商创建可互操作的产品。IEEE 802.15.4 和 ZigBee 之间的关系类似于 IEEE 802.11 和 Wi-Fi 联盟之间的关系。

ZigBee 联盟有 3 个级别的成员：采用者、参与者和推动者。采用者会员可以访问完整的 ZigBee 规范和标准，参与者会员拥有投票权，在 ZigBee 开发中发挥作用，并尽早获得产品开发的规范和标准。

图 6.4 ZigBee Alliance 注册商标

第一个 ZigBee 应用程序简介——家庭自动化，于 2007 年 11 月 2 日发布。目前已发布的应用程序配置文件包括家庭自动化 1.2、智能能源 1.1b、智能能源 1.2、智能能源 1.2a、智能能源 1.2b、电信服务 1.0、医疗保健 1.0、RF4CE-远程控制 1.0、RF4CE-输入设备 1.0、遥控器 2.0、Light Link 1.0、IP 1.0、商业楼宇自动化 1.0、网关 1.0、Green Power 1.0（ZigBee 2012 的可选无电池遥控功能）、零售服务；正在开发的应用程序配置文件有 ZigBee Smart Energy 2.0、智能能源 1.3、智能能源 1.4、Light Link 1.1、家庭自动化 1.3。

ZigBee Smart EnergyV 2.0 规范定义了一个互联网协议，用于监控、控制、通知和自动化能源和水的交付和使用。它是 ZigBee Smart Energy 版本 1 规格的增强版。它为插电式电动汽车充电、安装、配置和固件下载、预付费服务、用户信息和消息传递、负载控制、需求响应以及有线和无线网络的通用信息和应用配置文件接口添加了服务。

2009 年，消费电子无线电频率（RF4CE）联盟和 ZigBee 联盟同意共同提供射频遥控器标准。ZigBee RF4CE 专为消费电子产品而设计，如电视和机顶盒。它承诺了许多优于现有远程控制解决方案的优势，包括更丰富的通信、更高的可靠性、增强的功能和灵活性、互操作性以及无视线障碍。ZigBee RF4CE 规范解除了一些网络重量,并不支持所有网格功能,这些功能可用于较低成本设备的较小内存配置,例如消费电子产品的远程控制。

4. 硬件

ZigBee 使用的无线电设计具有很少的模拟级,尽可能使用数字电路。图 6.5 为 ZigBee 硬件组网方式。

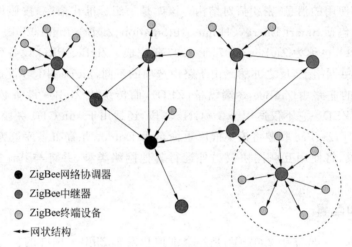

图 6.5　ZigBee 硬件组网方式

ZigBee 资格认证过程涉及对物理层要求的完全验证,验证的半导体掩模组的所有无线电将享有相同的 RF 特性。未经认证的物理层发生故障可能会削弱 ZigBee 网络上其他设备的电池使用寿命。ZigBee 无线电对功率和带宽有严格的限制。因此,须在 802.15.4—2006 标准的第 6 章给出的指导下测试无线电。

本标准规定了未经许可的 2.4~2.4835GHz(全球),902~928MHz(美洲和澳大利亚)和 868~868.6MHz(欧洲)ISM 频段的操作。在 2.4GHz 频段中分配了 16 个信道,每个信道间隔 5MHz,但仅使用 2MHz 带宽。无线电使用直接序列扩频编码,其由数字流管理到调制器中。二进制相移键控(binary phase shift keying,BPSK)用于 868MHz 和 915MHz 频段,并且在 2.4GHz 频段中使用每个符号发送两个比特的偏移正交相移键控(offset quadrature phase shift keying,OQPSK)。

原始的无线数据速率是 2.4GHz 频段每信道 250kbps,915MHz 频段每信道 40kbps,868MHz 频段每信道 20kbps。由于数据包开销和处理延迟,实际数据吞吐量将小于最大指定比特率。对于 2.4GHz 的室内应用,传输距离为 10~20m,具体取决于建筑材料、要穿透的墙壁数量以及该地理位置允许的输出功率。户外有视线,范围可高达 1500m,具体取决于功率输出和环境特征。无线电的输出功率通常为 0~20dBm(1~100mW)。

ZigBee 设备有 3 种:

ZigBee 协调器(ZC):最强大的设备,协调器构成网络树的根,可能桥接到其他网络。每个网络中只有一个 ZigBee 协调器,它是最初启动网络的设备(ZigBee Light Link 规范还允许在没有 ZigBee 协调器的情况下运行,使其更适用于现成的家庭产品)。它存储有关网络的信息,包括充当安全密钥的信任中心和存储库。

ZigBee 路由(中继)器(ZR)：除了运行应用程序功能外，路由器还可以充当中间路由器，从其他设备传递数据。

ZigBee 终端设备(ZED)：包含足够的功能来与父节点(协调器或路由器)通信，但无法从其他设备中继数据。这种关系允许节点在很长一段时间内处于睡眠状态，从而延长电池寿命。ZED 需要最少的存储器，因此制造成本比 ZR 或 ZC 便宜。

当前的 ZigBee 协议支持信标和非信标启用的网络。在非信标启用的网络中，使用非时隙的 CSMA/CA 信道访问机制。在这种类型的网络中，ZigBee 路由器通常使其接收器持续活动，需要更强大的电源。然而，这允许异构网络，其中一些设备连续接收，而其他设备仅在检测到外部刺激时发送。异构网络的典型示例是无线灯开关：灯的 ZigBee 节点可以不断地接收，因为它连接到主电源，而电池供电的灯开关将保持睡眠直到投掷开关。然后开关唤醒，向灯发送命令，接收确认，然后返回睡眠状态。在这样的网络中，如果不是 ZigBee 协调器，灯节点将至少是 ZigBee 路由器；交换节点通常是 ZigBee 终端设备。

在启用信标的网络中，称为 ZigBee 路由器的特殊网络节点发送周期性信标以确认其存在于其他网络节点。节点可能在信标之间睡眠，从而降低其占空比并延长其电池寿命。信标间隔取决于数据速率；它们在 250kbps 时可以从 15.36ms 到 251.658 24s，在 40kbps 时从 24ms 到 393.216s，在 20kbps 时从 48ms 到 786.432s。然而，具有长信标间隔的低占空比操作需要精确的定时，这可能与低产品成本的需求相冲突。

通常，ZigBee 协议最小化无线电开启的时间，以减少功率使用。在信标网络中，节点只需要在传输信标时处于活动状态。在非信标网络中，功耗显然是不对称的：有些设备总是处于活动状态，而其他设备则大部分时间处于休眠状态。

除 Smart Energy Profile 2.0 外，ZigBee 设备必须符合 IEEE 802.15.4—2003 低速无线个人局域网(LR-WPAN)标准。该标准规定了较低的协议层——物理层(physics，PHY)和数据链路层(data link layer，DLL)的媒体访问控制部分。基本信道接入模式是"载波侦听，多址/冲突避免"(CSMA/CA)。也就是说，节点以与人类交谈相同的方式说话；在他或她开始之前，他们会简要地检查一下是否有人在说话，有 3 个明显的例外：信标按固定时间表发送，不使用 CSMA；消息确认也不使用 CSMA；最后，具有低延迟实时要求的启用信标的网络中的设备也可以使用保证时隙(guaranteed time slot，GTS)，根据定义，它不使用 CSMA。

5. 软件

ZigBee 易于在小型、廉价的微处理器上开发，包括网络层、应用层、主要组件、通信模型、通信方式和设备发现。

1) 网络层

网络层的主要功能是能够正确使用 MAC 子层，并提供适合应用层使用的接口。网络层负责处理网络功能，如连接、断开连接和设置网络，进行添加网络、分配地址以及添加/删除某些设备。该层使用星形、网格和树形拓扑。

一方面，数据实体从应用层的有效载荷创建和管理网络层数据单元，并根据当前拓扑执行路由。另一方面，存在层控制，其用于处理新设备的配置并建立新网络；它可以确定相邻设备是否属于网络并发现新邻居和路由器。控制还可以检测接收器的存在，这允许直接通信和 MAC 同步。

网络层使用的路由协议是 AODV（ad hoc on-demand distance vector routing）。在 AODV 中，为了找到目的设备，AODV 向所有邻居广播出路由请求。然后，邻居将请求广播到他们的邻居并继续向前，直到到达目的地。一旦到达目的地，它就会通过单播传输发送其路由回复，然后将以最低成本路径返回到源。一旦源收到回复，它将更新其路由表，以获取路径中下一跳的目标地址和路径开销。

2）应用层

应用层是规范定义的最高层，是 ZigBee 系统与最终用户的有效接口。它包含 ZigBee 规范添加的大多数组件：ZDO(ZigBee 设备对象)及其管理程序以及制造商定义的应用程序对象都被视为该层的一部分。该层绑定表，在绑定设备之间发送消息、管理组地址、重新组装数据包以及传输数据。它负责为 ZigBee 设备配置文件提供服务。

3）主要组件

ZDO 是 ZigBee 协议栈中的协议，负责整体设备管理、安全密钥和策略。它负责定义设备作为协调器或终端设备的角色，也用于在网络上发现新的（一跳）设备以及识别其提供的服务，然后它可以继续与外部设备建立安全链接并相应地回复绑定请求。

应用程序支持子层（application support sub-layer, APS）是该层的另一个主要标准组件，提供了定义良好的接口和控制服务。APS 作为网络层和应用层其他元素之间的桥梁，以数据库的形式保存最新的绑定表。可用于根据所需的服务从不同设备中查找适当的设备。作为两个指定层之间的联合。

4）通信模型

应用程序可以包括协作执行所需任务的通信对象。ZigBee 的重点是在位于各个 ZigBee 节点内的许多不同设备之间分配工作，这些设备又形成网络（所述工作通常在很大程度上是每个设备本地的，例如，每个家用电器的控制）。

组成网络的对象集合使用 APS 提供的设施进行通信，由 ZDO 接口监督。应用层数据服务遵循典型的请求-确认/指示-响应结构。在单个设备中，最多可存在 240 个应用程序对象，编号范围为 1~240。0 表示 ZDO 数据接口，255 表示广播；241~254 系列目前尚未使用，但可能在将来使用。

有两个服务可供应用程序对象使用（在 ZigBee 1.0 中）：

（1）键值对服务（key value pair, KVP）用于配置目的。它通过基于获取/设置和事件原语的简单接口实现对象属性的描述、请求和修改，其中一些允许请求响应。配置使用压缩（extensible markup language, XML）(可以使用完整的 XML)来提供适应性解决方案。

（2）消息服务旨在提供信息处理的一般方法，避免调整应用程序协议的必要性和 KVP 带来的潜在开销。它允许通过 APS 帧传输任意有效载荷。

寻址也是应用层的一部分。网络节点包括符合 802.15.4 的无线电收发器和一个或多个设备描述（基本上可以轮询或设置的属性集合，或者可以通过事件监视的属性集合）。收发器是寻址的基础，节点内的设备由 1~240 范围内的端点标识符指定。

5）通信方式和设备发现

对于要进行通信的应用程序，其组成的设备必须使用通用的应用程序协议（消息类型、格式等）；这些约定集合在配置文件中。此外，通过匹配输入和输出集群标识符来确定绑定,该集合标识符在给定简档的上下文中是唯一的并且与设备中的输入或输出数据流相关联。绑定表包含源和目标对。

根据可用信息,设备发现可能遵循不同的方法。当网络地址已知时,可以使用单播通信请求 IEEE 地址。如果不是,则广播请求(IEEE 地址是响应有效载荷的一部分)。终端设备将简单地响应所请求的地址,而网络协调器或路由器将发送与其相关的所有设备的地址。

这种扩展的发现协议允许外部设备查找网络中的设备及其提供的服务,当发现设备(之前已获得其地址)查询时,哪些端点可以报告。也可以使用匹配服务。

集群标识符的使用强制使用由 ZigBee 协调器维护的绑定表来绑定互补实体,因为该表必须始终在网络中可用,并且协调器最有可能具有永久电源。某些应用程序可能需要由更高级别层管理的备份。绑定需要建立通信链路;在存在之后,根据应用和安全策略,决定是否向网络添加新节点。

通信可以在自组网之后立即完成。直接寻址使用无线电地址和端点标识符,而间接寻址使用每个相关字段(地址、端点、集群和属性),并要求将它们发送到网络协调器,网络协调器维护关联并转换通信请求。间接寻址对于保持某些设备非常简单和最大限度地减少对存储的需求特别有用。除了这两种方法之外,还可以向设备中的所有端点广播,并且组寻址用于与属于一组设备的端点组进行通信。

6. 安全服务

作为其定义功能之一,ZigBee 提供了执行安全通信、保护加密密钥、加密帧和控制设备的建立和传输的工具。它建立在 IEEE 802.15.4 中定义的基本安全框架之上。这部分体系结构依赖于对密钥的正确管理以及方法和安全策略的正确实现。

1) 基本安全模型

对所有密钥材料的充分保护是确保机密性的基本机制。必须在密钥的初始安装以及安全信息的处理中假定信任。对于全局工作的实现,假定它与指定行为的一般一致性。

密钥是安全架构的基石;因此,它们的保护至关重要,钥匙永远不应该通过不安全的渠道运输。在添加到先前未配置的设备的网络的初始阶段期间发生该规则的暂时例外。ZigBee 网络模型必须特别注意安全性考虑因素,因为外部设备可以物理访问 Ad Hoc 网络。此外,无法预测工作环境的状态。

在协议栈内,不同的网络层不以加密方式分离,因此需要访问策略,并假设传统设计。设备内的开放信任模型允许密钥共享,这显著降低了潜在成本。然而,创建框架的层负责其安全性。如果可能存在恶意设备,则必须对每个网络层的有效负载进行加密,以便立即切断未经授权的流量。同样例外的是将网络密钥传输到新的连接设备,该网络密钥为网络提供统一的安全层。

2) 安全架构

ZigBee 使用 128 位密钥来实现其安全机制。密钥可以与网络相关联,可以由 ZigBee 层和 MAC 子层使用,也可以与通过预安装、协议或传输获得的链路相关联。链接密钥的建立基于控制链接密钥对应关系的主密钥。最终,至少,初始主密钥必须通过安全介质(传输或预安装)获得,因为整个网络的安全性取决于它。链接和主密钥仅对应用程序层可见。不同的服务使用链接密钥的不同单向变化来避免泄漏和安全风险。

密钥分发是网络最重要的安全功能之一。安全网络将指定一个特殊设备，其他设备信任该设备以分发安全密钥：信任中心。理想情况下，设备将预先加载中心信任地址和初始主密钥；如果出现短暂漏洞，将按上述方式发送。没有特殊安全需求的典型应用将使用信任中心（通过最初不安全的信道）提供的网络密钥进行通信。

因此，信任中心维护网络密钥并提供点对点安全性。设备仅接受来自信任中心提供的密钥的通信，初始主密钥除外。安全体系结构分布在网络层之间，如下所示：

（1）MAC 子层能够进行单跳可靠通信。通常，它使用的安全级别由上层指定。

（2）网络层管理路由，处理接收的消息并能够广播请求。如果可用，传出帧将根据路由使用足够的链接密钥；否则，网络密钥将用于保护有效负载免受外部设备的影响。

（3）应用层为 ZDO 和应用程序提供关键的建立和传输服务。

（4）安全级别基础结构基于 CCM*，它为 CCM 添加了仅加密和完整性的功能。

德国计算机杂志网站称，ZigBee Home Automation 1.2 使用后备密钥进行加密协商，这些密钥已知且无法更改。这使得加密非常容易受到攻击。

6.2.4 蜂窝移动通信

蜂窝移动通信（cellular mobile communication）采用蜂窝无线组网方式，在终端和网络设备之间通过无线通道连接起来，进而实现用户在活动中相互通信。其主要特征是终端的移动性，具有越区切换和跨本地网自动漫游功能。蜂窝移动通信业务是指经过由基站子系统和移动交换子系统等设备组成蜂窝移动通信网提供的话音、数据、视频图像等业务。

蜂窝网络或移动网络是最后一个链路为无线的通信网络。该网络分布在称为小区的陆地区域，它可以是六边形、正方形、圆形或其他的一些形状，通常是六角蜂窝状，每个小区由至少一个固定位置的收发器服务，但更通常是 3 个小区站点或基站收发信台。这些基站为小区提供网络覆盖，可用于传输语音、数据和其他类型的内容。每一个小区被分配了多个频率（$f_1 \sim f_6$），通常使用相邻小区的不同频率集，避免同信道干扰并在每个小区内提供有保证的服务质量。

当连接在一起时，这些小区在广泛的地理区域提供无线电覆盖。这使得大量便携式收发器（例如，配备有移动宽带调制解调器、寻呼机等的移动电话、平板电脑和笔记本电脑）能够通过基站彼此通信并与网络中任何地方的固定收发器和电话通信，即使一些收发器在传输过程中通过一个以上的小区。

蜂窝网络提供了许多令人满意的功能：

（1）比单个大型发射机有更多的容量，因为只要它们在不同的小区中，相同的频率就可以用于多个链路；

（2）移动设备比单个发射器或卫星使用更少的功率，因为蜂窝塔更靠近；

（3）比单个地面发射机有更大的覆盖区域，因为可以无限增加额外的蜂窝塔并且不受地平线的限制。

主要的电信提供商已经在地球上大多数有人居住的土地上部署了语音和数据蜂窝网络。这允许移动电话和移动计算设备连接到公共交换电话网络和公共互联网。私人蜂窝网络可用于研究或大型组织和车队，例如为当地公共安全机构或出租车公司派遣。

在智能车辆领域,使用蜂窝网络通信系统的 V2X 技术又被称为 C-V2X 技术,目前的 C-V2X 标准是基于 LTE 系统的 V2X,以 R14 版本为基础的车联网技术称为 LTE-V2X(long term evolution-vehicle to X),R15 对其进行增强,即 LTE-eV2X。

1. 概念

移动通信的发展历史可以追溯到 19 世纪。1864 年麦克斯韦从理论上证明了电磁波的存在;1876 年赫兹用试验证实了电磁波的存在;1900 年马可尼等利用电磁波进行远距离无线电通信取得了成功,从此世界进入了无线电通信的新时代。现代意义上的移动通信开始于 20 世纪 20 年代初期。1928 年,美国 Purdue 大学学生发明了工作于 2MHz 的超外差式无线电接收机,并很快在底特律的警察局投入使用,这是世界上第一种可以有效工作的移动通信系统;20 世纪 30 年代初,第一部调幅制式的双向移动通信系统在美国新泽西的警察局投入使用;20 世纪 30 年代末,第一部调频制式的移动通信系统诞生,试验表明调频制式的移动通信系统比调幅制式的移动通信系统更加有效。在 20 世纪 40 年代,调频制式的移动通信系统逐渐占据主流地位,这个时期主要完成通信试验和电磁波传输的试验工作,在短波波段上实现了小容量专用移动通信系统。这种移动通信系统的工作频率较低、话音质量差、自动化程度低,难以与公众网络互通。在第二次世界大战期间,军事上的需求促使技术快速进步,同时导致移动通信的巨大发展。战后,军事移动通信技术逐渐被应用于民用领域,到 20 世纪 50 年代,美国和欧洲部分国家相继成功研制了公用移动电话系统,在技术上实现了移动电话系统与公众电话网络的互通,并得到了广泛的使用。但遗憾的是这种公用移动电话系统仍然采用人工接入方式,系统容量小。

从 20 世纪 60 年代中期至 70 年代中期,美国推出了改进型移动电话系统,它使用 150MHz 和 450MHz 频段,采用大区制、中小容量,实现了无线频道自动选择及自动接入公用电话网。20 世纪 70 年代中期,随着民用移动通信用户数量的增加,业务范围的扩大,有限的频谱供给与可用频道数要求递增之间的矛盾日益尖锐。为了更有效地利用有限的频谱资源,美国贝尔实验室提出了在移动通信发展史上具有里程碑意义的小区制、蜂窝组网的理论,它为移动通信系统在全球的广泛应用开辟了道路。

与具有单个发射器的网络相比,来自贝尔实验室的 Amos Joel 开发的移动通信交换系统增加了蜂窝网络中的容量,该系统允许同一区域中的多个呼叫者通过切换呼叫来使用相同的频率。使用相同的频率制作到具有该频率的最近的可用蜂窝塔,以及相同的射频可以在不同的区域中重复使用以实现完全不同的传输。如果有单个普通发射机,则在任何给定频率上只能使用一个发射机。不可避免地,这会来自使用相同频率的其他小区的信号存在一定程度的干扰。这意味着,在标准 FDMA 系统中,在复用相同频率的小区之间必须存在至少一个小区间隙。

2. 技术实现

1) 单元信号编码

为了区分来自几个不同发射机的信号,技术人员开发了时分多址(TDMA)、频分多址(FDMA)、码分多址(CDMA)和正交频分多址(OFDMA)技术。利用 TDMA,每个小区中不同用户使用的发送和接收时隙彼此不同。利用 FDMA,每个小区中不同用户使用的发送和接收频率彼此不同。在简单的滑行系统中,出租车司机手动调谐到所选单元的频率以获得强信号并避免来自其他单元的信号的干扰。CDMA 的原理更复杂,但实现了相同的结果,分布式收发器可以选择一个小区并收听它。

其他可用的多路复用方法,例如极分多址(PDMA),不能用于将信号从一个小区分离到下一个小区,因为两者的影响随位置而变化,这将使信号分离几乎不可能。TDMA 在许多系统中与 FDMA 或 CDMA 结合使用,以在单个小区的覆盖区域内提供多个信道。

2) 频率复用

蜂窝网络的关键特性是能够重新使用频率以增加覆盖范围和容量。如上所述,相邻小区必须使用不同的频率,如果桅杆和蜂窝网络用户的设备不以太大的功率发送,则在相同频率上工作的两个小区相距足够远也没有问题。

确定频率复用的元素是复用距离和复用因子。复用距离 D 计算为式(6.1)

$$\sqrt{D} = R\sqrt{3N} \tag{6.1}$$

式中:R 为小区半径;N 为每个小区的小区数。细胞的半径可以在 1~30km(0.62~18.64 英里)之间变化。细胞的边界也可以在相邻细胞之间重叠,并且大细胞可以分成更小的细胞。

频率复用因子是可以在网络中使用相同频率的速率。它是 $1/K$(或根据一些书籍中的 K),其中 K 是不能使用相同频率进行传输的小区数。频率复用因子的常用值是 $1/3,1/4,1/7,1/9$ 和 $1/12$(或 3,4,7,9 和 12,具体取决于符号)。图 6.6 为频率复用因子或模式 1/4 的示例。

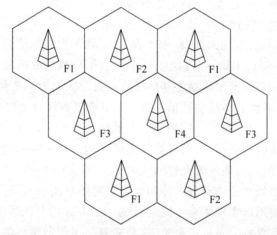

图 6.6 频率复用因子或模式 1/4 的示例

在同一基站站点上的 N 个扇区天线的情况下,每个天线具有不同的方向,基站站点可以服务于 N 个不同的扇区。N 通常为 3。N/K 的复用模式表示每个站点的 N 个扇区天线之间的频率的进一步划分。一些当前和历史复用模式是 3/7(北美 AMPS)、6/4(摩托罗拉 NAMPS)和 3/4(GSM)。

如果总可用带宽是 B,则每个小区只能使用对应于 B/K 带宽的多个频率信道,并且每个扇区可以使用 B/NK 的带宽。

基于码分多址的系统使用更宽的频带来实现与 FDMA 相同的传输速率,但这可以通过使用频率复用因子1的能力来补偿,例如使用1/1的复用模式。换句话说,相邻基站站点使用相同的频率,并且不同的基站和用户由代码而不是频率分开。虽然在该示例中 N 被设为1,但这并不意味着 CDMA 小区仅具有一个扇区,而是整个小区带宽也可单独地用于每个扇区。

根据城市的大小,出租车系统可能在其自己的城市中没有任何频率复用,但肯定在附近的其他城市可以使用相同的频率。另一方面,在大城市中,频率复用肯定可以使用。

最近,正在部署诸如 LTE 的正交频分多址系统,频率复用为1。由于这种系统不在频带上扩展信号,因此小区间无线电资源管理对于协调不同区间的资源分配很重要。小区站点和限制小区间干扰。在标准中已经定义了各种小区间干扰协调(inter cell interference coordination,ICIC)方法。协调调度、多站点 MIMO 或多站点波束成形是用于未来可能标准化的小区间无线电资源管理的其他示例。

3) 定向天线

蜂窝塔经常使用定向信号来改善高流量区域的接收。在美国,联邦通信委员会(FCC)将全向蜂窝塔信号限制为100W功率。如果塔具有定向天线,FCC 允许电池运营商广播高达500W 的有效辐射功率(effective radiated power,ERP)。

虽然原始的蜂窝塔产生了均匀的全向信号,但是它们位于细胞的中心并且是全向的,可以重新绘制蜂窝地图,其中蜂窝电话塔位于3个细胞会聚的六角形的角落处。每个塔有3组定向天线,分别针对3个不同的方向,每个小区120°(总共360°),并以不同的频率接收/发送到3个不同的小区。这为每个小区提供了至少3个信道和3个塔,并且极大地增加了从至少一个方向接收可用信号的机会。

图 6.7 中的数字是通道编号,每3个单元格重复一次。对于大容量区域,可以将大细胞细分为更小的细胞。

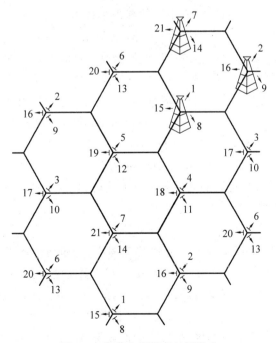

图 6.7 蜂窝电话频率复用模式

4) 广播消息和寻呼

实际上每个蜂窝系统都有某种广播机制,直接用于向多个移动设备分发信息。例如在移动电话系统中,广播信息的最重要用途是建立用于移动收发器和基站之间的一对一通信的信道,称为寻呼。通常采用的 3 种不同的寻呼过程是顺序、并行和选择性寻呼。

寻呼过程的细节在网络与网络之间有所不同,通常我们知道电话所在的小区数量有限(这组小区在 GSM 或 UMTS 系统中称为位置区域,如果涉及数据分组会话,则为路由区域;在 LTE 中,将小区分组为跟踪区域),通过向这些小区发送广播消息来进行寻呼。寻呼消息可用于信息传输。这发生在寻呼机用于发送 SMS 消息的 CDMA 系统中,以及在 UMTS 系统中,其允许基于分组的连接中的低下行链路延迟。

3. 分类

传统上,欧洲使用 900MHz 频段,北美使用 800MHz 频段,多数亚洲国家同时使用这两个频段。欧洲 900MHz 分配频率的主要模拟标准是全接入通信系统,GSM-900 已被欧洲采用为共同标准并在世界上许多其他国家使用。此外,GSM 标准已用于 1800MHz(DCS 1800)。一些国家正建立独立的 1800MHz 网,而另一些国家正试图用此频段增加其 GSM 容量。因为在两个频段上使用相同协议,越来越普遍使用 GSM-900 和 GSM-1800 这些术语而不用 GSM 和 DCS1800。

常见的蜂窝移动通信系统按照功能的不同可以分为 3 类,它们分别是宏蜂窝、微蜂窝以及智能蜂窝,通常这 3 种蜂窝技术各有特点。

1) 宏蜂窝技术

蜂窝移动通信系统中,在网络运营初期,运营商的主要目标是建设大型的宏蜂窝小区,取得尽可能大的地域覆盖率,宏蜂窝每小区的覆盖半径大多为 1~25 km,基站天线尽可能做得很高。在实际的宏蜂窝小区,通常存在着两种特殊的微小区域。一是"盲点",电波在传播过程中遇到障碍物造成阴影区域,该区域通信质量严重低劣;二是"热点",由于空间业务负荷的不均匀分布而形成的业务繁忙区域,它支持宏蜂窝中的大部分业务。以上两"点"问题的解决,往往依靠设置直放站、分裂小区等办法。除了经济方面的原因外,从原理上讲,这两种方法都不能无限制地使用,因为扩大了系统覆盖,通信质量要下降;提高了通信质量,往往又要牺牲容量。近年来,随着用户的增加,宏蜂窝小区进行小区分裂,变得越来越小。当小区小到一定程度时,建站成本就会急剧增加,小区半径的缩小也会带来严重的干扰。另一方面,盲区仍然存在,热点地区的高话务量也无法得到很好地吸收,微蜂窝技术就是为了解决以上难题而产生的。

2) 微蜂窝技术

与宏蜂窝技术相比,微蜂窝技术具有覆盖范围小、传输功率低以及安装方便灵活等优点,该小区的覆盖半径为 30~300m,基站天线低于屋顶高度,传播主要沿着街道的视线进行,信号在楼顶的泄露小。微蜂窝可以作为宏蜂窝的补充和延伸。微蜂窝的应用主要有两方面:一是提高覆盖率,应用于一些宏蜂窝很难覆盖到的盲点地区,如地铁、地下室;二是提高容量,主要应用在高话务量地区,如繁华的商业街、购物中心、体育场等。微蜂窝在作为提高网络容量的应用时一般与宏蜂窝构成多层网。宏蜂窝进行大面积的覆盖,作为多层网的底层,微蜂窝则小面积连续覆盖叠加在宏蜂窝上,构成多层网的上层,微蜂窝和宏蜂窝在系统配置上是不同的小区,有独立的广播信道。

3) 智能蜂窝技术

智能蜂窝技术是指基站采用具有高分辨阵列信号处理能力的自适应天线系统,智能地监测移动台所处的位置,并以一定的方式将确定的信号功率传递给移动台的蜂窝小区。对于上行链路而言,采用自适应天线阵接收技术,可以极大地降低多址干扰,增加系统容量;对于下行链路而言,可以将信号的有效区域控制在移动台附近半径为 100~200 波长的范围内,使同道干扰减小。智能蜂窝小区既可以是宏蜂窝,也可以是微蜂窝。利用智能蜂窝小区的概念进行组网设计,能够显著地提高系统容量,改善系统性能。

4. 发展历史

1) 第一代蜂窝移动通信系统(1G)

1978 年,美国贝尔实验室开发了先进移动电话业务(advanced mobile phone system,AMPS)系统,这是第一种真正意义上的具有随时随地通信能力的大容量的蜂窝移动通信系统。AMPS 采用频率复用技术,可以保证移动终端在整个服务覆盖区域内自动接入公用电话网,具有更大的容量和更好的语音质量,很好地解决了公用移动通信系统所面临的大容量要求与频谱资源限制的矛盾。20 世纪 70 年代末,美国开始大规模部署 AMPS 系统。AMPS 以优异的网络性能和服务质量获得了广大用户的一致好评。AMPS 在美国的迅速发展促进了在全球范围内对蜂窝移动通信技术的研究。到 20 世纪 80 年代中期,欧洲和日本也纷纷建立了自己的蜂窝移动通信网络,主要包括英国的 ETACS 系统、北欧的 NMT-450 系统、日本的 NTT/JTACS/NTACS 系统等。这些系统都是模拟制式的频分双工(frequency division duplex,FDD)系统,亦被称为第一代蜂窝移动通信系统或 1G 系统。

2) 第二代蜂窝移动通信系统(2G)

2G 网络标志着移动通信技术从模拟走向了数字时代。这个引入了数字信号处理技术的通信系统诞生于 1992 年。2G 系统第一次引入了流行的用户身份模块(SIM)卡。主流 2G 接入技术是 CDMA 和 TDMA。GSM 是一种非常成功的 TDMA 网络,它从 2G 的时代到现在都在被广泛使用。2.5G 网络出现于 1995 年后,它引入了合并包交换技术,对 2G 系统进行了扩展。

900/1800MHz GSM 第二代数字蜂窝移动通信(简称 GSM 移动通信)业务是指利用工作在 900/1800MHz 频段的 GSM 移动通信网络提供的话音和数据业务。GSM 移动通信系统的无线接口采用 TDMA 技术,核心网移动性管理协议采用 MAP 协议。

900/1800MHz GSM 第二代数字蜂窝移动通信业务的经营者必须自己组建 GSM 移动通信网络,所提供的移动通信业务类型可以是一部分或全部。提供一次移动通信业务经过的网络可以是同一个运营者的网络,也可以由不同运营者的网络共同完成。提供移动网国际通信业务,必须经过国家批准设立的国际通信出入口。

800MHz CDMA 第二代数字蜂窝移动通信(简称 CDMA 移动通信)业务是指利用工作在 800MHz 频段上的 CDMA 移动通信网络提供的话音和数据业务。CDMA 移动通信的无线接口采用窄带 CDMA 技术,核心网移动性管理协议采用 IS-41 协议。

800MHz CDMA 第二代数字蜂窝移动通信业务的经营者必须自己组建 CDMA 移动通信网络，所提供的移动通信业务类型可以是一部分或全部。提供一次移动通信业务经过的网络，可以是同一个运营者的网络，也可以由不同运营者的网络共同完成。

3) 第三代蜂窝移动通信系统(3G)

3G 的基本思想是在支持更高带宽和数据速率的同时，提供多媒体服务。3G 同时采用了电路交换和包交换策略。主流 3G 接入技术是 TDMA、CDMA、宽频带 CDMA(WCDMA)、CDMA2000，和时分同步 CDMA(TS-CDMA)。

第三代数字蜂窝移动通信(简称 3G 移动通信)业务是指利用第三代移动通信网络提供的话音、数据、视频图像等业务。

第三代数字蜂窝移动通信业务主要特征是可提供移动宽带多媒体业务，其中高速移动环境下支持 144kbps 速率，步行和慢速移动环境下支持 384kbps 速率，室内环境支持 2Mbps 速率数据传输，并保证高可靠服务质量(QoS)。第三代数字蜂窝移动通信业务包括第二代蜂窝移动通信可提供的所有的业务类型和移动多媒体业务。

第三代数字蜂窝移动通信业务的经营者必须自己组建 3G 移动通信网络，所提供的移动通信业务类型可以是端到端业务的一部分或全部。提供一次移动通信业务经过的网络，可以是同一个运营者的网络设施，也可以由不同运营者的网络设施共同完成。提供国际通信业务必须经过国家批准并设立的国际通信出入口。

4) 第四代蜂窝移动通信系统(4G)

广泛普及的 4G 包含了若干种宽带无线接入通信系统。4G 的特点可以用 MAGIC 描述，即移动多媒体、任何时间任何地点、全球漫游支持、集成无线方案和定制化个人服务。4G 系统不仅支持升级移动服务，也支持很多既存无线网络。

该技术包括 TD-LTE 和 FDD-LTE 两种制式(严格意义上来讲，LTE 只是 3.9G，尽管被宣传为 4G 无线标准，但它其实并未被 3GPP 认可为国际电信联盟所描述的下一代无线通信标准 IMT-Advanced，因此在严格意义上其还未达到 4G 的标准。只有升级版的 LTE Advanced 才满足国际电信联盟对 4G 的要求)。

4G 是集 3G 与 WLAN 于一体，并能够快速传输数据、高质量音频、视频和图像等。4G 能够以 100Mbps 以上的速度下载，比家用宽带 ADSL(4M)快 25 倍，并能够满足几乎所有用户对于无线服务的要求。此外，4G 可以在 DSL 和有线电视调制解调器没有覆盖的地方部署，然后再扩展到整个地区。很明显，4G 有着不可比拟的优越性。

5) 第五代蜂窝移动通信系统(5G)

对于 5G 和超 4G 无线网络通信，有一系列的设想。一些人认为它将是高密度网络，有着分布式 MIMO 以提供小型绿色柔性小区。先进的串扰和移动率管理也伴随着不同传输点和重叠的覆盖区之间的协作而实现。对每个小区的上行链路和下行链路传输，资源的使用也将更加灵活。用户连接支持多种无线接入技术，并且在它们之间切换时真正做到无缝兼容。人们普遍期待的认知无线技术，即智能无线技术，将会在主用户离开时，通过自适应查找并使用未占用的频谱，支持不同的无线技术高效共享同一个频谱。这一动态无线资源管理将基于软件无线电技术实现。

6.3 无线局域网标准

802.11p 无线局域网标准由 IEEE 于 2010 年 7 月颁布,用于智能交通 ITS。

6.3.1 概念

IEEE 802.11p(WAVE)是一个由 IEEE 802.11 标准扩充的通信协议,主要用于车载电子无线通信。它本质上是 IEEE 802.11 的扩充延伸,符合智能交通系统(ITS)的相关应用。应用层面包括高速车辆之间以及车辆与 ITS 路边基础设施(5.9GHz 频段)之间的数据交换。IEEE 1609 标准则基于 IEEE 802.11p 通信协议的上层应用标准。

802.11p 将被用在车载通信(DSRC)系统中,这是美国交通部(U. S. Department of Transportation)基于欧洲针对车辆的通信网路,特别是电子道路收费系统、车辆安全服务与车上的商业交易系统等应用而规划的中长距离继续传播空气介面(continuous air interfaces-long and medium range, CALM)系统的计划。该计划最终的愿景是建立一个允许车辆与路边无线接取器或是其他车辆间通信的全国性网络。

6.3.2 技术简介

IEEE 802.11p 对传统的无线短距离网络技术加以扩展,可以实现对汽车非常有用的功能,包括更先进的切换机制(handoff scheme)、移动操作、增强安全、识别(identification)、对等网络(peer-to-peer)认证。最重要的是,在车载规定频率上进行通信。将充当 DSRC 或者面向车载通信的基础。车载通信可以在汽车之间进行,也可以在汽车与路边基础设施网络之间进行。从技术上来看,进行了多项针对汽车这样的特殊环境的改进,如更先进的热点切换,能够更好地支持移动环境,增强了安全性,加强了身份认证等。若要实现真正商用,不同厂商产品间的互通性至关重要,因此首先标准在 IEEE 上获得通过至关重要,现在看来这似乎不是什么难事。车载通信市场很大部分由手机通信所主导,但客观上说,蜂窝通信覆盖成本比较高昂,提供的带宽也比较有限。而使用 802.11p 有望降低部署成本、提高带宽、实时收集交通信息等,而且支持身份认证则有望代替 RFID 技术。上述的优势有助于刺激厂商将 Wi-Fi 内置入汽车,而为节省成本和方便起见,厂商极有可能将与传统的 a/b/g 工作于同一频段之中,或者是整合这些标准的多模产品。使用 IEEE 的汽车厂商还有可能获得车载通信的运营权。

1. 物理层

IEEE 802.11p 是基于正交频分复用(OFDM)的,它的 OFDM 是 IEEE 802.11a 标准的扩展。IEEE 802.11a 的 OFDM 有 64 个副载波,每个带宽为 20MHz 的信道由 64 个副载波中的 52 个副载波组成。其中 4 个副载波充当导频,用以监控频率偏置和相位偏置,其余 48 个副载波则用来传递数据。在每个物理层数据包的头文件中都有短序列符和长序列符,用来做信号侦查、频率偏置估计、时间同步和信道判断。为了应对衰落信道,在调整到载波之前对信息位隔行扫描编码。其物理层对信号的处理和规范与 IEEE 802.11a 基本相似,它们的不同之处如下:

(1) 工作频率在 5GHz 附近,75MHz 被划分为 7 个 10MHz 的信道,频率最低的 5MHz 用作安全空白。中间的信道是控制信道,它所有有关安全的信息都是广播消息。保留用于服务的信道,相邻的两个信道通过协商后可以当作一个 20MHz 的信道使用,但其通信的优先级别要低些。

(2) 为了在车载环境下进行更大范围的通信,其定义了最高的等效全向辐射功率(EIRP)44.8dBm(30W),最大限度地让汽车处理紧急事件,典型的与安全相关信息的有效等向辐射功率为 33dBm。

(3) 在车载环境下为了增加对信号多路径传播的承受能力,使用 10MHz 频率的带宽。减少带宽使物理层的参数是 IEEE 802.11a 的两倍。另一方面,使用比较小点的带宽减少了多普勒的散射效应,两倍的警戒间隔减少了多路径传输引起的码间干扰。

(4) 结果导致物理层的数据传输速率减小了一半。

分布在路上的汽车通信难免有很多相交信道的干扰,这意味着,两辆相邻的汽车(每辆汽车分别在两个相邻的车道里)使用两个相邻的信道可能会出现彼此干扰的现象。例如,汽车 A 用 176 信道传输信号时可能会干扰和阻止在相邻车道里的汽车 B 收到从 200m 远的汽车 C 通过 178 信道发送来的安全信息。交叉信道干扰是人们了解的无线通信特性。信道管理政策最有效力又能彻底解决这一被关注的问题,但是它已经超出了 IEEE 802.11 的范围。不过,IEEE 802.11p 提出了一些在相同信道里改善接收器性能的要求,其中有两种类型的要求被提议列为标准。一种是让芯片制造商理解这一要求,并强制制造商去实行;另一种是让信道具有更严格和更多的选择性。

2. MAC 层

IEEE 802.11 的 MAC 是建立和保持无线通信的工作组,它只用单一的传送队列。这种无线通信免费在它们中间进行通信,但是所有的外部传送都会有消息的遗漏。像基本服务集工作组(BSS),有很多协议机制都是在基本服务集工作组里提供安全和有效的通信。

IEEE 802.11p 改善 MAC 层的主要目的就是让通信工作组非常有效率,并且不需要建立在当前 IEEE 802.11 的 MAC 层之上。也就是说,为确保汽车自组织网的通信而建立的简单 BSS 业务。下面就介绍在设计上进行的一些改善。

1) WAVE 模式

IEEE 802.11 的 MAC 层设计应用在 IEEE 802.11p 上要消耗很多的时间,然而汽车安全通信要求既要及时地交换消息,又要 BSS 航标不提供信道扫描,并且建立多路径连接的通信。设想,若有两辆汽车相向而行,那么给它们的通信时间由它们的行驶速度决定。因此,IEEE 802.11p 的实质是默认在相同信道设置相同基本服务集标识符(BSSID)来进行安全通信。IEEE 802.11p 在 WAVE 的模式上进行了改善。工作站的 WAVE 模式不需要预先加入 BSS 中,而是在发送和接收数据帧中加入有价值的通配符 BSSID。这意味着,在同样的信道使用通配符 BSSID 能让两辆汽车不需要任何其他的操作就可以进行信息交换。

2) WAVE 的 BSS

传统的 BSS 不但不能建立安全的通信和服务,而且非常昂贵。用传统的无线保真(Wi-Fi)建立连接很难给靠近路边工作站的汽车在几秒钟内提供像下载电子地图的服务,因为汽车在它覆盖范围内所待的时间都很短。WAVE 标准引入了一个新的 BSS 类型——WBSS(WAVE BSS),工作站窗体 WBSS 首先发送一个请求航标,WAVE 工作站使用这个不需要被周期性地回复且合法的帧做请求航标,提醒使用者 WAVEBSS 可以为他们服务,这样就建立可使用的上面所说的 IEEE 802.11 上层机制。接收站包括所有的必须的资料来了解 WBSS 提供的服务,从而决定是否与其建立连接,这些资料还可以设置它自己成为 WBSS 的一员。也就是说工作站在收到 WAVE 的广播后就可以决定是否加入 WBSS 和与 WBSS 建立连接。这种方法丢弃了所有的交接和核实过程,建立了非常简单的 WBSS 上层结构。它还需要进一步的机制为上层管理 WBSS 工作组时提供安全,但是这个机制超出了 IEEE 802.11 的范围。扩展通配符 BSSID 的使用属于 WBSS 的工作站支持通配符 BSSID,使用 BSSID 主要是能给 WAVE 带来安全。换句话说,WBSS 的工作站属于 WAVE 模式,为了在安全的前提下收到所有的相邻的工作站可以通过一直发送带有通配符 BSSID 的帧完成。同样已经处于 WBSS 状态的工作站设定好了它的 BSSID,能够收到带有通配符 BSSID 的其他外部的 WBSS。通配符 BSSID 的收发数据帧不仅可以安全通信而且可以在将来自组织网(ad hoc)环境下的高层协议支持传输信号。

3) 分布式服务

分布式服务 DS(distributed services)是为 WAVE 设计的,把"To DS"和"From DS"位设为"1"就可以传送数据帧,但是在 WAVE BSS 的无线通信发送和接收带通配符 BSSID 的数据帧可能会使问题复杂化。只要数据帧的通配符 BSSID"To DS"和"From DS"位设为"0"就可以限制发送数据帧。也就是说,在 WAVE BSS 状态下,无线通信需要发送一个识别 BSSID 的数据帧才能进入分布式服务。

概括 WAVE 的 MAC 层的主要变化有:

(1) 不管在 WAVE 模式的工作站是否加入 WAVE BSS,只要通配符 BSSID 的"ToDS"和"From DS"位设为"0",就可以收发数据帧。

(2) 在用相同的 BSSID 通信的 WAVE 模式中,WBSS 是由一组协作工作站组成的一个典型的 BSS。

(3) 当把收发数据帧同 BSSID 定义为 WBSS 时,这种无线通信就加入 WBSS。相反,当 MAC 停止使用 WBSS 的 BSSID 发送和接收数据帧,它将失去 WBSS。

(4) 工作站不能同时加入几个 WBSS,在 WAVE 模式下的工作站不能加入 BSS 或者独立基本服务集 IBSS(independent basic service set),也不能主动或被动地扫描,更不能使用 MAC 认证。

(5) 如果 WBSS 没有成员将不会存在,建立 WBSS 后最开始的无线电波与其他成员没什么不同。因此,原始的无线电波不再是 WBSS 的成员后,WBSS 还能继续工作。

3. 时间广播

该修订为定时广告添加了新的管理帧,允许 IEEE 802.11p 使能的站点与公共时间参考同步。IEEE 802.11p 修订中定义的唯一时间参考是 UTC。

4. 频段

IEEE 802.11p 标准通常使用 5.9GHz 频段(5.850~5.925GHz)中 10MHz 带宽的信道。这是带宽的一半，或者是 802.11a 中使用的特定数据符号传输时间的两倍。这允许接收器更好地处理车辆通信环境中无线电信道的特性，例如从其他车辆或房屋反射的信号回波。

6.3.3 DSRC

1. 简介

DSRC(dedicated short range communications,专用短程通信技术)是基于 IEEE 802.11p 和 IEEE 802.11a 协议组的双向半双工中短距离无线通信技术，能够在高速移动的环境下，为车车之间、车路之间以及智能交通系统提供高速的数据传输服务，具有数据传输速率高、传输延时短的特点。DSRC 工作在 5GHz 频段，支持 300m 范围内的 V2V 通信，时延低于 50ms，在 10MHz 系统工作带宽下，数据传输率可达 3~27Mbps，且实现的复杂度较低。

DSRC 通信系统由三部分组成，分别是车载单元 OBU(on board unit)、路侧单元 RSU(road side unit)和专用通信链路，其结构如图 6.8 所示。OBU 相当于移动终端，是安装在移动汽车上的嵌入式处理单元；RSU 指车道和路旁的各种通信设备。专用通信链路是指 OBU 和 RSU 之间的上下行链路。通过专用通信链路，OBU 与 RSU 可以保持实时高效的信息交互。

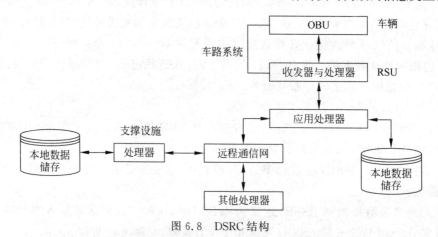

图 6.8 DSRC 结构

DSRC 设备的研发是智能交通系统(ITS)研究中的一个重要课题，广泛地应用在不停车收费、出入控制、车队管理、信息服务等领域，并在区域分割功能即小区域内车辆识别、驾驶员识别、路网与车辆之间信息交互等方面具备得天独厚的优势。

2. 优点

DSRC 的优点有：

(1) 指定授权带宽(ISM5.8GHz、915MHz、2.45GHz)，能够用于安全可靠的通信；

(2) 快速获取网络，便于立即建立通信，实现主动安全应用的高频更新；

(3) 通信速率可达 500kbps/250kbps，能承载大宽带的车载应用信息；

(4) 毫秒级的低延迟,使主动安全应用能够及时识别彼此并传输信息;

(5) 高可靠性,可以在车辆高速行驶条件下工作,且不受诸如雨、雾、雪等极端天气条件的影响;

(6) 确保互操作性,支持 V2V 和 V2I 通信,有利于普遍部署应用;

(7) 使用公钥基础设施(public key infrastructure,PKI)实现安全信息认证和隐私保护,拥有完善的加密通信机制,支持 3DES(triple data encryption algorithm,TDEA/3DES)、RSA 算法(Ron Rivest、Adi Shamir、Leonard Adleman,三人提出的算法),高安全性数据传输机制,支持双向认证及加/解密;

(8) 具备统一的国家标准,各种产品之间的互换性、兼容性强,具备丰富的技术支持,产品多样化、专业化。

3. 缺陷

DSRC 的缺陷有:

(1) DSRC 采用的载波侦听多路访问(CSMA-CA)协议在高度密集的交通情况下可能会产生数据包译码失败,从而引发数据传输碰撞、信道接入延迟等问题;

(2) DSRC 物理层的正交频分复用(OFDM)技术限制了最大传输功率以及传输范围,不适用于需要长通信距离或合理反应时间的应用场景;

(3) DSRC 属于视距传输技术,障碍物较多的城市工况将对其构成挑战;

(4) DSRC 严重依赖 RSU 的部署,而 RSU 布局的规划因复杂的道路环境而变得繁难,路边设施投入大,难以盈利;

(5) 在通信范围、鲁棒性和可靠性方面,DSRC 标准没有明确的演进路径来实现 DSRC 物理层/MAC 层的改进。

4. 标准化进程

国际上几大标准化组织都开展了制定 DSRC 标准的工作,以美国的 ASTM/IEEE、日本的 ISO/TC204 和欧洲的 CEN/TC278 标准体系为代表。

早在 1992 年,美国 ASTM 就开始发展 DSRC 技术,主要针对 ETC 技术,采用 915MHz 频段。2002 年 ASTM 通过 E2213-02 作为 DSRC 标准,采用 5.9GHz,2003 年通过改进版本 E2213-03。该版本以 IEEE 802.11 标准为基础,提出一系列的改进来适应车载环境的通信需求。从 2004 年开始美国的 DSRC 标准化工作转入 IEEE 802.11p 与 1609 工作组进行,该系列兼容 ASTM 标准,该标准的最终版本是在 IEEE 802.11 上做部分修正,主要目的是让它可以应用于高速移动的环境。IEEE 1609 系列标准已经通过试用版本,主要是 DSRC 的上层标准。而针对下层关键技术的 IEEE 802.11p 还未发布正式版本。

日本的 DSRC 标准由 TC204 委员会承担,已经完成标准的制定工作。而 TC204 通过决议支持最终的 IEEE 802.11p 版本。

欧洲早在 1994 年就由 CEN/TC278 开始了 DSRC 标准的起草。"5.8GHz DSRC 物理层和数据链路层"标准于 1997 年获得通过。但是欧洲的标准与美国采用的制式、频段和调制方式等都不同。

由于各国的标准不同,未来 DSRC 的标准走向还有待观察,有关人士预测未来可能在底层允许多种标准的存在,但需要采用统一的应用层协议。

5. 发展现状

DSRC技术在智能交通系统中的应用,不断改善和提高人们的交通出行效率:

(1) 建立车-路之间的连接:根据路况情况实时提供优化的驾驶路线,缓解交通压力。

(2) 建立车-车之间的连接:提示车与车之间的安全距离,提前预警通行前方的事故,提高交通安全的系数。

迄今为止,DSRC技术比较成熟的两个应用是AVI(audio video interleaved)和ETC。

(1) 在AVI应用中的DSRC设备属于射频电子标签(RFID),其主要应用在生产线货物标识、海关车辆通关、集装箱自动识别等场合。这些情况下,仅要求AVI设备具有简单的RFID功能。

(2) 在ETC应用中,早期的系统多采用记账方式的后付款模式,也仅仅要求ETC设备具有简单的读写功能即可,但随着技术的应用和发展,ETC设备逐渐采用更加灵活、安全和低运营风险的付费方式(例如金融电子钱包),并逐渐制定出一套为之服务的DSRC标准。

在葡萄牙的波尔图市,DSRC被用作网状物,为乘客提供公共交通工具和无线接入之间的车辆数据。

6.4 LTE-V 通信协议

在智能车辆领域,使用蜂窝网络通信系统的V2X技术又被称为C-V2X技术,目前的C-V2X标准是基于LTE系统的V2X,以R14版本为基础的车联网技术称为LTE-V2X(long term evolution-vehicle to X),R15对其进行增强,即LTE-eV2X。LTE-V及其演进版本可以满足未来10年的车联需求,3GPP考虑将在5G系统R16版本中引入基于5G空口的车联网,即NR-V2X,以解决R15版本中无法满足的智能交通应用需求。3GPP针对C-V2X的标准进行研究和开发,最终形成了LTE-V。

6.4.1 概念

LTE-V是3GPP在2017年新发布的。与IEEE 802.11无线局域网标准不同,LTE-V是一组基于蜂窝通信网络的V2I和V2V的通信物理层协议。LTE-V是基于第四代移动通信技术的扩展技术,它是专为车辆与车辆间通信协议设计的V2X标准,其网络架构如图6.9所示。

图6.9 LTE-V技术网络架构

6.4.2 标准演化

标准演化主要分为 3 个阶段：支持 LTE-V2X 的 3GPP R14 版本标准、支持 LTE-V2X 增强的 LTE-eV2X 的 R15 版本标准和支持 5G NR-V2X 的标准。

1. LTE-V2X 标准

从 2015 年开始，3GPP 已经着手研究 LTE-V2X 技术标准，其各个工作组开展标准化工作从 4 个部分入手：业务需求、系统架构、安全研究以及空口技术。其相关工作已经有了实质性的进展，已于 2017 年完成，并正式发布出来。

2. LTE-eV2X 标准

LTE-eV2X 标准主要是支持增强的 V2X 业务需求，分为 SI(study item)与 WI(work item)标准研究工作，共包含了 5 大需求：自动排队驾驶、半/全自动驾驶、传感器之间信息交互支持扩展传感、远距离驾驶和其他基本需求。

3. 5G NR-V2X 标准

5G NR-V2X 通信技术研究立项工作主要由 3GPP RAN 工作组开展，根据 3GPP TS 22.886 的增强的业务需求进行评估方法研究，包括仿真场景、性能指标、频谱需求、信道模型和业务模型等。此项目已于 2018 年的下半年进行相关的立项研究工作。图 6.10 是 C-V2X 标准的组成。

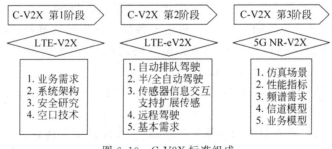

图 6.10 C-V2X 标准组成

6.4.3 工作模式

LTE-V 包括两种工作模式，分别为 LTE-V Uu 和 LTE-V PC5。前者表示接入网-用户终端；后者是直接通信空口 D2D 短距离直传。LTE-V Uu 面向的是 V2I 和 V2N 的应用，即传统的车联网业务。在 PC5 模式下，V2X 终端之间可以通过 PC5 接口实现业务信息的互传，而无需经过基站的中转。

在 LTE-V 的两种工作模式下，C-V2X 可支持的工作场景既包括有蜂窝网络覆盖的场景，也包括没有蜂窝网络部署的场景。落实到具体的通信技术而言，C-V2X 可提供两种通信接口(图6.11),分别称为 Uu 接口(蜂窝通信接口)和 PC5 接口(直连通信接口)。当支持 C-V2X 的终端设备(如车载终端、智能手机、路侧单元等)处于蜂窝网络覆盖内时,可在蜂窝网络的控制下使用 Uu 接口;无论是否有网络覆盖,均可以采用 PC5 接口进行 V2X 通信。C-V2X 将 Uu 接口和 PC5 接口相结合,彼此相互支撑,共同用于 V2X 业务传输,形成有效的冗余来保障通信可靠性。

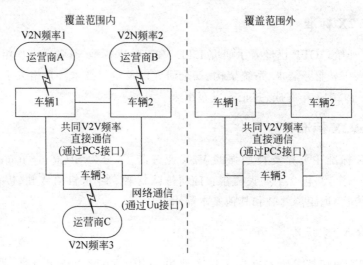

图 6.11　C-V2X 通信的两种情景

1. LTE-V Uu

LTE-V Uu 面向的是 V2I 和 V2N 的应用,即传统的车联网业务。在该模式下,车载 V2X 终端通过 LTE Uu 接口的上行链路,将业务数据信息传输给基站,基站接收到多个终端的信息后,通过下行链路广播给基站覆盖范围内的所有 V2X 终端。可以看出,LTE-V Uu 的蜂窝通信能力是 DSRC 所不具备的。

为了更好地匹配 V2X 的业务特性,C-V2X 在 Uu 空口上主要对以下方面进行了功能增强:

(1) 上下行传输增强。

上行传输支持基于业务特性的多路半静态调度,在保证业务传输高可靠性需求的前提下可大幅缩减上行调度时延。下行传输针对 V2X 业务的局部通信特性,支持小范围的广播,支持低延时的单小区点到多点传输(single cell point to multipaint,SC-PTM)和多播/组播单频网络(multicast broadcast single frequency networt,MBSFN)。此外,LTE-V2X 支持核心网元本地化部署,并且针对 V2X 业务特性定义了专用服务质量(QoS)参数来保证业务传输性能。

(2) 多接入边缘计算研究。

针对具备超低时延超高可靠性传输需求的车联网业务(如自动驾驶、实时高清地图下载等),C-V2X 可以采用多接入边缘计算(mobile edge computing,MEC)技术。目前,标准组织 ETSI 和 3GPP 都将其作为重点项目,针对 MEC 整体框架、用户面选择、业务分流、移动性和业务连续性以及网络能力开放等关键方面进行研究。

2. LTE-V PC5

LTE-V PC5 引入了 D2D 技术并加以改进,以更好地适应 V2X 的业务特征。在该模式下,V2X 终端之间可以通过 PC5 接口实现业务信息的互传,而无需经过基站的中转。这样一来,在无需中心设备设施干预的情况下,各 V2X 终端节点就能够高效地完成自我指挥和调度,并满足低时延高可靠的业务需求。

C-V2X 在 PC5 接口上的机制设计以 LTE-D2D 技术为基础(图 6.12),为支持 V2X 消息(特别是车辆之间的消息)广播、交换快速变化的动态信息(例如位置、速度、行驶方向等),以及包括车辆编队行驶、传感器共享在内的未来更先进的自动驾驶应用,在多方面进行了增强设计,主要包括:

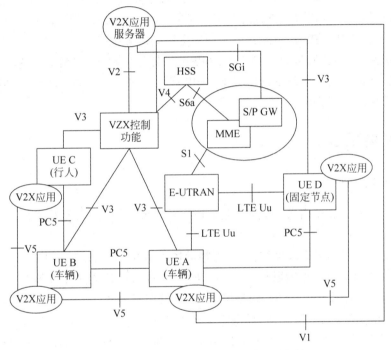

图 6.12 基于 PC5 和 Uu 的 V2X 系统架构

(1) 物理层结构进行增强,以便支持更高的速度。

为了在高频段下支持高达 500km/h 的终端,例如智能手机、路侧单元等处于蜂窝网络覆盖内,可在蜂窝网络的控制下使用 Uu 接口,无论是否有网络覆盖,均可以采用 PC5 接口进行 V2X 通信。C-V2X 将 Uu 接口和 PC5 接口相结合,彼此相互支撑,共同用于 V2X 业务传输,形成有效的冗余来保障通信可靠性。相对移动速度,解决高多普勒频率扩展以及信道快速时变的问题,C-V2X 对物理层结构进行了增强。

(2) 支持全球卫星导航系统同步。

为保证通信性能,C-V2X 的接收机和发射机需要在通信过程中保持相互同步。C-V2X 可支持包括全球卫星导航系统(GNSS)、基站和车辆在内的多种同步源类型,通信终端可通过网络控制或调取预配置信息等方式获得最优同步源,以尽可能实现全网同步。C-V2X 还支持最优同源的动态维护,使得终端及时选取到优先级更高的同步源进行时钟同步。

(3) 更加高效的资源分配机制以及拥塞控制机制。

作为 C-V2X 的核心关键技术，PC5 接口支持调度式的资源分配方式(Mode-3)和终端自主式的资源分配方式(Mode-4)。此外，C-V2X 还支持集中式和分布式相结合的拥塞控制机制，这种机制可以显著提升高密场景下接入系统的用户数。

6.4.4 优化方向

目前的蜂窝网络无法提供足够的数据带宽以及满足要求的低延时，在车联网应用中，时延越低，预留给驾驶员或自动驾驶系统的反应和判断时间就越充足，交通安全问题也能得到更大程度的保障。

LTE 涉及移动网络运营商之间的移交和应用服务供应商之间的合作，必须保证不同运营商的 V2X 终端能够以授权的方式进行安全可靠的通信，通过这种异网互连的方式增加可被侦测到的 V2X 终端连接数，借此提升主动安全防护的等级。

随着车联网的普及，海量的 V2X 终端和基础设施加入现网，网络能耗成为无法回避的问题。如何在保证一定安全级别的前提下，采用系统级的解决方案来实现整体网络能耗的最小化也是重要的研究方向。

6.4.5 发展现状

1. 国外发展现状

车联网这个概念最先由美国提出，但是现在欧美和日本在 V2X 技术研究中占据领先地位。

美国将智能汽车与国家战略结合，大力推动国家战略、立法、研发测试全面部署。美国提出了 ITS 战略计划推动车辆联网、车辆自动化，并且已经建立了十几座自动驾驶汽车试验场。2016 年末，美国推动 DSRC 强制安装立法，并且支持 C-V2X 作为备选技术，得到了 OEM 和行业组织的支持。美国 SAE 创建了 C-V2X 技术委员会推进 C-V2X 产业化的相关工作。SAE 针对 C-V2X 制定安全通信技术要求标准，与 J2945/1 的标准 J3161 类似，所有相关的标准化工作于 2018 年底完成。美国高通公司与福特在圣迭戈开展美国第一个 C-V2X 试验，高通公司第一款针对 C-V2X 的 Qualcomm 9150 C-V2X 芯片已于 2018 年投入市场。

欧洲重视顶层设计和技术研发，强调自动化、网联化和应用。欧洲采用 C-ITS 技术，考虑 ETSI-ITS-G5(基于 IEEE 802.11p/DSRC)和蜂窝 V2X(4G 和 5G)。5G 汽车联盟与宝马集团等公司在欧洲完成第一个跨多车型的 C-V2X 直接通信现场演示，展现了 C-V2X 对交通安全以及效率问题的提升，包括通过 V2V 减少碰撞事故等。C-V2X 在 ITS 频段上运行，无需蜂窝网络覆盖，并且已经做好了商用准备。

日本政府直接参与规划，推进 V2X 和自动驾驶融合。在 2015 年，日本政府把 755.5~764.5MHz 频段分配给 ITS 业务，其中还有一些频段可以供其余业务使用。日本智能交通系统信息交流论坛针对 802.11p 和 LTE-V2X 进行技术性能评估，将 LTE-V2X 作为另一个备选技术。2018 年初，通信、车辆等公司在日本开展 C-V2X 设备直接通信性能测试，并且将 C-V2X 的结论反馈给相关部门,以促进 C-V2X 持续发展。

2. 国内发展现状

虽然国内对于车联网技术的研究起步晚,但是中国政府大力推进车联网,促进各行业融合合作。中国是 5G 技术开发者之一,为了深入探索 5G 技术应用,中国政府大力推进智能网联汽车的建设研究主要推进 C-V2X 技术,适用于更新应用场景,满足更高业务要求。

2017 年,华为与沃达丰一起完成了欧洲第一个 5G 远程驾驶测试,在 50km 外的车辆以 20km/h 的速度行驶时,长距离控制车辆停止的误差仅仅只是 6cm。中国华为、移动、中兴等企业都加入了 5G 汽车联盟,并且该组织于 2018 年 3 月在巴塞罗那举办了世界移动通信大会,讨论 C-V2X 对未来交通系统的改变。C-V2X 技术使互联汽车和生态系统成为可能,为未来移动性通信需求提供解决方案。

思 考 题

1. 适用于车辆的通信系统有何特点?
2. Wi-Fi 适用于哪些场景的车车通信?
3. 简述 ZigBee 通信的特点。
4. 简述 V2X 的特点,V2X 包含哪些内容?

第7章

车载网络技术

7.1 车载网络技术的发展与现状

7.1.1 车载网络技术的发展

随着电子技术的迅速发展和在汽车上的广泛应用,汽车电子化程度越来越高,汽车上的电控装置也越来越多,例如电子燃油喷射装置、防抱死制动装置(ABS)、驱动防滑系统(ASR)、电控自动变速器、安全气囊、主动悬架、电动门窗等。集成电路和单片机在汽车上的广泛使用,大大增加了汽车上的电子控制器的数量,使得线路越来越复杂,如图7.1所示。据统计,一辆采用传统布线方法的高档汽车中的导线长度可以达到2000m,重量达50kg,电气节点达1500个。复杂的线束不仅加大了设计和制造的复杂程度,也占据了汽车宝贵的空间,大大提高了整车整备质量,造成汽车动力性能和燃油经济性能的下降,同时也会导致电控单元的端子数增加、线路日趋复杂、故障率增多、汽车工作的可靠性下降、维修困难等后果。

图7.1 数目众多的电子控制系统

为了提高信号的利用率,要求大批的数据信息能在不同的电子单元中共享,汽车综合控制系统中大量的控制信号也需要实时交换。传统的电器系统大多采用的点对点的单一通信方式,已远不能满足这种需求。针对上述问题,在借鉴计算机网络和现场控制技术的基础上,人们把所有点对点连接映射为一个通信介质(总线),所有电子控制单元(ECU)共享总线、数据以位连续的形式传输,车载网络技术应运而生。

回顾整个汽车电子技术的发展历程,我们可以看出,车载网络技术产生在汽车电子技术之后,同时也伴随并促进了汽车电子技术的发展,汽车电子技术在经历了零部件层次的汽车电器时代、子系统层次的单片机(汽车电脑)控制时代之后,已经开始进入汽车网络化时代,并向汽车信息化时代迈进。

从 1980 年起,汽车内开始装用网络。1983 年,丰田公司在世纪牌汽车上最早采用了应用总线的车门控制系统,实现了多个节点的连接通信。此系统采用了集中控制方法,车身ECU 对各个车门的门锁、电动玻璃窗进行控制。这是最早在汽车上采用的光缆系统,在此后较长的一段时间里,其他公司没有跟进采用光缆系统。

1986—1989 年间,在车身系统上装有了利用铜线的网络。1987 年,作为集中型控制系统,日产公司的车门相关系统,GM 公司的车灯控制系统已处于批量生产的阶段。

在 20 世纪 80 年代早期,博世的工程师就开始评估现有的串行总线系统,这些系统可用于乘用车。由于没有一种可用的网络协议能够满足汽车工程师的要求,Uwe Kiencke 于 1983 年开始开发新的串行总线系统,新总线的主要方向是增加新功能、减少电气连接线,使其能够用于产品,而非用于驱动技术。1986 年 2 月,Robert Bosch GmbH 在汽车工程师协会(SAE)大会上推出了控制器局域网(CAN)串行总线系统,这是有史以来最成功的网络协议之一的诞生时刻。此后许多介绍和出版物描述了这种创新的通信协议,如图 7.2 所示。直到 1987 年中期,英特尔交付了第一个 CAN 控制器芯片 82526,这是 CAN 协议的第一个硬件实现。仅仅四年时间,一个想法就变成了现实。此后不久,飞利浦半导体推出了 82C200。这两个最早的 CAN 控制器祖先在接收过滤和消息处理方面有很大不同。一方面,与飞利浦选择的 BasicCAN 实现相比,英特尔所青睐的 FullCAN 概念所需的连接微控制器的 CPU 负载更低。但另一方面,FullCAN 设备在可以接收的消息数量方面受到限制。1993 年 11 月,国际标准化组织正式公布了 CAN 协议的国际标准 ISO 11898 以及 ISO 11519。奔驰公司在 1992 年首次将 CAN 总线技术应用在客车上。

图 7.2　博世发布的第一份描述 CAN 协议的文件

日本也提出各种各样的网络方案,丰田、日产、三菱、本田以及马自达公司都已处于批量生产的阶段,但没有统一以车身系统为主的控制方式。

现在欧洲又以与 CAN 协议不同的思路提出了控制系统的新协议 TTP(time-triggered protocol),并在 X-by-Wire 系统即线控操作中开始应用。为实现音响系统的数字化,建立起将音频数据和信号系统综合在一起的 AV 网络。由于这种网络须将大容量的数据连续输出,故在这种网络上将采用光缆。今后,当对汽车引入智能交通系统(ITS)时,由于要与车外交换数据,所以在信息系统中将采用更大容量的网络,例如 DDB(domestic digital bus)、MOST(media oriented system transport)、IEEE 1394 等。

在一辆装备了综合驾驶辅助系统的汽车上,目前存在相互竞争的几种网络技术,包括前文提到的 TTP、ByteFlight 和 FlexRay 以及 TTCAN(时间触发的 CAN)。

X-by-Wire 即线控操作是未来汽车的发展方向。该技术来源于飞机制造，基本思想就是用电子控制系统代替机械控制系统，以减轻重量提高可靠性，如 Steer-by-Wire、Brake-by-Wire 等。由于整个设计思想涉及动力、制动、方向控制等关键功能，对汽车网络也就提出了不同要求。在未来的 5~10 年，X-by-Wire 技术将使传统的汽车机械系统变成通过高速容错通信总线与高性能 CPU 相连的电气系统。

7.1.2 车载网络技术的现状

汽车网络技术从 20 世纪 80 年代提出以来，已形成了多种网络标准。目前存在的多种汽车网络标准，其侧重的功能有所不同。20 世纪 90 年代中期，美国汽车工程师协会（SAE）按照汽车上网络系统的性能由低到高将其划分为 A 级、B 级、C 级网络，C 级以上没有定义，详见表 3.1。

在 A 级标准中，主要有 TTP/A（time-triggered protocol SAE class A）总线和 LIN（local interconnect network）总线，其中 LIN 总线应用更为广泛。TTP/A 协议最初由维也纳工业大学制定，为时间触发类型的网络协议，主要应用于集成智能变换器的实时现场总线。它具有标准的 UART，能自动识别加入总线的主节点与从节点，节点在某段已知的时间内触发通信但不具备内部容错功能。LIN 是在 1999 年由 LIN 协会（最初成员为奥迪、宝马、戴姆勒-克莱斯勒、摩托罗拉、博世、大众、沃尔沃）推出的用于汽车分布式电控系统的开放式的低成本串行通信标准，主要应用于车门、车窗、灯光等智能传感器、执行器的连接和控制，从 2003 年开始得到使用。LIN 总线为主从节点构架，一个主节点可以支持 16 个从节点，支持在单根线上进行双向通信，使用由 RC 振荡器驱动的低成本微控制器，每一条消息都包含自动波特率步进的数据，最高可以支持的波特率为 20kbps，同时低功耗睡眠模式可以关断总线，避免不必要的功耗。此外 LIN 基于 UART/SCI 接口协议，可以实现极低的软硬件成本。

目前，应用较为广泛的两个时间触发网络通信协议是 TTP/C 和 FlexRay。TTP/C（time-triggered protocol SAE class C）是一个基于时间触发的、集成的、有容错功能的实时网络通信协议，它是以 TDMA 为媒体访问方式，Class C 代表符合汽车工程师协会（SAE）的 C 类标准。TTA（time-triggered architecture）经过众多科研机构和公司的合作研究，现已比较完善，逐渐从航空领域向汽车、工业控制等制造成本要求比较低的领域渗透，大众、德尔福、标致、雪铁龙等公司都采用的该标准。TTP/C 网络是由一系列连接到两个冗余通道上的节点构成，这两个通道被称为通道 0 和通道 1，每一个通道都包含一条 TTP 总线[3]；一个 TTP/C 网络和与此相关的节点被称作簇（cluster），典型的 TTP/C 网络架构如图 7.3 所示，主要由主机、主机和协议控制器接口 CNI（communication network interface）、TTP/C 协议控制器和总线保护器 BG（Bus Guardian）构成。

2000 年 9 月，宝马、戴姆勒-克莱斯勒、飞利浦和摩托罗拉联合成立了 FlexRay 联盟。该联盟致力于推广 FlexRay 通信系统在全球的采用，使其成为高级动力总成、底盘、线控系统的标准协议。

1986 年，德国博世公司首次在 SAE 大会上介绍了其发明的新型串行总线——CAN 总线经过，几十年的发展，CAN 总线协议已经成为汽车计算机控制系统和嵌入式工业控制局

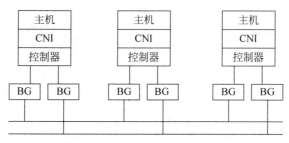

图 7.3 TTP/C 网络架构

域网的标准总线,并且拥有以 CAN 为底层协议专为大型货车、客车和重型机械车辆设计的 SAE J1939 协议。为了解决总线上信息增多产生的信息延迟现象,博世在标准 CAN 协议上扩展了支持时间触发的协议——TTCAN。由于标准 CAN 在汽车领域的成功,TTCAN 或许也将成为未来线控领域广泛应用的总线协议。

7.2 CAN 总线技术

7.2.1 CAN 总线简介

CAN 是 ISO 国际标准化的串行通信协议。20 世纪 80 年代,由于欧洲汽车工业发展的需要,最先由德国博世公司提出 CAN 总线方案以解决汽车装置间的通信问题,在车载各电子控制装置 ECU 之间交换信息形成汽车电子控制网络,以解决传统布线面临的线束增多、维修困难等问题。传统的电气系统布线方案与采用 CAN 网络布线方案对比如图 7.4 所示。

CAN 总线控制局域网是为汽车开发的串行数据通信总线,因此其第一用户当然是汽车工业。目前,汽车制造商都在积极地将 CAN 总线用在新型汽车上,如奔驰、宝马、保时捷、劳斯莱斯和美洲豹等都已采用 CAN 总线来实现汽车内部控制系统与各执行结构间的数据通信。由于 CAN 具有通信速率高、可靠性强、连接方便、性能价格比高等特点,其应用范围目前已不再局限于汽车行业,而扩展到了过程工业、机械工业、纺织工业、农用机械、机器人、数控机床、医疗器械、家用电器及传感器、建筑、环境控制等领域。如西门子公司生产的 CT 断层扫描仪采用 CAN 总线,改善了设备的性能。CAN 已经成为全球范围内最主要的总线之一,甚至领导着串行总线的发展。在各种总线的应用中,因其具有卓越的特性、极高的可靠性和独特的设计而受到工业界的广泛重视,已被公认为几种最有前途的现场总线之一。

CAN 属于总线式串行通信网络,由于其采用了许多新技术及独特的设计,与一般的通信总线相比,CAN 总线的数据通信具有突出的可靠性、实时性和灵活性。其特点可概括如下:

(1) 通信方式灵活,无需站地址等通信信息。
(2) 可以通过设置优先级满足不同的实时要求。
(3) 采用非破坏性仲裁技术解决总线冲突,节省时间。

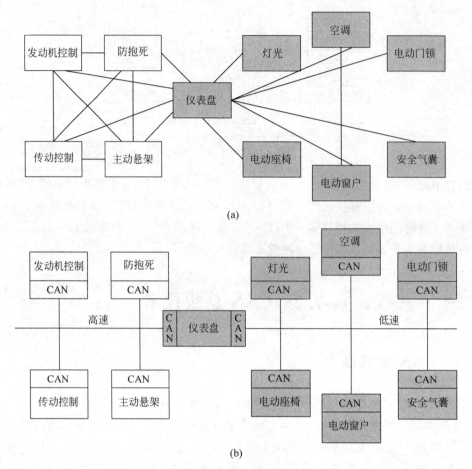

图 7.4 电气系统布线方案
(a) 传统电气系统；(b) 应用网络技术后的电气系统

(4) 通过报文滤波可实现点对点、一点对多点及全局广播等几种方式传送接收数据，无需专门的"调度"。

(5) CAN 的直接通信距离最远可达 10km（速率 5kbps 以下）；通信速率最高可达 1Mbps（此时通信距离最长为 40m）。

(6) CAN 上的节点数主要取决于总线驱动电路，目前网络上的节点数最多可达 110 个，而采用扩展标准的报文几乎不受数量限制。

(7) 采用短帧结构，传输时间短，受干扰概率低。

(8) CAN 的每帧信息都有循环冗余码（cyclic redundancy check，CRC）校验及其他检错措施，保证了数据出错率极低。

(9) 通信介质可以为同轴电缆或者双绞线等，选择灵活，价格便宜。

(10) CAN 节点在错误严重的情况下具有自动关闭输出功能，使总线上其他节点的操作不受影响。

CAN 由 CAN_H 和 CAN_L 两条线组成，两条线为同轴电缆或者双绞线。静态时均是 2.5V 左右，此时状态表示为逻辑 1，也可以叫做隐性。用 CAN_H 比 CAN_L 高表示逻辑

0,称为显性,此时通常电压值为 CAN_H=3.5V 和 CAN_L=1.5V,车载 CAN 总线的网络结构如图 7.5 所示。

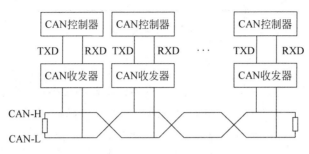

图 7.5　CAN 网络结构

在汽车上主要采用两种 CAN 总线,一种用于驱动系统的高速 CAN,速率一般可达到 500kbps,最高可达 1000kbps;另一种用于车身系统低速 CAN,速率是 100kbps。驱动系统 CAN(CAN-High,也称动力主线)主要连接对象是发动机控制器(ECU)、ABS 控制器、安全气囊控制器等,它们的基本特征都是控制与汽车行驶直接相关的系统。车身系统 CAN (CAN-Low,也称舒适总线)主要连接和控制汽车内外部照明、灯光信号、空调、刮水电机、中央门锁与防盗控制开关、故障诊断系统、组合仪表及其他辅助电器等。

7.2.2　CAN 总线协议

1. 基本概念

1) 标识符

标识符是唯一的,它描述了数据的特定含义,也决定了报文的优先级:①标识符数值越小,优先级越高。②最高优先级的报文获得总线访问权。③低优先级报文在下一个总线周期自动重发。④标准帧,11 位标识符 CAN 2.0A。⑤扩展帧,29 位标识符 CAN 2.0B。

2) 信息路由

在 CAN 系统里,节点不使用任何关于系统配置的信息(比如站地址)。以下是几个重要的概念。

(1) 系统灵活性:不需要改变任何节点的应用层及相关的软件或硬件,就可以在 CAN 网络中直接添加节点。

(2) 报文路由:报文的内容由识别符命名。识别符不指出报文的目的地,但解释数据的含义。因此,网络上所有的节点可以通过报文滤波确定是否应对该数据做出反应。

(3) 多播:由于引入了报文滤波的概念,任何数目的节点都可以接收报文,并同时对此报文做出反应。

(4) 数据连贯性:在 CAN 网络内,可以确保报文同时被所有的节点接收(或同时不被接收)。因此,系统的数据连贯性是通过多播和错误处理的原理实现的。

3) 同步机制

(1) 硬同步。所谓硬同步,就是由节点检测到的来自总线的沿强迫节点立即确定出其内部位时间的起始位置(同步段的起始时刻),如图 7.6 所示。

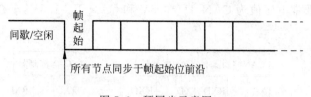

图 7.6 硬同步示意图

（2）重同步。所谓重同步，就是节点根据沿相位误差的大小调整其内部位时间，以使节点内部位时间与来自总线的报文位流的位时间接近或相等，如图 7.7 所示。

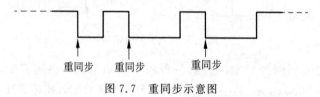

图 7.7 重同步示意图

4）位填充

一帧报文中的每一位都由不归零码表示，可保证位编码的最大效率。如果在一帧报文中有太多相同电平的位，就有可能失去同步。为保证同步，产生同步沿用位填充。在 5 个连续相等位后，发送节点自动插入一个与之互补的补码位；接收时，这个填充位被自动丢掉。例如，5 个连续的低电平位后，CAN 自动插入一个高电平位。CAN 通过这种编码规则检查错误，如果在一帧报文中有 6 个相同位，CAN 就知道发生了错误。

如果至少有一个节点通过以上方法探测到一个或多个错误，它将发送出错标志终止当前的发送。这可以阻止其他节点接收错误的报文，并保证网络上报文的一致性。当大量发送数据被终止后，发送节点会自动地重新发送数据。作为规则，在探测到错误后 23 个位周期内重新开始发送。在特殊场合，系统的恢复时间为 31 个位周期。

这种方法存在一个问题，即一个发生错误的节点将导致所有数据被终止，其中也包括正确的数据。因此，如果不采取自监测措施，总线系统应采用模块化设计。为此，CAN 协议提供一种将偶然错误从永久错误和局部节点失败中区别出来的办法。这种方法通过对出错节点统计评估来确定一个节点本身的错误，并进入一种不会对其他节点产生不良影响的运行状态来实现，即节点通过关闭自己来阻止正常数据因被错误地当成不正确的数据而被终止。

5）位仲裁

要对数据进行实时处理，就必须将数据快速传送，这就要求数据的物理传输通路有较高的速度。在几个节点同时需要发送数据时，要求快速地进行总线分配。实时处理通过网络交换的紧急数据有较大的不同。一个快速变化的物理量（如汽车引擎负载）将比相对变化较慢的物理量（如汽车引擎温度）更频繁地传送数据并要求更短的延时。

CAN 总线以报文为单位进行数据传送，报文的优先级体现在 11 位或 29 位标识符中，具有最低二进制数的标识符有最高的优先级。这种优先级一旦在系统设计时被确立后就不能再被更改。总线读取中的冲突可通过位仲裁解决。如图 7.8 所示，当几个节点同时发送报文时，节点 1 的报文标识符为 0111111；节点 2 的报文标识符为 0100110；节点 3 的报文标识符为 0100111。所有标识符都有相同的两位 01，直到第 3 位进行比较时，节点 1 的报文被丢掉，因为它的第 3 位为高，而其他两个节点的报文第 3 位为低。节点 2 和节点 3 报文的

4、5、6位相同,直到第7位时,节点3的报文才被丢掉。

6) 总线长度与波特率

总线长度与波特率的关系如图7.9所示。CAN的直接通信距离最远可达10km(速率为5kbps以下),通信速率最高可达1Mbps(此时通信距离最长为40m)。

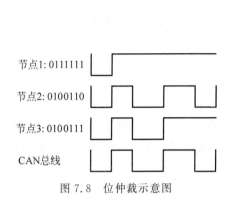

图7.8 位仲裁示意图

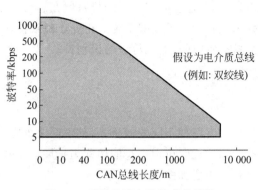

图7.9 总线长度与波特率关系图

7) 鲁棒性

CAN可以工作在非常恶劣的环境下,它强大的错误检测机制可以保证检测到所有传输错误。ISO 11898标准"建议"接口芯片应设计成即使在下述条件下仍然能够通信:

(1) 两条线中的一条被切断。

(2) 其中一条线对电源短路。

(3) 其中一条线对地短路。

8) CAN网络的灵活性

如果新节点接收数据且仅需要现存的数据,那么它可以加入网络而无需对现存网络系统软/硬件作任何改变;涉及多个控制器的测量可以通过网络实现,无需每个控制器都连接传感器。

9) 分层结构

CAN网络的分层结构如表7.1所列。

表7.1 CAN网络的分层结构

名称	功能
应用层	用户在应用层定义协议规范
数据链路层	包括逻辑链路控制子层(LLC)和媒体访问控制子层(MAC),LLC主要用于接收滤波、过载通知和恢复管理;MAC主要用于报文分帧、仲裁、应答、错误检测及标定
物理层	涉及位时间,位编码,同步
驱动器/接收器特性	与实际CAN网络部件结构有关

10) 错误标定和恢复时间

任何检测到错误的节点会标志出已损坏的报文。此报文会失效并自动地开始重新传送。如果不再出现新错误,从检测到错误到下一报文的传送开始为止,恢复时间最多为29个位的时间。

11) 睡眠模式/唤醒

为了减少系统电源的功率消耗，可以将 CAN 器件设为睡眠模式以便停止内部活动及断开与总线驱动器的连接。CAN 器件可由总线激活，或系统内部状态唤醒。唤醒时，虽然传输层要等待一段时间使系统振荡器稳定，然后还要等待一段时间直到与总线活动同步（通过检查 11 个连续的"隐性"的位），但在总线驱动器被重新设置为"总线在线"之前，内部运行已重新开始。为了唤醒系统上正处于睡眠模式的其他节点，可以使用一特殊的唤醒报文，此报文具有专门的、最低等级的识别符。

2. 报文传输

1）帧格式

报文有两种不同的帧格式，其不同之处在于识别符的长度：具有 11 位识别符的帧称为标准帧，具有 29 位识别符的帧称为扩展帧。数据帧（或远程帧）通过帧间空间与前述的各帧分开。其组成如图 7.10 所示。

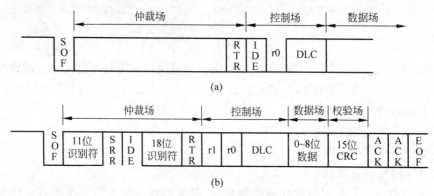

图 7.10　报文的数据帧的两种格式
（a）标准格式；（b）扩展格式

2）帧类型

报文传输由数据帧、远程帧、错误帧和超载帧 4 个不同的帧类型所表示和控制。

（1）数据帧。

数据帧用于在各个节点之间传送数据或指令，它由 7 个不同的位场组成，即帧起始、仲裁场、控制场、数据场、CRC 场、应答场和帧结束。CAN 2.0 数据帧的组成如图 7.11 所示。其中数据场的长度在 0~8 个字节之间，对于传输长度大于 8 字节的数据，应分成多个数据帧发送，接收时再拼接起来。

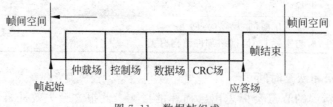

图 7.11　数据帧组成

帧起始(start of frame delimiler, SOF):标志数据帧和远程帧的起始,它仅由一个显性位组成。只有在总线处于空闲状态时,才允许节点开始发送。所有节点都必须同步于首先开始发送的那个节点的帧起始前沿。

仲裁场:由标识符和远程发送请求位(remote transmission request, RTR)组成。标准帧中标识符的长度为 11 位,扩展帧中标识符的长度为 29 位。

控制场:由 6 位组成,包括 4 位数据长度码(date length code, DLC)和 2 个保留位 r1、r0(图 7.10(b)),这两个保留位必须为显性位。数据长度码 DLC 指出了数据域长度,可以是 0~8 字节。

数据场:由数据帧中被发送的数据组成。它的字节数由数据长度代码(DLC)决定,可为 0~8 个字节,每个字节 8 位,首先发送的是最高有效位。

CRC 场:CRC 场包括 CRC 序列,其后是 CRC 界定符。它的目的是实现差错控制,主要为信息的正确传输与否提供依据,用于帧校验的 CRC 序列由特别适用于位数小于 127 位帧的循环冗余码校验驱动。其生成多项式为:X15+X14+X10+X8+X7+X4+X3+1。循环冗余码的编码可由硬件实现。

应答场(ACK):长度为两位,包含应答间隙和应答界定符,在应答场中,发送器发送两位为隐性位,当接收器正确地接收到有效的报文时,接收器会在应答间隙期间(发送 ACK 信号)向发送器发送一显性位以示应答。

帧结束:由 7 位隐性电平组成。

(2) 远程帧。

通过发送远程帧,作为某数据接收器的节点通过其资源节点对不同的数据传送进行初始化设置。

远程帧由 6 个不同的位场组成:帧起始、仲裁场、控制场、CRC 场、应答场、帧末尾。与数据帧相反,远程帧的 RTR 位是"隐性"的。它没有数据场,数据长度代码的数值是不受制约的,此数值是相应于数据帧的数据长度代码。

(3) 错误帧。

错误帧的形式如图 7.12 所示。

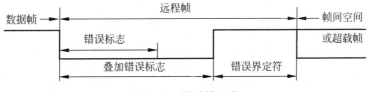

图 7.12 错误帧组成

错误帧由错误标志和错误界定符两个不同的位场组成。错误标志具有两种形式,一种是活动错误标志,另一种是认可错误标志,活动错误标志由 6 个连续的显性位"000000"组成,而认可错误标志由 6 个连续的隐性位"111111"组成,除非被来自其他节点的显位冲掉重写。

接收站在发现总线上的报文出错时,"错误激活"节点将自动发出"活动错误标志"进行标注。由于各个接收节点发现错误的时间可能不同,导致显性位"000000"叠加,所以总线上实际错误标志的总长度在最小值 6 和最大值 12 位之间变化。当一个"错误认可"节点检测到出错条件时,它将试图发送一个认可错误标志进行标注。该错误认可节点以这个认可错误标志为起点,等待 6 个相同的连续位,当检测到总线上有 6 个相同的连续位后,认可错误标志完成。

错误界定符包括 8 个隐性位"11111111"。出错标志发送后,每个站都送出隐性位"1",并监视总线,直到检测到隐性位以后开始发送剩余的 7 个隐性位"1111111"。

(4)超载帧。

超载帧由超载标志和超载界定符组成,如图 7.13 所示。超载帧只能在一个帧的结束后开始。存在两种导致发送超载标志的超载条件:一个是接收站要求延迟发送下一个数据帧或远程帧;另一个是在间歇场的第 1、2 位检测到显位或是在错误、超载分隔符最后一位采样到显位。

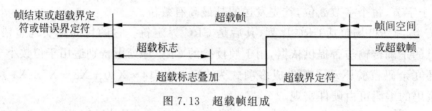

图 7.13　超载帧组成

超载标志由 6 个显性位"000000"组成,而超载界定符由 8 个隐性位"11111111"组成,超载界定符与错误界定符具有相同的形式。发送超载标志后,一旦站监视到总线发生由"0"到"1"的变化,在此站点上,总线上的每一个站均完成送出其超载标志,并且所有站一致地开始发送剩余的"1111111"。

7.2.3　CAN 总线智能节点的设计

一般的 CAN 总线系统如图 7.14 所示,智能节点包括 CAN 总线驱动器、CAN 总线控制器以及模块控制器。

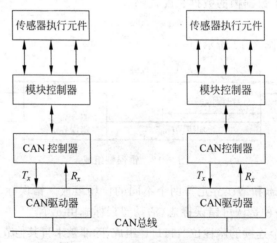

图 7.14　CAN 总线系统结构图

CAN 节点是指能够挂接在 CAN 总线上的单元,并能通过 CAN 总线实现各个节点间的通信,以实现复杂的控制过程,目前主要用于汽车的众多传感器间通信。CAN 总线智能节点是由微处理器和可编程的 CAN 控制芯片组成。CAN 总线智能节点在分布式控制系统中起着承上启下的作用,它位于传感器和执行机构所在的现场,一方面和上位机(PC 或者工控机)进行通信,以完成数据交换;另一方面又可根据系统的需要对现场的执行机构或者传感器进行控制和数据采集。它常常将一些简单的过程控制程序放在底层模块中,从而减少通信量,提高系统控制的实时性。因此,智能化模块设计在 CAN 系统中有着十分重要的作用。

许多公司生产了多种 CAN BUS 芯片,其中有智能 CAN 芯片,也有非智能 CAN 控制器以及 CAN 收发器。

摩托罗拉(Motorola)公司生产的 MC68HC05X4 是在 68HC05 微控器上加入了 CAN 模块,也称为 MCAN。

飞利浦(Philips)公司生产的 P8XC592 微控器上集成了 CAN 控制器取代了原来的 I2C 串行口。

飞利浦还生产 SJA1000 独立 CAN 控制器、82C150 即 CAN 串行链接 I/O(SLIO)器件、82C250CAN 收发器、P8XCE598 带有集成 CAN 接口的电磁兼容控制器。

英特尔(Intel)公司生产的 82527 独立 CAN 控制器可通过并行总线与各种控制器连接。

MICROCHIP 公司生产的 CAN 控制器 MCP2510;DALLAS 公司生产的带 CPU 的 DS80C390 等。

国内的兆易创新(GigaDevice)公司生产的 ARM CortexM 系列 MCU,很多型号带有 1～2 路 CAN 控制器。

车规级的 MCU 基本都带有 1～4 路 CAN 控制器。

对于车用电控单元来说,为了简化设计,提高可靠性,一般都采用集成的 CAN 总线控制器或自带 CAN 总线控制器的微处理器。对于有些简单的驱动电路或检测部分可采用 CAN 总线控制器加逻辑电路的方式,即具有通信功能的智能 I/O 节点。采用自带 CAN 总线控制器的微处理器,不占用处理器的端口资源,可以大大简化接口电路的设计,然而在有些情况下,出于成本等因素的考虑,采用片外总线控制器。

图 7.15 是用 80C51 作为微处理器,SJA1000 作为通信控制器以及 TJA1050 作为 CAN 总线驱动器构建的 CAN 网络智能节点硬件电路图。

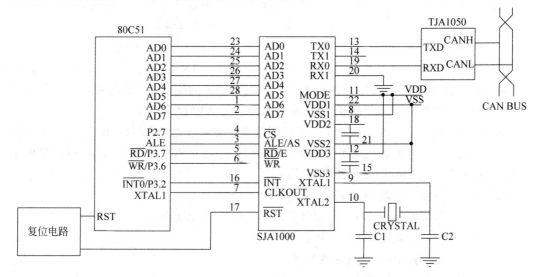

图 7.15 CAN 总线智能节点硬件原理图

7.3 LIN 总线技术

众所周知,汽车上传感器数量很多,构成整个汽车的网络上各部分需要传输的数据流量存在很大的差异,对数据传输速率的要求也有快有慢。为了以最小的代价满足汽车内部各个系统对数据传输的个性化要求,除了在汽车上采用 CAN 总线以及光学总线之外,还引入了子总线系统。汽车上常用的子总线系统主要有 LIN 总线、BSD 总线、K 总线、诊断总线等,这些子总线系统成本低廉,与其他总线共同完成信息传输和整车控制。本小节介绍的是 LIN 总线。

1998 年 10 月,在德国 Baden Baden 召开的汽车电子会议上 LIN 总线的设想首次被提出。1999 年 LIN 联盟成立,LIN 联盟由 5 家汽车制造商(宝马、大众汽车集团、奥迪集团、沃尔沃汽车公司、戴姆勒-克莱斯勒汽车公司)和半导体厂商火山通信技术公司以及摩托罗拉(提供技术,包括网络和硬件专业知识)共同创立。2001 年,第一辆使用 LIN 总线的汽车下线。2002 年 11 月,新 LIN 规范(LIN 版本 1.3)的第一个完全实现版本发布。2003 年 9 月,引入了 2.0 版以扩展功能并为其他诊断功能做出规定,LIN 也可以通过特殊的 LIN over DC 电力线(DC-LIN)收发器在车辆的电池电源线上使用。2010 年 LIN2.2A 发布,也是应用最为广泛的版本之一。2012 年,美国汽车工程师学会将 LIN 标准化为 SAE J2602。2016 年 CIA(CAN in Automation)将 LIN 标准化为 ISO 17987—2016。

7.3.1 LIN 总线简介

1. LIN 总线的应用

LIN 是一种基于 UART 数据格式、主从结构的单线 12V 的总线通信系统,主要用于智能传感器和执行器的串行通信。它采用的是总线型拓扑结构,单主多从介质访问方式,是一种面向低端应用的分布式控制协议。从硬件、软件以及电磁兼容性方面来看,LIN 保证了网络节点的互换性,这极大地提高了开发速度,同时保证了网络的可靠性。LIN 协议应用开发的热点集中在美国、欧洲和日本。估计在未来 10 年,平均每辆车将有 20 个左右 LIN 节点。这样全世界每年将生产 12 亿个 LIN 节点。可见,LIN 的应用存在着巨大的潜在市场,协议本身也会在不断应用中得到完善。综上所述,LIN 网络已经广泛地被世界上的大多数汽车公司以及零配件厂商所接受,有望成为事实上的 A 类网络标准。

如图 7.16 所示,LIN 总线在汽车上的应用领域主要是带宽要求不高、功能简单、实时性要求低的场合,如车身电器的控制等方面,使用 LIN 总线可有效地简化网络线束、降低成本、提高网络通信效率和可靠性,具体如下:

(1) 车顶:湿度传感器、光敏传感器、电动天窗控制。
(2) 车门:车窗玻璃、中控门锁、驾驶员侧开关组件、防盗系统。
(3) 车灯:自适应大灯、前照灯、转向灯。
(4) 座椅:座椅控制电机、加热器控制。
(5) 空调:空调鼓风机控制。

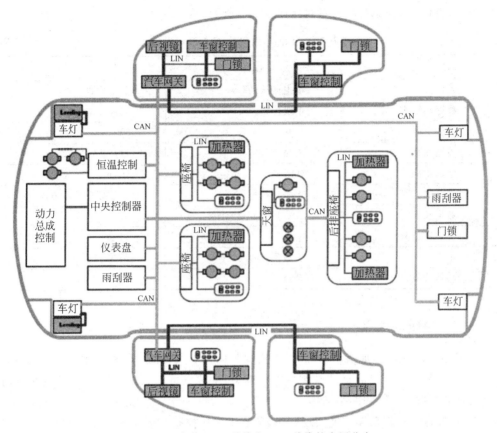

图 7.16　汽车 CAN 总线和 LIN 总线的应用分布

2. LIN 总线与 CAN 总线的特点对比

虽然 CAN 总线已经成为控制器局域网的主流总线标准,但是 CAN 总线的应用成本较高,由于车身控制网络的底层设备大多是低速电机和开关器件,因此完全使用 CAN 总线势必会大大增加制造成本。LIN 总线作为一种低成本的汽车车身总线,定位于 CAN 的辅助总线(图 7.17),用于车身控制等低端场合,以降低汽车网络的复杂程度,弥补 CAN 成本较高的不足,降低生产成本。

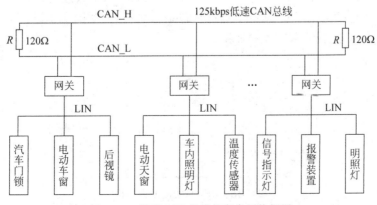

图 7.17　基于 LIN 总线的车身网络框图

LIN 总线和 CAN 总线的特点对比如表 7.2 所列。

表 7.2　LIN 总线和 CAN 总线对比

特　点	LIN	CAN
工作方式	单主多从	多主竞争
数据传输线	单线传输	双线传输
工作电压	12V	5V
传输速率	最高 20kbps	最高 1Mbps
传输距离	40m	10km
仲裁方式	无需仲裁	非破坏性仲裁方式
数据长度	2B、4B 或 8B	8B
标识符位数	6 位	11 或 29 位
节点数	一般不超过 16 个	最多 110 个
传输线颜色	紫色	橙色

3. LIN 总线的优点

(1) 在 LIN 总线中,加入新节点时,不需要其他从节点做任何软件或硬件层面的改动。

(2) 整个网络的配置信息只包含在主节点中,从节点可以自由地接入或脱离网络而不会影响网络中通信 LIN 的网络结构。

(3) 从节点不需振荡器就能实现同步,节省了多从控制器部件的硬件成本。

(4) 基于通用 UART 接口,几乎所有微控制器都具备 LIN 必需的硬件,价格低廉、结构简单。

7.3.2　LIN 总线的结构

1. LIN 总线的网络结构

LIN 采用单主机多从机模式,一个 LIN 网络包括一个主机节点和若干个从机节点。由于过多节点将导致网络阻抗过低,一个 LIN 网络中节点总数不宜超过 16 个。主机节点既包括主机任务也包括从机任务,从机节点都只包括从机任务,如图 7.18 所示。主机节点也可以通过网关和其他总线(如 CAN)连接。

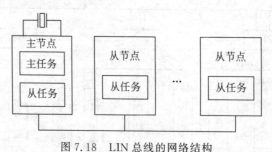

图 7.18　LIN 总线的网络结构

2. LIN 主控制单元

LIN 主控制单元连接在 CAN 的数据总线上(图 7.19),执行以下功能:

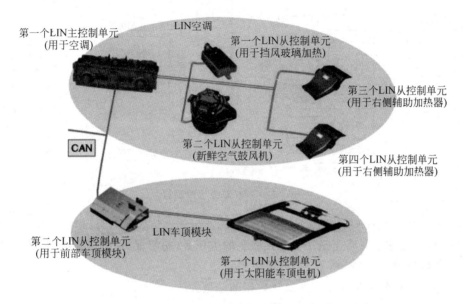

图 7.19　A6L 轿车 LIN 总线内部组成示意图

(1) LIN 总线主控单元监控数据传递及其速率,发送信息标题。

(2) 主控制单元的软件内已设定了一个周期,这个周期用于决定何时将哪些信息发送到 LIN 数据总线上多少次。

(3) 该控制单元在 LIN 数据总线与 CAN 总线之间起沟通作用,它是 LIN 总线系统中唯一与 CAN 数据总线相连的控制单元。

(4) 通过 LIN 主控制单元进行与之相连的 LIN 从控制单元的自诊断。

3. LIN 从控制单元

如图 7.20 所示,在 LIN 数据总线系统内,LIN 从属控制单元的通信受到 LIN 主控制单元的完全控制,只有在 LIN 主控制单元发出命令的情况下,LIN 从属控制单元才能通过 LIN 总线进行数据传输。单个的控制单元、传感器、执行元件都相当于 LIN 从属控制单元,传感器是信号输入装置,传感器内集成有一个电控装置,它对测量值进行分析,分析后的数值是作为数字信号通过 LIN 总线进行传输的。有的传感器或者执行元件只是用 LIN 主控制单元插口上的一个针脚,就可以实现信息传输,也就是单线传输。

LIN 执行元件都是智能型的电子或机电部件,它们通过 LIN 主控制单元的 LIN 数字信号接收任务。LIN 主控制单元通过集成的传感器来获取执行元件的实际的工作状态,然后就把规定状态和实际状态进行对比,并发出相应的控制指令。LIN 主控制单元发出控制指令后,传感器和执行元件才能够做出反应。LIN 从属控制单元等待主控制单元的指令,根据需要与主控制单元进行通信。如果要结束休眠模式,LIN 从属控制单元可自行发送唤醒信号。LIN 总控制单元安装在 LIN 总线系统设备上。

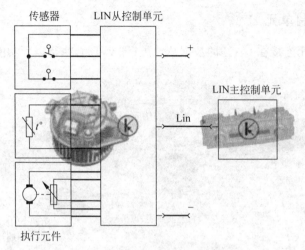

图 7.20 LIN 总线从控制器

LIN 从控制单元主要执行以下任务：
(1) 接收、传递或忽略与从主节点接收到的主任务（起始报文/信息标题）相关的数据。
(2) 可以通过一个"叫醒"信号，唤醒主节点。
(3) 检查所接收数据总量和所发送数据的总量。
(4) 同主节点的同步字节保持一致。
(5) 只能按照主节点的要求同其他从节点进行数据交换。

4. LIN 总线的物理结构

LIN 总线所控制的控制单元一般都分布在距离较近的空间，传输数据是单线，数据线最长可以达到 40m。如图 7.21 所示，在主节点内配置 1kΩ 电阻端接 12V 供电，从节点内配置 30kΩ 电阻端接 12V 供电。各节点通过电池正极端接电阻向总线供电，每个节点都可以通过内部发送器拉低总线电压。

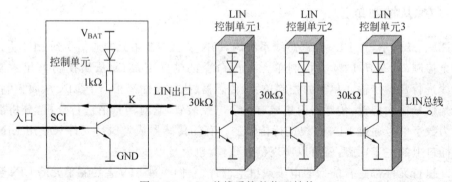

图 7.21 LIN 总线系统的物理结构

LIN 总线是单线，通过从电池正极 V_{BAT} 的端接电阻向导线或总线供电。总线收发器是 ISO 9141 标准的一个增强实现。该总线可以采用两个互补的逻辑电平：接近于地的电压显性值（dominant value）表示逻辑"0"，电压接近于电池供电电压的隐性值（recessive value）表示逻辑"1"。

7.3.3 LIN 总线协议

LIN 协议是一主多从结构,通信只能由主节点中的主任务发起,一个完整的 LIN 报文帧的传输是由主任务和从任务共同实现的,主任务发送"报头",从任务发送或接收"响应",如图 7.22 所示。

图 7.22 LIN 的报文传输

1. LIN 报文帧结构

LIN 报文帧包括帧头(header)与应答(response)两部分。主机负责发送帧头,从机负责接收帧头并作出解析,然后决定是发送应答,还是接收应答或不回复。

如图 7.23 所示,LIN 的信号由一个由主任务提供的帧头(Header)和由从任务处理的响应部分(Response)构成。帧头包含一个 13 位的同步间隔场(Synch Break Field)、一个由主任务产生的同步场(Synch Field),以及一个标识符场(Identifier Field)。其中每一个字节字段都以串行位元组方式发送,起始位的第一位为"0",而终止位为"1"。由主任务执行的信号标头会依整个 LIN 丛集的进度表决定每个信号的传输时间,以确保数据传输的确定性及避免网络超载的危险。在 LIN 网络中只有主节点采用晶体振荡器来为系统提供精确的基本时钟,此时钟会嵌入上述的同步字段中,让从任务能与主节点时序同步。LIN 信号的应答部分包含一个数据场(Data Field),长度为 2、4、8 个字节;和一个校验和场(Checksum),长度为 1 个字节。

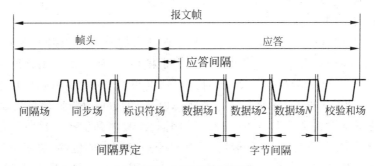

图 7.23 LIN 报文帧结构

1) 报文帧头(Header)

(1) 同步间隔场(Synch Break Field)

如图 7.24 所示,同步间隔场至少由 13bit 的显性位组成,之后紧随至少 1bit 隐性值的同步界定符。作为标识报文的开始,同步间隔由主节点发送,使得所有的从机任务和总线时钟信号同步。同步界定符用来检测接下来的同步场(Synch Field)的起始位。

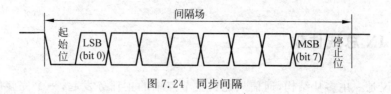

图 7.24 同步间隔

(2) 同步场(Synch Field)

如图 7.25 所示,同步场包含了时钟的同步信息。格式为 0x55,表现为 8 个位定时中有 5 个下降沿(隐性到显性的跳变)。在从机节点上可以不采用高精度的时钟,由此带来的偏差,需要通过同步段来进行调整。

图 7.25 同步场

(3) 标识符场(Identifier Field)

如图 7.26 所示标识符场定义了报文的内容和长度,其中包括 6 个标识符位(ID0~ID5)和 2 个标识符奇偶校验位(P0、P1),ID4 和 ID5 定义了数据场的数据长度;奇偶校验对帧标识符位进行计算,其中 P0 是 ID0、ID1、ID2、ID4 的奇校验,P1 是 ID1、ID3、ID4、ID5 的偶校验。校验公式如下,其中"⊕"代表"异或"运算,"¬"代表"取非"运算。

$$P0 = ID0 \oplus ID1 \oplus ID2 \oplus ID4$$
$$P1 = \neg(ID1 \oplus ID3 \oplus ID4 \oplus ID5)$$

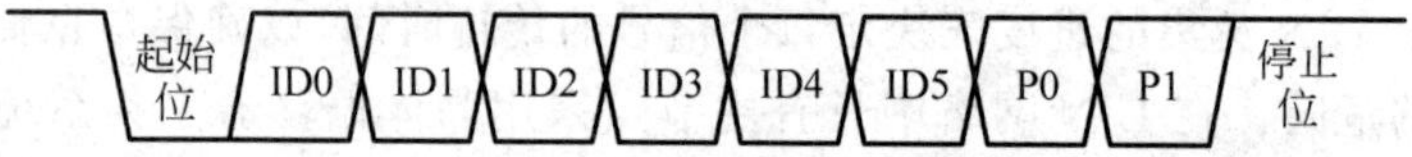

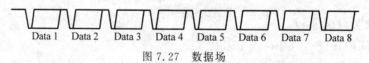

图 7.26 标识符场

从公式可以看出,PID 不会出现全 0 或全 1 的情况,因此,如果从机节点收到了"0xFF"或"0x00",可判断为传输错误。

2) 数据场(Data Field)

如图 7.27 所示,数据场可以包含 1~8 个字节,其中包含两种数据类型,信号(singal)和诊断消息(diagnostic messages)。信号由信号携带帧传递,诊断消息由诊断帧传递。协议中并没有规定哪一部分显示数据长度码的信息(这点与 CAN 总线不同),数据的内容与长度均是由系统设计者根据帧 ID 事先约定好的。总线上的数据是以广播形式发出,任何节点均可以收到,但并非对每个节点有用(与 CAN 相同)。具体到发布与接听是由哪个节点进行完成取决于应用层的软件配置,一般情况下,对于一个帧中的应答,总线上只存在一个发布节点,否则就会出现错误。事件触发帧例外,可能出现 0,1 或多个发布节点。

图 7.27 数据场

3) 校验和场

校验和场包含带所有数据字节或所有数据字节的倒过来的 8 位和和受保护的标识符。

只对数据字节进行校验和计算称为经典校验和,用于主请求帧、从响应帧以及与 LIN 的从机通信。校验和段是为了对帧传输内容进行校验,校验分为标准型校验与增强型校验。采用标准型还是增强型是由主机节点管理、发布节点和收听节点根据帧 ID 来判断采用哪种校验和。

2. LIN 报文帧类型

1) 无条件帧

无条件帧是具有单一发布节点的,无论信号是否发生变化,帧头均会被无条件应答的帧。

2) 事件触发帧

事件触发帧是主机节点在一个帧间隙中查询各从机节点的信号是否发生变化时使用的帧。当存在多个发布节点时,通过冲突解决进度表来解决冲突。

当从机节点信号发生变化的频率较低时,主机任务一次次地查询各个节点信息会占用一定的带宽,为了减小带宽的占用,引入了事件触发帧的概念。其主要原理是:当从机节点信息状态没有发生变化时,从机节点可以不应答主机发出的帧头;当有多个节点信息同时发生变化时,同时应答事件触发帧头会造成总线的冲突;当主机节点检测到冲突时,便会查询冲突解决进度表来依次向各个节点发送无条件帧(无条件帧只能由 1 个节点应答)来确定从机节点的信息状态。

3) 偶发帧

偶发帧是主机节点在同一帧时隙中当自身信号发生变化时向总线启动发送的帧。当存在多个关联的应答信号变化时,通过预先设定的优先级来仲裁。与事件触发帧类似,偶发帧也定义了一组无条件帧,规定偶发帧只有由主机节点发布。偶发帧的传输可能出现 3 种情况:①当关联的无条件帧没有信号发生变化,这时主机连帧头也不需要发送。②当关联的一个无条件帧信号发生变化则发送该帧。③当有多个无条件帧发生信号变化时,则按照事先规定的优先级依次发送。

4) 诊断帧

诊断帧包括主机请求帧和从机应答帧,主要用于配置、识别和诊断。主机请求帧 ID=0x3c,应答部分的发布节点为主机节点;从机应答帧 ID=0x3d,应答部分的发布节点为从机节点。数据段规定为 8 个字节,一律采用标准校验和。

5) 用户自定义帧

可携带用户自定义的任何信息,标识符为 62(0x3e),在调度时可给用户自定义帧分配报文帧时隙,每当时隙到来时发送用户自定义帧的帧头。

6) 保留帧

保留帧的 ID=0x3e 与 0x3f,为将来扩张需求用。

3. LIN 的报文传输

LIN 总线上的所有通信都由主机节点中的主机任务发起,主机任务根据进度表来确定当前的通信内容,发送相应的帧头,并为报文帧分配帧通道。总线上的从机节点接收帧头后,通过解读标识符来确定自己是否应该对当前通信做出响应、做出何种响应。基于这种报文滤波方式,LIN 可实现多种数据传输模式,且一个报文帧可以同时被多个节点接收利用。

1) 报文滤波

LIN 的报文滤波是基于标识符的,即每一个从机任务对应一个传送标识符。用户通过网络配置保证任务和标识符间的对应关系。

2) 报文确认

如果直到帧的末尾均没有检测到错误,则此报文对于发送器和接收器都有效。如果报文发生错误,则主机和从机任务都认为报文没有发送。

3) 错误和异常处理

故障界定主要依靠主节点,应使主节点可以处理尽量多的错误检测、错误回复和诊断。主机需要检测主机任务发送和主机节点的从机任务的错误状态。当主机回读自己的发送时,在同步或标识符字节中的位错误、标识符奇偶错误和没有总线活动错误需要被检测。当期望或读取来自总线上的数据时,从机不响应错误和校验和错误被检测。从机需要检测从机任务发送和从机任务接收的错误情况,当从机回读自己的发送时,数据或校验和场中的位错误被检测,当从总线读取数据时,标识符奇偶错误和校验和错误需被检测。

7.4 FlexRay 总线技术

7.4.1 FlexRay 总线介绍

1. FlexRay 产生及发展

随着汽车中增强安全和舒适体验的功能越来越多,汽车网络中不断增加的通信总线传输数据量,要求通信总线有较高的带宽和数据传输率。目前广泛应用的车载总线技术 CAN、LIN 等由于缺少同步性、确定性及容错性等并不能满足未来汽车应用的要求。为解决上述问题,FlexRay 联盟推广了 FlexRay 通信系统技术。

FlexRay 是一种用于汽车的高速、可确定性的,具备故障容错能力的总线技术,它将事件触发和时间触发两种方式相结合,具有高效的网络利用率和系统灵活性的特点,可以作为新一代汽车内部网络的主干网络。

2. FlexRay 特点

FlexRay 提供了传统车内通信协议不具备的大量特性,包括:

(1) 高传输速率:FlexRay 的每个信道具有 10Mbps 带宽。由于它不仅可以像 CAN 和 LIN 网络这样的单信道系统一般运行,而且还可以作为一个双信道系统运行,因此可以达到 20Mbps 的最大传输速率,是当前 CAN 最高运行速率的 20 倍。

(2) 同步时基:FlexRay 中使用的访问方法是基于同步时基的。该时基通过协议自动建立和同步,并提供给应用。时基的精确度介于 $0.5\mu s$ 和 $10\mu s$ 之间(通常为 $1\sim 2\mu s$)。

(3) 确定性:通信是在不断循环的周期中进行的,特定消息在通信周期中拥有固定位置,因此接收器已经提前知道了消息到达的时间。到达时间的临时偏差幅度会非常小,并能得到保证。

(4) 高容错：强大的错误检测性能和容错功能是 FlexRay 设计时考虑的重要方面。FlexRay 总线使用循环冗余校验(CRC)来检验通信中的差错。FlexRay 总线通过双通道通信，能够提供冗余功能，并且使用星型拓扑可完全解决容错问题。

(5) 灵活性：在 FlexRay 协议的开发过程中，关注的主要问题是灵活性，反映在如下几个方面：

① 支持多种方式的网络拓扑结构；
② 消息长度可配置：可根据实际控制应用需求，为其设定相应的数据载荷长度；
③ 使用双通道拓扑时，既可用以增加带宽，也可用于传输冗余的消息；
④ 周期内静态、动态消息传输部分的时间都可随具体应用而定。

7.4.2 FlexRay 通信协议和机制原理

1. 节点架构

ECU 是接入车载网络中的独立完成相应功能的控制单元。FlexRay 节点主要由电源供给系统(power supply)、主处理器(host)、固化 FlexRay 通信控制器(communication controller)、可选的总线监控器(bus guardian)和总线驱动器(bus driver)组成，如图 7.28 所示。主处理器产生和提供数据，并通过 FlexRay 通信控制器传送出去。其中 BD 和 BG 的个数对应于通道数，与通信控制器和微处理器相连。总线监控逻辑必须独立于其他的通信控制器。总线驱动器连接着通信控制器和总线，或是连接总线监控器和总线。

节点的两个通信过程为：

(1) 发送数据：host 将有效的数据送给 CC，在 CC 中进行编码，形成数据位流，通过 BD 发送到相应的通道上。

(2) 接收数据：在某一时刻，由 BD 访问栈，将数据位流送到 CC 进行解码，将数据部分由 CC 传送给 host。

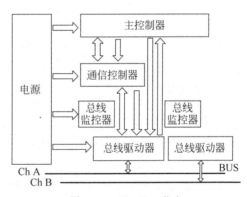

图 7.28 FlexRay 节点

2. 拓扑结构

如图 7.29 所示，FlexRay 的拓扑主要分为 3 种：总线式、星型、总线星型混合型。

FlexRay 节点可以支持两个信道，因而可以分为单信道和双信道两种系统。在双信道系统中，不是所有节点都必须与两个信道连接。

与总线结构相比，星型结构的优势在于：它在接收器和发送器之间提供点到点连接，该优势在高传输速率和长传输线路中尤为明显；另一个重要优势是错误分离功能。例如，如果信号传输使用的两条线路短路，总线系统在该信道不能进行进一步的通信。如果使用星型结构，则只有到连接短路的节点才会受到影响，其他所有节点仍然可以继续与其他节点通信。

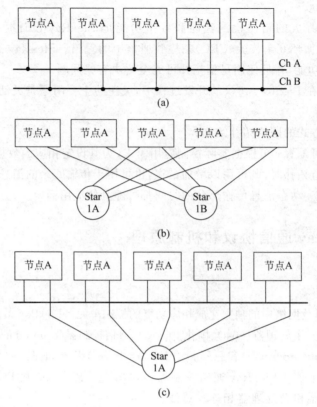

图 7.29 FlexRay 的拓扑结构
(a) 总线式；(b) 星型；(c) 混合型

3. 数据帧

一个数据帧由头段(header segment)、有效负载段(payload segment)和尾段(trailer segment)三部分组成。FlexRay 数据帧格式如图 7.30 所示。

(1) 头段共由 5 个字节(40 位)组成，包括以下几位：

① 保留位(1 位)：为日后的扩展做准备；

② 负载段前言指示(1 位)：指明负载段的向量信息；

③ 无效帧指示(1 位)：指明该帧是否为无效帧；

④ 同步帧指示(1 位)：指明这是否为一个同步帧；

⑤ 起始帧指示(1 位)：指明该帧是否为起始帧；

⑥ 帧 ID(11 位)：用于识别该帧和该帧在时间触发帧中的优先级；

⑦ 负载段长度(7 位)：标注一帧中能传送的字数；

⑧ 头部 CRC(11 位)：用于检测传输中的错误；

⑨ 周期计数(6 位)：每一通信开始，所有节点的周期计数器增 1。

(2) 负载段是用于传送数据的部分，FlexRay 有效负载段包含 0~254 个字节数据。

对于动态帧，有效负载段的前两个字节通常用作信息 ID，接收节点根据接收的 ID 来判断是否为需要的数据帧。

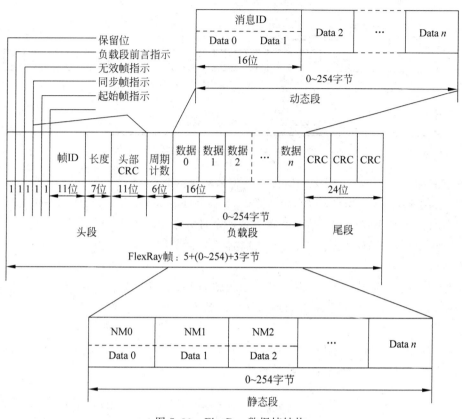

图 7.30 FlexRay 数据帧结构

对于静态帧,有效负载段的前 13 个字节为网络管理向量(network management,NM),用于网络管理。

(3) 尾段只含有 24 位的校验域,包含了由头段与有效负载段计算得出的 CRC 校验码。计算 CRC 时,根据网络传输顺序将从保留位到负载段最后一位的数据放入 CRC 生成器进行计算。

4. 编码与解码

编码的过程实际上就是对要发送的数据进行相应的处理"打包"的过程,如加上各种校验位、ID 符等。编码与解码主要发生在通信控制器与总线驱动器之间,如图 7.31 所示。

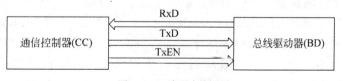

图 7.31 编码与解码

其中 RxD 为接收信号,TxD 为发送信号,TxEN 为通信控制器请求数据信号。信息的二进制表示采用"不归零"码。对于双通道的节点,每个通道上的编码与解码的过程是同时完成的。

图 7.32 为静态数据帧编码，各部分如下：

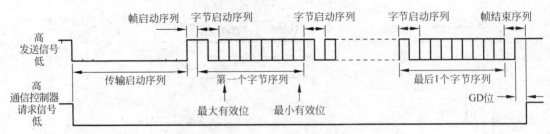

图 7.32 静态数据帧编码

传输启动序列(TSS)：用于初始化节点和网络通信的对接，为一小段低电平。

帧启动序列(FSS)：用来补偿 TSS 后第一个字节可能出现的量化误差，为一位的高电平。

字节启动序列(BSS)：给接收节点提供数据定时信息，由一位高电平和一位低电平组成。

帧结束序列(FES)：用来标识数据帧最后一个字节序列结束，由一位低电平和一位高电平组成。

动态段尾部序列(DST)：仅用于动态帧传输，用来表明动态段中传输时隙动作点的精确时间点，并防止接收段过早地检测到网络空闲状态。由一个长度可变的低电平和一位高电平组成。

将这些序列与有效位(从最大位 MSB 到最小位 LSB)组装起来就是编码过程，如图 7.33 所示，最终形成能够在网络传播的数据位流。

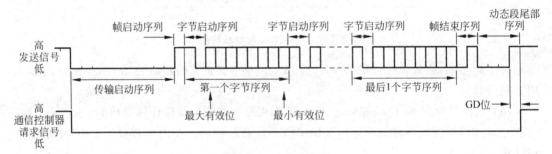

图 7.33 动态帧编码

5．媒体访问方式

在媒体接入控制中，一个重要的概念就是通信周期(communication cycle)，如图 7.34 所示。一个通信周期由静态段(static segment)、动态段(dynamic segment)、符号窗(symbol window)和网络空闲时间(network idle time)4 个部分组成。FlexRay 提供两种媒体接入时序的选择：静态段采用时分多址方式(TDMA)，由固定的时隙数组成，不可修改，且所有时隙的大小一致，用来传输周期性的数据信息；动态段采用灵活的时分多址(FTDMA)，由较小的时隙组成，可根据需要扩展变动，一般用于传输事件控制的消息；符号窗用于传输特征符号；网络空闲时间用于时钟同步处理。

仲裁层包含仲裁网络，它构成了 FlexRay 媒介仲裁的主干部分。在静态段中，仲裁网络由称为静态时隙(Static Slots)的连续时间间隔组成；在动态段中，由称为最小时隙(Minislots)的连续时间间隔组成。

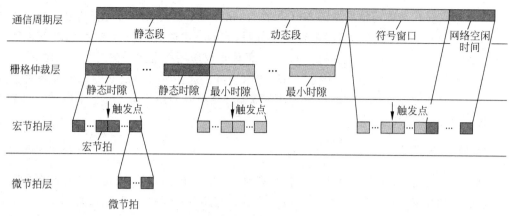

图 7.34　媒体访问方式

仲裁网络层是建立在由宏节拍（Marcotick）组成的宏节拍层之上的。每个本地宏节拍的时间都是一个整数倍的微节拍的时间。已分配的宏节拍边缘叫做触发点（Action Points）。触发点是一些特定的时刻，在这些时刻上，将会发生传输的开始和结束。

微节拍层是由微节拍组成的。微节拍是由通信控制器外部振荡器时钟刻度，选择性地使用分频器导出的时间单元。微节拍是控制器中的特殊单元，它在不同的控制器中可能有不同的时间。节点内部的本地时间间隔尺寸就是微节拍。

6. 时钟同步

如果使用基于 TDMA 的通信协议，则通信媒介的访问在时间域中控制。因此，每个节点都必须保持时间同步，这一点非常重要。所有节点的时钟必须同步，并且最大偏差（精度）必须在限定范围内，这是实现时钟同步的前提条件。

时钟偏差可以分为相位和频率偏差。相位偏差是两个时钟在某一特定时间的绝对差别。频率偏差是相位偏差随时间推移的变化，它反映了相位偏差在特定时间的变化。

FlexRay 使用一种综合方法，同时实施相位纠正和频率纠正，包含两个主要过程：时间同步校正机制（最大时间节拍生成 MTG（multiple trigger generator，MTG））和时钟同步计算机制（时钟同步进程 CSP（clock synchronization process，CSP））。MTG 控制时隙初值，即周期计数器和最大时钟节拍的计数器，并对其进行修正。CSP 主要完成一个通信循环开始的初始化，测量并存储偏差值，计算相位和频率的修正值，如图 7.35 所示。

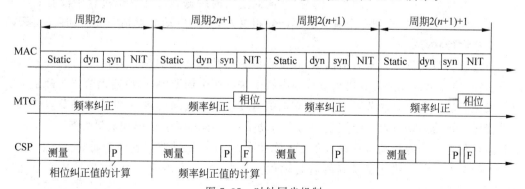

图 7.35　时钟同步机制

相位修正仅在奇数通信周期的 NIT 段执行,在下一个通信周期起始前结束。相位改变量指明了添加到 NIT 相位修正段的微节拍数目,它的值由时钟同步算法决定,并有可能为负数。相位改变量的计算发生在每个周期内,但修正仅应用在奇数通信周期的末尾。

在频率纠正中,需要使用两个通信循环的测量值。这些测量值之间的差值反映每个通信循环中的时钟偏差变化。它通常用于计算双循环结束时的纠正值。在整个后来的两个通信周期中,都使用该纠正值。

7. 唤醒与启动

为了节省资源,部分节点处于不工作状态时,进入"节电模式"。当这些节点需要再次工作时,就需要"唤醒"它们。主机可以在通信信道上传输唤醒模式,当节点接收到唤醒特征符(wakeup symbol)后,主机处理器和通信控制器才进行上电。

在通信启动执行之前,整个簇需要被唤醒。启动节点工作需要在所有通道上同步执行。初始一个启动过程的行为被称为冷启动(coldstart),能启动一个起始帧的节点是有限的,它们称作冷启动节点(coldstart node)。在至少由 3 个节点组成的簇中,至少要有 3 个节点被配置为冷启动节点。冷启动节点中,主动启动簇中消息的节点称为主冷启动节点(leading coldstart node),其余的冷启动节点则称为从冷启动节点(following coldstart node)。

当节点被唤醒并完成初始化后,它就可以在相应的主机控制命令发出之后进入启动程序。在非冷启动节点接收并识别至少两个相互通信的冷启动节点前,非冷启动节点一直等待。同时,冷启动节点监控两个通信通道,确定是否有其他的节点正在进行传输。当检测到通信信道没有进行传输时,该节点就成为主冷启动节点。

冷启动尝试以冲突避免操作符(collision avoidance symbol,CAS)开始,只有传输 CAS 的冷启动节点能在最开始的 4 个周期传输帧。主冷启动节点先在两个通道上发送无格式的符号(一定数量的无效位),然后启动集群。在无格式符号发送完毕后,主冷启动节点启动该节点的时钟,进入第一个通信周期。从冷启动节点可以接收主冷启动节点发送的消息,在识别消息后,从冷启动节点便可确认主冷启动节点发送的消息的时槽位置。然后等待下一个通信周期,当接收到第二个消息后,从冷启动节点便开始启动它们的时钟。根据两条消息的时间间隔,测量与计算频率修正值,尽可能地使从启动节点接近主冷启动节点的时间基准。为减少错误的出现,冷启动节点在传输前需等待两个通信周期。在这期间,其余的冷启动节点可继续接收从主冷启动节点及已完成集群冷启动节点的消息。

从第五个周期开始,其余的冷启动节点开始传输起始帧。主冷启动节点接收第五与第六个周期内其余冷启动节点的所有消息,并同时进行时钟修正。在这个过程中没有故障发生,且冷启动节点至少收到一个有效的起始帧报文对,主冷启动节点则完成启动阶段,开始进入正常运行状态。

非冷启动节点首先监听通信信道,并接收信道上传输的信息帧。若接收到信道上传输的信息帧,便开始尝试融入到启动节点。在接下来的两个周期内,非冷启动节点要确定至少两个发送启动帧的冷启动节点,并符合它们的进度。若无法满足条件,非冷启动节点将退出启动程序。非冷启动节点接收到至少两个启动节点连续的两组双周期启动帧后,开始进入正常运行状态。非冷启动节点进入正常工作状态,比主冷启动节点晚两个周期。

如图 7.36 所示,描述了正确的启动过程。其中,A 是主冷启动节点,B 是从冷启动节点,C 是非冷启动节点。

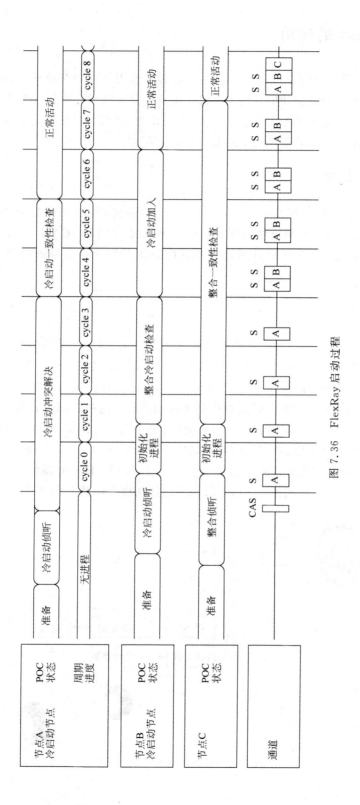

图 7.36 FlexRay 启动过程

7.4.3 FlexRay 的应用

目前 FlexRay 最主要的应用领域即是汽车,业界正致力于在汽车设计中转向全电子系统,它将通过创新的智能驾驶辅助系统为司机和乘员提供更高的安全性以及更舒适的车内环境,而这种智能系统必然需要大量的采样、通信以及协调控制,对车载网络提出了较高的要求,这也应该是 FlexRay 联盟研发 FlexRay 的动力所在。

1. 车载骨干网络

FlexRay 的拓扑结构非常灵活,包括单/多通道总线结构,单/多通道星型结构以及多种不同总线、星型混合结构等,网络可与现有其他各种总线(如 LIN、CAN 等)系统兼容。同时,其灵活的系统结构,也可使设计者针对不同的应用背景选择不同的可靠等级以控制成本。

2. 线控系统

FlexRay 的重要目标应用之一是线控操作(如线控转向、线控制动等),即利用容错的电气/电子系统取代机械/液压部分。汽车线控系统是从飞机控制系统引申而来,飞机控制系统中提到的 Fly-by-Wire 是一种电线代替机械的控制系统,它将飞机驾驶员的操纵控制和操作命令转换成电信号,利用机载计算机控制飞机的飞行。这种控制方式引入到汽车驾驶上,就称为 Drive-by-Wire(电控驾驶),引入到制动上就产生了 Brake-by-Wire(电控制动),引入到转向控制上就有 Steering-by-Wire(电控转向),因此统称为 X-by-Wire。这些创新功能的基础是一种能够满足严格容错要求的宽带总线结构,而 FlexRay 的高传输速率和良好的容错性使其具有该方面的应用潜力。线控转向系统结构框图如图 7.37 所示。

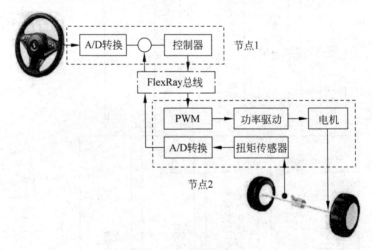

图 7.37 线控转向系统结构

3. 工业领域前景

虽然现在现场总线种类繁多,各种总线处于共存状态,工业以太网的应用也越来越广泛,但是由于现场总线几乎覆盖了所有连续、断续领域,不同运用领域的需求各异,还没有哪种工业总线可以完全适用于生产领域的各个方面。因此,FlexRay 总线虽然不能涵盖工业生产的全部领域,但一定可以像其他总线技术那样,在特定的领域中发挥优势,比如汽车制造领域以及对实时性、可靠性有很高要求的检测控制领域。例如,可将 FlexRay 总线用于矿井集散式网络监控系统。根据矿井的实际情况,可以采用 FlexRay 总线,建立一种集散式混合网络控制系统,以实现监控数据和控制指令的实时高速传输,并可保证网络具有较高的鲁棒性,能够在突发事件下安全可靠运行,从而构建煤矿矿井上下可靠高效的安全预警机制和管理决策监控平台,形成兼容性强、有扩展和升级余量的开放性监测控制系统。

系统可以分为井下和井上两部分。井上采用 FlexRay 星型或者多星型拓扑结构,以进一步提高数据的传输速度和容错能力;井下使用 FlexRay 的总线型拓扑结构,以方便连接矿井中众多的设备检测装置和传感器等,减少布线长度,节约成本,并使系统具有分散性和完全可互操作等特点。此外,FlexRay 具有很强的灵活性,可以方便地增加或改变节点网络布置,能够满足移动和随机介入检测设备的需要,符合煤矿监控场所流动性大的特点。

4. 企业上的实际应用

在企业方面,首个投入生产的 FlexRay 应用是宝马公司 X5 运动型多功能轿车(SAV)上名为 Adaptive Drive 的系统。Adaptive Drive 基于飞思卡尔半导体的 32 位 FlexRay 微控制器,它可以监视有关车辆速度、方向盘转度、纵向和横向加速度、车身和轮子加速度和行驶高度的数据。当驾驶员按下按钮选择"运行"或"舒适"驾驶时,Adaptive Drive 会通过控制抗侧倾杆中的旋转发动机和减震器上的电磁阀来相应调整车辆的侧角和阻尼,控制单元相互作用以防止紧急翻车,BMW 工程师选择了 10Mbps 带宽的 FlexRay 以获得这些控制单元之间的快速数据传输。

宝马 7 系中配备的博世 ESP 至尊版是全球第一个带有 FlexRay 界面的制动控制系统。通过这一新数据总线,系统能够与相应的传感器、自适应巡航控制(ACC)、集成底盘管理系统(integrated chassis management,ICM)、发动机以及传输控制单元通信。

新款奥迪 A8 轿车采用恩智浦的 FlexRay、CAN、LIN 和 SBC(system basis chips)收发器打造车载网络(in-vehicle networking,IVN),为轿车增加了高级驾驶辅助系统、自适应巡航控制和主动底盘稳定系统等一系列最新应用。恩智浦的 IVN 技术通过集线器连接众多电子器件,集线器由几根轻质铜线构成,不仅减轻了车身重量,更节约了油耗。轻质结构还令轿车提速更快、碳排放更低。

尽管 FlexRay 目前还只是应用在豪华车上,但随着通信要求的进一步提高和技术的进一步成熟,其在汽车上的普及只是时间问题。从更长远的角度来看,汽车发展的趋势是实现全自动无人驾驶(或近乎全自动驾驶),这将需要大量的不同功能的传感器、传输装置以及电子控制单元,而这些零部件的相互通信和协调控制则对车载网络提出了更高的要求。因此,FlexRay 及车载网络还有待进一步研究和发展。

7.5 车载以太网技术

以太网(Ethernet)最早由施乐(Xerox)公司创建,1980年由DEC(美国数字设备公司)、Intel(英特尔公司)和Xerox三家公司联合开发成为一个网络标准,是当今现有局域网采用的最通用的通信协议标准。以太网使用CSMA/CD(载波监听多路访问及冲突检测)技术,并以10Mbps的速率运行在多种类型的电缆上。以太网与IEEE 802.3系列标准相类似,不是一种具体的网络,是一种技术规范。该标准定义了在局域网(LAN)中采用的电缆类型和信号处理方法。

以太网是应用最为广泛的局域网,包括标准的以太网(10Mbps)、快速以太网(100Mbps)和10G以太网(10Gbps)等。以太网采用的是CSMA/CD访问控制法,符合IEEE 802.3标准。经过30多年的发展,以太网的数据传输速率已经得到成倍提高。目前在汽车上使用的是数据传输速率为100Mbps的IEEE 8023u标准。IEEE 802.3x是美国电气与电子工程师协会针对电缆连接网络的一项标准。该标准又被称为"快速以太网",使用TCP/IP(传输控制协议/网络协议)和UDP(用户数据报协议)作为传输协议。

在进入汽车领域之前,以太网已经获得了广泛的应用(图7.38),同时还具有技术成熟、高度标准化、带宽高以及低成本等优势。随着近年来汽车电子化的快速发展,车内电子产品数量逐年增加,复杂性日益提高。以太网所具有的技术优势可以很好地满足汽车制造商对车内互联网络的需求。但由于车内电磁兼容的严格要求,以太网直到近些年才取得了技术突破从而得以应用到汽车内。

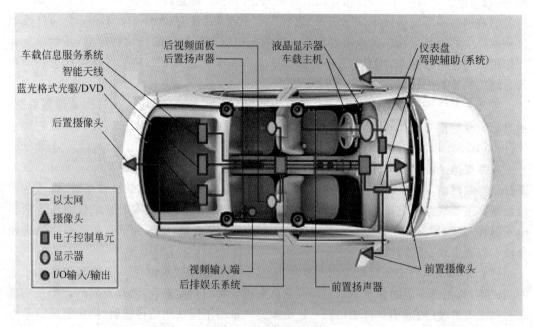

图 7.38 汽车以太网的应用

图 7.39 是车载以太网的标准和架构,目前主流的车载以太网的技术标准是基于博通公司的 BroadR-Reach(BRR)技术,IEEE 已经完成对 100Mbps 车载以太网技术的标准化,正在对 1Gbps 传输速率的车载以太网进行标准化。车载以太网在车内主要应用在对带宽需求较高的系统上,如高级驾驶辅助系统(ADAS)、车载诊断系统(on board diagnostics,OBD)以及车载信息娱乐系统等。与传统的车载网络不同,车载以太网可以提供带宽密集型应用所需的更高数据传输能力,未来其将在车内具有广泛的应用前景。

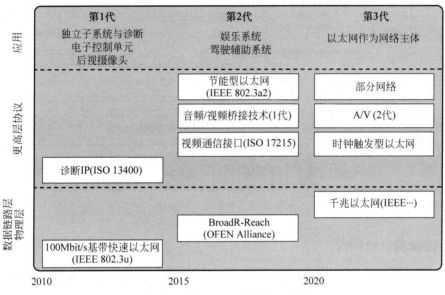

图 7.39 车载以太网的标准和架构

7.5.1 车载以太网简介

车载以太网是用于连接汽车内各种电气设备的一种物理网络,与普通的以太网使用 4 对非屏蔽双绞线(unshielded twisted pair,UTP)电缆不同,车载以太网在单对非屏蔽双绞线上可实现 100Mbps 甚至 1Gbps 的数据传输速率,同时还应满足汽车行业对高可靠性、低电磁辐射、低功耗、带宽分配、低延迟以及同步实时性等方面的要求。

车载以太网的设计是为了满足车载环境中的一些特殊需求。例如:满足车载设备对于电气特性的要求(EMI/RF);满足车载设备对高带宽、低延迟以及音视频同步等应用的要求;满足车载系统对网络管理的需求等。因此可以理解为,车载以太网在民用以太网协议的基础上,改变了物理接口的电气特性,并结合车载网络需求专门定制了一些新标准。针对车载以太网标准,IEEE 组织对 IEEE 802.1 和 IEEE 802.3 标准进行了相应的补充和修订。

7.5.2 车载以太网协议

车载以太网协议是一组多个不同层次上的协议簇,通常被认为是一个 4 层协议系统:应用层、传输层、网络层、数据链路层,每一层具有不同的功能。4 层结构对应于 OSI(open system interconnection)参考模型,并且提供了各种协议框架下形成的协议簇及高层应用程序。车载以太网及其支持的上层协议的技术架构见图7.40。

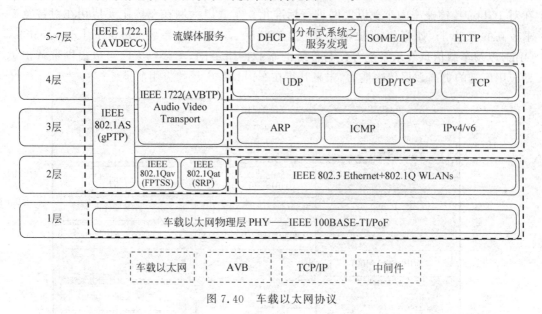

图 7.40 车载以太网协议

1. 物理层(OABR)

参照 OSI 模型,车载以太网在物理层,即第 1 层、第 2 层采用了博通公司的 BroadR-Reach 技术,BroadR-Reach 的物理层(PHY)技术由 OPEN(One-pair Ethernet Alliance,一对以太网)联盟推动,因此有时也被称为 OPEN 联盟 BroadR-Reach(OABR)。

BroadR-Reach 提供标准以太网的 MAC 层接口,能够使用与其他以太网类型相同的数据链路层逻辑功能及帧格式,能够通过与其他以太网类型相同的方式运行高层协议和软件。BroadR-Reach 利用两组编码和信令方法将 MAC 层 100 Mbps 的数据流转换成 66Mbaud/s 的三元信号,使 100Mbps 的数据速率能够在较低的频率范围内实现,从而使得 BroadR-Reach 以较低的布线成本实现高数据速率。较低的信号带宽可以改善回波损耗,减少串扰,并确保车载以太网满足汽车电磁辐射标准要求。BroadR-Reach 在单对非屏蔽双绞线上传输差分信号,与 CAN 等其他车载网络类似,但 BroadR-Reach 能够为网络提供电流隔离,其接地偏移额定值高达 2500V。

BroadR-Reach 支持全双工通信,利用先进的数字信号处理技术实现一条链路上的两个节点同时在该链路中发送和接收数据;使用混合电缆等特殊设备和回音抵消等技术,使各以太网节点能够区分发送和接收的数据。

以上先进技术在车载以太网上的应用,使得 BroadR-Reach 物理层与传统车载 CAN、LIN、FlexRay 网络相比,区别巨大且更加复杂,使得车载网络开发、测试工程师的相关经验不易在车载以太网开发测试工作上移植和应用。

2. AVB 协议簇

以太网音视频桥接技术(ethernet audio video bridging,AVB)是 IEEE 的 802.1 任务组

于2005开始制定的一套基于新的以太网架构的用于实时音视频的传输协议集。汽车在信息娱乐与驾驶辅助领域的快速发展,需要更多的音视频数据在汽车系统中进行传输,因此基于以太网的音视频桥接AVB(技术)得到应用。AVB的高带宽和服务品质,确保数据的及时传递、更高的可靠性与较低的成本、开放的技术标准等特点,非常适合通过AVB协议应用在汽车部署中。

AVB协议簇包括精准时钟定时和同步协议(precision time protocol,PTP)、流预留协议(SRP)、时间敏感流的转发和排队协议(FQTSS)、音视频传输协议(AVBTP)。车载以太网中为了降低时延,一般不会动态预留带宽,所以暂且不用考虑SRP所产生的时延;而其余3个协议主要是流量调度产生的时延(即干扰迟滞)和时钟同步产生的时延。

AVB不仅可以传输音频也可以传输视频。用于音频传输时,在1GB的网络中,AVB会自动通过带宽预留协议将其中750MB的带宽用来传输双向420通道高质量、无压缩的专业音频,剩下的250MB带宽可以传输一些非实时网络数据。用于视频传输时,可以根据具体应用调节预留带宽。比如:750MB带宽可以轻松传输高清full HD视觉无损的视频信号,并且可以在AVB网络中任意路由。

3. TCP/IP协议簇

TCP/IP协议簇对应OSI模型的传输层,该部分是网络结构的中心部分,是下方硬件相关层和上方软件处理层的重要连接点。

TCP/IP协议负责提供一些重要的服务以使高层的软件应用能够在互联网络中起作用,充当高层应用需求和网络层协议之间的桥梁。TCP/IP主要负责主机到主机之间的端到端通信。两个关键的传输协议为用户数据报协议(UDP)和传输控制协议(TCP)。

4. 应用层协议

应用层协议是用户与网络的交互界面,负责处理网络特定的细节信息,其覆盖了OSI参考模型的第5层至第7层。

应用层可根据用户需求为用户提供多种应用协议,如超文本传输协议(HTTP)、通信控制(SOME/IP)、服务发现(Service Discovery)、动态主机配置协议(DHCP)、流媒体服务(Stream Media Service)、设备发现、连接管理和控制协议(IEEE 1722.1 AVDECC)等。

7.5.3 车载以太网标准化

在车载以太网的标准化方面,如下4个标准化组织或联盟起到了主要的推动作用:IEEE 802.3和IEEE 802.1工作组、汽车开放系统架构联盟AUTOSAR、OPEN联盟以及AVnu联盟。

1. IEEE

IEEE 802.3制定的局域网标准代表了业界主流的以太网技术,车载以太网技术是在IEEE 802.3基础上开发研制的,因此IEEE是目前最为重要的车载以太网国际标准化机构。为了满足车内的要求,涉及IEEE 802.3和802.1两个工作组内的多个新规范的制定和原有规范的修订，包括 PHY 规范、AVB 规范、单线对数据线供电等。

另外，AVB 中有关 AV 的传输、定时同步等规范还需 IEEE 的其他技术委员会的标准化，如 IEEE 1722、IEEE 1588 等。

2. OPEN

OPEN 联盟是由博通（Broadcom）、恩智浦（NXP）以及宝马（BMW）公司于 2011 年 11 月发起成立的开放产业联盟，旨在推动将基于以太网的技术标准应用于车内联网。相关单位可通过签署 OPEN 联盟的规范允可协议成为其成员，参与其相关规范的制定活动。

OPEN 的主要标准化目标有：

(1) 制定 100Mbps BroadR-R 的物理层标准并将其推广成为开放的产业标准。
(2) 在相关标准化组织中鼓励和支持开发更高速的物理层技术规范。
(3) 制定 OPEN 的互通性要求，选择第三方执行互操作性测试。
(4) 发现车载以太网在实现过程中的标准化缺口。

3. AUTOSAR

AUTOSAR 是由汽车制造商、供应商以及工具开发商发起的联盟，旨在制定一个开放的、标准化的车用软件架构。AUTOSAR 的规范包括车用 TCP/UDP/IP 协议栈。AUTOSAR 获得了汽车产业的普遍认可，各制造商将放弃私有标准的开发转而在标准实现上展开竞争，实现 AUTOSAR 的标准可使多个设备无缝地运行在同一个共享网络上。

4. AVnu

AVnu 联盟是由博通联合思科、哈曼和英特尔成立，致力于推广 IEEE 802.1 的 AVB 标准和时间同步网络（time sensitive network，TSN）标准，建立认证体系，并解决诸如精确定时、实时同步、带宽预留以及流量整形等重要的技术和性能问题。目前，AVnu 已发布其车载以太网 AVB 的认证测试规范，并已认证了多个型号的产品。需要补充的是，AVnu 的技术不仅仅可应用于汽车领域，也可应用于专业 A/V、工业以及消费类电子领域。

7.5.4 车载以太网测试

车载以太网面对激增的功能和复杂度，在保证高度测试覆盖率的同时，通过标准化测试降低测试周期和成本。主要测试包括物理层测试、一致性测试、性能测试、功能测试、网络安全测试以及一些基础测试。车载以太网测试参照国际通用的 V 模型，测试阶段分为部件测试、系统测试、实车测试。各阶段主要测试内容可分为一致性测试、性能测试、部件测试、系统测试、实车测试。

(1) 一致性测试内容主要为标准一致性、互操作性、稳定性和鲁棒性测试。
(2) 性能测试主要通过仿真进行真实通信场景测试、功能测试、多种度量方法分析（例如延迟、吞吐量、抖动、丢包、服务质量、时间同步等）。
(3) 部件测试包含 AVnu 定义的相关测试、OEM 自定义的测试、OPENTC8 定义的相关测试等。

(4) 系统测试包含通信测试、诊断测试、网络管理测试、网关路由测试、刷写测试以及 Feature 相关测试等。

(5) 实车测试主要包含以太网 Feature 相关测试、OEM 定义的测试内容等。

思 考 题

1. 传统网络和车载网络有哪些区别和联系？
2. 采用车载局域网有哪些优点？
3. 什么是控制器局域网 CAN？
4. CAN 总线有哪些特点？
5. 对比各汽车总线之间的优缺点。

第 8 章

路径规划算法

8.1 基于图搜索的路径规划算法

8.1.1 图搜索算法简介

路径规划的一般方法是给定环境地图以及起点和终点位置,利用路径规划算法找到一条从起点到终点的路径,这条路径尽可能地距离最短,或者根据小车、无人机的运动学模型,得到一条符合运动学模型的可以被移动机器人执行的路径。而基于图搜索的路径规划是将路径规划的问题转化为求解图的问题,利用数据结构中树的理论进行搜索。基于图搜索的路径规划已经被证明得到的路径是理论上的最优路径(距离最短),下面介绍图搜索方法用到的几个概念。

1. 图(Graph)

图由顶点和连接顶点的边构成,如图 8.1 所示。图可以是有向图,也可以是无向图,在有向图中的边都是单向边,无向图中的边都是多向边。假设路径规划的起始点是顶点 A,目标点是顶点 M,利用图模型找到一组连接顶点 A 和顶点 M 的一系列顶点和边就是搜索到的路径。

在自动驾驶系统中,常常使用栅格地图作为自动驾驶汽车对周围环境的感知结果,如图 8.2 所示,其中,空白部分表示可行驶无障碍物区域,黑色的栅格代表障碍物,为了防止规划的过程中汽车与障碍物边缘发生碰撞,一般将栅格地图从边缘向外进行膨胀,将膨胀之后的栅格地图作为真实用于规划的地图,有效避免了碰撞的发生。栅格地图也是一种特殊的图,每一个栅格节点和周围的邻居栅格节点构成了一条边。

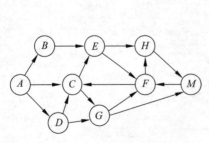

图 8.1 图模型

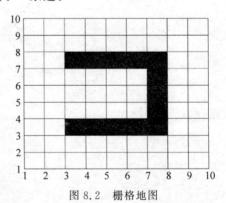

图 8.2 栅格地图

2. 优先队列（Priority Queues）

队列是一种先进先出的线性表，路径规划中的优先队列是一种按照一定的规则进行排序的线性表，需要具备以下几种功能：

(1) 允许将新的元素插入到线性表中；
(2) 允许按照一定规则查找到某一个元素；
(3) 允许按照一定规则将某一个元素从线性表中删除。

3. 启发式方法（Heuristics）

在路径搜索的过程中，需要遍历图中的某一些节点，从而得到一条合适的路径。如果程序在没有希望的地方进行搜索，则会浪费大量的时间，降低路径规划的效率。因此如果能够使算法只扩展最优路径附近的节点，则会大大提高路径搜索的效率。通过设立合理的启发式搜索函数，使得算法有倾向地寻找可能为最优路径的节点，有目的地向终点方向搜索，从而达到快速高效搜索的目的。

8.1.2 BFS算法

1. BFS算法简介

广度优先搜索算法(breadth first search，BFS)最早由Moore提出，是一种遍历树或者图数据结构的算法，适用于无加权的图搜索。它从树的根节点或者图的任意节点开始，搜索当前深度的所有节点，然后再转移至下一个深度的节点进行搜索，直到搜索到目标为止。由于自动驾驶中的栅格地图可以看作一种树或者图的形式，因此在路径规划算法中，广度优先搜索是应用非常广泛的搜索算法之一，很多自动驾驶汽车使用的成熟的算法中，都有广度优先搜索算法的思想。

2. BFS算法基本概念

广度优先搜索算法中的开式列表OpenList就是一个广度优先队列，它存储了由当前栅格节点按照广度优先规则扩充的下层节点和之前存储在队列中的上层节点。按照先入先出的原则，下一个时刻需要计算的栅格节点是之前队列中的上层节点。

如图8.3所示，左侧的五角星代表搜索的起点，右侧的叉号代表搜索的终点，图中所示的状态是程序已经搜索了一段时间，并假设当前搜索的节点在A点，首先按照一定的顺序扩充邻居节点，假设按照BCDE的顺序加入到Queue中，Queue→[E，D，C，B]，按照先入先出的原则，B被弹出，同时将B附近未被访问的节点h，g，f入队，Queue→[f，g，h，E，D，C]，接下来将C出队，扩充C附近的节点，以此类推，最终找到需要的目标点。从这里可以看出广度

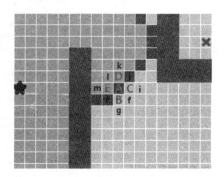

图8.3 节点的扩充

优先搜索的本质是先搜索上层节点,将上层节点搜索完成之后再搜索下一层节点。

广度优先搜索算法闭式列表 CloseList 是一个普通队列,从 OpenList 中弹出的节点都被放入到 CloseList 中,由于每个新扩充的节点的内部存储着上一个节点的信息,因此,当搜索到目标点的时候,在 CloseList 中从终点开始,根据其内部包含的上一个节点信息找到上一个节点,然后再找到上上节点,以此类推,最终找到一条从起点到终点的路径。

为避免重复搜索,广度优先搜索算法使用数组 Visit 记录每一点是否已经加入到了队列中。在入队之前需要检查节点是否已经加入到队列中去,如果已经加入,则不再入队,否则入队。同时这个数组的下标就是该节点在栅格地图中的位置,数组的数值为 0 代表未被访问过,可以加入到 Queue 中。为了当找到目标点后能够回溯到起点,找到一条路径,每个栅格应该存储自己是由哪个栅格扩展而来的,因此 Visit 数组中下标为 x 的数组元素的值 y(0 除外)代表了该栅格节点 x 是由栅格节点 y 扩充而来,节点 y 是节点 x 的父节点,可以利用 Visit 数组,回溯出需要的路径。当然 Visit 数组也不是必须的,只要将每一个节点按照自己的方式规定好是否已经被访问,并且规定好是由哪一个节点扩充而来的就可以,常用的方法是在节点的类中用成员变量的方式进行定义。

3. BFS 路径规划基本过程

根据图 8.4 展示的伪代码,首先选定起始位置 x_s 和目标位置 x_g,将开式列表 O 和闭式列表 C 清空,利用 $Pred()$ 函数将起点的父节点置空。将起点加入到 O 中,如果 O 非空,执行第 5 行的 $while$ 循环,从 O 中弹出一个节点,这里由于 O 是一个广度优先列表,按照广度优先的规则弹出上层节点,并将弹出的节点加入到闭式列表 C 中。在第 8 行,U 代表了节点扩充的所有方向,u 代表 U 中的某一个方向,函数 $f(x,u)$ 的作用是根据弹出的节点 x 和扩充方向,得到一个满足地图范围且不发生碰撞(非障碍物)的子节点 x_{succ}。首先判断子节点是否在 C 中,如果在,说明已经计算了该节点,无需再次计算,退出找下一个方向的子

```
Algorithm   Breadth First Search
Require: x_s ∩ x_g ∈ X
 1:  O = φ
 2:  C = φ
 3:  Pred(x_s) ← null
 4:  O.push(x_s)
 5:  while O ≠ φ do
 6:      x ← O.pop()
 7:      C.push(x)
 8:      for u ∈ U(x) do
 9:          x_succ ← f(x, u)
10:          if x_succ ∉ C then
11:              if x_succ ∉ O then
12:                  Pred(x_succ) ← x
13:                  if x_succ = x_g then
14:                      return x_succ
15:                  end if
16:                  O.push(x_succ)
17:              end if
18:          end if
19:      end for
20:  end while
21:  return null
```

图 8.4　BFS 算法伪代码

节点,否则判断是否在 O 中,如果在,说明已经计算了该节点,无需再次计算,退出找下一个方向的子节点,否则说明这个节点是新节点,利用 Pred() 函数将起点的父节点置为 x,第 13 行判断该节点是否为终点,如果是则返回该节点,终止 while 循环,否则将 x_{succ} 加入到 O 中,继续执行 for 循环遍历所有的子节点扩充方向,节点 x 的所有方向扩充完并且没有发现终点的时候,继续执行 while 循环,从 O 中弹出上一层的下一个节点,继续执行 for 循环,遍历所有的扩充子节点方向,直到找到终点为止。如果没有找到终点,即遍历到 O 为空的时候,while 自动退出,返回 null,代表没有找到路径。该算法输出的是 x_{succ} 节点,该节点在坐标上和终点 x_g 相同,唯一不同的是 x_{succ} 节点包含了上一个节点的信息,所以,遍历 C 中的所有节点,找到 x_{succ} 节点包含的上一个节点信息的那个节点,该节点就是路径的倒数第二个节点,以此类推,一直找到父节点为 null 的节点,该节点就是起点,这是在算法开始的时候定义的,这样就找到了从起点到终点的一条路径。

4. BFS 路径规划优缺点

广度优先路径规划理论上只要起点到终点的路径存在,总能够通过搜索得到,而且是理论上的最优路径(距离最短),但是该算法没有目的性地呈放射状的搜索带来了搜索效率低下的问题。很多无用的节点也被加入到 Queue 中,造成资源的浪费,实时性较差。另外,BFS 算法是适用于边的权重是一致的情况,假如某一个节点向上下左右进行扩充的时候距离均为 1,BFS 算法适应这种扩充方法,但是如果节点按照对角线的方式也进行扩充的时候,比如向左上角扩充的时候,距离约为 1.4,不能按 1 来进行表示,这样的扩充方式就不能用 BFS 算法了。

8.1.3 Dijkstra 算法

1. Dijkstra 算法简介

Dijkstra(俗称迪科斯特拉)算法由荷兰计算机科学家迪科斯特拉于 1959 年提出,是一种单源最短路径算法,用于计算一个节点到其他节点的最短路径。主要特点是以起始点为中心向外层扩展,采用贪心算法的策略,每次遍历与始点距离最近且未访问过的顶点的邻接节点,直到扩展到终点为止。Dijkstra 算法是很有代表性的最短路径算法,在很多专业课程(如数据结构、图论、运筹学等)中都作为基本内容有详细的介绍。

2. Dijkstra 算法特点

Dijkstra 算法和 BFS 算法的基本框架类似,都将整个地图中的节点分成了 3 个部分,即开式列表、闭式列表以及剩余的其他节点。但是在节点的扩充方向、启发式函数、优先队列方面存在区别。

(1) 节点的扩充方向。

在栅格地图中,BFS 算法节点的扩充方向可以认为是上、下、左、右 4 个节点,Dijkstra 算法节点的扩充方向除了上、下、左、右,还有左上、右上、左下、右下共 8 个节点,假设每一个栅格的边长为 1,如果按照上下左右方向进行节点扩充,移动一次的距离为 1,按照对角线向左上、右上、左下、右下移动一次距离可以认为是$\sqrt{2}$。

(2) 变量 g 的引入。

BFS 算法直接按照从上层到下层，层层推进的方法进行节点的扩充，这也是最容易理解的方式。Dijkstra 算法设置了 g 值，即在每一个节点内部储存一个变量 g，该值记录了从起点到该点的最短路径，如图 8.5 所示。g 值的更新按照 $g(x')\leftarrow g(x)+l(x+x')$，其中 x' 为当前节点，x 为 x' 的父节点，$g(x)$ 代表从起点到 x 节点的最短路径，$l(x,x')$ 代表从 x 到 x' 的路径长度。

图 8.5　Dijkstra 算法 g 值（无对角移动）

(3) 优先队列。

BFS 算法中采用的是广度优先队列，在 Dijkstra 算法采用的序列是按照 g 的值来进行排序的序列，按照 g 的值从小到大排列，每次弹出的是 g 值最小的节点，也就是距离起点最近的节点。

3. Dijkstra 路径规划基本过程

根据图 8.6 展示的伪代码，同 BFS 算法，在进行路径规划之前确立起始点和终止点坐标 x_s 和 x_g，将开式列表 O 和闭式列表 C 置空，更新起始点的父节点为 null，将起始节点加入到 O 中之后执行第 5 行 while 循环，在 O 非空的条件下，首先找到 O 中 g 值最小的节点

```
Algorithm    Dijkstra's Search
Require: x_s ∩ x_g ∈ X
 1:  O = φ
 2:  C = φ
 3:  Pred(x_s) ← null
 4:  O.push(x_s)
 5:  while O ≠ φ do
 6:      x ← O.popMin()
 7:      C.push(x)
 8:      if x = x_g then
 9:          return x
10:      else
11:          for u ∈ U(x) do
12:              x_succ ← f(x, u)
13:              if x_succ ∉ C then
14:                  g ← g(x) + l(x, u)
15:                  if x_succ ∉ O or g < g(x_succ) then
16:                      Pred(x_succ) ← x
17:                      g(x_succ) ← g
18:                      if x_succ ∉ O then
19:                          O.push(x_succ)
20:                      else
21:                          O.decreaseKey(x_succ)
22:                      end if
23:                  end if
24:              end if
25:          end for
26:      end if
27:  end while
28:  return null
```

图 8.6　Dijkstra 算法伪代码

x 弹出,并加入到 C 中。在第 8 行,如果该节点是终点,那么停止 while 循环,函数退出,返回 x 节点。如果不是终点,对于周围的 8 个方向执行第 11 行 for 循环,找到一个在地图范围内的且不是障碍物的点 x_{succ},如果该点不在 C 中,说明没有被弹出过,根据 $g(x)+l(x,u)$ 计算 g 值。然后进入第 15 行,如果该节点是新的节点,或者该节点曾经被加入到 O 中,但是前面计算的 g 值比 O 中对应节点的 g 值还小,说明 O 中的 g 值需要更新,不管上面两种情况如何,都要更新一下自己的父节点和 g 值。第 19 行,如果该节点是全新的没有在 O 中的节点,那么就加入到 O 中。第 21 行,如果该节点已经在 O 中,但是新算的 g 比原来的 g 更小,更新一下原来的 g 值和父节点。这表明只要没有加入到 O 中,即使已经扩充过该节点到 C 中,当再次扩充的时候,原先的 g 值也是会被更新的。其他的步骤就和 BFS 算法类似,直到找到终点,退出整个函数,返回带父节点的终点,如果 O 为空,说明没有找到路径,这也是完全有可能的情况。最后按照 BFS 算法中提供的方法,从弹出节点的父节点开始,在 C 中寻找出一条路径。

4. Dijkstra 算法优缺点

Dijkstra 算法只要路径存在,就一定可以规划出来,并且规划出来的轨迹同样被证明是全局最优的(距离最短)。与 BFS 算法相比,g 值的加入使得 Dijkstra 算法克服了 BFS 算法不能处理带权重边的图搜索问题。但是 Dijkstra 算法没有使用任何启发式搜索方法,节点的扩充还是没有目的的层层推进,搜索效率很低。

8.1.4 A* 算法

1. A* 算法简介

A* 算法最初发表于 1968 年,由 Stanford 研究院的 Peter Hart、Nils Nilsson 以及 Bertram Raphael 发表。如果把 Dijkstra 算法看作 BFS 算法的延伸(尽管提出的更早),那么 A* 算法可以看作是 Dijkstra 算法的延伸。A* 算法作为图搜索算法中最为流行的算法,在今天仍然广泛地应用,在 ROS 操作系统的 navigation 包里就自带了 Dijkstra 算法和 A* 算法的路径规划方法。在电子游戏中也常常使用 A* 算法为游戏人物在游戏环境中移动时提供合理路径。随着研究的不断深入,很多学者在 A* 和 Dijkstra 算法的基础上进行了很多的改进,满足特定场景下的路径规划算法的需要,比如斯坦福大学 Dmitri Dolgov 等提出的 Hybrid A* 算法成功地将汽车运动学模型考虑进来,使得算法能够规划出一条满足汽车动力学的路径。

2. A* 算法的启发式函数

在算法结构上,A* 搜索算法和 Dijkstra 算法高度相似,主要的区别在于 A* 算法加入了启发式搜索函数,Dijkstra 算法没有使用任何启发式搜索函数,选择 OpenList 中距离起点最近的节点作为下一轮的节点,而 A* 算法不仅考虑了起点位置,还将终点的位置信息考虑了进来,使得启发式搜索函数向着终点的位置方向探索,表现出更强的"目的性",大大减少了无用节点的搜索,提高了搜索的效率,被认为是一种高效的路径搜索算法。

A*算法中的每一个节点内部一直维护3个变量g,h和f,其中g和Dijkstra算法中的g完全一样,代表从起点到自身节点的距离或者说cost,而h则代表从自身节点到终点的距离。这个距离可以是欧几里得距离,也可以是曼哈顿距离,无论哪种距离,都可以很快地计算出来。$f=g+h$,代表总的cost,在每次从OpenList弹出节点时,弹出最小f对应的节点,可以看出,加入到OpenList中的节点与Dijkstra算法相比会少很多,该节点会尽可能地出现在起点到终点的距离最短的路径的周边,因此可以很快地搜索出这一条路径。

图8.7(a)是Dijkstra算法搜索出来的路径,(b)是A*算法搜索出来的路径,带有数字的节点代表该节点曾经加入到OpenList中,也就是被访问和计算过,代表着路径搜索的效率。加入到OpenList的节点越多,搜索效率越低。虽然二者规划出了相同的路径,但是访问节点的总数差别很大,最终导致搜索的效率差别很大。

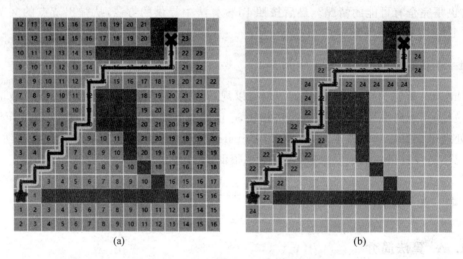

图8.7 Dijkstra算法和A*算法的比较

(a) Dijkstra算法;(b) A*算法

3. A*算法路径规划基本过程

如图8.8所示,同Dijkstra算法,首先设置起始点和终止点坐标x_s和x_g,将开式列表O和闭式列表C置空,更新起始点的父节点为null,将起始节点加入到O中之后执行第5行while循环,在O非空的条件下,从O中弹出f值最小的节点,放入C中,如果该节点是终点,则退出整个函数,返回该节点,如果不是终点,则继续执行。首先利用第11行for循环扩充邻居节点,每循环一次,取出符合地图范围且无碰撞的节点x_{succ},如果不在闭式集合C中,计算g值。在第15行,如果该点不在O中,或者该点在O中但是计算出来的g值比O中对应节点的g值更小,则设置该节点的父节点,设置该节点的g值,设置该节点的h值。第19行,如果节点不在O中说明是全新的节点,直接加入到O中。在第22行,如果O中已经有了该节点,说明此次更新的g值更小,需要更新一下该节点为新扩充的节点x_{succ}。一直循环直到找到终点退出循环。如果O为空,说明没有找到起点到终点的路径,返回null。如果找到了终点,按照父节点在C中层层寻找,直到找到起点,得到的路径就是从起点到终点由A*算法规划出的一条路径。

```
Algorithm    A* Search
Require: x_s ∩ x_g ∈ X
 1: O = φ
 2: C = φ
 3: Pred(x_s) ← null
 4: O.push(x_s)
 5: while O ≠ φ do
 6:     x ← O.popMin()
 7:     C.push(x)
 8:     if x = x_g then
 9:         return x
10:     else
11:         for u ∈ U(x) do
12:             x_succ ← f(x, u)
13:             if x_succ ∉ C then
14:                 g ← g(x) + l(x, u)
15:                 if x_succ ∉ O or g < g(x_succ) then
16:                     Pred(x_succ) ← x
17:                     g(x_succ) ← g
18:                     h(x_succ) ← Heuristic(x_succ, x_g)
19:                     if x_succ ∉ O then
20:                         O.push(x_succ)
21:                     else
22:                         O.decreaseKey(x_succ)
23:                     end if
24:                 end if
25:             end if
26:         end for
27:     end if
28: end while
29: return null
```

图 8.8　A^* 算法路径规划伪代码

4. A^* 算法优缺点

同样，A^* 算法也是只要路径存在，总能够规划出一条从起始点到终止点的路径，并且是距离最短的路径。由于使用了启发式函数，在寻找路径的过程中算法总是倾向于终点的方向进行搜索，因此和 Dijkstra 算法相比，该算法扩充的节点数更少，效率更高，也是其被广泛应用的原因之一。但是 A^* 算法还是有其优化的空间，比如在路径搜索的过程中，还是会有一些没有必要扩充的节点，产生了 JPS(jump point search)跳点搜索算法，进一步压缩搜索的空间。另外 A^* 搜索算法还是基于图的搜索，没有考虑到移动机器人的运动学模型，因此产生的路径虽然是最短路径，但未必能够被移动机器人执行，因此基于运动学的 Hybrid A^* 算法也提了出来，得到了广泛的应用。

8.2　基于采样的路径规划算法

8.2.1　基于采样的路径规划算法简介

基于采样的路径规划算法主要思想是向地图中随机采样，如果不考虑运动学模型，类似于向地图中随机撒点，然后将相邻的点进行连接，得到图或者树，利用图搜索方式得到一条路径。和基于图搜索的路径规划算法相比，基于采样的路径算法虽然多了采样的步骤，但是与原地图相比，采样得到的图更加简单，搜索效率也更高。此外当考虑运动学模型时，搜索需要在高维空间中进行，图搜索算法在高维空间中搜索的效率很低，但基于采样的路径规划算法的效率很高。

8.2.2 PRM算法

PRM算法又称概率路线图算法（probabilistic roadmap method），在20世纪90年代初期由M. H. Overmars等提出，是一种基于采样的路径搜索算法，其很好地解决了在高维空间中构造出有效路径图的困难。该算法通过在构形空间中进行采样、对采样点进行碰撞检测、测试相邻采样点是否能够连接来表示路径图的连通性。此方法的一个巨大优点是，其复杂度主要依赖于寻找路径的难度，与整个规划场景的大小和构形空间的维数关系不大。然而当规划的路径需要通过密集的障碍物或者需要经过狭窄的通道时，PRM算法的效率变得低下。

1. PRM算法简介

PRM算法分为两个阶段：学习阶段和查询阶段。学习阶段，在给定图的自由空间里随机撒点（自定义个数），构建一张路径网络图。

如图8.9(a)所示，在学习阶段，首先在整张地图上按照一定的概率撒点，无论在障碍物区域还是在空白区域，都均匀布满了点，每个点代表机器人的一个状态。然后去掉在障碍物范围内的点，如图8.9(b)，最后，按照一定的距离阈值，连接最近的点，形成一张网络图，并删除经过障碍物的连线，如图8.9(c)。

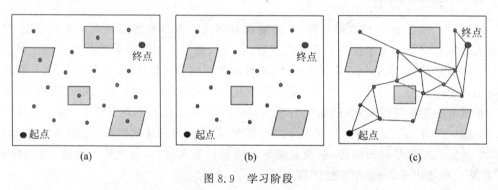

图8.9 学习阶段

由于在学习阶段已经建立好了图模型，在查询阶段（图8.10），利用A^*算法或者Dijkstra等图搜索算法，在图中搜索出一条从起点到终点的路径。

2. PRM算法基本流程

图8.11给出的是概率路线图的构建算法，算法的输入n代表的是在地图中采样的数量，可以理解为顶点的最大数目。k指的是选取某个点附近连接点的数目，这个数目决定了地图中的点与附近距离最短的多少个点相连，侧面决定了地图的复杂程度和算法的复杂度。算法的输出G是以图的形式代表的地图。算法的前两行将图的顶点集V和边集E置空。

在第 3 行对于当前顶点数目小于最大顶点数 n 时执行 while 循环,利用随机函数生成一个 q,如果 q 不在障碍物的区域中,加入到 V 中,直到 V 中的节点数目达到 n 退出循环。在第 9 行,对于 V 中的每一个顶点 q,根据预设的距离 $dist$,找到 q 附近的 k 个最近的顶点放入到 N_q 中。在第 11 行,对于 N_q 中的每一个 q',如果 q 和 q' 没有连接过且 q 和 q' 的距离不为 0,将 q 和 q' 的连线加入到边集 E 中。直到 V 中所有的顶点都进行连接之后退出循环,这样就得到了一个带有顶点

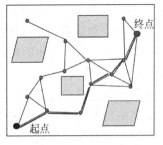

图 8.10 查询阶段

和边的图 $G(V,E)$。得到了图之后就可以利用前面介绍的图搜索算法 Dijkstra 或者 A^* 算法搜索出一条从起点到终点的路径。

```
Algorithm    Roadmap Construction Algorithm
Input:
    n : number of nodes to put in the roadmap
    k : number of closest neighbors to examine for each configuration
Output:
    A roadmap G = (V, E)
1:  V ← ϕ
2:  E ← ϕ
3:  while |V| < n do
4:      repeat
5:          q ← a random configuration in Q
6:      until q is collision-free
7:      V ← V ∪ {q}
8:  end while
9:  for all q ∈ V do
10:     N_q ← the k closest neighbors of q chosen from V according to dist
11:     for all q' ∈ N_q do
12:         if (q, q') ∉ E and Δ(q, q') ≠ NIL then
13:             E ← E ∪ {(q, q')}
14:         end if
15:     end for
16: end for
```

图 8.11 PRM 算法构建图伪代码

3. PRM 算法的优缺点

PRM 算法在理论上被证明是概率完备的算法,即只要存在这样一条从起始到终点的路径,在理论上 PRM 算法总能够找到它。由于在原有地图的基础上又建立了一张图,在该图中进行搜索避免了搜索整张地图,因此相对于 A^* 算法,PRM 算法效率更高。当然 PRM 算法也有一些缺点,PRM 算法在搜索过程中分为两个阶段,在第一个阶段只是建立图,没有结合算法进行真正的任务——规划路径,在第二阶段才进行路径规划,多出来的步骤被认为是导致 PRM 算法效率较低的原因。另外 PRM 算法规划出来的路径也不是距离最短的路径。

8.2.3 RRT 算法

RRT 算法又称快速随机搜索树算法(rapidly-exploring random tree),它是一种通过随

机构建空间填充树来进行路径搜索的算法,最早由 Steven M. LaValle 和 James J. Kuffner Jr 等提出。它采用一种特殊的增量方式进行构造,这种方式能迅速缩短一个随机状态点与树的期望距离。该方法的特点是能够快速有效地搜索高维空间,通过状态空间的随机采样点,把搜索导向空白区域,从而寻找到一条从起始点到目标点的规划路径。它通过对状态空间中的采样点进行碰撞检测,避免了对空间的建模,能够有效地解决高维空间和复杂约束的路径规划问题。RRT 算法适合解决多自由度机器人在复杂环境下和动态环境中的路径规划问题。与其他的随机路径规划方法相比,RRT 算法更适用于非完整约束和多自由度的系统中。

1. RRT 算法简介

RRT 算法与 PRM 算法十分类似,都是通过随机采样在已知的地图上建立无向图,进而通过搜索方法寻找相对最优的路径。不同点在于,PRM 算法在一开始就通过抽样在地图上构建出完整的无向图,再进行图搜索;而 RRT 算法则是从某个点出发一边搜索,一边抽样并建图。

RRT 算法最开始要初始化搜索树,如图 8.12(a)所示,在地图中随机采样一个点,连接该点和起点,根据预设的距离,找到一个点(图中红色的小圆点),将这个点和起始点以及该点与起始点相连的边组成一棵初始树。如图 8.12(b)所示,在地图中继续采样一个点 x_{rand},找到树中距离 x_{rand} 最近的点 x_{near},连接 x_{rand} 和 x_{near},同样根据预设的距离,找到 x_{new} 和边 E_i,将二者加入到树中,得到了一棵扩展之后的树。以此类推,一直找到终点位置即可得到一条从起点到终点的路径。

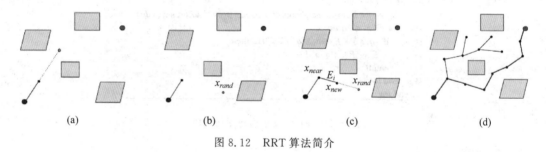

图 8.12 RRT 算法简介

2. RRT 算法流程

更加详细的 RRT 流程如图 8.13 中的伪代码所示,算法的输入是地图 M、初始位置 x_{init} 和目标位置 x_{goal},程序返回的是一条从起始位置到目标位置的路径。首先将树 T 初始化,具体初始化的过程如图 8.9(a)所示,在地图中随机采样一个点,将初始点和随机点连接起来,根据初始点和预设的距离,找到一条边,进而得到一棵初始树 T。然后进入 for 循环,从地图中进行采样,得到 x_{rand},根据树 T 和 x_{rand} 计算出距离树 T 最近的节点 x_{near}。根据 x_{near}、x_{rand} 以及预设距离 $StepSize$ 计算出 x_{new}。由 x_{new} 和 x_{near} 得到边 E_i,如果检查边 E_i 没有经过障碍物,则连同节点 x_{new} 加入到树 T 中,完成对树的扩展。以此类推,直到搜索到目标位置为止,就完成了搜索树的构建,根据树的数据结构,我们可以很容易地取出一条从起始位置到目标位置的路径。

```
Algorithm : RRT Algorithm
Input: $\mathcal{M}, x_{init}, x_{goal}$
Result: A path $\Gamma$ from $x_{init}$ to $x_{goal}$
$\mathcal{T}$.init();
for $i = 1$ to $n$ do
    $x_{rand} \leftarrow Sample(\mathcal{M})$;
    $x_{near} \leftarrow Near(x_{rand}, \mathcal{T})$;
    $x_{new} \leftarrow Steer(x_{rand}, x_{near}, StepSize)$;
    $E_i \leftarrow Edge(x_{new}, x_{near})$;
    if $CollisionFree(\mathcal{M}, E_i)$ then
        $\mathcal{T}.addNode(x_{new})$;
        $\mathcal{T}.addEdge(E_i)$;
    if $x_{new} = x_{goal}$ then
        Success();
```

图 8.13　RRT 算法伪代码

3. RRT 算法优缺点

基于采样的路径规划算法一般在高维非凸空间中搜索时能够显现出其高效性。RRT 算法也是概率完备的路径规划算法，相对于 PRM 算法效率更高，但是规划出来的路径不是最优的路径，也不够光滑，一般不能直接被移动机器人执行。RRT 算法的另一个缺点就是面临狭窄的通道时，算法效率会大大降低，因为狭窄区域的面积比较小，在其中采样的概率也会小很多，因此往往需要很多次采样才有可能落入到狭窄区域一次，所以效率很低。基于 RRT 算法产生了很多变种，比如 RRT-connect，该算法从初始状态点和目标状态点同时生长两棵快速扩展随机树来搜索状态空间，效率会更高，以及可以搜索到渐进最优路径的 RRT* 算法。

8.2.4　RRT* 算法

渐进最优的 RRT* 算法是在原有的 RRT 算法上，改进了父节点选择的方式，采用代价函数来选取拓展节点邻域内最小代价的节点为父节点，同时，每次迭代后都会重新连接现有树上的节点，从而保证计算的复杂度和渐进最优解。

1. RRT* 算法简介

RRT* 是 RRT 的优化版本。当节点数接近无穷大时，RRT* 算法将提供到达目标的最短路径。尽管实际上是不可行的，该算法确实可以开发出最短路径。RRT* 算法的基本原理与 RRT 算法相同，但是对该算法进行了两个关键的附加操作，导致结果截然不同。

1) 父节点的选择

第一个关键的操作是父节点的选择，与 RRT 算法直接连接不同，RRT* 算法记录了每一个节点到其父节点的距离，也称为 cost。第一步同 RRT 算法，在图中找到最接近的新节点，不同的是下一步将检查距新节点固定半径的圆形区域内树的所有节点。如果圆形区域内有节点到起点的距离更小，即 cost 更小，那么将新节点连接到该节点上，完成了父节点的选择。

2) 树的更新

当新节点连接到 cost 最小的父节点上之后，将再一次检查这个圆形区域内的节点，将邻域内的所有节点都临时地连接到新节点上，计算连接到新节点上之后，它们的 cost 是否会降低，如果 cost 确实降低了，那么这些节点打破原来的父节点，连接到新节点上，如果没有降低，维持原来的父节点不变。这样每增加一个新的节点，树都要重新进行一次结构调整，称为树的更新或者 rewire。在进行更新之后，路径变得更短，即使已经找到了终点，树的更新在时间允许的条件下可以继续进行，随着时间的增加，规划出的路径将越来越逼近最短的路径。

2. RRT* 算法流程

图 8.14 中的算法 1 展示了整个 RRT* 算法的基本流程，第 1 行初始化一棵空树 T，第 2 行将初始点加入到空树中。第 3 行执行 N 次 for 循环（N 越大，得到的路径越优，随之而来的效率也会降低），第 4,5,6 行同 RRT 算法，选出一个新节点 x_{new}，在第 7 行，如果检查这个点不在障碍物区域内，以 x_{new} 为圆心，以预设的距离为半径画出一个圆形区域，位于圆形区域内的树 T 的所有节点集就是 Z_{near}，利用 ChooseParent 函数，选择 cost 最小的节点作为 x_{new} 的父节点，加入到树 T 中，然后执行 ReWire 函数，对树进行更新优化，最终得到一条优化的路径。

Algorithm 1: $\mathcal{T} = (V, E) \leftarrow \text{RRT}^*(z_{init})$

1   $\mathcal{T} \leftarrow \text{InitializeTree}()$;
2   $\mathcal{T} \leftarrow \text{InsertNode}(\phi, z_{init}, \mathcal{T})$;
3   **for** $i = 1$ *to* $i = N$ **do**
4      $z_{rand} \leftarrow \text{Sample}(i)$;
5      $z_{nearest} \leftarrow \text{Nearest}(\mathcal{T}, z_{rand})$;
6      $(x_{new}, u_{new}, T_{new}) \leftarrow \text{Steer}(z_{nearest}, z_{rand})$;
7   **if** $\text{ObstacleFree}(x_{new})$ **then**
8         $Z_{near} \leftarrow \text{Near}(\mathcal{T}, z_{new}, |V|)$;
9         $z_{min} \leftarrow \text{ChooseParent}(Z_{near}, z_{nearest}, z_{new}, x_{new})$;
10      $\mathcal{T} \leftarrow \text{InsertNode}(z_{min}, z_{new}, \mathcal{T})$;
11      $\mathcal{T} \leftarrow \text{ReWire}(\mathcal{T}, Z_{near}, z_{min}, z_{new})$;
12   **return** $\mathcal{T}$

Algorithm 2: $z_{min} \leftarrow \text{ChooseParent}(Z_{near}, z_{nearest}, x_{new})$

1   $z_{min} \leftarrow z_{nearest}$;
2   $c_{min} \leftarrow \text{Cost}(z_{nearest}) + c(x_{new})$;
3   **for** $z_{near} \in Z_{near}$ **do**
4      $(x', u', T') \leftarrow \text{Steer}(z_{near}, z_{new})$;
5   **if** $\text{ObstacleFree}(x')$ *and* $x'(T') = z_{new}$ **then**
6         $c' = \text{Cost}(z_{near}) + c(x')$;
7   **if** $c' < \text{Cost}(z_{new})$ *and* $c' < c_{min}$ **then**
8            $z_{min} \leftarrow z_{near}$;
9            $c_{min} \leftarrow c'$;
10   **return** z_{min}

Algorithm 3: $\mathcal{T} \leftarrow \text{ReWire}(\mathcal{T}, Z_{near}, z_{min}, z_{new})$

1   **for** $z_{near} \in Z_{near} \setminus \{z_{min}\}$ **do**
2      $(x', u', T') \leftarrow \text{Steer}(z_{new}, z_{near})$;
3   **if** $\text{ObstacleFree}(x')$ *and* $x'(T') = z_{near}$ *and* $\text{Cost}(z_{new}) + c(x') < \text{Cost}(z_{near})$ **then**
4         $\mathcal{T} \leftarrow \text{ReConnect}(z_{new}, z_{near}, \mathcal{T})$;
5   **return** $\mathcal{T}$

图 8.14   RRT* 算法伪代码

算法 2 介绍了 ChooseParent 函数的原理,首先先将 Nearest 函数计算出的 $x_{nearest}$ 作为 cost 最小节点 z_{min},计算最小 cost-c_{min},然后遍历整个圆形区域的节点 Z_{near},在第 4 行,将每一个节点 z_{near} 都连接到 z_{new} 上,得到不同的从起点到 z_{near} 再到 z_{new} 的路径。在第 6,7 行,检查新的路径的 cost 和原来相比是否减少,如果是,更新最近点为 z_{near} 以及对应的 cost,直到找到 cost 最小的 z_{near} 作为 z_{min}。在 InsertNode 中,将 z_{min} 和 z_{new} 连接并加入到树中。

算法 3 介绍了树的更新过程,同样对于圆形区域内的所有节点,第 2 行,将每一个节点 z_{near} 都连接到 z_{new} 上,得到一条起点到 z_{new} 再到 z_{near} 的路径,第 3 行计算这条路径的 cost 和起点到 z_{near} 的 cost 相比是否更小,如果是,打断原有的连接,重新将 z_{near} 连接到 z_{new} 上,完成对树 T 的更新。

3. RRT* 算法优缺点

RRT* 算法针对 RRT 算法做了很大的改进,使得路径规划的效果大大提高,使用了代价函数作为父节点更新的依据使得规划的路径更加合理,另外加入了树的更新操作,使得在规定时间内可以持续对搜索到的路径进行优化,逼近最优路径。RRT* 算法没有考虑汽车的运动学模型,规划出来的路径还需要进一步处理才能使用。

8.3 基于车辆运动学的路径规划算法

无论是基于图搜索的路径规划还是采样的路径规划算法,都没有考虑机器人的运动学约束,例如自动驾驶汽车或者四旋翼无人机都存在非完整约束,因此虽然规划出了一条从起点到终点的路径,但是往往不是"光滑的",不一定能够被执行。本节介绍两个常用的基于运动学的路径规划算法——Hybrid A* 算法和 Kinodynamic-RRT* 算法,这两种算法可以通过修改运动学模型来适应不同的移动机器人或者自动驾驶汽车。

8.3.1 汽车运动学模型

汽车的运动学模型是从几何角度来描述汽车的位置、速度等随时间的变化关系,在轨迹规划过程中,往往需要基于车辆的运动学约束,否则车辆可能无法根据规划出的轨迹行驶。在低速工况下,运动学模型基本满足对车辆控制的要求。

如图 8.15 所示,(x_f, y_f) 为车辆前轴中心点的坐标,(x_r, y_r) 为车辆后轴中心点的坐标,l 为汽车轴距,φ 为车辆中心轴线与 x 轴的夹角,δ_f 为前轮转角。

后轴中心点的速度 v_r:

$$v_r = \dot{x}_r \cos\varphi + \dot{y}_r \sin\varphi \tag{8.1}$$

由于汽车不发生横向侧滑,因此添加车辆在横向运动方向上的约束:

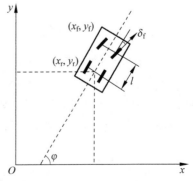

图 8.15 简化的车辆运动学模型示意图

$$\begin{cases} \dot{x}_f \sin(\varphi+\delta_f) = \dot{y}_f \cos(\varphi+\delta_f) \\ \dot{x}_r \sin(\varphi) = \dot{y}_r \cos(\varphi) \end{cases} \tag{8.2}$$

根据 x 方向和 y 方向上的合速度 v_r 可以得到

$$\begin{cases} \dot{x}_r = v_r \cos(\varphi) \\ \dot{y}_r = v_r \sin(\varphi) \end{cases} \tag{8.3}$$

根据前后轮的关系：

$$\begin{cases} x_f = x_r + l\cos\varphi \\ y_f = y_r + l\sin\varphi \end{cases} \tag{8.4}$$

上述公式求导可得

$$\begin{cases} \dot{x}_f = v_r \cos\varphi - \omega l \sin\varphi \\ \dot{y}_f = v_r \sin\varphi + \omega l \cos\varphi \end{cases} \tag{8.5}$$

根据式(8.2)和式(8.5)

$$\omega l \cos\delta_f = v_r \sin\delta_f \tag{8.6}$$

$$\omega = \frac{v_r}{l} \tan\delta_f \tag{8.7}$$

得到下面的运动学模型：

$$\begin{bmatrix} \dot{x}_r \\ \dot{y}_r \\ \dot{\varphi} \end{bmatrix} = \begin{bmatrix} \cos\varphi \\ \sin\varphi \\ \tan\delta_f/l \end{bmatrix} v_r \tag{8.8}$$

为了便于计算，有时也使用状态空间模型的表示方法，状态控制量，ω 为汽车横摆角速度。

$$\begin{bmatrix} \dot{x}_r \\ \dot{y}_r \\ \dot{\varphi} \end{bmatrix} = \begin{bmatrix} \cos\varphi \\ \sin\varphi \\ 0 \end{bmatrix} v_r + \begin{bmatrix} 0 \\ 0 \\ 1 \end{bmatrix} \omega \tag{8.9}$$

8.3.2 Hybrid A* 算法

1. Hybrid A* 算法简介

2007 年，斯坦福大学的 Dmitri Dolgov 等首次提出一种满足车辆运动学的算法（Hybrid A*），并在 DARPA 城市挑战赛中得以运用。Hybrid A* 算法可以看作 A* 算法的基础上的扩展，其使用了公认的启发式函数以及路径平滑的解决方案，大大提高了规划的效率，并且规划出的路径也满足了车辆的运动学约束，在自动驾驶运动规划领域有着广泛的应用。

2. Hybrid A* 算法特点

1) 连续空间中搜索

不同于 A* 算法在离散的栅格中进行搜索，Hybrid A* 算法搜索虽然是建立在离散的栅格地图之上,但是其搜索的顶点却可以到达栅格地图中的任何一个连续点,可以认为是在连续的空间中搜索,通过修剪具有相似状态的搜索分支进行离散化描述。因为这些分支对解决方案影响较小,但会大大增加搜索时间。图 8.16 展示了 A* 算法和 Hybrid A* 算法搜索结果对比效果。

2) 采用汽车运动学模型进行下一节点的扩展和剪枝

传统 A* 算法节点的扩展是根据栅格地图,按照上、下、左、右、左上、右上、左下、右下的方向进行扩展。Hybrid A* 根据上述汽车运动学模型,汽车的运动状态通过 (x,y,φ) 来进行描述,其中 x 和 y 代表汽车在地图中的坐标,φ 代表汽车的偏航角。为了满足汽车的运动学模型约束,初始顶点一般从最大左转向角、最大右转向角或者无转向角开始,每个控制动作持续一定的时间,每个动作持续一段时间,根据上述约束公式,产生一系列圆弧轨迹,图 8.17 展示了使用汽车的最小转弯半径生成的圆弧轨迹。当一个新的状态落入到栅格地图中的某一个节点时,如果该节点已经被某一个状态占据,比较两个状态的成本,成本低的状态保留在该节点中,成本高的状态被修剪,即一个栅格节点只能够存储一个状态。成本一般基于圆弧路径的长度、行驶方向、是否倒车、直行还是转向等。

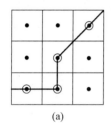
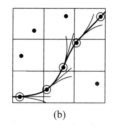
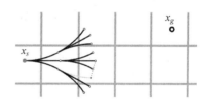

图 8.16　A* 算法和 Hybrid A* 算法搜索结果对比
(a) A* 算法搜索结果;(b) Hybrid A* 算法搜索结果

图 8.17　节点的扩充和修剪

3) 启发式函数

Hybrid A* 算法采用了两种启发式搜索函数,不考虑障碍物的启发函数和只考虑障碍物的启发函数。对于不考虑障碍物的启发式搜索函数,只考虑汽车运动学代价和距离终点的欧几里得距离,这样带来的好处是可以大大减少加入到 OpenList 中的节点数量,换句话说减少搜索的节点数,提高了搜索效率。但是遇到"死胡同"时,会大大增加搜索时间,降低效率。对于只考虑障碍物的启发函数,基于障碍物地图,采用类似传统 A* 算法的代价函数或者 Dijkstra 算法的代价函数,动态规划出起点到终点的一条可行的路径,使得避免搜索进入 U 形障碍物或者死胡同中,提高搜索效率。

上述两种启发函数理论上都可用,实际使用时采取两者中的最大值,效果更好。

3. Hybrid A* 算法路径规划基本过程

根据图 8.18,Hybrid A* 算法的流程如下,首先设置起始点和终止点坐标 x_s 和 x_g,将开式列表 O 和闭式列表 C 置空,更新起始点的父节点为 null,将起始节点加入到 O 中之后执行第 18 行 while 循环,同样从 O 中弹出启发函数值最小的节点,并将其加入到 C 中,在第 21 行,判断该点是否为终点,这里用到了 roundState 函数,对当前点和终点进行圆整,只要当前点和终点在某一个小范围内就代表当前点已经到达了终点,如果不进行圆整,可能永

```
Algorithm    Hybrid A* Search
 1: function ROUNDSTATE(x)
 2:     x.Pos_X = max{m ∈ Z | m ≤ x.Pos_X}
 3:     x.Pos_Y = max{m ∈ Z | m ≤ x.Pos_Y}
 4:     x.Ang_θ = max{m ∈ Z | m ≤ x.Ang_θ}
 5:     return x
 6: end function

 7: function EXISTS(x_succ, L)
 8:     if {x ∈ L | roundState(x) = roundState(x_succ)} ≠ ∅ then
 9:         return true
10:     else
11:         return false
12:     end if
13: end function

Require: x_s ∩ x_g ∈ X
14: O = ∅
15: C = ∅
16: Pred(x_s) ← null
17: O.push(x_s)
18: while O ≠ ∅ do
19:     x ← O.popMin()
20:     C.push(x)
21:     if roundState(x) = roundState(x_g) then
22:         return x
23:     else
24:         for u ∈ U(x) do
25:             x_succ ← f(x, u)
26:             if ¬exists(x_succ, C) then
27:                 g ← g(x) + l(x, u)
28:                 if ¬exists(x_succ, O) or g < g(x_succ) then
29:                     Pred(x_succ) ← x
30:                     g(x_succ) ← g
31:                     h(x_succ) ← Heuristic(x_succ, x_g)
32:                     if ¬exists(x_succ, O) then
33:                         O.push(x_succ)
34:                     else
35:                         O.decreaseKey(x_succ)
36:                     end if
37:                 end if
38:             end if
39:         end for
40:     end if
41: end while
42: return null
```

图 8.18 Hybrid A* 算法伪代码

远无法到达准确的终点。如果没有到达终点,则需要进行节点的扩充和修剪,在第 24 行,对于一个扩充的节点 x_{succ},首先判断是否在 C 中,因为 Hybrid A* 算法节点的扩充方式和之前 A* 算法不同,因此这里定义了 exisit() 函数来进行节点是否在 C 中的判断。如果不在 C 中,说明该节点没有被完全扩展,计算 g 值。在第 28 行,如果该节点不在 C 中,或者在 C 中但是 g 值比 C 中的 g 值更小,则更新一下父节点、g 值、h 值。对于刚才提到的两种情况,第一种节点不在 O 中,说明该节点是全新的节点,直接加入到 O 中,第二种,节点是已经被上一级节点临时加入到 O 中的节点,但是该节点的 g 值更小,只需要更新一下 O 中对应的节点的父节点、g 值和 h 值为 x_{succ} 的父节点、g 值和 h 值即可。然后一直循环直到找到终点。如果 O 为空时仍无法找到终点，则说明没有路径。返回 null。同样，如果找到终点，根据返回的节点对应的父节点在 O 中找到这个节点就是路径的倒数第二个节点，以此类推，一直找到父节点是 null 的节点，该节点就是起点，一条从起点到终点的，符合汽车运动学模型的路径就规划出来了。Hybrid A* 算法兼顾了 A* 算法的优点和汽车动力学模型，可以搜索出一条适合汽车执行的路径，但是在高维场景下，Hybrid A* 算法的执行效率并不高，因此往往会采用基于采样的方法来进行路径规划。

8.3.3 Kinodynamic-RRT* 算法

1. K-RRT* 算法简介

利用 RRT* 算法，可以得到一条从起点到终点的路径，并且该路径比传统的 RRT 算法更优，并且随着 RRT* 算法中的树不断更新，规划的轨迹越来越逼近 A* 算法的轨迹。但是类似 A* 算法，该轨迹在距离上令人满意，却不一定能被移动机器人执行。因此有学者提出了基于运动学模型的 Kinodynamic-RRT* 算法（以下简称 K-RRT* 算法），算法的主要流程与 RRT* 算法相同，在代价函数、Sample 函数、Near 函数，以及 ReWire 函数有所不同。图 8.19(a) 展示了由 RRT* 算法搜索的过程，图 8.19(b) 展示了由 K-RRT* 算法搜索的过程。

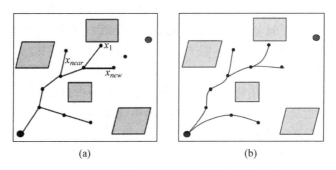

图 8.19 RRT* 算法与 K-RRT* 算法搜索示意图

2. K-RRT* 算法流程

如图 8.20 所示，K-RRT* 算法流程和 RRT* 算法流程基本相同，又将其放在了这里，由于采用了运动学模型，流程中的很多函数和 RRT* 算法有所不同，下面主要介绍这部分的不同。

1) 代价函数

RRT* 算法的代价函数是距离，在 K-RRT* 算法中，代价被定义为下面的公式

$$c[\pi] = \int_0^\tau (1 + u(t)^\mathrm{T} R u(t)) \mathrm{d}t \qquad (8.10)$$

其中，τ 为到达时间，$u[t]$ 为 t 时刻的控制输入，R 为权重，π 为轨迹。可以看出该代价函数将路径的到达时间和控制输入作为主要影响因素。

```
Algorithm 1: T = (V, E) ← RRT*(z_init)
1   T ← InitializeTree();
2   T ← InsertNode(ϕ, z_init, T);
3   for i = 1 to i = N do
4       z_rand ← Sample(i);
5       z_nearest ← Nearest(T, z_rand);
6       (x_new, u_new, T_new) ← Steer(z_nearest, z_rand);
7       if ObstacleFree(x_new) then
8           Z_near ← Near(T, z_new, |V|);
9           z_min ← ChooseParent(Z_near, z_nearest, z_new, x_new);
10          T ← InsertNode(z_min, z_new, T);
11          T ← ReWire(T, Z_near, z_min, z_new);
12  return T
```

图 8.20 RRT* 算法流程

2) Sample 函数

RRT* 算法的采样只是在二维地图中采样 x 和 y 的位置,引入运动学模型之后,需要在状态空间中采样。以前面的汽车运动学模型为例,除了需要采集汽车的位置 x 坐标和 y 坐标外,还需要汽车的偏航角 φ。

3) Near 函数

Near 函数的作用是找到树 T 中与 x_{new} 最邻近的节点,在 RRT* 算法中使用的是一个固定半径,得到一个圆形区域,查找圆形区域内的节点。在 K-RRT* 算法中,根据预设 cost,得到一个最近状态空间,使得 x_{new} 到最近状态空间中的节点的 cost 均小于预设 cost。由于已经采样及其他处理得到了 x_{new},对于树中的某一个 x_{near} 求解两点的最优控制问题,可以得到 u, t 以及最小的 cost,根据预设 cost,得到一个最近状态空间 Z_{near},通过 ChooseParent 函数,找到最近点 z_{min},将 z_{new} 和 z_{min} 加入到树 T 中。

4) ReWire 函数

找到了 x_{new} 并连接到树中之后,需要在最近状态空间中进行 rewire,具体就是计算从起点到 x_{new} 再到最近状态空间中每个点的 cost 和最近状态空间该点原来的 cost 进行对比,如果更小,就修改其父节点为 x_{new},完成树的更新。这一步同样需要计算最优控制问题。

除此之外,K-RRT* 算法和 RRT* 算法完全一样,这样就得到了一条从起始点到终止点,符合运动学约束的路径。相比 Hybrid A* 算法,该算法在高维空间中有显著的优势。

思 考 题

1. 基于图搜索的路径规划算法有哪几种?简要阐明其基本原理。
2. 基于采样的路径规划算法有哪几种?简要阐明其基本原理。
3. 基于车辆运动学的路径规划算法有哪几种?简要阐明其基本原理。

第 9 章

车辆智能控制系统

9.1 制动防抱死系统

9.1.1 制动防抱死系统简介

当汽车制动时,一旦制动器制动力大于地面附着力时,车轮会产生抱死而导致轮胎滑移。当汽车车轮出现抱死的情况时,车轮轮胎和路面之间的横向附着系数趋近于零,会出现甩尾或方向失控的现象,严重影响行车安全。因此,汽车制动时尽可能使车轮处于边滚动边滑动的运动状态。

制动防抱死系统(ABS)是汽车上最重要的主动安全系统之一,其作用是通过控制装置,对汽车制动过程中车轮的状态进行监测和有效控制,不断地调节制动系统的制动力,使得车轮的滑移率在合理的范围,避免车轮在制动时出现抱死的情况,从而使汽车具有良好的抗侧滑能力和最短的制动距离,以提高汽车制动稳定性和安全性。

ABS 的发展可以追溯到 20 世纪初期,早在 1928 年制动防抱理论就被提出,在 30 年代机械式 ABS 就开始在火车和飞机上获得应用,博世公司在 1936 年第一个获得了用电磁式车轮转速传感器获取车轮转速的制动防抱系统的专利权。进入 50 年代,ABS 开始受到较为广泛的关注。福特公司曾于 1954 年将飞机的 ABS 移置在林肯轿车上。在 60 年代后期和 70 年代初期,随着电子技术的发展,电子控制 ABS 的发展成为可能,一些电子控制的 ABS 开始进入产品化阶段。博世公司在 1978 年首先推出了采用数字式电子控制装置的 ABS——博世 ABS2,并装置在奔驰轿车上,由此揭开了现代 ABS 发展的序幕。尽管博世 ABS2 的电子控制装置仍然是由分离元件组成的控制装置,但数字式电子控制装置与模拟式电子控制装置相比,其反应速度、控制精度和可靠性都显著提高,因此,博世 ABS2 的控制效果已相当理想。从此之后,欧、美、日的许多制动器专业公司和汽车公司相继研制了形式多样的 ABS。

9.1.2 制动防抱死系统基本原理

1. 车轮滑移率

当轮胎发出牵引力或制动力时,轮胎与地面之间都会发生相对运动。滑移率是在车轮运动中滑动成分所占的比例,用 S 表示,定义如式(9.1)

$$S = \left(\frac{v - v_\omega}{v}\right) \times 100\% \tag{9.1}$$

其中，S 为车轮滑移率；v 为汽车纵向速度；v_ω 为车轮速度。

当 $v = v_\omega$ 时，滑移率 $S=0$，车轮处于纯滚动状态，如图 9.1(a) 所示；

当 $v_\omega = 0$ 时，滑移率 $S=1$，车轮完全抱死滑移，如图 9.1(c) 所示；

当 $v > v_\omega$ 时，滑移率 $0 < S < 1$，车轮处于边滚边滑的状态，如图 9.1(b) 所示。

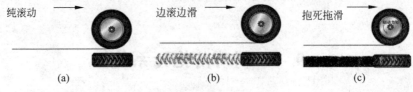

图 9.1 制动时车轮的状态

2. 车轮滑移率与附着系数的关系

汽车的纵向附着系数和侧向附着系数对滑移率有很大的影响，二者关系如图 9.2 所示。

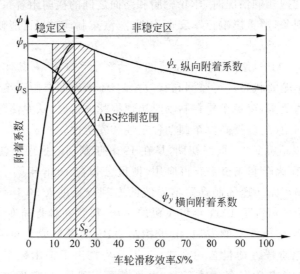

图 9.2 干燥硬实路面附着系数与滑移率的关系

从图 9.2 中可以看出，$S < 20\%$ 为制动稳定区域；当 $S = 20\%$ 左右时，纵向附着系数达到最大；$S > 20\%$ 为制动非稳定区域。当滑移率超过最佳滑移率时，纵向附着系数减小，地面制动力下降，制动距离增长。将车轮滑移率 S 控制在 20% 左右，便可获取最大的纵向附着系数和较大的横向附着系数，是最理想的控制效果，此时的滑移率称为最佳滑移率。

横向附着系数是研究汽车行驶稳定性的重要指标。横向附着系数越大，汽车制动时的方向稳定性和转向能力就越强，当滑移率为 0 时，横向附着系数最大，随着滑移率的增大，汽车的横向附着系数逐渐减小，当车轮抱死时，横向附着系数接近于零，直接导致汽车失去转向能力。因此为了获得最佳的制动性能同时又要保证汽车的转向性能，最好使得汽车在制动时的滑移率维持在 10%~20% 之间，汽车制动防抱死装置就是为了解决这一问题而产生的。

9.1.3 制动防抱死系统基本组成及工作原理

如图9.3所示，ABS主要由电子控制系统和液压控制系统组成。

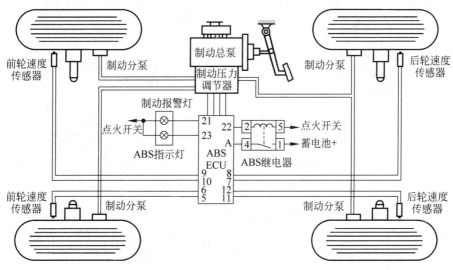

图9.3 ABS结构示意图

1. 电子控制系统

电子控制系统主要由传感器、控制开关和电控单元(ECU)组成。ABS采用的传感器有车轮速度传感器和减速度传感器两种。一个ABS设有2~4只车轮速度传感器用于检测车轮的运动状态，将车速转变为电信号传递给ECU。减速度传感器又分为纵向减速度传感器和横向减速度传感器。减速度传感器仅用于控制精度较高的ABS中，检测车身的加减速度，传给ECU进行分析和计算。

ABS的ECU采用的是两个微处理器(CPU)，如图9.4所示，其中一个为主控CPU，另一个为辅助ECU。为了保证ABS的安全性，两个CPU接收同样的信号，在运算处理的过程中，不断进行两个处理器结果的对比，一旦出现不一致情况，ABS立即退出工作。

目前，各车用ABS的ECU内部控制程序、参数不同，但一般均由以下几个基本电路组成：

(1) 信号输入增幅电路。输入增幅电路主要由低通滤波器和用以抑制干扰并放大转速信号的输入放大器组成。将轮速传感器输入的正弦交流信号转换成脉冲方波，经整形放大后输入运算电路。

(2) 运算电路。根据脉冲方波的信号进行车轮线速度、初始速度、滑移率、加速度及减速度等的运算，以及电磁阀控制参数的运算和监控运算。电控单元中一般设有两套运算电路，同时运算和传递数据，利用各自运算结果相比较，相互监视，确保可靠性。

(3) 控制电路。组合从运算电路输入信号，并根据此信号发出控制电磁阀的驱动信号。

(4) 安全电路。监控系统工作状态并在出现故障时发出Fail Memory驱动信号，断开电磁阀继电器，点亮ABS警告灯。

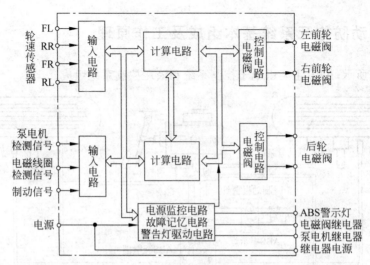

图 9.4 ABS 的 ECU 的组成

电控单元有连续监测四轮传感器速度信号的功能。电控单元连续地检测由全部 4 个车轮传感器传来的脉冲电信号,并将它们处理、转换成和轮速成正比的数值,从这些数值中电控单元可区别哪个车轮速度快,哪个车轮速度慢。电控单元根据 4 个轮子的速度实施防抱死制动控制。电控单元以 4 个轮子的传感器传来的数据作为控制基础,一旦判断出车轮将要抱死,立刻进入防抱死控制状态,向液压调节器输出幅值为 12V 的脉冲控制电压,以控制分泵(轮缸)上油路的通、断,分泵上油压的变化就调节了轮上的制动力,使车轮不会因一直有较大的制动力而让车轮完全抱死(通与断的频率一般在 3~12 次/s)。

一般情况下,防抱死控制采用三通道的方式,即前轮分别有两条油路控制,电控单元可分别对左前轮和右前轮进行防抱死制动控制,后轮只有一条油路控制。电控单元只能对两个后轮进行集中控制(一旦有一个后轮将要抱死,电控单元同时对两个后轮进行防抱死控制)。

2. 液压控制系统

液压控制系统由常规制动装置和制动压力调节器组成。其中,制动压力调节器是 ABS 的执行器,由电磁阀、储液器和电动回液泵组成,安装在制动主缸和制动轮缸之间,用于实现车轮制动器制动压力的调节。制动压力器根据 ECU 的指令,调节各个车轮制动器的制动力。轿车常用液压式制动压力调节器。制动压力调节器按控制制动压力的形式,分为循环式、可变容积式二类。循环式制动压力调节器,靠改变液压流体量的多少,控制制动液压力。变容积式制动压力调节器,靠改变液压容腔的大小,控制制动液压力。

1) 电磁阀

输入电磁阀通常接通制动总泵和制动轮泵之间的油路,ABS 控制保压状态时切断制动轮泵上的压力。输入电磁阀内的单向阀(检查阀)起加快回油速度的作用。输出电磁阀通常切断制动轮泵和阻尼器间的油路,ABS 控制减压模式时打开油路让轮泵里的油压通过阻尼器回到制动总泵。

2) 回油泵与储液器

减压过程中,从轮缸流出的制动液由储液器暂时储存,然后经回油泵流回主缸,如图 9.5

所示。储液器用来接纳 ABS 减压过程中,从制动分泵回流的制动液,同时还对回流制动液的压力波动具有一定的衰减作用。储液器内有一活塞和弹簧,减压时,回流的制动液压缩活塞克服弹簧张力下移,使容积增大,暂时存储制动液。

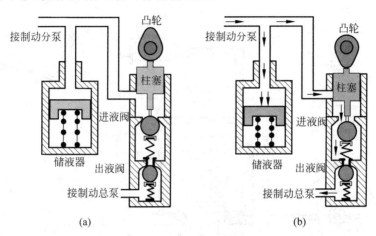

图 9.5 储液器与电动泵

电动回液泵由直流电动机和柱塞泵组成。柱塞泵由柱塞、进出液阀及弹簧组成。直流电动机驱动柱塞在泵筒内移动,柱塞上行,储液器与制动分泵内具有一定压力的制动液进入柱塞泵筒;柱塞下行,压开进液阀及泵筒底部的出液阀,将制动液泵回到制动总泵出液口。

3. 工作原理

1) 常规制动(ABS 不工作)

当滑移率小于 20% 时,电磁线圈不通电,电磁阀柱塞位于最下方,来自制动主缸的制动液经电磁阀进入制动轮缸,制动轮缸的压力随制动主缸的压力变化而变化,如图 9.6 所示。

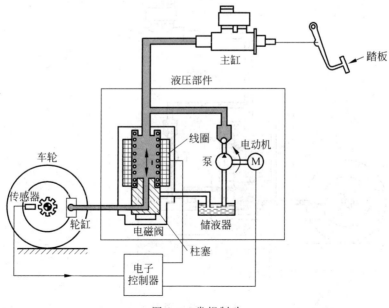

图 9.6 常规制动

2) 保压制动

电磁线圈通入小电流,电磁阀中的柱塞移至中间位置。所有的通道都被关闭,制动轮缸内的液压力保持不变状态,如图9.7所示。

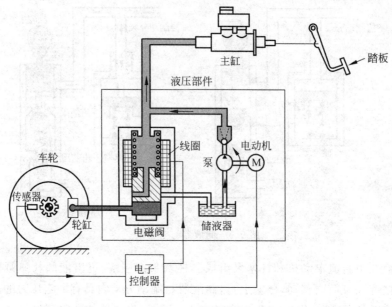

图 9.7　保压制动

3) 减压制动

当滑移率大于20%时,电磁线圈通入大电流,电磁阀柱塞移至上端,制动轮缸的管路与通向储液器的管路接通而减压。液压泵运转,将储液器的制动液泵回制动主缸,故称为循环式,如图9.8所示。

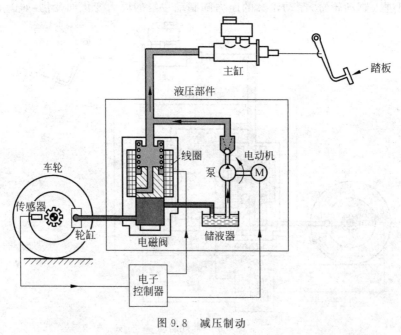

图 9.8　减压制动

9.1.4　ABS 的布置形式

ABS 中,能够独立进行制动压力调节的制动管路称为控制通道。如果对某车轮的制动压力可以进行单独调节,这种控制方式称为独立控制;如果对两个(或两个以上)车轮的制动压力一同进行调节,则称这种控制方式为一同控制。在两个车轮的制动压力进行一同控制时,如果以保证附着力较大的车轮不发生制动抱死为原则进行制动压力调节,称这种控制方式为按高选原则一同控制;如果以保证附着力较小的车轮不发生制动抱死为原则进行制动压力调节,则称这种控制方式为按低选原则一同控制。

按照控制通道的数目不同,ABS 分为四通道、三通道、双通道和单通道 4 种形式,其布置形式也多种多样。

1. 单通道

所有单通道 ABS 都是在前后布置的双管路制动系统的后制动管路中设置一个制动压力调节装置,对于后轮驱动的汽车只需在传动系中安装一个转速传感器,如图 9.9 所示。

单通道 ABS 一般对两后轮按低选原则一同控制,其主要作用是提高汽车制动时的方向稳定性。在附着系数分离的路面上进行制动时,两后轮的制动力都被限制在处于低附着系数路面上的后轮的附着力水平,制动距离会有所增加。由于前制动轮缸的制动压力未被控制,前轮仍然可能发生制动抱死,导致汽车制动时的转向操作能力得不到保障。

图 9.9　单通道 ABS 系统

由于单通道 ABS 能够显著地提高汽车制动时的方向稳定性,又具有结构简单、成本低的优点,因此在轻型货车上得到广泛应用。

2. 双通道

图 9.10(a)所示的双通道 ABS 在按前后布置的双管路制动系统的前后制动管路中各设置一个制动压力调节分装置,分别对两前轮和两后轮进行一同控制。两前轮可以根据附着条件进行高选和低选转换,两后轮则按低选原则一同控制。图 9.10(b)所示的双通道 ABS 多用于制动管路对角布置的汽车上,两前轮独立控制,制动液通过比例阀(P 阀)按一定比例减压后传给对角后轮。

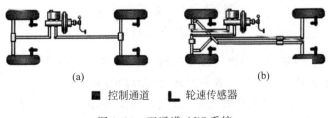

图 9.10　双通道 ABS 系统

3. 三通道

四轮 ABS 大多为三通道系统,而三通道系统都是对两前轮的制动压力进行单独控制,对两后轮的制动压力按低选原则一同控制,其布置形式如图 9.11(a)、(b)、(c)所示。

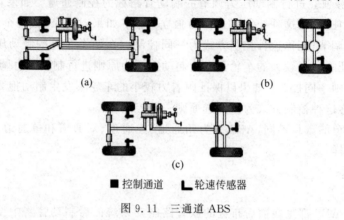

图 9.11 三通道 ABS

图 9.11(c)所示的按对角布置的双管路制动系统中,虽然在通往 4 个制动轮缸的制动管路中各设置一个制动压力调节分装置,但两个后制动压力调节分装置却是由电子控制装置一同控制的,实际上仍是三通道 ABS。由于三通道 ABS 对两后轮进行一同控制,对于后轮驱动的汽车可以在变速器或主减速器中只设置一个转速传感器来检测两后轮的平均转速。

汽车紧急制动时,会发生很大的轴荷转移(前轴荷增加,后轴荷减小),使得前轮的附着力比后轮的附着力大很多(前置前驱动汽车的前轮附着力约占汽车总附着力的 70%~80%)。对前轮制动压力进行独立控制,可充分利用两前轮的附着力对汽车进行制动,有利于缩短制动距离,并且汽车的方向稳定性得到很大改善。

4. 四通道

对应于双制动管路的 H 型(前后)或 X 型(对角)两种布置形式,四通道 ABS 也有两种布置形式,如图 9.12 所示。

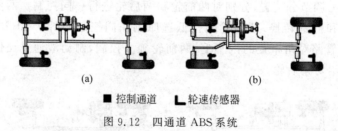

图 9.12 四通道 ABS 系统

为了对 4 个车轮的制动压力进行独立控制,在每个车轮上各安装一个转速传感器,并在通往各制动轮缸的制动管路中各设置一个制动压力调节分装置(通道)。

由于四通道 ABS 可以最大程度地利用每个车轮的附着力进行制动,因此汽车的制动效能最好。但在附着系数分离(两侧车轮的附着系数不相等)的路面上制动时,由于同一轴上的制动力不相等，使得汽车产生较大的偏转力矩而产生制动跑偏。因此，ABS通常不对4个车轮进行独立的制动压力调节。

9.2 电子稳定控制系统

9.2.1 电子稳定控制系统简介

1. ESP系统的发展

汽车电子稳定控制系统是车辆新型的主动安全系统，是汽车制动防抱死系统(ABS)和牵引力控制系统(TCS)的进一步扩展，并在ABS、TCS基础上增加了车辆转向行驶时横摆角速度传感器、侧向加速度传感器和方向盘转角传感器，通过ECU控制前后、左右车轮的驱动力和制动力，确保车辆行驶的侧向稳定性。

德国博世公司将直接横摆力偶矩控制(direct yaw control，DYC)与ABS及牵引力控制系统(TCS)结合起来，开发了基于制动力横向分配的电子稳定程序ESP，形成了同时控制车轮滑移率和整车横摆运动的综合系统。该技术通过合理分配纵向和侧向轮胎力，精确控制极限附着情况下的汽车动力学行为，使汽车在物理极限内最大限度按照驾驶员的意愿行驶。随着技术的发展，越来越多的汽车公司将这一技术运用到自己的汽车上，但是不同的公司对这一系统的命名有些许差异：

博世公司：车辆动态控制系统(VDC)、电子稳定程序(ESP)。
丰田公司：车辆稳定性控制系统(VSC)、电子稳定控制系统(ESC)。
本田公司：车辆稳定性辅助系统(vehicle stability assist，VSA)。
宝马公司：车辆动态稳定控制系统（dynamic stability control，DSC)。

2. ESP系统的作用

ABS一般是在车辆制动时发挥作用，ASR系统是在车辆起步和加速行驶时发挥作用，而ESP系统则在整个行驶过程中始终处于工作状态。ESP增加了转向角传感器、偏转率传感器、横向和纵向加速度传感器等，通过对各传感器传来的车辆行驶状态信息进行分析，使ABS/ASR自动地向一个或多个车轮施加制动力，将车辆保持在驾驶员所选定的车道内来帮助车辆维持动态平衡。ESP系统不停地监控车辆的行驶状态和观察驾驶员的操作意图，从而决定什么时候通过发动机控制系统主动地修正汽车的行驶方向，把汽车从危险的边缘拉回到安全的境地。

3. ESP系统的类型

(1) 四通道或四轮系统：能自动地向4个车轮独立施加制动力。
(2) 两通道系统：只能对两个前轮独立施加制动力。
(3) 三通道系统：能对两个前轮独立施加制动力，而对后轮只能一同施加制动力。

9.2.2 电子稳定控制系统的基本组成

汽车电子稳定控制系统主要由 4 部分组成,如图 9.13 所示,即检测汽车状态和驾驶员操作的传感器部分,用于估算汽车侧滑状态和计算恢复到安全状态所需的旋转动量和减速度的控制单元 ECU 部分,用于根据计算结果来控制每个车轮制动力和发动机输出功率的执行器部分以及用于提示驾驶员汽车失稳的信息部分。

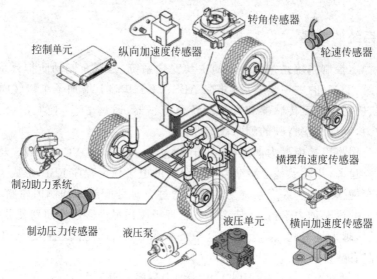

图 9.13 ESP 系统组成

1. 传感器部分

传感器部分有横向加速度传感器、纵向加速度传感器、转角传感器、车轮转速传感器、横摆角速度传感器等,这些传感器负责采集车身的状态数据。

1) 轮速传感器

ECU 根据来自轮速传感器的信号计算车轮的转速。有两种不同工作原理的传感器:被动式(感应)和主动式(霍尔)速度传感器。主动式传感器正变得越来越普及。它们应用磁场对轮速进行非接触式检测,同时还具备识别车轮旋转方向和停转的能力,一种常见的轮速传感器如图 9.14 所示。

图 9.14 轮速传感器

2) 转角传感器

转角传感器(图 9.15)监测转向盘旋转的角度,帮助确定汽车行驶方向是否正确。结合来自轮速传感器和转角传感器的输入信息,ECU 计算出车辆的目标动作。转角传感器的工作范围(量程)为 720°。在方向盘满舵转动范围内,其误差在 5°之内,信息通过 CAN 总线进行传输。

3) 偏转率传感器

偏转率传感器一般安装在靠近汽车中心的位置,用于检测是否有扭矩作用在物体上,即

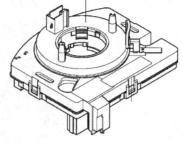

图 9.15 转角传感器

检测汽车沿垂直轴的偏转程度。如图 9.16 所示，传感器空心圆筒下部装着 8 个压电元件，其中 4 只使空心圆筒处于谐振状态，另外 4 只将圆筒的谐振波节的变化情况变成电压信号输送给 ECU。而圆筒的谐振波节的变化情况与圆筒受到的外来扭矩有关，即与圆筒的偏转率有关。电控单元由此算出偏转程度。

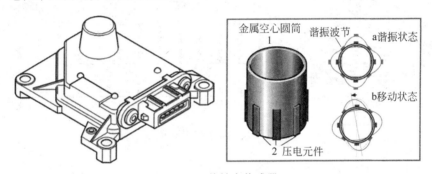

图 9.16 偏转率传感器

4）制动压力传感器

制动压力传感器如图 9.17 所示，装在行驶动力调节液压泵上，检测制动管的实际压力。ECU 由此计算车轮制动力及作用在车辆上的轴向力。

2. 电子控制单元 ECU

电子控制单元往往和液压控制装置集成在一起组成一个总成，电子控制单元持续检测并判断的输入信号有蓄电池电压、车轮速度、方向盘转角、横摆角速度以及点火开关接通、停车灯开关、串行通信电路等。根据所接收的输入信号，电子控制单元将向液压控制装置、发动机控制模、组合仪表和串行通信电路等发送控制信号。一种附 ECU 的液压模块如图 9.18 所示。

3. 液压控制单元

液压控制单元由 12 个电磁阀、1 个液压泵、1 个回油泵等组成，如图 9.19 所示。其中 8 个电磁阀用于 ABS 控制，4 个电磁阀用于 ESP 控制。ECU 通过控制液压控制单元的电磁阀，达到 ABS/ASR/ESP 的控制。该系统有两条对角线控制回路，每条回路上多了两个控制电磁阀（分配阀和高压阀），如果系统某一个阀工作不正常，ESP 系统将关闭。

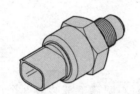
图 9.17 制动压力传感器

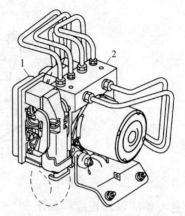
图 9.18 附 ECU 的液压模块
1—电子控制单元 ECU；2—液压控制装置

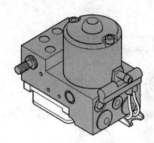
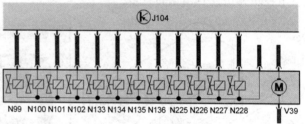
图 9.19 液压控制单元

9.2.3 电子稳定控制系统工作原理

ESP 系统由传统制动系统、传感器、液压调节器、汽车电子稳定控制单元和辅助系统组成，在电脑实时监控汽车运行状态的前提下，对发动机及控制系统进行干预和调控。

在汽车行驶过程中，方向盘转角传感器监测驾驶员转弯方向和角度，车速传感器监测车速、节气门开度，制动主缸压力传感器监测制动力，侧向加速度传感器和横摆角速度传感器则监测汽车的横摆和侧倾速度。ECU 根据这些信息，通过计算后判断汽车要正常安全行驶和驾驶员操纵汽车意图的差距，然后由 ECU 发出指令，调整发动机的转速和车轮上的制动力，如果实际行驶轨迹与期望的行驶轨迹发生偏差，则 ESP 系统自动控制对某一车轮施加制动，从而修正汽车的过度转向或不足转向，以避免汽车打滑、转向过度、转向不足和抱死，从而保证汽车的行驶安全。

1. 不足转向

如图 9.20 所示，ESP 系统判别汽车具有较大的不足转向倾向，控制系统会自动对位于弯道内侧的后轮实施瞬时制动，以产生预定的滑移率，使得该车轮受到的侧向力迅速减少而纵向制动力迅速增大，产生了一个与横摆方向相同的横摆力矩。此外还获得了两个附带的减少不足转向倾向的因素。首先，由于制动而使车速降低；其次，由于差速器的作用，对内侧后轮制动从而导致外侧后轮被加速,即外侧后轮受到的驱动力增加而侧向力减少,于是产生了又一个所期望的横摆力矩。

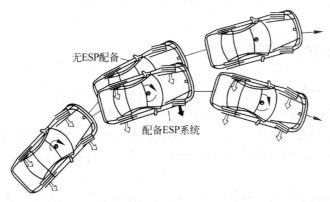

图 9.20　不足转向

2. 过度转向

图 9.21 所示在出现过度转向时,驱动力分配系统就会降低驱动力矩,以提高后轴的侧向附着力,地面作用于后轴的侧向力相应会提高,从而产生一个与过度转向相反的横摆力矩。位于弯道外侧的非驱动前轮开始时几乎不滑动,若仅依靠动力分配系统还不能制止开始发生的不稳定状态,控制系统将自动对该前轮实施瞬时制动,产生较高的滑移率,使得该车轮受到的侧向力迅速减少而纵向制动力迅速增大,于是也产生一个与横摆方向相反的横摆力矩。由于对一个前轮制动,车速也会降低,从而获得了一个附带产生的有利于稳定性的因素。

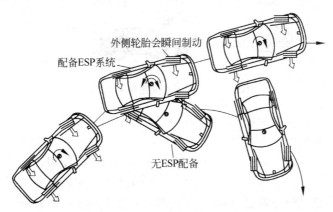

图 9.21　过度转向

ESP 系统的出现,极大地改善了汽车在行驶过程中的安全性和操纵性,特别是在路况很差,路面被雨水和冰雪覆盖时。ESP 系统在车辆行驶过程中,始终监测车的运动状态,尤其是与转向相关的运行状态,一旦出现不稳定的预兆,ESP 系统便实时予以修正,从而使汽车的行驶安全性大大提高,驾车员感觉更灵活,更快捷,更安全。ESP 系统使汽车在极限状况下更容易操纵,它可以降低汽车突然转向时的危险,提高方向稳定性。ESP 系统可以辨识汽车的趋向,并且做出反应,它可在单个车轮上施加制动力,从而产生附加横摆调节力矩,帮助汽车回到正确的方向上来。

9.3 主动避撞系统

9.3.1 主动避撞系统简介

随着汽车保有量的快速增长,道路交通安全问题已经成为各国政府和社会关注的重要问题,也是智能交通系统(ITS)需要解决的重大问题。有资料显示,由于驾驶员的操作失误导致的交通事故占所有交通事故的70%～90%,因此利用现代电子控制技术辅助驾驶员在紧急情况下采取安全措施,避免事故的发生是非常重要的,汽车主动避撞系统正是实现这一功能的技术手段。

汽车主动避撞系统是利用现代信息技术、传感技术来扩展驾驶员的感知能力,将获取的外界信息传递给驾驶员,同时根据路况和汽车自身的状态等综合信息辨识是否构成安全隐患,并在紧急情况下,该系统能自动干涉驾驶操纵、辅助驾驶员进行应急处理,使汽车自主避开危险,防止汽车相撞事故的发生,保证车辆安全行驶,如图9.22所示。

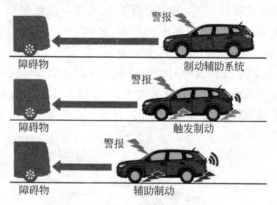

图9.22 汽车主动避撞示意图

目前研究开发的汽车主动避撞系统有以下3种类型:

(1) 车辆主动避撞报警系统(collision warning system,CWS),此系统对探测到的危害情况给出警报,美国已经在一些重型载货车和公交车辆上实现商用。

(2) 车辆自适应巡航控制(adaptive cruise control,ACC)系统,此系统可以实现简单交通情况下的主动避撞及巡航控制,一些汽车公司在高档车型上已经开始采用ACC技术。

(3) 复合型车辆智能控制系统,该系统针对复杂交通情况,特别是市区交通环境,采用ACC系统辅以车辆停走(stop go)系统,提高车辆智能控制的实用性。

汽车主动避撞系统主要有4项功能:一是一般道路交通情况下,自动控制车辆的运行,降低驾驶员的劳动强度;二是在驾驶员疲劳、疏忽等情况下辅助驾驶员,保障行车安全;三是在雾、雨、雪等恶劣天气情况下,扩展驾驶人员的感知能力,辅助驾驶员保障行车安全;四是在非常紧急情况下避免碰撞事故发生或减小碰撞剧烈程度,降低碰撞带来的损害。

9.3.2 主动避撞系统的基本组成

主动防撞预警系统包括车辆行驶信息感知模块、车辆控制分析模块、车辆控制辅助执行模块三部分,三者既相互独立又相互联系,各个模块通过即时通信并采取相应动作,实现车辆安全驾驶。车辆行驶信息感知模块主要是对车辆前方的行驶状况进行探测,包括目标速度、目标位置、两车距离等信息。车辆行驶信息感知模块得到的关键信息,通过 CAN 总线传递到车辆控制分析模块,车辆控制分析模块对数据进行相应的分析,最终得到危险级别等级,将对车辆进行的控制指令传递给车辆控制辅助执行模块。车辆控制辅助执行模块对危险情况做出相应反应,如声光报警、主动制动、主动转向等。

1. 行驶信息感知模块

车辆行驶信息感知模块其实是车辆信号采集系统,包括检测汽车自身行驶状态的传感器(如车速传感器、转向盘转角传感器、节气门位置传感器等)和检测环境信息的传感器(如毫米波雷达传感器、视觉传感器、超声波传感器、激光雷达传感器等),对汽车自身的行驶状况、潜在危险目标的行驶状况及车辆行驶的道路环境等信息进行探测,为主动防撞系统准确地工作打好基础。利用车辆自身搭载的各种传感器对自车的速度、加速度及转向角等信息进行测量。通过雷达或者摄像头等目标探测类传感器对前方车辆的信息进行探测,通过一系列的分析计算,得到自车与目标车辆相对位置、相对速度及相对方位等信息。行车信息感知模块探测到的相应信息,传递给控制的预算模块进行相应的分析处理。

2. 状态判断模块

状态判断模块的核心是电子控制单元(ECU),行驶信息感知模块时刻将变化着的汽车自身状态参数和环境信息参数传送给状态判断模块,在 ECU 中,将这些信息和预先存储的安全模型与危险报警控制策略进行比较分析,得出对当前环境的危险程度判断,将不同级别的危险情况信息和相应的执行数据传送到控制器执行模块。

3. 控制执行模块

控制执行模块主要有光电提示装置、辅助制动装置、语音提示装置、油门控制机构等。图 9.23 是控制执行模块逻辑框图,当系统检测到危险情况时,通过光电提示装置及语音提示装置进行显示报警及声音报警提示,光电提示装置进行图像显示、危险级别显示,语音模块进行语音提示。通过辅助装置可以使驾驶员更好地掌握驾驶环境,避免危险交通事故的发生。驾驶员在极端危险情况下,没有制动或转向动作,甚至采取错误操作,该系统会主动地接管车辆,通过车辆辅助执行模块,自主进行减速、制动等操作。当探测到碰撞不能避免时,车辆执行辅助机构将进行主动制动,使汽车减速,与此同时勒紧安全带,尽量减少碰撞损失。

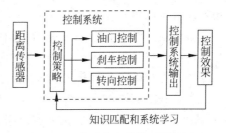

图 9.23 控制执行模块逻辑框图

9.3.3 主动避撞系统的工作过程

根据图9.24在汽车正常行驶时,行驶信息感知模块不断检测汽车自身和外界的环境信息,得到自身与前方车辆、行人以及障碍物的相对速度、相对位置等信息,并将这些信息传递给状态判断模块,该模块综合这些信息,依据安全状态判别逻辑对车辆安全状态进行判断,当判断为安全状态时,系统无任何操作,不干扰驾驶员的正常驾驶;当判断为危险状态时,系统首先会关闭节气门,利用声光报警系统提醒驾驶员,如果驾驶员尚未采取任何动作,系统将控制车辆的制动和转向,并调用其他控制系统,使车辆远离危险;一旦车辆回到安全状态或驾驶员采取了控制动作,系统将解除对车辆的控制;当系统判断为危险状态并且无法避让时,除了采取避让措施外,还将根据危险程度的大小,选择合适的被动安全控制策略。

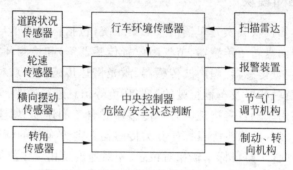

图9.24 典型的汽车主动避撞系统工作框图

9.4 自动紧急制动系统

9.4.1 自动紧急制动系统简介

Euro NCAP通过对交通事故的分析发现,90%的交通事故是由于驾驶者的注意力不集中引起的,而AEB系统可以有效避免或减少事故的发生。Euro NCAP和ANCAP分别为欧盟和澳大利亚的第三方独立车辆安全认证机构,于2015年5月共同在《Accident Analysis & Prevention》期刊上发表了题为"现实世界追尾碰撞中AEB的有效性"的研究报告,结果显示:AEB技术能在现实世界中减少38%的追尾碰撞,且在城市道路(限速60km/h)和郊区道路行驶的情况下,效果并无显著差别。

自动紧急制动系统AEB是指车辆在非自适应巡航的情况下正常行驶,如车辆遇到突发危险情况或与前车及行人距离小于安全距离时主动进行制动(但具备这种功能的车辆并不一定能够将车辆完全刹停)以避免或减少追尾等碰撞事故的发生,从而提高行车安全性的一种技术。一般来说,AEB由两个系统组成,包括车辆碰撞迫近制动系统(crash imminent bracking,CIB)和动态制动支持系统(dynamic bracking support,DBS),其中CIB系统会在追尾以及驾驶员未采取任何行动的情况下紧急制动车辆;而DBS在驾驶员没有施加足够的制动行动时,会给予帮助避免碰撞。

全球 NCAP 纷纷将 AEB 纳入评估体系,早在 2012 年,欧盟就出台规定要求 2014 年出产的新车必须配备 AEB 系统。2014 年初,Euro NCAP 正式将 AEB 纳入评分体系,没有配备 AEB 系统的车型将很难获得 5 星级评价。从 2015 年 11 月 1 日开始,欧洲新生产的重型商用车也强制安装车道偏离警告系统(lane departure warning,LDW)及 AEB 系统。IIHS(美国公路安全保险协会)的碰撞测试也于 2014 年引入了预碰撞系统(front crash prevention,FCP)评价体系,并明确规定,如果车辆不具备预碰撞警告系统或自动制动功能,不能获得最高的"TOPSAFETY PICK+"评价。同年,日本 JNCAP 首度进行了预碰撞安全系统测试,针对 AEB 系统和 LDW 系统进行安全评估。另外,C-NCAP 也正在考虑未来对 AEB 系统进行评价。

9.4.2 自动紧急制动系统的基本组成

类似于汽车主动避撞系统,自动紧急制动系统主要由行车信息感知模块、中央控制器和执行器模块组成。

1. 行车信息感知模块

行车信息感知模块又被称为车辆的信息采集系统,是 AEB 系统准确可靠工作的前提。主要是通过各种传感器收集车辆自身信号以及车辆前方的环境信号。通过前向测距传感器来对车辆前方目标进行探测,得到自车与各目标车辆之间的相对位置、相对速度等信息;通过自车的各种传感器来获取自车的速度、加速度和转向盘转角等信息。

1) 激光雷达测距模块

激光雷达是一种采用非接触激光测距技术的扫描式传感器,其工作原理与一般的雷达系统类似,通过发射激光光束来探测目标,并通过搜集反射回来的光束来形成点云和获取数据,这些数据经光电处理后可生成更为精确的三维立体图像。采用这项技术,可以准确地获取高精度的物理空间环境信息,测距精度可达厘米级,因此,激光雷达成为汽车自动驾驶、无人驾驶、定位导航、空间测绘、安保安防等领域最为核心的传感器设备。

激光雷达方向性好,体积小波束窄,无电磁干扰,精度高,但是数据噪声大,受环境影响比较大,成本比较高。

2) 毫米波雷达

毫米波雷达测距传感器是通过计算声波从发射到返回所用的时间,来计算前后两车之间的距离,与超声波雷达测距传感器的工作原理类似。毫米波波束窄而具备高精细细节分辨的能力;相比激光其传播特征受气候影响小,具有全天候特性;相比微波更容易小型化。在汽车上应用毫米波雷达测距,具有探测性能稳定的特点,因为毫米波雷达不易受对象表面形状和颜色的影响,也不受大气气流的影响;还具有环境适应性能好的特点,因为雨、雪、雾等对毫米波雷达的干扰小。

3) 单目、双目摄像头

由于毫米波雷达在自动紧急制动过程中仅能够实现对前方目标的探测而无法实现对前方目标的有效识别,从而使得 AEB 系统无法支持更多复杂交通场景,为此汽车厂商逐渐倾向于将摄像头纳入 AEB 环境感知机构的解决方案。单目、双目摄像头作为 AEB 环境感知机构的解决方案,其分辨率要远远高于毫米波雷达和激光雷达,且能够获取足够多的环境细节,帮助车辆识别行人、小孩、动物等多种目标,是行人AEB系统的重要组成部分。其工作原理主要是将景物通过镜片组生成光学图像并投射到互补金属氧化物半导体(complementary metal-oxide-semiconductor,CMOS)光电传感器,再由图像处理器转化成数字图像信号,最后通过采集图像并利用计算机识别算法来识别数字图像中的目标对象,从而指导AEB执行不同的避撞策略。

2. 中央控制器

中央控制器将汽车自身传感器传来的汽车状态信息以及行车信息感知模块测得的目标车辆、环境等信息进行综合分析处理,根据内置的安全距离判断模型判断当前车辆的状态,得出汽车此时的危险程度,并执行相应的控制程序,将信号传送给执行器模块。

3. 执行器模块

控制执行器模块主要是制动系统,目前国内外汽车厂商及研究机构针对AEB执行机构的研发,主要以缩短主动制动响应时间和提高主动制动控制精度为目标,围绕实现制动管路主动建压的压力供给单元以及实现制动轮缸压力精确控制的压力调节单元两个核心部件展开研究。博世、德国大陆、天合汽车、德尔福、日立、爱信等汽车制动系统零部件供应商给出了AEB制动执行机构的解决方案,主要包括以汽车电子稳定控制系统为基础的电机柱塞泵主动建压制动系统解决方案、以汽车电子液压制动系统为基础的高压蓄能器主动建压制动系统解决方案、以新型汽车电子助力制动系统为基础的主缸助力电机主动建压制动系统解决方案。

9.4.3 自动紧急制动系统的工作原理

如图9.25所示,AEB系统通过摄像头或雷达检测和识别前方车辆,在有碰撞可能的情况下先用声音和警示灯提醒驾驶者进行制动操作回避碰撞。若驾驶者仍无制动操作,系统

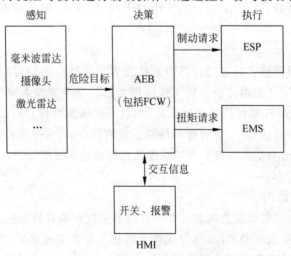

图9.25 AEB系统的工作原理

判断已无法避免追尾碰撞,就会采取自动制动措施来减轻或避免碰撞。同时,AEB系统还包括动态制动支持,当驾驶者踩下制动踏板的力量不足以避免即将到来的碰撞时,就会为其补充制动力。

9.4.4 3种自动紧急制动系统

1. 城市专用AEB

城市路口和环岛一般是交通事故的多发地段,由于城市交通往往比较拥堵,车速较慢,易发生小的碰撞或刮蹭。城市专用AEB系统可以监测前方路况与车辆移动情况,一般有效距离为6~8m。它主要是利用安装在前风挡位置的激光雷达去探测车前路况,如果探测到潜在的风险,它将采取预制动措施,使得车辆有更迅捷的响应。如果在反应时间内未接到驾驶员的指令,该系统将会自动制动或采取其他方式避免事故。而在任何时间点内,如果驾驶员采取了紧急制动或猛打转向盘等措施,该系统将停止工作。

2. 高速公路专用AEB

在高速公路上行驶时由于车速较快,驾驶员经过较长时间驾驶容易产生疲劳,增加事故发生的概率,开发适应高速公路下的自动紧急制动系统有更重要的意义。为了让系统在更高车速下工作,以毫米波雷达探测前方的车辆(通常能达到200m),通过报警来提醒驾驶员潜在的危险。如果在反应时间内,驾驶员没有任何反应,第二次警示系统将启动(比如突然的制动或安全带收紧),此时制动器将调至预制动状态。如果驾驶员依然没有反应,那么该系统将会自动实施制动。这套系统还包括安全带预紧功能。

3. 行人保护系统

除探测道路上的车辆外,还有类AEB系统是用来检测行人和公路上其他弱势群体。通过车上一个前置摄像头传来图像,它可以辨别出行人的图形和特征,通过计算相对运动的路径,以确定是否有撞击的危险。如果有危险,它可以发出警告,并在安全距离内,制动系统采用全制动把车停下来。但是,预测行人行为是很困难的,从算法角度来说非常复杂;因为该系统要做到在面临一个潜在的威胁时必须做出有效的反应;而没有威胁时,例如当行人走到路边停下允许车辆通过时,就不能采取紧急制动。这套系统也集成了雷达(也叫作探测器),随着红外技术的发展,这项技术还将进一步优化。

9.5 车道偏离预警系统

9.5.1 车道偏离预警系统简介

据交通部统计,约有50%的汽车交通事故是因为汽车偏离正常的行驶车道引起的;而根据(美国)联邦公路局的估计,美国2002年所有致命的交通事故中44%是与车道偏离有关的,同时车道偏离也被看成车辆侧翻事故的主要原因。AssitWare 网站的分析结果认为:23%的汽车驾驶员一个月内至少在转向盘上睡着一次;66%的卡车驾驶员在驾驶过程中打瞌睡;28%的卡车驾驶员在一个月内有在转向盘上睡着的经历。4 个驾驶员中就有一个驾驶员经历过车道偏离引起的伤亡事故。

车道偏离预警系统(LDWS),是一种通过报警的方式辅助驾驶员减少汽车因车道偏离而发生交通事故的系统。如图 9.26 所示,该系统使用摄像头检测汽车在车道线的位置,如果驾驶员未打开转向灯进行变道,一旦检测到汽车越过车道线,该系统就会发出声音信号提示驾驶员汽车轨迹发生偏移。该系统可以很好地避免驾驶员因为疏忽大意或者疲劳驾驶产生的车道偏离现象,也可以很好地规范驾驶员的不良驾驶习惯,比如不打转向灯等,提高驾驶的安全性。

图 9.26　车道偏离预警系统工作示意图

在车道偏离预警系统领域,国内外研究机构进行了大量的研究,国外比较有代表性的是美国的 AURORA 系统和 AUTOVUE 系统,荷兰的 Mobileye_AWS 系统,日本的 DSS 系统;国内比较有代表性的是吉林大学的 JLUVA-1 系统和东南大学的基于 DSP 技术的嵌入式车道偏离报警系统。AURORA 系统由美国卡内基-梅隆大学机器人学院于 1997 年开发成功。该系统由带广角镜头的彩色摄像机、数字转换器和一个便携 SunSparc 工作站等组成。该系统通过安装在车辆一侧的视野为 1.5~1.6m 区域的俯视彩色摄像机检测车辆旁边的车道标识,通过数字转换器采集摄像机的视频输出并在一个便携 SunSparc 工作站上进行处理,处理速度为 60Hz。AUTOVUE 系统主要由一个安装在汽车内风窗玻璃后部的摄像机、两个立体音箱、一个小显示设备和控制单元等组成。该系统工作原理是通过实时监测本车在当前车道中的位置,计算本车到车道标识线距离,然后与设定的报警距离相比较,判断是否进行预警。Mobileye_AWS 系统利用安装在前风窗玻璃上的单个摄像机监测车道标识线,测量和监控本车与道路边界的距离。该系统的车道偏离警告模块通过检测道路边界,计算车辆相对于车道的位置和车辆的侧向运动,预测车辆将横越车道标识的时间,当该时间低于设定值时,系统触发视觉警告和声音警告,以使驾驶员对不同的危险状态做出适当的反应而减少意外事故的发生。吉林大学的 JLUVA-1 系统利用安装在汽车后视镜位置处的 CCD 摄像机采集汽车前方的道路图像,通过图像处理获得汽车在当前车道中的位置参数,一旦检测到汽车距离自身车道白线过近有可能偏入邻近车道而且司机并没有打转向灯时,该系统就会发出警告信息提醒司机注意纠正这种无意识的车道偏离,从而尽可能减少车道偏离事故的发生。

9.5.2 车道偏离预警系统车道线识别方法

基于机器视觉的道路边界以及车道标识线识别方法基本上可以归结为两类方法,一类为基于特征的识别方法,一类为基于模型的识别方法。

1. 基于特征的识别方法

基于特征的识别方法主要是结合道路图像的一些特征(颜色特征、灰度梯度特征),从所获取的图像中识别道路边界或车道标识线(对特征车道线进行连接、拟合或其他分析,或是对图像中边缘检测进行直线拟合得到边界线段、对其长度和方向进行聚类并连接)。基于特征的车道识别算法中的特征主要可以分为灰度特征和彩色特征。基于灰度特征的识别方法是从车辆前方的序列灰度图像中,利用道路边界及车道标识线的灰度特征而完成的对道路边界及车道标识线的识别。基于彩色特征的识别方法是利用从获取的序列彩色图像中,根据道路及车道标识线的特殊色彩特征来完成对道路边界及车道标识线的识别。目前应用较多的是基于灰度特征的识别方法。优点在于能适应道路形状,同时检查时处理速度快,但当道路图像复杂时,边缘检测还需要很多后续工作来完成对边缘的分析这会降低实时性,且道路出现阴影和车道线边缘受损时此方法可能会失效。

2. 基于模型的识别方法

基于模型的道路边界及车道标识线识别方法主要是针对结构化道路具有相对规则的标记,根据其形状建立相应的曲线模型,采用不同的识别技术(Hough 变换、模板匹配技术、神经网络技术等)来对道路边界及车道标识线进行识别。目前最常用的道路几何模型是直线道路模拟,也提出了曲线道路模型。基于模型的车道线识别可以有效地克服路面污染、阴影、光照不均等外界环境影响。但当道路不符合预先假设时,模型会失效。

9.5.3 车道偏离预警系统的基本组成及工作原理

车道偏离预警系统已经商业化使用的产品都是基于视觉的系统,根据摄像头安装位置不同,可以将系统分为:

(1) 侧视系统——摄像头安装在车辆侧面,斜指向车道;

(2) 前视系统——摄像头安装在车辆前部,斜指向前方的车道。

无论是侧视系统还是前视系统,基于视觉的车道偏离预警系统主要包括图像采集单元、车辆状态传感器、中央处理单元以及人机交互单元。工作原理如图 9.27 所示,当车道偏离系统开启时,摄像头(一般安置在车身侧面或后视镜位置)会时刻采集行驶车道的标识线,通过图像处理获得汽车在当前车道中的位置参数,当检测到汽车偏离车道时,传感器会及时收集车辆数据和驾驶员的操作状态,之后由控制器发出警报信号,整个过程大约在 0.5s 完成,为驾驶者提供更多的反应时间。而如果驾驶者打开转向灯,正常进行变线行驶,那么车道偏离预警系统不会做出任何提示。

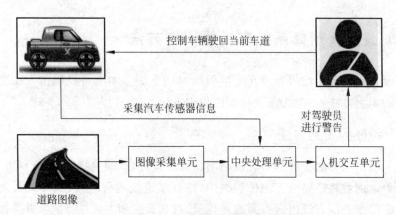

图 9.27 车道偏离预警系统的组成

1. 图像采集单元

图像采集单元主要是通过工业照相机(CCD 或者 CMOS)获取有关前方道路的视频信号,然后由图像采集卡将摄像机传输过来的模拟信号进行采样、量化后转换为方便计算使用的数字信号并存储到帧存储器中。

CCD 又称电荷耦合器件,是一种用电荷量表示信号大小,用耦合方式传输信号的探测元件。CCD 器件由光敏单元、转移栅、移位寄存器及一些辅助输入、输出电路组成。CCD 工作时,在设定的积分时间内由光敏单元对光信号进行取样,将光的强弱转换为各光敏单元的电荷多少。取样结束后各光敏元电荷由转移栅转移到移位寄存器的相应单元中。移位寄存器在驱动时钟的作用下,将信号电荷顺次转移到输出端。将输出信号接到示波器、图像显示器或其他信号存储、处理设备中,就可对信号再现或进行存储处理。由于 CCD 光敏元可做得很小(约 $10\mu m$),所以它的图像分辨率很高。CCD 相机体积小、重量轻、能耗低、性能稳定,可以得到精度很高的图像,因此广泛应用于目标定位、空间遥感、工业检测和监控、医学诊断等领域。

CMOS 图像传感器通常由光敏单元阵列、图像信号放大器、信号读取电路、图像信号处理器、A/D 转换器、控制器等几部分组成,这几部分通常都被集成在同一块硅片上。CMOS 芯片中,每个像素都有信号放大器,各自进行电荷—电压的转换,其信号输出的一致性较差。在 CMOS 芯片中,每个像元中放大器的带宽要求较低,大大降低了芯片的功耗,这就是 CMOS 芯片功耗比 CCD 低的主要原因。尽管降低了功耗,但是数以百万的放大器的不一致性却带来了更高的固定噪声,这又是 CMOS 相对 CCD 的固有劣势。CMOS 电路消噪技术的不断发展,为生产高密度优质的 CMOS 图像传感器提供了良好的条件。

2. 中央处理单元

中央处理单元主要完成数字图像处理、车辆状态分析以及决策控制等功能。如图 9.28 所示,首先中央处理单元将图像采集单元采集的道路图像进行图像预处理,其中包括彩色图像灰度化、灰度拉伸、边界增强与边界检测、用大律法求图像阈值、图像二值化(把灰度图像转化为黑白图像)。将预处理后的图像进行车道参数提取,并将处理的结果综合汽车自身传感器的信息进行车道线偏离决策,如果发生车道线偏离并且驾驶员没有进行转向操作,则判断汽车发生车道偏离,通过人机界面输出报警信号。

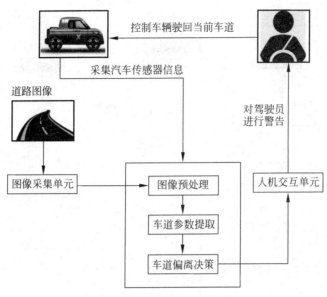

图 9.28 车道偏离预警系统工作流程

9.6 车道保持辅助系统

9.6.1 车道保持辅助系统简介

车道保持辅助系统(lane-keeping assist system,LKAS)是现代车道偏离警告系统(LDWS)、驾驶员辅助系统的进一步发展。两个系统都通过安装在挡风玻璃后面的摄像系统检测车道线标记,这样不仅可以减轻驾驶员的操作压力,同时也可以提供关于车辆驾驶状况的信息。LDWS 是一个简单的警告系统,旨在通过感知手段(触觉、视觉、听觉)通知驾驶员。如果车辆越过行车道标记,车道保持辅助系统(LKAS)能够使得汽车停留时刻沿着车道线行驶,这意味着它将转向系统的功能与警告系统的功能结合了起来。该系统通常根据车辆距车道边缘的距离以及其他因素控制电动助力转向系统来帮助驾驶员,以使车辆保持在车道的中间。

9.6.2 车道保持辅助系统工作原理

如图 9.29 所示,车道保持辅助系统在采集行车前方车道状况图像信息的同时,也不断实时地采集汽车行驶速度、方向盘转角、横摆角速度、转向灯等行车状态信息。通过对汽车接下来的行驶方向进行预测,判断是否要进行转向干预。主动转向干预系统是车道保持辅助系统的执行机构,在车道线识别与车道偏离预警的基础上,通过主动转向干预实现车道保持的目的。

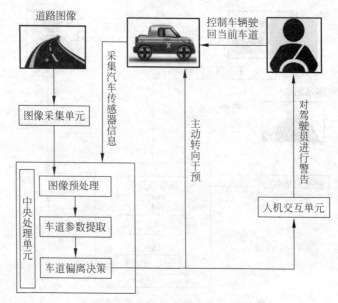

图 9.29 车道保持辅助系统工作流程

1. 车道线识别

在摄像头图像的两个梯形区域中查找车道标识线(图 9.30(a))。

图 9.30 车道线识别

处理器实时扫描图像,检测灰度值变化,并进行标记,在标记处标记点(图 9.30(b)),如果能连成线的标记点足够多,那么车道辅助系统就会根据这些标记点计算出实际的车道走向和虚拟车道,并且为了安全,计算出的虚拟车道比实际车道窄(图 9.31)。

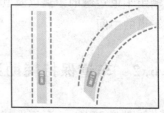

图 9.31 实际车道与虚拟车道

2. 方向盘离手识别

车道保持辅助系统除了监控车辆是否在车道内行驶外,还识别驾驶员松开方向盘的时间是否超过了设定的值,从而判断是否未在控制方向,进而系统会通过中央仪表的文字和蜂鸣器声音提示驾驶员。

3. 转向控制

当车辆无法计算出足够宽的虚拟车道,那么车道保持系统便会选用紧邻的外侧标线。如果汽车未打开转向信号灯,即将驶离虚拟车道时,车道保持辅助系统会施加一个有限且最多3N·m的校正转向力矩,使汽车重新引导至车道中间如图9.32所示。

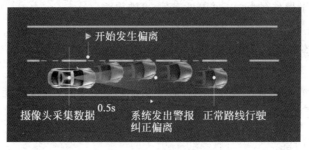

图9.32 车道偏离控制

9.7 定速巡航系统

9.7.1 定速巡航系统简介

定速巡航系统(CCS),又称为定速巡航行驶装置、速度控制系统等。该系统的主要作用是控制汽车的定速行驶,汽车一旦被设定为巡航状态时,发动机的供油量便由电脑控制,电脑会根据道路状况和汽车的行驶阻力不断地调整供油量,使汽车始终保持在所设定的车速行驶,而驾驶员无须操纵油门,减轻了疲劳,使驾驶员不再看速度表,把注意力放在路面上,从而可以促进安全,同时减少了不必要的车速变化,节省燃料。

如图9.33所示,定速巡航控制区域一般在方向盘后方或者集成在多功能方向盘上,一般设置了5种功能:SET(设置恒速)、COAST(减速或滑行)、RES(恢复)、ACC(加速)、CANCEL(解除或取消)。当按下车速设置开关(SET)后,就能存储此时此刻的车速并能自动保持这个车速。当不需要速度控制时,只要踩下制动踏板,速度设定功能就会立即停止,但是速度信息继续存在。若想恢复速度控制,按恢复开关(RES)就能恢复原来存储的车速,汽车又能按照这个速度行驶。同时该系统有低速自动消除功能,当车速低于40km/h(有的车是低于30km/h),定速设置会自动消失并不能再恢复。

图9.33 定速巡航操作杆

定速巡航系统是利用电控技术对汽车的行驶速度进行自动调节的一种电子控制装置,主要有以下优点:

(1) 保持车速的稳定。进入定速巡航功能以后,汽车的车速完全由电子控制系统进行控制,大大提高了控制的精度,使得汽车无论在上坡、下坡以及平路上行驶,抑或在风速变化的情况下行驶,只要在发动机功率允许的范围内,都能准确地保持车速的恒定。

(2) 减轻驾驶疲劳,提高行驶舒适性和安全性。汽车长时间在高速公路上行驶时,为了保持车速的稳定需要驾驶员一直操作油门踏板,势必会造成驾驶员的疲劳。采用定速巡航系统之后,车速由电子控制系统进行接管,解放了驾驶员操作,使得驾驶更加轻松。

(3) 提高燃油经济性。采用定速巡航系统之后,可以使得汽车的燃料供给和发动机的功率之间的配合处于最佳的状态,并减少废气的排放。

9.7.2 定速巡航系统的功能

定速巡航系统主要有车速设定功能、消除功能、恢复功能、滑行功能、加速功能、低速自动消除功能、有关开关消除功能。

1. 车速设定功能

当在高速公路上行驶时,路面质量好,没有人流,分道行车,无逆向车流,适宜较长时间的稳定行驶时,可按下"设定"开关,设定一个稳定行驶的车速,使司机不用再踩节气门和换挡,汽车一直以这一车速稳定运行。

2. 消除功能

当司机根据运行情况需要踩下制动踏板时,则上述的车速设定功能立即消失,司机要用常规方法操作驾驶,直到再按另外的功能开关为止,但其行驶速度大于48km/h时所设定的车速值仍然存储在系统中,供随时通过开关调用。

3. 恢复功能

当司机处理好情况后,根据路面车流情况又可稳定运行时,可按"恢复"功能开关,这样汽车又自动按上述设定的车速稳定均匀运行。若不按"恢复"功能开关,也可在司机认为最有利车速时按"设定"开关,汽车就又自动按新选择的设定车速稳定运行。

4. 滑行功能

滑行功能也称为减速功能。当按下"滑行"开关时,汽车在原设定车速基础上减速行驶,开关一直按下不放,则车速一直在减低。当放松"滑行"开关,汽车就自动以放松"滑行"开关瞬间的车速稳定行驶。

5. 加速功能

当按下"加速"开关时,则汽车在原设定的车速基础上加速行驶,开关一直按下不放,则车速一直在增加。当放松"加速"开关时,则汽车就自动放松"加速"开关瞬间的车速稳定行驶。

6. 低速自动消除功能

当车速低于已输入的低速极限时(一般为48km/h),巡航控制不起作用,也不能存储低于这一速度的信息。

7. 有关开关消除功能

除了踩制动踏板有低速的消除功能外,当按驻车制动开关、离合器控制开关、变速器挡位开关时,都有自动消除巡航控制的功能。

9.7.3 定速巡航系统的基本组成

如图 9.34 所示,定速巡航系统主要由巡航操纵开关、取消巡航系统开关、传感器、巡航控制 ECU 和执行器 5 部分组成。

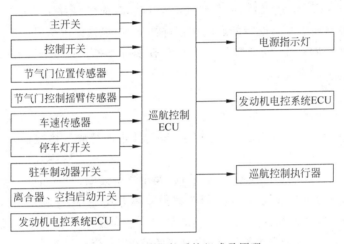

图 9.34 定速巡航系统组成及原理

1. 巡航操纵开关

巡航操纵开关主要包括主开关和控制开关,其中主开关起到电源开关的作用,控制开关起到设定车速、开启关闭巡航系统、加速、滑行的作用。

2. 取消巡航系统开关

(1) 通过驾驶员操作取消。驾驶员通过踩制动踏板、打开驻车制动开关、踩离合器、变速器挂 N 挡,以及按下巡航取消开关,将立即取消巡航功能。

(2) 自动取消。巡航系统故障、车速下降到下限(40km/h)、车速降低到设定车速以下(16km/h)、巡航系统断电,将自动取消巡航控制功能。

3. 传感器

汽车定速巡航主要用到了节气门位置传感器、节气门控制摇臂传感器以及车速传感器。其中节气门控制摇臂传感器是巡航控制系统的专用传感器,主要作用是对电控单元提供节气门控制摇臂位置的电信号,目前应用较多的是滑线电位计式。当节气门控制摇臂转动时,电位计与之转动,便输出一个与控制摇臂位置成比例变化的、连续变化的电信号。对于车速传感器,如果车速表是电子式的,车速表传感器给出的信号可用作巡航控制系统的反馈信号,因而不必为巡航控制系统另外设置传感器。因为实际车速与变速器输出轴转速成正比,因此专用于巡航控制系统的车速传感器一般安装在汽车变速器输出轴上。

4. 巡航控制 ECU

汽车巡航控制 ECU 有的是独立的,有些则与发动机控制 ECU 或车身控制系统 ECU 等合为一体。巡航控制 ECU 主要由稳压电源电路、D/A 转换电路、存储电路、低速限制电路、高速限制电路、保护电路、加速控制电路、减速控制电路等组成。ECU 接收来自车速传感器、节气门位置传感器、执行元件位置传感器和各种开关的信号,按照存储的程序进行处理。当汽车在巡航控制车速范围(一般为 40~200km/h)内行驶时,ECU 接收到驾驶员通过操纵开关输入的"SET"设置信号后,存储此时的行驶车速信号并进入巡航控制模式,然后 ECU 便对车速传感器信号与设定的巡航车速进行比较,根据比较结果向执行元件发出指令信号,控制执行元件的动作,以调整节气门开度,使实际车速与设定车速相一致。

5. 执行器

执行器又称伺服器,其作用是接受巡航控制 ECU 的控制指令信号,以电动或气动方式操纵节气门,改变节气门开度,使车辆作加速、减速及定速行驶。执行器常分为电动驱动型和真空驱动型(即气动驱动型)两种。

真空驱动型执行器主要由控制阀、释放阀、两个电磁线圈、膜片、回位弹簧和空气滤清器等组成。依靠真空力驱动节气门,真空源有两种取得方式,一是仅从发动机进气歧管取得;二是从发动机进气歧管和真空泵两个真空源取得。电动驱动型执行器主要由电动机、电磁离合器、位置传感器和安全开关等组成,电动机为步进型,受巡航控制 ECU 控制,通过正反转控制节气门开度增大或减小,通过转动步数控制节气门开度变化量。

9.7.4 定速巡航系统的工作原理

图 9.35 是一种典型的闭环汽车电子巡航控制系统原理框图。由图 9.35 可知,控制器的输入是以下两个车速信号的差:一个是驾驶员按要求的车速设定的车速信号;另一个是实际车速的反馈信号。ECU 将这两种信号进行比较,得出误差信号,经放大、处理后成为节气门控制信号,送至节气门执行器,驱动节气门执行器工作,调节发动机节气门开度,以修正实际车速,从而将实际车速很快调整为驾驶员设定的车速,并保持恒定。

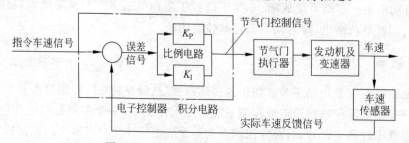

图 9.35 汽车巡航控制系统基本原理图

通常将汽车在平坦路面上行驶时车速与节气门开度的关系存储在巡航控制系统 ECU 的 ROM 中。汽车在平坦、上坡与下坡路面上行驶时的车速与节气门开度的关系如图 9.36 所示。巡航控制系统根据目标车速自动维持汽车恒速行驶。汽车在巡航定速状态下,当汽车速度下降时,ECU 加大节气门开度,使发动机功率升高,转矩增大,车速达到设定速度。反之,减小节气门的开度。系统进行巡航控制时,若在平坦路面上车速为 0 时,按下设定开关进入巡航控制的自动行驶状态,此时节气门开度在 O 点,一旦遇到爬坡时,则行驶阻力增加,如不进行调节控制,车速就会降到最低点,但巡航控制器会按照一定的控制规则控制节气门,使节气门开度从 O 点变为 A 点,使车速稳定在 0 点,重新取得动力平衡。当遇到下坡时,行驶阻力减小,巡航控制系统调节节气门的开度由 O 点变到 B 点,使车速保持在 0 点取得平衡。因此,即使行驶阻力发生

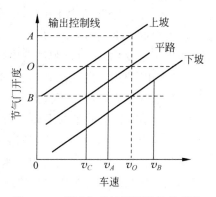

图 9.36　车速与节气门开度的关系图

变化,车速也只在很小范围内变化,达到稳定行驶的目的。当车速在 40km/h 以下、160km/h 以上时,巡航系统不工作。当然这个上下限的限定依车型的不同而略有不同。

若使控制线呈现垂直状态,则车速的波动(控制误差)减小到零,这样一来,行驶阻力的微小变化都会引起节气门开度的变化,由于响应过度灵敏,容易产生游车。因此,应综合考虑控制误差与游车问题,选择合适的控制线斜率。

一旦系统的传感器出现故障,或控制信号电路被切断,因没有车速信号,低速限制电路将认为车速为零,使巡航控制系统停止工作。

9.8　自适应巡航系统

9.8.1　自适应巡航系统简介

自适应巡航又称智能巡航控制系统,简称 ACC 系统,是一个允许车辆巡航控制系统通过调整速度以适应交通状况的汽车功能,同时也是在传统巡航控制基础上发展起来的新一代汽车驾驶员辅助驾驶系统,实现了在无司机干预下的自主减速或加速。如图 9.37 所示,自适应巡航控制系统将定速巡航控制系统和车辆主动避撞系统结合在一起,既有自动巡航功能,又有规避碰撞的功能。司机设定所希望的车速后,系统利用低功率雷达或红外线光束探测前方 200m 左右的距离,得到前车的确切位置,如果发现前车减速或监测到新目标,系统就会发送执行信号给发动机或制动系统来降低车速使车辆和前车保持一个安全的行驶距离。当前方道路没车时又会

图 9.37　自适应巡航系统演示

加速恢复到设定的车速,雷达系统会自动监测下一个目标。

自适应巡航系统的主要目的是改善驾驶员的舒适度,减轻工作负荷,驾驶员即使没有踩下制动踏板,自适应巡航系统也会自动完成制动。自适应巡航系统的历史可以追溯至20世纪70年代。1971年,美国EATON(伊顿)公司便已从事这方面的开发。其雏形是日本三菱公司提出的PDC(preview distance control)系统,它将雷达与其他处理器结合在一起,可以侦测出车距变化,并对驾驶员发出警告,系统还可以控制节气门开度调节发动机功率。此后丰田、本田、通用、福特、戴姆勒、博世等公司也投入到了研发行列。

自适应巡航系统有以下优点:

(1) 自动保持与前车的距离。根据驾驶员设定的安全距离,通过自动控制自车的加速度以保持自车与前车的车头距,从而大大减轻驾驶员在高速公路上旅行时的劳动强度,让驾驶员从频繁的加速和减速中解脱出来,享受更加舒适的驾驶。

(2) 适应城市路况的变化。自适应巡航系统可以实现"停车/起步"功能,以应对在城市中行驶时频繁的停车和起步情况。

(3) 减少环境污染。依据前车行驶状况自动调节动力输出,无需频频换挡,发动机始终工作在最佳工作点,降低油耗的同时,减少有害物质的排放量。

9.8.2 自适应巡航系统的基本组成

自适应巡航系统的结构组成与定速巡航系统类似,主要包括用于感知汽车自身状态和外界环境信息的传感器单元、用于开启和退出自适应巡航功能的控制开关、用于计算前车车速距离加速度并输出车辆控制指令的ACC电子控制单元ECU、用于实现车辆加减速的执行机构和用于提示驾驶员系统设定参数和状态显示的人机界面等。

1. 控制开关部分

主控开关用于控制自适应巡航系统的启动、关闭和巡航工作状态。空挡起动开关用于向自适应巡航控制单元ECU传送空挡起动开关接通信号(即变速器操纵杆处于空挡位置的信号),以使汽车立即退出巡航控制状态。制动灯开关用于向自适应巡航控制单元ECU传送制动灯开关接通信号(即驾驶员踩下制动踏板的信号),以使汽车迅速退出巡航控制状态。

2. 传感器部分

车速传感器用于监测汽车行驶速度,并将信号传送给自适应巡航控制单元ECU。节气门位置传感器和节气门摇臂传感器分别将节气门的位置信息和控制摇臂的位置信息传送给自适应巡航控制单元ECU。汽车外界环境的感知,包括前方车辆或行人的距离、速度以及加速度等信息都是通过毫米波雷达以及激光雷达测得。

3. 自适应巡航控制单元ECU

自适应巡航控制单元ECU主要负责将传感器送来的数据(包括相对距离、相对速度)

进行处理,然后按照控制算法进行计算,最后形成指令控制作动器工作。自适应巡航控制单元 ECU 主要包含目标车头距计算,决定自车与前车的距离;车头距控制器,计算获得目标车头距的车速、加速度命令;车速控制器,决定制动作动器和节气门作动器的工作。

ECU 的控制流程如图 9.38 所示,首先,根据司机设置所期望的车速和车距以及雷达测试结果判断前方是否存在汽车等障碍物。如果没有,进入传统巡航控制,按照驾驶员设定的车速控制汽车,汽车在设定速度上行驶。如果前方存在汽车,先判断自车与前车的车头净距是否大于期望车头距,如果是,进入速度控制算法,采用跟随前车的策略,控制自车与前车的速度相同。如果不是,进入距离控制算法,严格控制车头距最终让车头距保持在期望值,系统就会发送执行信号给发动机或制动系统来降低车速使车辆和前车保持一个安全的行驶距离。当前方道路没车时又会加速恢复到设定的车速,雷达系统会自动监测下一个目标。

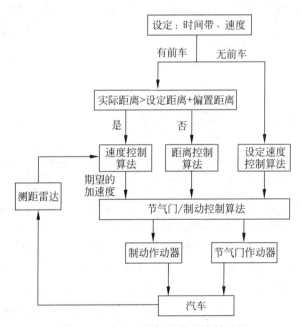

图 9.38 自适应巡航系统的控制过程

4. 执行机构

执行机构也叫作动器,包括节气门作动器和制动作动器。控制器 ECU 计算出汽车的加速度,将控制命令传递到作动器,控制节气门作动器和制动作动器的动作,实现汽车的加速或减速。对节气门的控制根据发动机的图谱反算节气门的开度,再通过机械的方式来控制节气门的开度,从而控制发动机的输出转矩。对制动的控制可通过增加由 PWM 电磁控制的电子真空助力器来实现。电子真空助力器与制动的真空助力器相连,如图 9.39 所示。控制器通过电磁铁控制电子真空助力器的气压输入,从而控制真空助力器的压力,实现制动装置的制动。

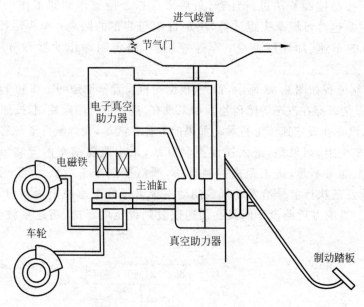

图 9.39 真空式作动器

9.8.3 自适应巡航系统的工作原理

汽车自适应巡航系统工作原理如图 9.40 所示。当主车前方无行驶车辆时,主车将处于普通的巡航行驶状态,自适应巡航系统按照设定的行驶车速对车辆进行匀速控制。当主车前方有目标车辆,且目标车辆的行驶速度小于主车的行驶速度时,自适应巡航系统将控制主车进行减速,确保两车间的距离为所设定的安全距离。当自适应巡航系统将主车减速至理想的目标值之后采用跟随控制,与目标车辆以相同的速度行驶。当前方的目标车辆发生移线,或主车移线行驶使得主车前方又无行驶车辆时,自适应巡航系统将对主车进行加速控制,使主车恢复至设定的行驶速度。在恢复行驶速度后,自适应巡航系统又转入对主车的匀速控制。当驾驶员参与车辆驾驶后,自适应巡航系统将自动退出对车辆的控制。

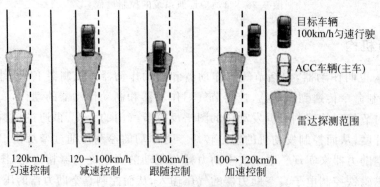

图 9.40 自适应巡航系统工作原理

9.9 驾驶员视觉增强系统

9.9.1 驾驶员视觉增强系统简介

汽车在行驶的过程中车速和方向的控制都是基于驾驶员的视觉和判断,一旦遇到雨雪或者大雾天气,驾驶员容易因能见度降低影响到判断,增加事故发生的风险。在夜间如果使用近光灯,由于其照明范围通常在30m左右,往往有很大的视觉盲区,司机很难及时发现路边行人,加大了采取有效规避措施的难度。驾驶员视觉增强系统的出现很大程度上使以上问题得到解决。

驾驶员视觉增强系统是车辆的安全系统之一,能够提供在不同气候、不同时间的视觉增强,通过传感器感知系统来监控道路交通环境,处理视觉信息而得到实时道路交通状况,并将相关的视觉信息提供给驾驶员,从而达到智能视觉增强的目的。驾驶员视觉增强系统主要分为3种:微光驾驶员视觉增强系统、近红外驾驶员视觉增强系统、远红外驾驶员视觉增强系统。其中,近红外驾驶员视觉增强系统属于主动探测型,远红外驾驶员视觉增强系统属于被动探测型。

9.9.2 驾驶员视觉增强系统基本组成和工作原理

如图9.41所示,近红外驾驶员视觉增强系统主要由图像传感器(CCD摄像头)、距离测距器、红外线发射装置、图像数据处理器以及驾驶员显示屏组成。

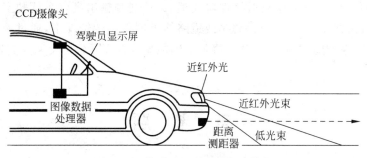

图9.41 驾驶员视觉增强系统结构

1. 图像传感器

其中CCD摄像头采用的是低照度CCD摄像头,利用低照度摄像机对外界光线的敏感程度大大高于普通摄像机的原理,将低照度CCD摄像头作为前端传感器,在其近红外区域,感光度可以提高到普通摄像机的4倍,再配上合适波长(760~1100mm的近红外区域)的红外照明,就可以显示清晰的黑白图像。即使在非常暗的环境下,这种摄像机通常也可以看到人眼看不到的物体。而且,采用低照度CCD摄像头的车辆辅助驾驶系统与采用红外热成像仪的车辆辅助驾驶系统相比,具有成本低廉、易于普及等优点。

2. 红外线发射装置

近红外光的波长一般为760nm～3μm,介于可见光和中红外光之间,肉眼无法识别。驾驶员视觉增强系统的红外线发射装置一般采用的是能够发出近红外光的光源(如卤素灯或者LED灯),工作时,由近红外光源发射出近红外波段的光照射到物体上,经物体反射回来后由探测器接收,再由显示器显示出清晰图像。

3. 图像数据处理器

为了感知道路状况,图像数据处理单元将对采集的图像数据进行处理,运用各种图像增强算法以达到增强视觉的效果。图像处理完毕,将驾驶信息显示在显示屏上(图9.42),供驾驶使用。

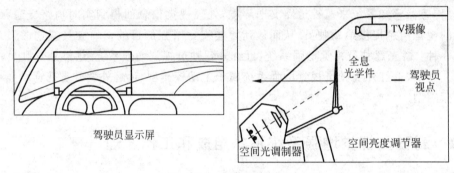

图 9.42　驾驶员显示屏

驾驶员视觉增强系统就是应用红外热成像技术,利用固定在车辆外部的CCD摄像头采集周围的图像信息,经过图像数据处理器处理后,将视频输出到汽车驾驶室的液晶显示屏上,驾驶员便可以在夜间、天气条件恶劣或道路能见度很差的情况下,通过液晶显示屏所传出的前方道路图像辅助车辆驾驶,从而降低了因能见度差而导致的交通事故发生概率,减少损失。

思 考 题

1. 简述制动防抱死系统原理和结构组成。
2. 简述汽车主动避撞系统的工作过程。
3. 当汽车处于定速巡航状态时,遇到哪些情况会使控制系统解除巡航控制状态?

参考文献

[1] 王建,徐国艳,陈竞凯,等.自动驾驶技术概论[M].北京:清华大学出版社,2019.

[2] 《中国公路学报》编辑部.中国汽车工程学术研究综述·2017[J].中国公路学报,2017,30(6):1-197.

[3] Santa J, Sanchez-Iborra R, Rodriguez-Rey P, Bernal-Escobedo L, Skarmeta AF. LPWAN-Based Vehicular Monitoring Platform with a Generic IP Network Interface. Sensors (Basel). 2019 Jan 11; 19(2): 264. doi: 10.3390/s19020264. PMID: 30641877; PMCID: PMC6359673.

[4] 李德毅,赵菲,刘萌,等.自动驾驶量产的难点分析及展望[J].武汉大学学报(信息科学版),2018,43(12):1775-1779.

[5] 徐友春,王荣本,李兵,等.世界智能车辆近况综述[J].汽车工程,2001(5):289-295.

[6] 马雪洁,高蒙,王新房.全球无人驾驶汽车现状综述[J].电脑知识与技术,2019,15(19):189-190.

[7] 陈祯福.汽车底盘控制技术的现状和发展趋势[J].汽车工程,2006(2):105-113.

[8] 宗长富,刘凯.汽车线控驱动技术的发展[J].汽车技术,2006(3):1-5.

[9] 甄先通,黄坚,王亮,等.自动驾驶汽车环境感知[M].北京:清华大学出版社,2020.

[10] 高德芝,段建民,郑榜贵,等.智能车辆环境感知传感器的应用现状[J].现代电子技术,2008(19):151-156.

[11] 王世峰,戴祥,徐宁,等.无人驾驶汽车环境感知技术综述[J].长春理工大学学报(自然科学版),2017,40(1):1-6.

[12] Hou Y, Wang C, Wang J, Xue X, Zhang X L, Zhu J, Wang D, Chen S. Visual Evaluation for Autonomous Driving. IEEE Trans Vis Comput Graph. 2021 Nov 1; PP. doi: 10.1109/TVCG.2021.3114777. Epub ahead of print. PMID: 34723804.

[13] 陶倩文,胡钊政,蔡浩,等.车辆感知与定位研究——第29届国际智能车大会综述[J].交通信息与安全,2019,37(2):1-9.

[14] 李晓欢,杨晴虹,宋适宇,等.自动驾驶汽车定位技术[M].北京:清华大学出版社,2019.

[15] 刘基余.GPS卫星导航定位原理与应用[M].北京:科学出版社,2008.

[16] 陈山枝,胡金玲,时岩,等.LTE-V2X车联网技术、标准与应用[J].电信科学,2018,34(4):1-11.

[17] 罗涛,王昊.车辆无线通信网络及其应用[J].中兴通讯技术,2011,17(3):1-7.

[18] 王建,周煜,单颖春.汽车现代测试技术[M].北京:国防工业出版社,2013.

[19] 王建,周煜,单颖春,等.汽车测试技术[M].北京:清华大学出版社,2019.

[20] 凌永成.汽车网络技术[M].2版.北京:清华大学出版社,2019.

[21] 张卓,盖敏慧,王刚,等.车载网络的发展现状与应用[J].车辆与动力技术,2011(2):60-64.

[22] 王锴,王宏,徐皑冬.下一代车载网络FlexRay及其应用研究[J].计算机工程与应用,2008(20):77-79,98.

[23] 张广林,胡小梅,柴剑飞,等.路径规划算法及其应用综述[J].现代机械,2011(5):85-90.

[24] 杨俊起,李淑霞,蔡增玉.路径规划算法的研究与发展[J].控制工程,2017,24(7):1473-1480.

[25] 杨世春,曹耀光,陶吉,等.自动驾驶汽车决策与控制[M].北京:清华大学出版社,2020.